21 世纪高等院校教材

当代西方经济学流派

吴宇晖　编著

科　学　出　版　社

北　京

内 容 简 介

本书比较全面、系统地介绍了自凯恩斯之后对经济思想的发展产生过重大和深远影响的 12 个当代西方经济学主要流派及其主要代表人物的研究方法、理论观点和政策主张。其结构体系有所创新,内容精心设计,文字力求生动、简约,目的是帮助读者熟悉和了解西方经济学在当代的发展情况,掌握西方经济学发展的内在逻辑及当代西方著名经济学家研究的问题、提出的理论和主张,提高经济理论素养,培养和形成独立思考的能力、否定批判的能力和自主创造的能力,从而为分析经济问题和开展经济理论研究打下牢固的经济学理论基础。

本书可作为高等院校经济学及相关专业本科生的教材,也可供其他经济类、管理类的本科生和研究生开设相关课程使用,同时还可作为从事经济理论研究者和经济实际工作者及自学者的参考用书。

图书在版编目(CIP)数据

当代西方经济学流派/吴宇晖编著. —北京:科学出版社,2011
21 世纪高等院校教材
ISBN 978-7-03-030532-9

Ⅰ.①当… Ⅱ.①吴… Ⅲ.①西方经济学-经济学派-现代-高等学校-教材 Ⅳ.①F091.3

中国版本图书馆 CIP 数据核字(2011)第 040362 号

责任编辑:林 建/责任校对:刘小梅
责任印制:徐晓晨/封面设计:耕者设计工作室

科 学 出 版 社 出版
北京东黄城根北街 16 号
邮政编码:100717
http://www.sciencep.com

北京九州迅驰传媒文化有限公司 印刷
科学出版社发行 各地新华书店经销

*

2011 年 4 月第 一 版 开本:B5(720×1000)
2018 年 1 月第六次印刷 印张:22 1/2
字数:440 000

定价:58.00 元
(如有印装质量问题,我社负责调换)

前 言

　　学习《当代西方经济学流派》的意义在于：提高经济理论素养，培养和形成独立思考的能力、否定批判的能力和自主创造的能力。一般来说，写进《微观经济学》和《宏观经济学》教科书中的是西方经济学在长期发展过程中沉淀下来的且为大多数经济学家基本上接受的内容，而《当代西方经济学流派》恰恰讲的是西方经济学家们的不同观点及他们之间的意见分歧。实际上，经济学上派别的存在及它们之间的论争是经济思想发展的常态，也是推动经济思想前进的动力。经济理论和经济方法的创新通常是与新经济学派的产生和发展联系在一起的，而一旦出现了经济学上的革命，整个经济学教科书就必须重写。学完《当代西方经济学流派》一书，你就会发现，原来经济学不是只有一种声音、一个主义，或一个范式，它可以为你的思考提供可对照的材料，你可以从中吸取自认为是正确的营养成分。

　　当代西方经济学各主要学派是经济思想史上各种学术观点的继承和发展，二者是"流"与"源"的关系。在西方国家的大学的经济学系里，没有当代经济学流派这门课程，当代经济思想是被包含在经济思想史这门课程之中的。而在我国，当代西方经济学流派和外国经济思想史是两门独立的但在逻辑上紧密相连的课程。由于时间的久远和内容的日益庞杂，将当代经济学流派从经济思想史中分离出来，并使其成为一门独立的课程是十分必要的。如果像熊彼特那样写一部从纪元前四五百年的希腊-罗马时期起直至他去世前为止的绵延两千四百余年的《经济分析史》（仅是写作就耗费了作者生命中的最后九年时间，而且还没有写完），就必须是厚厚的三大本，这显然不符合教学的目的。真正影响我们的思想的是在时间上离我们最近的经济思想家们的思想，而且这些思想同样也包含了古代经济学思想的精华。学习《当代西方经济学流派》，就相当于和这些经济思想家们进行思想交流，从中有所收获是不言自明的。

总之，想要打下牢固的经济学理论基础，就必须学好《当代西方经济学流派》这门课程。对于任何一个立志从事经济问题分析和经济理论研究的学生来说，《微观经济学》、《宏观经济学》、《经济思想史》、《当代西方经济学流派》和《资本论》这些课程是构成其系统的经济学专业知识的主要来源。当然，仅仅读教科书是远远不够的，还必须去读原创性著作和论文。如果你能读懂它们，就说明你打下了扎实的经济学理论基础；如果再掌握当代经济学的分析方法和工具，你就能分析现实的经济问题，并提出自己独到的见解。但是，要想成为杰出的经济学家确实很难。凯恩斯说过，学习经济学的人很多，但真正出人头地的却很少，这是因为"杰出的经济学家应该同时具有各种罕见的天赋。在某种程度上，他应该是数学家、历史学家、政治家和哲学家；他必须了解符号并用文字将其表达出来；他必须根据一般性来深入思考特殊性，并在思绪奔放的同时触及抽象与具体；他必须根据过去、着眼未来而研究现在；他必须考虑到人性或人的制度的每一部分；他必须同时保持坚定而客观的情绪，要像艺术家一样超然而不流俗，但有时又要像政治家一样脚踏实地"。即使成为经济学大家，也要分为两种类型，即柏林所说的"狐狸型"学者和"刺猬型"学者，或者哈耶克所说的"大师型"学者和"困惑型"学者。"狐狸有千伎百俩，刺猬凭一技之长"，前者博学多闻，后者见地深刻。

国内已经出版了许多《当代西方经济学流派》教材，且其中的一些教材有较大的影响力。因此，要超越这些教材确实不易。如果说本教材有什么"新意"的话，这主要表现在：第一，结构体系有所创新。本教材以"范式"范畴为核心，将当代西方经济学各主要流派分为凯恩斯主义经济学、新自由主义经济学和激进主义经济学三大范式，并在这个框架下介绍了12个西方经济学的主要流派。这种结构安排有助于学生了解西方经济学各主要流派之间的区别和联系。第二，内容精心设计。对于已经写进《微观经济学》和《宏观经济学》教科书里的有关内容，本教材只是做些简要概括，这样做有利于避免重复。对于作者认为是重要的和必须了解的而原有教材论述得不够甚至没有涉及的流派及其理论观点，如后凯恩斯主义经济学、现代奥地利学派经济学和市场社会主义，本教材加重了笔墨，做了重点阐述；对于作者认为是不重要的而原有教材已经做了介绍的流派及其理论观点，如德国的弗赖堡学派、瑞典学派等，本教材则做了删改。虽然取舍的标准是主观的，但一本教科书不一定要做到面面俱到。

要编写一本像样的《当代西方经济学流派》教材，必须阅读大量的原著和相关的英文文献，不断地跟踪西方经济学的前沿发展。此外，还必须有充裕的时间和充沛的精力。这些都是作者本人无法做到的。虽然我讲授过当代西方经济学流派这门课程，但用的是别人写的教材。我原本没打算写一本关于西方经济学流派的教材，因为这是费力而不讨好的事情。因此，本教材的出版，首先要感谢科学出版社的林建先生，如果不是他的大力支持和鼓励，我根本不可能花大量的时间和精力去做这样的工作。此外，从副院长的岗位退下来后，我也有了相对宽裕的时间完成本教材的编著工作。由于能力和精力所限，除了市场社会主义这一章参考了大量的英语文献外（那是我的博士论文），我在写作过程中主要参考的是翻译过来的原著和我认为国内学者写得较好的专著，这些都已列入每一章后的参考文献中。没有充分地利用丰富的英文文献是本教材无法弥补的缺憾（中译本我也没有看全）。有句捷克谚语说："如果穷，就用水做饭。"因此，在编著过程中我还参考了网上大量的相关知识，恕我不能在书中一一列举。吉林大学经济学院讲师张嘉昕承担了我的部分工作，他撰写了本教材的第十章"新制度主义"和第十一章"激进政治经济学"共 3.5 万字；我在写第八章"新制度经济学"时，还参考了吉林财经大学王洋副教授的博士论文《企业边界理论研究：基于科斯思想的演变与发展》；此外，我在编写过程中遇到问题时，经常请教吉林大学经济学院马春文教授。对于以上提到的且对本教材的完成做出贡献的有名的和无名的学者，我都表示衷心的感谢！当然，我必须对本教材可能出现也必然会出现的问题和错误负有全责。

吴宇晖

2010 年 10 月于吉林大学

目 录

第三篇　激进主义经济学范式

第十章

第十一章

第十二章

绪　论

　　西方经济学是指流行于西方资本主义国家的各种经济理论和学说主张的总称。然而，西方经济学并不是铁板一块的，或者表现为一个基本上获得一致意见、比较完备的理论体系——对这部分内容的探讨，是西方经济学教科书的主要任务；恰恰相反，它是由理论观点相对立的和政策主张不同的众多流派所组成的。西方经济学的发展主要表现为各流派之间的论争和相互借鉴、相互融合，以及主流和非主流之间的相互易位。本教材的目的在于简要地评价当代西方经济学各主要流派的研究方法、理论观点和政策主张，使学生在学完《微观经济学》、《宏观经济学》和《外国经济思想史》这些课程之后，了解和掌握西方经济学在当代发展的基本情况。在绪论中，我们主要讨论这样几个基本问题：为什么经济学家的观点不一致？如何划分西方经济学流派？如何看待西方经济学流派？

经济学中的流派

　　任何一门学科都不可能没有观点分歧，因为不同学者的认识不可能完全一致。当然，意见和观点的分歧，并不是形成派别的充分条件，只有当分歧上升到系统的理论高度，且为不同的人群所主张和拥护时，派别才会产生。在科学研究中，派别的存在是不可避免的。例如，几何学上有欧几里得和非欧几里得之分，医学上有中医和西医之别，物理学上有光的波粒二象性的不同，等等。然而，经济学上意见的不一致、观点的对立和派别的林立，是这一学科的一大特点，没有其他哪一门学科可以与之比拟。

　　人们都普遍感觉到了经济学家之间意见的不一致。特别使他们气愤的是这样一个事实，即在一个包括 n 个经济学家的小组中，很可能出现至少 $n+1$ 种意见。究其原因，可以追溯到凯恩斯那里。第二次世界大战期间，英国内阁就某一决策问题征求经济学家们的意见。五位经济学家提出了六个方案，其中凯恩斯提出了两个方案。有人问凯恩斯，你为什么同时提出两个不同的方案？他的回答是：一切视情况而定，如果情况发生变化，我的方案当然会有所不同。这使得英国首相丘吉尔对经济学家发表了这样的评论："如果把两位经济学家关在一间屋子里，那么你将得到两种观点，除非其中一人是梅纳德·凯恩斯爵士。在后一种情况下，你将得到三种观点。"奈特对芝加哥大学经济学系的学生说："考试的题目年年一样，但答案却会不同。"在美国，流行这样一则讽刺经济学家的意见模棱两可的笑话——美国总统卡特征求经济学家们的意见，他们总是说：一方面如何如何，另一方面如何如何。卡特生气地说：能否找到独臂的经济学家?! 的确，即使将历史上出现过的经济学家全都聚在一起，依然不会得到一个明确的、意见一致的结论。

尽管一些研究表明，经济学家们在许多问题上存在明显的共识，但与其他学科相比，经济学领域更像是相互厮杀的战场。不同的旗帜下聚集着各自的经济学家队伍，他们挥舞着与大刀和长矛不同的理论武器互相搏杀。在经济学领域，正如维克赛尔所说，"战争状态看来会持续存在并永远存在下去"。胜利者成为主流，失败者则企图东山再起，或者以新的面孔出现。但即使成为主流，其地位也不可能永远地巩固下去。当新的事实突破了传统的理论框架时，主流学派就会陷入理论危机，就会有新的理论取而代之。经济学的主流地位经常性易位的情况使人想起了鲁迅先生的一句诗——"城头变幻大王旗"。

经济思想史上此类例子比比皆是。特别是当某一主流经济学派的地位日益巩固，其理论观点和政策主张为大多数经济学家所接受，大有红极一时、一统天下之势时，主流经济学家们往往过分乐观地认为经济思想的发展已经穷尽了。但就在这时，其主张却往往会受到来自新的理论和新的事实两方面的严峻挑战，以至于丧失其主流地位。历时 200 多年的发展，经亚当·斯密、大卫·李嘉图、约翰·穆勒等人之手完成的英国古典经济学提供了关于财富生产、分配、交换和消费的完备体系，征服了政府和大多数经济学家，于是有人断言：经济学已经死亡了，因为它已经成为定理，人们只需从这些定理出发进行推理，就能提供所有经济问题的答案。约翰·穆勒曾以权威的口气这样说道："在基本价值法则方面，几乎没有剩下什么东西或根本未剩下任何东西可供以后的作家加以改造。"然而在这之后不久，就出现了"边际革命"。虽然马歇尔综合古典理论和边际主义理论建立的新古典经济学体系似乎更加完备，但它却因为无力解释大萧条并提出解决的对策而宣告破产。就在这时，"凯恩斯革命"出现了。第二次世界大战后，凯恩斯主义经济学成为主流，各主要资本主义国家都经历了所谓"凯恩斯时代"的繁荣。此时，主流经济学家们错误地认为，混合经济模式将一劳永逸地解决资本主义国家的经济问题。1971 年，尼克松总统甚至宣布："现在我们都是凯恩斯主义者了！"然而，就在凯恩斯主义经济学的鼎盛时期，出现了反凯恩斯主义的各个流派，最终滞涨使凯恩斯主义经济学将其主流地位拱手相让。在 20 世纪的最后 30 年和 21 世纪初的近 10 年，新自由主义经济学成为全球经济学界的主宰。然而，它没有预见到 2008 年骤临的金融风暴和席卷全球的经济危机，且对此也是束手无策，使西方经济学再次陷入理论危机。这意味着经济理论和经济政策必将再次发生向左的方向的转变。

为什么经济学家的意见不一致？

经济学家所面临的经济问题是共同的，且这些问题的数量是有限的，如生产、分配、交换、效率、公平、增长、波动、危机等。然而，他们给出的答案却是五花八门甚至尖锐对立的。每个经济学家的个人素质、秉性、脾气、经历、境遇及其所处的特殊的环境背景不同等，是造成经济理论差异性和多样性的原因之一，但不是根本原因。任何一门学科上的观点分歧，归根结底都源于世界观、方法论和认识论上的差异，而研究者的个人因素会影响和塑造其对世界的看法。

科学研究要求研究者保持客观和公正，并摒弃个人的成见、偏见、感情和肮脏的利欲。不幸的是，人性中这些固有的缺憾是难以消除的，并且会影响到研究者的立场、观点、方法和结论。即使是自然科学的研究也是如此。例如，以发现量子论而著名的物理学家马克斯·普朗克在谈到他所经历的物理学的发展时，这样写道："这一经历也使我知道了一件事实——在我看来还是一件不平凡的事实：一项新的科学真理取得胜利，并不是通过说服它的对手从而使他们认识到这一真理，而是由于它的对手最后都死了，而熟悉这一真理的一代新人成长起来了。"[①]经济学上的此类事实也比比皆是。凯恩斯于1936年出版的《通论》一书，对当时超过50岁的经济学家并没有什么影响，但却通过打动大多数35岁以下的经济学家而获得广泛传播。40年以后，随着新一代经济学家的出现，经济学界又一次出现转折，这时新古典经济学影响了大多数年轻的经济学家，从而导致凯恩斯主义逐渐衰落。

"盲人摸象"

就认识论而言，经济学和其他学科一样都面临着一个共同的问题，即"理论是灰色的，生活之树长青"。因此，科学要研究客观事物的本质和规律性。然而，客观事物不仅是复杂的，而且是发展变化的。人的认识能力是有限的，因而人的生命中可供研究的时间也是有限的，不存在全知全能的人，也不存在完全理性的人。每个人都是在特定的历史背景和特殊的环境背景下，站在特殊的角度上来观察世界的。因此，理论认识总是具有局限性和有限性，分歧是其必然反映。

我国古代有一个"盲人摸象"的寓言，说的是一群没有见过大象的盲人从他们触摸到的大象身体的某一部位去想象大象的全景影像。我们没有理由嘲笑他们，因为他们所摸到的都是大象身体的一部分，在他们各自所处的位置上判断，

---

① 萨缪尔森. 1981. 经济学（上册）. 第10版. 高鸿业译. 北京：商务印书馆：17.

他们都是对的，他们只是客观地描述了他们所感知的东西。把他们所描绘的合起来，就构成一幅关于大象的完整图像。没有人像上帝那样全能，可以站在透视全景的高度上来观察问题。在某种程度上，经济科学家（也包括其他的社会科学家和自然科学家）都是盲人，他们也都是站在特定的立场上，从特定的场合和角度来观察和分析问题。在一定的时间和地点上进行研究，将受到下列诸多因素的限制：①事物本身的进展程度；②前人对事实知晓的程度；③不完美的推论能力；④可用于对某个问题进行研究的时间；⑤研究者的价值观、偏见和固执程度；等等。然而，任何一种经济理论观点和方法，只要有助于帮助我们理解所观察到的事实，它就具有存在的价值。

与其他学科相比，经济学家们的意见分歧最大，而且这种分歧可能会永远继续下去，并且难以调和。这种情况就不仅仅是认识论上的问题了，还有世界观和方法论上的问题。以不同的世界观和方法论研究和分析复杂多变的经济世界，必然会产生意见分歧和派别之争。

价值判断和价值标准

任何一门实证的科学，其首要任务都是描述客观的事实。我们如何领悟观察到的事实，取决于我们的认知能力。但科学就是客观地描述客观的事实，与研究者的意愿无关。为了客观地描述客观的事实，现代科学（包括社会科学）坚持"价值中立"（value free）的分析。为此，它们区分了两种类型的判断：一是实证的判断，是关于客观事物是什么的判断，只能诉诸事实来判定真伪；二是价值的判断，是关于做出这些判断的人的意向状态的陈述，即他希望事物是什么，且应该是什么。由于价值的判断不能被证伪，因此它应该被排除在科学之外。这种区分对进行科学研究当然是很重要的，但把这两者区分开来是一回事，要求把价值的判断完全从科学研究中摈弃掉又是另一回事。霍尔瓦特说得好，科学与价值的判断是不能分割的。科学需要思考，当一个人思考时，他企图做某件事情，以及他希望出现某些事情，这就决定了实证的判断不可能是价值中立的。"无论我们做什么，总是关系到事实和价值这两个方面。在确定的意义上，价值的纬度是人类特有的纬度；把它拿走，你就消灭了人类的存在"。① 马克斯·韦伯指出，价值从两个方面进入到我们分析的视野中，它们决定我们选择所要研究的事物的主题和它们影响到我们对某一特别事件的原因的判断。

虽然科学研究领域都存在价值的判断问题，但在社会科学研究中，价值的判

---

① 霍尔瓦特. 2001. 社会主义政治经济学：一种马克思主义的社会理论. 吴宇晖，马春文，陈长源译. 长春：吉林人民出版社：266.

断有着特殊的性质。特别是经济学，它研究的是人们之间的物质利益关系。当经济思想家试图按照自然科学的模式建立经济思想体系时，他们很快就会发现，经济学面临着一个在自然科学研究中通常不会遇到的问题，即研究的对象往往与研究者的切身利益混杂在一起。在这里，研究者的利益——特殊场合的既得利益——是很危险的，它使得社会科学中的价值判断以自然科学中的价值判断无可比拟的程度来歪曲研究者对事实的分析。对此马克思说："在政治经济学领域内，自由的科学研究遇到的敌人，不只是它在一切其他领域内遇到的敌人。政治经济学所研究的材料的特殊性，把人们心中最激烈、最卑鄙、最恶劣的感情，把代表私人利益的复仇女神召唤到战场上来反对自由的科学研究。例如，英国高教会宁愿饶恕对它的三十九个信条中的三十八个信条展开的攻击，而不饶恕对它的现金收入的三十九分之一进行的攻击。在今天，同批评传统的财产关系相比，无神论本身是一种很轻的罪。"[①] 萨缪尔森也说："经济问题容易触发个人感情。在牵涉到根深蒂固的个人信仰和偏见时，血压上升，语音刺耳，而某些偏见又都是披上薄薄一层合理化外衣的特殊经济利益。"[②]

与根深蒂固的成见和偏见所造成的观点偏颇相比，由利害纠葛而产生的有失公允更难以纠正。一个在既定制度下生活得很舒服的经济学家，一定不会得出这个制度是不合理的结论。尽管他可能认为这个制度存在着各种问题，但维护这个制度是他的根本利益所在。某些经济学家从某处领取津贴或获得资助，其研究的课题预先就被设计好了，研究的结论也必须让出资者满意。俗话讲：拿人钱财，替人消灾。金钱可以使一些人良心泯灭或出卖良心，更不用说那些被豢养的经济学家了，他们把权势者关于这个美好世界的意愿变成陈腐而平庸的观念，并灌输给世人。经济学家有一个关于解释人的经济行为的模式——"经济人模式"，实际上经济学家本身就是经济人，他们权衡利弊、计算得失，然后进行抉择，这其中也包括做学问。经济学家也是凡人，像亚当·斯密和约翰·穆勒这样超凡入圣的经济学家可以说是凤毛麟角。当然，我们注重的是经济学家的智力水平，而不是其道德水平。然而，这是一个稀缺的世界，因此利害关系一定会影响到经济学家的价值判断，进而影响到他们研究的课题和结论。

即使能客观、公正地进行研究，其研究的结论也可能触犯某些人或某些集团的利益，这就好比捅了马蜂窝。比如，西班牙的宗教裁判所曾把亚当·斯密的《国富论》列为禁书，理由是"该书的文体低劣，道德观不强"。马克思经济理论的严肃性、严谨性和严密性是经济学家所公认的，但它却因其革命性的结论而备受攻击。在一个蒙昧、野蛮而又专制的时代，根本没有思想自由、言论自由和学

①　马克思. 1975. 资本论. 第1卷. 中央编译局译. 北京：人民出版社：12.
②　萨缪尔森. 1981. 经济学（上册）. 第10版. 高鸿业译. 北京：商务印书馆：11.

术自由,因为这会触犯权势者不可挑战的权威。1327 年,意大利天文学家采科·达斯科里被活活烧死,他的"罪名"只不过是说了地球是球状的,在另一个半球上也有人类居住,却因违背圣经的教义而惨遭迫害。1600 年 2 月 17 日,意大利哲学家布鲁诺在罗马百花广场被活活烧死,也是因为他到处宣传哥白尼的学说,动摇了地球中心说。从 1616 年开始,同样坚持哥白尼日心说的伽利略开始受到罗马宗教裁判所长达 20 多年的残酷迫害。在审讯和刑具的折磨下,伽利略被迫在法庭上当众表示忏悔,同意放弃哥白尼日心说,因为他知道:如果反抗,下场绝不会比布鲁诺更好。在离开人世的前夕,他还重复着这样一句话:"追求科学需要特殊的勇气。"所幸的是,那个黑暗的时代已经离我们远去,但由于利害冲突而产生的偏执、偏激、狂躁和睚眦必报却仍然伴随着我们。

有一项研究成果表明,与实证经济学相比,规范经济学领域的意见分歧更大。的确,经济学的派别主要是以一个一个的"主义"相区别的。规范经济学涉及价值判断,而经济学家在意识形态上有很大的分歧。据此,一个流行的观点是:有关规范经济学的分歧是没办法解决的,因为不存在统一的价值判断标准。这种观点是错误的。实际上,现代社会已经建立起这样一个价值判断标准——这一标准由于无可争辩的优越性而为大多数社会科学家所接受,并且成为判定制度、法律、政治和政策取舍的唯一标准。这一价值标准就是正义。尽管政治哲学家们对什么是正义存在着较大的分歧,但正义都应包括自由、平等、博爱这些值得珍视的基本价值观。正像罗尔斯所指出的:"正义是社会制度的首要价值,正像真理是思想体系的首要价值一样。一种理论,无论它多么精致和简洁,只要它不真实,就必须加以拒绝或修正;同样,某些法律和制度,不管它们如何有效率和有条理,只要它们不正义,就必须加以改造或废除。"①现代的社会哲学、政治哲学、道德哲学和经济学都证明了这样一个价值判断标准体系是唯一可以接受的,以至于还没有哪一个社会哲学家敢于或能够建立起另外的价值判断标准体系并证明其优越性。虽然正义的价值判断标准体系并不能解决意识形态方面的分歧,但它提供了价值统一的判断标准。这个标准具有如此强大之震撼力,以至于多少进步因它而生,多少罪恶假它而行。

阶级和阶级立场

当利害关系严重对立且相对凝固化后,这个社会就会分裂为阶级、阶层和各个利益集团。阶级之间的利益和意识的对立必然会产生冲突,我们称之为阶级斗争。正如毛主席所说的,在阶级社会里,各种思想无不打上阶级的烙印。经济学

---

① 罗尔斯. 1988. 正义论. 何怀宏等译. 北京:中国社会科学出版社:1.

家可能有意识或无意识地站在某一阶级的立场上来看问题，从而有意识或无意识地充当某一阶级利益的代言人。有些人认为这也许是因为这些经济学家的个人利益与这个阶级的阶级利益纠缠在一起，而另一些人则认为这个阶级代表了社会发展的正确方向。站在不同阶级立场上的经济学家，当然要采取不同的经济学范式来说明和解释世界。当社会分裂成为阶级时，一定不存在一个所谓的普遍的、一般的利益。那些声称"代表"全社会或全人类利益的思想家和政治家，往往是要以他或他们那个小阶级的利益来冒充全体人民的利益，或者企图使人民相信，他或他们那个小阶级的利益就是人民的利益。只要这个社会分裂为不同的阶级或阶层，分裂为穷人和富人、统治者和被统治者、命令者和执行命令者，就始终会存在阶级的立场和观点这一问题。

任何阶级，不论是进步的阶级，还是反动的阶级，都不可避免地具有狭隘性和局限性。真理的发现，必须超越阶级。越是超越阶级，就越能发现真理。纵观历史，还没有哪一个阶级能始终代表社会进步的方向。奴隶社会和封建社会的被压迫、被剥削阶级——奴隶阶级和农民阶级，从来就没有超越统治阶级的意识形态，它们只是想把自身目前的地位提升到后者的高度上。当饥寒交迫、忍无可忍时，它们被迫铤而走险，而每一次斗争的结果，正如马克思那个和恩格斯在《共产党宣言》中指出的，都是整个社会受到革命地改造或者斗争的各阶级同归于尽。在马克思那个时代曾经起过非常革命的作用的工人阶级，带有那个无法无天的资本主义自由竞争时代的特殊烙印。自发的工人运动不会产生社会主义的思想，而只会产生经济主义、工联主义和工会的思想。社会主义是代表社会良知的知识分子思想的产物，是被灌输给工人阶级的。当然，阶级性并不是人类的天然本性，它只是人类残存的兽性在资源严重稀缺和利益严重对立并凝固的情况下的自然表现。阶级从根本上说是稀缺性的产物，什么时候稀缺性减少了，阶级性也就减少了。随着经济的发展和稀缺性的减少，人类将会从互相仇恨、互相厮杀的阶级狭隘性中摆脱出来，回归美好的人性。到那时，人类将摆脱阶级的偏见，学会谅解、理解、合作、团结和相互尊重。

经济学不是一门实验科学

经济学研究的对象是人不是物。物是没有情感、预期和目的的，无论何时何地，物对确定的刺激的反应总是一样的。而人却不同：同样是遭受严刑拷打，有人坚贞不屈，有人变节投降；同是一个人，今天可能坚贞不屈，明天却不一定；这个人可能经得住严刑拷打，却可能经受不住金钱美女的诱惑。人的这种复杂多变性，既增加了以人的行为为对象的社会科学研究的困难，也使社会科学家之间出现更大的意见分歧。

　　同其他学科相比，经济学更需要通过建立理论模型来解释经济现象，并研究经济事物的内在联系，发现决定经济现象的本质因素和规律性。然而，在现实中，各种经济因素十分复杂，其作用往往交织在一起。因此，如果不用抽象的方法对复杂的现实世界加以简化，略去非本质性的因素和次要的细节，并把复杂的现象还原为某些基本的要素，且用一种简明的方式建立复杂的现象之间的因果联系，那么根本就不可能进行任何理论分析。

　　与化学和物理学不同，经济学不能通过实验室的技术对其研究对象加以控制。经济学与其说是一门实验的科学，不如说是一门经验的科学。经济学与天文学有些类似，只能建立在粗略的观察的基础上，通过假设、假说和预测来说明观察的现象。但是，经济规律并不具有像天体运行轨道那样完美的精确性，因此经济理论所表达的因果关系，往往只能指出经济变动的方向或趋势，或是得出有关数量变化的一般性结论。从这个意义上说，经济学是一门不精确的科学。

　　在粗略的观察的基础上，经济学家通过抽象法建立模型，对复杂的现实世界加以简化，就有可能忽略和舍弃了某些东西。而被舍弃的那些他们认为不重要的东西，可能恰恰是其他人认为最重要的东西。例如，"如果我们假定 A、B 和 C，那么，将会出现 D"，一位经济学家这样说明他的研究模型。"但 A、B 和 C 是没有意义的假设，所以 D 是不相关的"，另一位经济学家反驳道。至于什么是有意义的或是没有意义的，取决于一个人所接受的范式。而后者既与他的价值判断相关，也与他对复杂的世界的有限观察有关。当然，理论模式是否有意义，最终要由客观实际来验证。但经济学分析往往有许多严格的假设条件，其中有许多假设为了在一种理想化的、纯粹的状态中研究问题，而抽象掉了现实世界的许多因素，使理论模型与现实世界极不符合，从而使它的结论很难用客观实践来验证。所以，经济学理论主要不是以定律而是以假说的形式存在，尽管在西方经济学的教科书上有许多定律或定理。

如何识别经济学流派？

　　胡代光和厉以宁在他们所著的《当代资产阶级经济学主要流派》一书中为识别西方经济学流派提供了这样一个基本依据："资产阶级经济学流派是指一些在理论观点上基本一致、分析方法上基本一致、政策主张上基本一致的经济学家们所形成的一种经济学派别……依据在于上述的三个'基本一致'。换言之，在理论观点上、分析方法上、政策主张上基本不一致的资产阶级经济学家们，必然分属于资产阶级经济学的不同流派，而不能用其他'划分标准'把他们纳入同一学派之中。"① 这个依据显然是描述性的，并且具有简单性和实用性的优点。但是，这个依据尚未概括出当代西方经济学流派之间的本质区别和各流派之间错综复杂的关系。

什么是"三个基本一致"？什么是"三个基本不一致"？这些问题很难说清楚。现代西方经济学家确实有表现出"三个基本一致"的地方。例如，在分析方法上，他们大多赞同"经济人模式"，并运用其进行经济学分析；在理论观点上，他们大多赞同理性预期假说和个人利益最大化假说，并运用它们将微观和宏观打通；在政策主张上，他们大多赞同固定规则的经济政策。把这"三个基本一致"运用于不同的研究领域，也会形成不同的派别。例如，把这些模式和假说应用于分析公共物品的政治决策过程，则形成公共选择学派；运用于制度的分析，则形成新制度经济学派。新、老凯恩斯主义经济学显然具有紧密的内在关系，可它们之间却表现为"三个基本不一致"：老凯恩斯主义经济学在理论观点上偏重宏观和刚性，在分析方法上强调非均衡和非理性分析，在政策主张上强调全面干预；新凯恩斯主义经济学则偏重微观和粘性，强调均衡分析和理性预期，主张有限干预。货币主义和理性预期学派虽然在这三个方面是基本一致的（在方法上微小的区别在于：一个使用适应性预期，一个使用理性预期，而前者可以视为后者的一个发展阶段），但它们属于不同的流派。

实际上，经济学各流派之间的关系是错综复杂的，其中既有批判和批评，也有传承和发展；既有排斥和对立，也有吸纳和借鉴。那种把经济学派别之间的关系简单化处理的做法，实际上忽视了经济思想本身及其演进的复杂性。经济思想的这种复杂性增加了识别和区分经济学流派的难度。但是作为一门实证科学的经济学的发展，与自然科学的发展十分相似，即都遵循着某种科学发展规律。许多科学哲学家在探讨科学发展规律时曾提出的概念和曾做过的有益的工作可以给我们以启迪。在这方面，值得一提的是库恩的"范式理论"、波普尔的"证伪主义"和拉卡托斯的"科学研究纲领方法论"。

库恩的"范式理论"

托马斯·库恩（Thomas Kuhn　1922—1996）把"范式"（paradigm）定义为"一系列公认的科学成就，它们能在一个时期为实践者们提供典型的问题并提供解决方法"②。范式是一种科学的核心构成，即为某些"科学家共同体"所普遍接受的思维定式，亦即某一科学家集团所共同接受的一组假说、理论、准则和

---

① 胡代光，厉以宁. 1982. 当代资产阶级经济学主要流派. 北京：商务印书馆：10.
② Thomas Kuhn. 1962. The Structure of Scientific Revolutions. Chicago：Chicago University Press：X.

方法的总和，它是这一科学家集团在有关世界观、价值观、信念、目标、方法论等方面所达成的共识。范式是我们对世界的基本观察模式，用马克思的语言来讲，它是一种世界观。观察家将以这样一种世界观来说明和解释世界，并以这样一种世界观或形成共同的语言，或组成不同的派别。由于基本的世界观和方法论的不同，于是形成了经济思想的不同范式。

库恩认为，科学的发展是渐进性的和革命性的。前者主要表现为一种范式内部的累积性进展，这是一种标准的情景。这种纯粹渐进式的发展过程的确符合大多数情况下多数科学的事实，库恩把这种情景称为"标准的科学研究"。他是这样形容这种标准的科学研究的："一个接着一个，就像砖不断加高建成房屋一样。科学家们在现有的科学信息基础上不断地增加上另外的事实、概念、规律和理论。"① 然而，库恩所描述的关于科学进步的过程不仅仅是线性的、连续的、常态的过程，而且往往是跳跃性的、不连续的、革命的过程。其中，旧的、占支配地位的范式由于遇到"例外"而出现危机，一种新的、竞争性的理论取而代之，进而排挤掉原有的范式。"科学革命"的实质就是"范式转换"。库恩描绘了一个关于科学发展的长期进程，其间既有范式之间的斗争，也有在新范式指导下的新的标准科学的发展。库恩还指出，以根本不同的方式来看待世界的各范式之间存在着交流失灵的问题，会导致参与者相互不理解，因为他们面临着不可克服的翻译困难。

波普尔的"证伪主义"

卡尔·波普尔（Karl Popper　1902—1994）激烈地反对在经验科学中占主导地位的逻辑实证主义。他提出批判理性主义或证伪主义（Falsificationism）的科学观，主张以"问题—猜想—反驳"的"试错机制"代替"观察—归纳—证实"的"实证机制"。波普尔认为，科学的任务在于构建假说或理论系统，然后用观察与事实来检验它们。但是，事实从来就不能证明一个理论的正确性，而只能证明其不正确性。可证伪性是科学不可缺少的特征，也是科学与非科学的分界标准。科学的理论或命题不可能被经验证实，只能被经验证伪。证实之所以不可能，是因为归纳法不是一个严密的逻辑形式推理，而是一个概率推理。任何科学命题的陈述都必然是普遍命题或全称命题，但从经验中观察到的事实都是个别陈述或单称命题。由于个别是不能通过归纳法上升为一般的，所以经验不能通过证实个别来证实一般。证伪之所以可能，是因为它是一种演绎推理，结论的假必定

---

① Thomas Kuhn. 1962. The Structure of Scientific Revolutions. Chicago：Chicago University Press：139.

会传递到前提上去，用符号来表示就是：如果 t，那么 p；由于非 p，所以非 t。波普尔打过这样一个著名的比喻：设想有一个命题提出"所有的天鹅都是白色的"，为了证明这一理论是正确的，你不能仅仅考察一部分天鹅，发现它们的确都是白的，就宣布这个命题是正确的，你必须去观察世界上存在的所有天鹅，发现它们都是白的，才能证明该命题是正确的，这显然是不可能的；但只要发现有一只天鹅不是白色的，就足以证明该命题是错误的。

在波普尔看来，理论的实质是一种大胆的猜测，最终无一幸免地都要被证伪。科学的任务在于寻求真理，并且一步一步地逼近真理。科学发现的逻辑是这样的：$P \Rightarrow TT \Rightarrow EE \Rightarrow P \cdots$ 这里，P 表示问题；TT 表示各种相互竞争的理论；EE 表示通过批判和检验以清除错误；P 表示新的问题。这就是说，科学是在不断地清除错误中前进的，并从错误中学习，从而通过不断地猜测、证伪、再猜测、再证伪而逼近真理。科学方法是一种试错法，也是关于批判和否定的方法，科学需要的是"大胆尝试，严格检验"，这是任何理智发展的主要动力。

拉卡托斯的"科学研究纲领方法论"

对波普尔来说，"科学是在一幕一幕的葬礼中前行的"，这类似于库恩所说的范式的转换和革命。然而，一种代替了旧理论的新理论，并不像波普尔所说的那样，是简单地抛弃旧理论，而是还包含着对旧理论的补充、修正和发展。按照波普尔的证伪主义的评价标准，科学理论中如果有一个或几个命题被证伪，整个理论也就被证伪。但是，理论并不是一旦为经验所证伪，就立刻遭到抛弃，被证伪的理论命题或假说也完全有可能在新理论中复活。这意味着波普尔的证伪主义本身也被证伪了。波普尔的学生和同事伊姆雷·拉卡托斯（Imre Lakatos　1922—1974）试图弥补波普尔理论的不足。他提出了一种新的解释理论，并将其命名为"科学研究纲领方法论"（methodology of scientific research programme）。

拉卡托斯认为，科学中的基本单位和评价对象不应是一个个孤立的理论，而应是在一个时期中由一系列理论有机构成的研究纲领。研究纲领由以下几个相互联系的部分组成：

（1）"硬核"（hard core）。所谓硬核，是指不可证伪的理论或无法拒绝的公理，一般由若干个最能反映这种理论体系的特征的核心概念组成。这些硬核为研究者从事科学研究提供了一个基本的理论框架。硬核是"坚韧的"，是一个科学研究纲领的核心，因此不容许被改变、被反驳和被否定。如果这些硬核受到改变、反驳或否定，整个理论体系就受到改变、反驳或否定。放弃硬核就意味放弃了整个研究纲领。

（2）保护带（protective belt）。保护带，是指一组围绕在硬核周围的附属性假说或假设，可以通过科学研究或经验证据来对其加以检验、证伪或拒绝。保护带的作用是保卫硬核不受经验事实的改变、反驳或否定，对保护带的调整、修改和替换可以消除研究纲领与经验事实的不一致。

（3）反面启示法（negative heuristic）。又称消极性诱导，是指禁止人们把经验反驳的矛头指向硬核。当硬核遭到攻击时，要尽力把攻击的矛头由硬核转向保护带，并通过修改、调整和替换保护带来保卫硬核。

（4）正面启示法（positive heuristic）。又称积极性诱导，是指改进和发展科学研究纲领中的"可反驳"部分，丰富、完善和发展研究纲领。

上述四个部分组成的理论结构就像一个原子结构一样，是一个有机的整体：硬核是原子的内核，保护带是围绕原子核的电子层，正面启示法和反面启示法是联结原子核与电子的吸引力和排斥力。

拉卡托斯建立了既不同于库恩也不同于波普尔的科学发展动态模式——研究纲领的成长。这一模式表明：当研究纲领与某些事实不一致时，科学家不应急于抛弃纲领，而应通过调整辅助性假设来消除例外；一个新的研究纲领内部也可能是自相矛盾的，同样需要通过调整加以补充和完善——如果调整后增加了经验内容，并提高了预见性，它就是一个进步的研究纲领；鉴于任何研究纲领都会退化，如果调整后经验内容减少或不能预见新的事实，它就是一个退化的研究纲领。科学发展过程就是一个新的、进步的研究纲领不断取代旧的、退化的研究纲领的过程，即科学研究纲领的进化阶段⇨退化阶段⇨新的、进步的科学研究纲领取代旧的、退化的研究纲领⇨新的科学研究纲领进化阶段……拉卡托斯认为，在研究过程中，并没有所谓的"判决性的实验"——这种实验能够立即判定研究纲领是否退化，一个已经退化的研究纲领也可能通过调整获得新生，从而转化为进步的研究纲领。

现代西方经济学的三大范式

科学哲学主要是针对自然科学的，可能并不完全适用于社会科学特别是经济学，而且它本身也存在缺陷，并引起广泛的争论，但它对经济思想的发展及识别和区分经济学流派具有很强的解释力。

首先，经济学观点之争主要表现为经济学的范式之争，而各流派之间的本质区别在于其理论硬核的不同。自19世纪40年代古典经济学范式消亡之后，经济学的范式之争就一直没有停止过，并发展出马克思主义经济学范式、新古典主义经济学范式、凯恩斯主义经济学范式、新古典-凯恩斯主义经济学范式、新古典-自由主义经济学范式和马克思-凡勃伦-激进主义经济学范式。在自然科学中，占支配地位的理论范式往往具有压倒一切的影响力。在经济学中，由于价值观特别是阶级观的不同，不存在一个普遍得到承认并被广泛接受的范式。即使一种经济学范式成为主流，它也不能完全排斥或消灭采取不同于它的理论硬核的所谓非主流经济学和异端经济学。在经济学领域内，更常见的是不同范式之间的论争，以及为保卫范式的核心构成或理论硬核而对保护带的调整、修改和替换。经济学的范式之争提供了相互竞争的科学研究纲领，而究竟按哪一种范式进行研究，取决于研究者的价值判断，即认为采用哪一种范式更有助于说明所观察到的事实。

综观当代西方经济学的各种流派，可以将其归纳为三大基本范式，分别是凯恩斯主义经济学范式、新自由主义经济学范式和激进主义经济学范式。这三大基本范式分别是经济思想史上的凯恩斯经济学范式、新古典经济学范式和马克思-凡勃伦经济学范式在现代资本主义条件下的继续和发展。在这三大经济学范式中，又存在许多经济学流派。尽管这些流派在研究对象、研究内容和研究方法及经济理论、政策主张上存在着分歧乃至争论，但其理论的核心构成，即基本假设、基本范畴、提出的典型问题及解决问题的基本方法是共同的，因而是可以识别的。

凯恩斯主义经济学范式的硬核是未来不确定性假说、货币非中性假说、市场非出清假说和政府干预有效论假说，这些硬核是不能颠覆的，而围绕着这些硬核而构筑的保护带，即一些附属性假设，如信息是完全的还是不完全的、预期是理性的还是非理性的、市场结构是竞争性的还是非竞争性的、价格和工资是刚性的还是粘性的、是供给决定论还是需求决定论、政府的干预是全面的还是有限的，以及如何构建宏观经济学的微观基础等，则是允许修正的；新自由主义经济学范式的理论硬核由未来确定性假说、货币中性假说、市场出清假说和政府干预无效论假说等构成，其保护带则由这样一些假设构成，即信息是完全的还是不完全的、理性的预期究竟采何种方式、产量和就业的波动是来自需求方面的冲击还是来自供给方面的冲击，以及政府需要不需要对经济进行有限的干预，如果需要，是实施财政政策好还是货币政策好，等等。尽管可以从理论硬核上明显地区分凯恩斯主义经济学范式和新自由主义经济学范式，但它们在价值观和方法论上仍然有许多一致的地方：在价值观方面，它们都认为，资本主义生产方式是最具效率的，因而它们都力图维护而不是推翻这个制度；在方法论方面，它们都采取个人行为最大化的经济人模式、个人主义的分析方法和均衡分析方法。正是由于在根本点上的一致性，下文提到的经济学上的融合、"革命"及主流地位的易位主要出现在这两个范式之间。作为一种异端经济学，激进主义经济学范式恰恰是对资产阶级经济学范式或理论硬核的根本否定，而历史决定论还是演化论、革命还是改良、计划还是市场等问题构成了它的保护带。

　　从政治立场这个角度，可以把经济学家分为"左派"、"中间派"和"右派"①。美国后凯恩斯主义经济学家保罗·戴维森指出，现代宏观经济理论以凯恩斯为中心，向左、右两个方面变化，从而形成中左的后凯恩斯学派、极"左"的激进学派、中右的新古典综合派和极右的货币主义-新古典学派。这些学派分别代表的是各个阶级、阶层和利益集团在利害冲突中可能出现也必然会出现的改革派、保守派和革命派的思想和利益。本教材以"范式"理论作为划分现、当代西方经济学流派的标准，并以此来设计本书的篇章结构。

经济思想的成长与经济学流派之间的关系

　　库恩和拉卡托斯的观点有助于说明为什么在同一经济学范式内还存在不同派别这一问题。同一经济学范式内各经济学流派之间主要不是竞争关系，而是补充、完善和发展的关系。它们之所以存在，或者是因为同一科学家集团运用新的方法和假说来解释和说明该范式理论的核心构成；或者是因为他们将该范式理论的核心构成运用于新领域和解决新问题，这正是库恩所说的"标准的科学研究"，即在原有的基础之上不断地添砖加瓦，使之成为完备的理论建筑物；或者是因为同一范式内的经济学家根据新情况和新问题来丰富、完善和发展理论硬核（正面启示法）；或者是因为针对其他流派对该理论硬核的攻击而对其保护带进行调整、修改和替换（反面启示法）。

　　库恩、波普尔和拉卡托斯的观点有助于说明经济思想的演进和革命及主流经济学地位的易位。由于社会经济实践的发展，出现了新情况和新问题，于是旧的、占支配地位的范式迟早会出现理论无法解释的"例外"，或被新的经验事实所证伪，从而意味着旧的经济学范式陷入了理论危机。这时就会出现与之对立的新的经济学范式，并通过增加新的假说来增强对新情况和新问题的解释能力。如果新增的假设摧毁了旧的经济学范式的理论硬核，它就是经济学上的革命。迄今为止，经济学上已经发生了大大小小数次革命，其中具有决定意义是"马克思革命"、"边际革命"、"凯恩斯革命"和"理性预期革命"，这些革命对经济思想的转变具有重大的影响。经济学上的革命主要表现为由一种经济学范式转向另一种经济学范式的革命性的跳跃。其中，旧的范式被废弃，而新的范式冲破阻力并取得应有的地位。至于新的经济学范式能否成为主流经济学，要看它是否符合统治

---

　　① "左派"和"右派"这两个概念来自于1789年法国等级议会的坐席计划：贵族坐在国王的右边，第三等级坐在国王的左边，其观点的分歧具体化为关于国王否决权的辩论——大多数革命代表反对它，而保守派代表拥护它。"左派"和"右派"是关于对待社会变革和现存社会秩序的政治性概念。"左派"和"右派"的区别在于：前者主张变革，后者要维持现状。"左派-右派"两分法是变革对传统以及激进主义对保守主义的反映，这种两分法也经常被运用于经济学中。

阶级的需要。如果新的经济学范式攻击的不是旧的经济学范式的硬核，而是其保护带，则称为经济思想的累积性进展。马歇尔认为，经济思想的发展是一个连续的演进过程，后起的思想对以前的思想不是完全地推翻，而只不过是加以补充而已。诸种新学说，只是补充和展开诸种旧学说，或加以修正，或改换其要点，或变化其音调，而很少把旧学说完全推翻。这种观点对于解释同一范式的经济思想的发展或许是对的，但不能解释经济学范式之间的对立和革命。

经济思想的发展似乎遵循否定之否定规律，这个规律是以对立和综合两种趋势的形式表现出来的：①当一种经济思想完备、成熟甚至完全被人们所接受，似乎已经使经济思想发展穷尽时，突然出现了与它相反的另一种经济思想，它们互相论争，并在论争中完善自己；②对立的思想又进一步启发了后人的思想，使之站在一个新的高度重新看待问题，这就形成了带有综合性的新的经济学范式，其中，旧的、已经被否定的范式又复活了，或者成为新的理论体系的一个组成部分。经济思想的综合是革命性的，因为它意味着新的理论体系的出现，从而将经济学向前推进一大步；它同时又是累积性的，因为前面已经提到，只有具有相同的世界观、认识论和方法论的不同经济学范式之间才能进行这样的综合。一方面，这样的综合可能是不讨人喜欢的，因为它将完全对立的经济学范式的棱角磨平，使之相安无事地被安排在一个四平八稳的体系之中，正如马克思批评约翰·穆勒的综合体系时所形容的那样，这是一种"没有生气的折中主义"，"企图调和不能调和的东西"；另一方面，它也可能漏洞百出，因为按照波普尔的观点，越是普遍性的命题越容易被证伪。

库恩的关于各范式之间存在着交流失灵的观点争议最大，因为它完全否认了科学的累积性及各范式之间的相互学习和相互借鉴。由于基本的立场、观点和方法不同，经济学各范式在研究任务、研究方法、概念范畴体系、理论体系和政策主张上存在着严重的分歧。它们之间的常态关系是论争，而不是融合。当然，各范式之间相互学习及观点和方法的相互借鉴也不是不可能的。然而，各范式之间的相互学习和相互借鉴，与其说是削弱了各自的核心理论构成，不如说是加强了彼此的理论构成。我们常常能从对手那里学到许多东西。例如，新凯恩斯主义经济学从新古典经济学那里借鉴了"理性预期"这一核心概念，但运用这一方法研究的结论是加强了而不是削弱了凯恩斯的市场非出清理论。而在激进经济学和资产阶级正统经济学之间存在着沟通的障碍。这两种经济学就好比两个不同的种族，也好比地球人和外星人，有着不同的文化习俗，说着不同的语言，因此它们之间简直没法沟通。

经济学上的派别之争是件坏事吗？

在科学领域，思想、观点和意见的分歧是不可避免的，而且它们也是推动人类文明、教化、教育、文化和道德进步所必需的。关于这一点，再也没有比英国伟大的哲学家、经济学家约翰·穆勒在 150 年前（1859 年）所写的名著《论自由》中论证得更充分的了。在这里，我们只能复述小穆勒的观点，并以此作为本绪论的结语。

小穆勒在论证思想自由、言论自由、出版自由、学术自由与个性自由和多样化发展是保证科学和艺术发展及人类进步的首要前提时，提出了意见分歧有益论，即"意见的分歧，在人类还未达到远比今天更能认识真理的一切方面之前，也并非坏事而倒是好事"，"在人类心灵未臻完善的状态下，真理的利益需要有意见的分歧"①。其内容主要有：

第一，我们永远也不能确信我们所力图窒闭的意见是一个谬误的意见。因为凡压默讨论，都假定了不可能错误性，而人永远不能肯定自己不会犯错，这是人类的认识局限所决定的。世界上没有所谓绝对确定性这种东西。所谓世界，就每一个个人来说，是指世界中他所接触到的一部分，如他的党，他的派，他的教会，以及他的社会阶级。他们没有权威去代替全体人类决定问题，并把每一个他人的判断排斥在外。不仅个人会犯错误，时代也会犯错误。每个时代都曾抱有许多被随后的时代视为不仅是错误的而且荒谬的意见，现在正流行着的许多意见必将为未来时代所排斥，其确定性正像一度流行过的许多意见已经为现代所排斥一样。因此，必须聆听各种不同意见的人关于它的说法，并研究各种不同心性对它的观察方式。一个聪明人要保持聪明，除此之外绝无其他的方式；而就人类智慧的性质而言，要变得聪明，除此之外也别无他法。

第二，即使受压制的意见是谬误的，窒闭它也是一种罪恶。即使社会所公认的意见全部正确而且是完全的真理，也不应禁止争辩和讨论，若不经常接受充分和无畏的讨论，这种意见也只是作为死的教条而不是活的真理。当一种教义取得统治地位，并压制讨论时，它的活力通常就开始衰退了，因为在缺乏讨论的情况下，不仅意见的根据被忘掉了，就连意见的意义本身也常常被忘掉了。在这种情况下，表达意义的字句就不再提示什么观念，或者只提示它们原来用以表达的观念的一小部分。此时，鲜明的概念和活生生的信仰没有了，取而代之的只有一些陈套中保留下来的词句；或者即使意义还有什么部分被保留下来了，那也只是意

---

① 约翰·穆勒. 1959. 论自由. 程崇华译. 北京：商务印书馆：62，68. 穆勒的观点均引自该书，为了减少篇幅，以下的引文不标明出处。

见的外壳和表皮，其精华则已尽失了。这样的真理，也只是迷信，偶然贴在宣告真理的字面上罢了。真理必须经常在反驳者面前为自己辩护，而等到战场上已无敌人时，教者也好，学者也好，就都到他们的岗位上睡觉了。

第三，两种相互冲突的教义，不是此为真理，彼为谬误。在生活中的一些重大实践问题上，真理在很大程度上是对立物的协调和结合问题。在每一个可能有不同意见的题目上，真理像是摆在一架天平上，要靠两组互相冲突的理由来较量。因为在人类心灵方面，片面性永远是规律，而多面性则是例外。只有在对冲突的意见的调和过程中，甚至是交战双方在敌对旗帜下展开粗暴的斗争过程中，才有寻找真理的机会。可怕的祸患不在于部分真理之间的猛烈冲突，而在于半部真理的平静压熄。只要人们被迫兼听双方，情况就总有希望；而一旦人们只偏注一方时，错误的就会硬化为偏见，而真理本身由于被夸大而变成谬误，也就不再有真理的效用。

第四，真理往往掌握在少数人手中。假如除了一个人持相反的意见外，全体人类都持一致的意见，此时，人类要使那个人沉默并不比那个人（假如他有权力的话）要使人类沉默更正当。如果两种意见中有一种比另一种较为得势，那么，不仅应给予宽容而且应给予鼓励和帮助的，倒是在特定时间和地点上居少数地位的那一个，因为那个意见在当时代表着被忽略了的利益，代表着人类福祉中有得不到分所应得之虞的一面。

最后，不仅真理的发现和讨论必须在自由的气氛中进行，而且自由本身也具有其内在的价值，它是人类个性多样化发展和首创性培养的必要部分和必要条件。居于第一重要地位的无疑是人本身，尊重人就必须尊重个性自由。人性不是一架机器，不能按照一个模型铸造出来，然后又开动它毫厘无爽地去做已经替它规定好了的工作；它更像一棵树，需要生长并且从各个方面发展起来，且需要按照使它成为活东西的内在力量的趋向生长和发展起来。人类要成为思考中高贵而美丽的对象，不能靠把自身一切个性的东西都消除，而要靠在他人的权利和利益所允许的限度之内把它培养和发展起来。与每个人个性的发展相对应，每个人也变成对自己更有价值，因而对他人也能够更有价值。只有在自由而宽容的社会环境中，才能培养创造天才。压制创造个性的做法，也就是把某些人自以为正确的观念和行为准则强加于意见不同的人，从而迫使一切人被压入一个共同的僵死的生活模式，其结果只能是压制了人性中每一个突出的部分，把一切在轮廓上显有异征的人都变成碌碌凡庸之辈。

总之，对于各种思想的自由探索和自由讨论，是保证科学和艺术获得发展的首要前提。凡拥有这种自由的时代，必定是学术繁荣、艺术辉煌的时代；凡压制这种自由的时代，必定是思想和艺术死气沉沉、愚昧黑暗的时代。真理只有在自由探讨中才能被发现。不仅如此，"人性多种形式的发展，多种多样的差异；爱好和才能的五花八门和思想观点的不同；这些不仅构成人类生活的一大部分乐趣，而且才智相互冲突的刺激作用和向每个人提出他从未抱有的许多见解，会成为思想和道德进步的主要动力"。①

➢本章主要参考书目

卡尔·波普尔. 1999. 科学发现的逻辑. 查汝强等译. 沈阳：沈阳出版社.

马克思. 1975. 资本论. 第1卷. 中央编译局译. 北京：人民出版社.

托马斯·库恩. 2003. 科学革命的结构. 金吾伦等译. 北京：北京大学出版社.

伊姆雷·拉卡托斯. 2005. 科学研究纲领方法论. 兰征译. 上海：上海译文出版社.

约翰·穆勒. 1959. 论自由. 程崇华译. 北京：商务印书馆.

---

① 约翰·穆勒. 1991. 政治经济学原理（上卷）. 赵荣潜等译. 北京：商务印书馆：239.

第一篇　凯恩斯主义经济学范式

"凯恩斯革命"拉开了现代西方经济学的序幕。现代西方经济学以凯恩斯革命为起点，以凯恩斯经济学为中心，向左或向右进行拓展。现代西方经济学的各个流派也是在凯恩斯的《通论》的巨大影响下发展起来的。凯恩斯经济学在第二次世界大战后一段时间内曾经占据了经济学的统治地位，并且深刻影响了无论是赞成它还是反对它的经济学家。经济学家们倾向于主要通过他们与凯恩斯经济学的关系来说明自己是"亲凯恩斯派"、"非凯恩斯派"或"反凯恩斯派"。这正如一位西方经济学家所说的那样，"凯恩斯派也许不能构成最大的阵营，但是他们占据了制高点，从而说明了问题"。①

战后凯恩斯主义经济学的发展经历了一波三折。英美两国凯恩斯主义者根据他们所处的不同的经济环境与学术倾向，对凯恩斯的学说提出了互相对立的见解，并在此基础上做出不同的诠释、补充和发展，从而形成了凯恩斯主义的两个分支：以美国麻省理工学院为中心的新古典综合经济学和以英国剑桥大学为中心的后凯恩斯主义经济学。它们从一开始就遵循两个不同的方向来发展，彼此之间展开了激烈的批评和反批评，从而形成著名的"两个剑桥之争"。前者将凯恩斯的收入决定论与新古典经济学的微观理论综合在一起，后者则发展了凯恩斯理论中的非均衡分析、非理性预期、经济的不确定性、对资本主义生产制度和分配制度进行较为激进的批判等观点。后凯恩斯主义经济学中的激进成分，使它注定不能成为资产阶级的主流经济学，而新古典综合经济学在 20 世纪 70 年代的经济危机中遭受重创，并且丧失了主流经济学的地位。在 20 世纪 80 年代，一批较为年轻的凯恩斯主义者一方面坚持和发展了凯恩斯对市场经济的非均衡分析，另一方面又借鉴了各种反凯恩斯主义经济学的观点和方法，最终形成了新凯恩斯主义经济学。20 世纪 90 年代以后，新凯恩斯主义经济学和新古典宏观经济学成为西方最具影响力的两个经济学流派，这两派之争主宰了西方国家的经济学界，并影响了各国政府的经济决策。

---

① 彼得·德鲁克. 1985. 走向下一种经济学 // 丹尼尔·贝尔，欧文·克里斯托尔. 经济理论的危机. 上海：上海译文出版社：11.

　　凯恩斯主义经济学代表了现代资本主义市场经济条件下的国家干预主义思潮，它承认资本主义市场经济的某些缺陷或存在着市场的失灵或失败，主张在资本主义基本经济制度的框架内通过国家干预对资本主义市场经济运行所产生的种种不良的社会、政治和经济的后果加以匡正，以使资本主义在经过修补之后成为运行效率更高与生存能力更强的社会制度。凯恩斯主义经济学所持有的这种基本政治立场和观点恰好使它处在这样一种中间的位置：当把资本主义市场经济的缺陷与资本主义经济制度联系在一起时就会向左转，从而出现激进主义经济学；而向右转的保守主义经济学将市场经济运行过程中出现的问题归咎于政府的过多干预，而非制度本身。因此，它必定会招致左右夹击。只要资本主义经济运行不稳定，就需要国家的干预；而只要国家干预经济，就需要凯恩斯主义①。凯恩斯主义经济学提供了一整套国家干预经济的理论和分析工具，从而适应了国家垄断资本主义的需要。然而，当国家干预非但不能解决问题，反而引发新的问题时，凯恩斯主义经济学就遭到遗弃。这正是资本主义世界在 20 世纪 70 年代出现的情况。因而问题并不在于政府要不要干预经济，而在于如何进行适度的干预。政府的过多和过分的干预并不是一件好事。当然，至于什么是适度和什么是过分，是相当含糊的概念；问题是由市场的缺陷引起的，还是由政府的干预造成的，也很难说清楚。但是，凯恩斯主义经济学与新自由主义经济学的区别点就在这里。它们之间泾渭分明的程度，恰好被分别信奉这两种不同范式的经济学的两位美国总统用以下两句名言清楚地表达了——2008 年 1 月 8 日，美国民主党总统候选人奥巴马在竞选演说中说："是的，我们能治愈这个国家！是的，我们能补救这个世界！是的，我们做得到！"而 1981 年 1 月 20 日，里根在第一任总统就职演讲中说："政府不是解决问题的办法，政府就是问题。"

---

　　① 在 2008 年的金融危机中，人人都是凯恩斯主义者。有人问美国副财长戴维·麦考米克："这次危机与 1929～1933 年的危机有何不同？"他的回答是："1929 年没有凯恩斯，今天人人都是凯恩斯。"

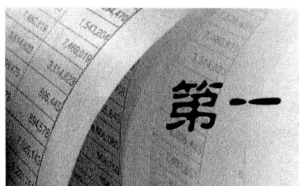

第一章

新古典综合

"新古典综合"（neoclassical synthesis），后又改称为"后凯恩斯主流经济学"（post-Keynesian mainstream economics）和"现代主流经济学的新综合"，是第二次世界大战后主要产生于美国的现代凯恩斯主义经济学的一个重要流派，保罗·萨缪尔森（Paul A. Samuelson 1915—2009）是其最重要的代表人物。此外，在美国，其主要代表人物还有阿尔文·汉森（Alvin H. Hansen 1887—1975）、詹姆斯·托宾（James Tobin 1918—2002）、弗兰科·莫迪利安尼（Franco Modigliani 1918—2003）、罗伯特·索洛（Robert M. Solow 1924—）、劳伦斯·克莱因（Lawrence R. Klein 1920—）、沃尔特·海勒（Walter W. Heller 1915—1987）、阿瑟·奥肯（Arthur M. Okun 1928—1980）、詹姆斯·杜森贝里（James S. Duesenberry 1918— ）等；在英国有约翰·理查德·希克斯（John R. Hicks 1904—1989）、詹姆斯·米德（James E. Meade 1907—1995）等。

新古典综合派的经济学家们致力于凯恩斯所开创的宏观经济学的完善工作，并以拼凑的方式把凯恩斯主义经济学与新古典微观经济学综合起来，为西方国家政府干预经济提供了理论依据和一整套政策工具。在第二次世界大战以后的30年中，该流派在西方经济理论界占有正统地位，影响和左右着政府的经济决策。然而，进入20世纪70年代，新古典综合派因无法对"停止膨胀"这一新的经济现象做出合理的解释和提出相应的对策而一筹莫展，从而陷入了新自由主义经济学的围剿之中，成为明日黄花，难现往日辉煌。而一支更年轻、更富有朝气的生力军——新凯恩斯主义经济学——取而代之成为凯恩斯主义经济学范式的正宗代表。

第一节　新古典综合概述

　　1929～1933 年的大萧条宣告了以马歇尔为代表的新古典经济学的破产，凯恩斯经济学应运而生。第二次世界大战以后，为了防止 30 年代经济大危机的历史重演，西方各国政府开始重视凯恩斯的学说和政策主张，将充分就业作为施政的重要目标。这标志着在《通论》出版将近十年之后，凯恩斯的理论终于成为资产阶级政府经济政策的指导思想。然而，对于凯恩斯的追随者来说，要使凯恩斯经济学成为主流经济学并发挥施政影响，还有许多工作要做。其中，有两项工作最为重要：一是进一步补充、完善和发展凯恩斯所开创的宏观经济分析，建立现代宏观经济学，并提供适合战后资本主义国家干预经济需要的政策分析工具；二是处理好凯恩斯经济学与新古典经济学的关系，以使历史上的经济思想不至于成为垃圾。一大批凯恩斯的追随者正是通过完成这两项工作而形成了影响最大的且为统治阶级首肯的学派——新古典综合。

一、对凯恩斯学说的补充和发展

　　凯恩斯的《通论》是写给同行的，目的是说服同行摆脱旧说，转而接受他的新说。《通论》是一部公认的难懂之作，其内容晦涩，结构松散，充满反传统的观点，萨缪尔森也曾表示他最初看不懂此书。因此，凯恩斯追随者的一个首要任务就是凯恩斯理论的普及和通俗化。另外，凯恩斯的经济理论主要是针对 1929～1933 年那场大萧条的，因此凯恩斯经济学又被称为"萧条经济学"。为了对付大萧条，凯恩斯甚至主张通过天灾人祸，或在地上打窟窿来刺激有效需求，实现充分就业。很显然，他的许多观点和政策主张并不适合第二次世界大战后资本主义国家的实际经济情况。其实也难怪，大抵开基之人，观点不免草创。凯恩斯在《通论》中开创的宏观分析和宏观经济学存在诸多缺陷，主要表现在几个方面：①只有宏观理论，而没有微观理论；②过分强调需求，而忽视了供给；③只进行短期比较静态分析，没有长期动态分析；④没有对商品市场、劳动市场、货币市场和国际市场进行一般均衡分析；⑤根据有效需求而提出的政策建议比较笼统，缺乏可操作性，且过分强调财政政策，而不重视货币政策；等等。因此，必须对凯恩斯的理论进行补充和发展，使其更加完备，才能适用于分析和解决资本主义面临的种种问题。

　　针对凯恩斯理论的这些缺陷，新古典综合派经济学家们做了大量的修补、完善和发展工作，提出了许多理论和模型，构建了现代宏观经济学[①]。这些理论和

---

　　① 《宏观经济学》已经对这一流派的主要经济理论和政策做过详尽的讲解，为了避免重复，本章只交待其发展线索和梗概，省略其详细内容。

模型主要有：希克斯和汉森的 *IS-LM* 模型及米德、金德伯格、蒙代尔、弗莱明等人的"开放经济"模式，这些模型把简单的凯恩斯模型扩展为现代收入决定论；杜森贝里的"相对收入假说"和莫迪利安尼、布伦贝、安多的"持久财产假说"，以及摩根等人的"消费决策影响收入假说"，这些假说在消费与收入之间的关系方面把凯恩斯的短期比较静态分析发展为长期动态分析；汉森、萨缪尔森的"引致投资"和"加速原理"的学说以及多马、哈罗德、索洛的经济增长理论，在投资与收入之间的关系方面将凯恩斯的短期比较静态分析发展为长期动态分析；萨缪尔森的 *AS-AD* 模型，将价格水平和总供给引入宏观经济理论分析框架。此外，库兹涅茨的国民收入核算体系与汉森、萨缪尔森的"补偿性财政政策与货币政策"和"相机抉择行动"，以及海勒、托宾和奥肯的充分就业的经济政策，还有克莱因等人的计量经济学模型，都为政府经济政策的实施开辟了道路。新古典综合派对凯恩斯学说的补充和发展及对丰富和发展经济理论做出了很大的贡献。第二次世界大战后，宏观经济学有了长足的、突破性的进展，这与新古典综合派经济学家们所做的工作是分不开的，同时这也是他们当中的许多人获得诺贝尔经济学奖的重要原因。

二、保罗·萨缪尔森

保罗·萨缪尔森是凯恩斯主义经济学的集大成者，也是当今世界经济学界最具睿智头脑的经济学巨匠之一。他于 1915 年出生在美国印第安纳州加里（Gary）城的一个犹太人家庭。1932 年，未满 17 岁的萨缪尔森进入芝加哥大学经济系学习经济学，并于 1935 年获文学学士学位。在芝加哥大学，萨缪尔森遇到了他一生的论敌和朋友——弗里德曼，后者当时在芝加哥大学经济学系攻读硕士学位。这两位经济学家几乎在同一时期受教于同一学校，但后来一位成为凯恩斯主义者，而另一位则成为货币主义者。有趣的是，芝加哥学派的传统使萨缪尔森在开始时成为一位货币主义者，而哈佛大学和他的老师阿尔文·汉森又把他转变成为一个凯恩斯主义者。

从芝加哥大学毕业后，萨缪尔森去了哈佛大学攻读博士学位。在那里，他亲眼目睹了一个惊人的转变——汉森从一个坚定的古典经济学家转变为凯恩斯主义者，正领导着凯恩斯学说在美国的传播工作。当时，汉森主持财政政策研讨班，带领学生学习凯恩斯的《通论》，把凯恩斯的学说译成简单明了的语言及易懂的图形和数学，吸引了包括萨缪尔森在内的很多热情高涨的学生。据萨缪尔森回忆，那时课堂上讲的是马歇尔的经济学原理，他们学《通论》还有点搞"地下活动"的感觉，但这使他们这些年轻人更加兴奋地讨论凯恩斯的观点。美国第一代凯恩斯主义者及以后新古典综合派的代表人物大多是从这里出去的。萨缪尔森获得诺贝尔经济学奖后，有记者问，获得诺贝尔经济学奖的秘诀是什么？他当即回答：去找一个好老师。萨缪尔森说的他的好老师就是汉森。凯恩斯的学说彻底征服了萨缪尔森，他很快放弃了货币主义而倒向凯恩斯主义。他还因为自己曾接受货币主义理论而称自己为"蠢人"。他庆幸自己生得不早不晚，恰逢其时，赶上了千载难逢的好时机——如果生得太早就不会接受凯恩斯经济学，而如果生得太晚则不会理解"凯恩斯革命"的全部意义。他引用英国诗人威廉·华兹华斯的诗来表达自己的心情："在那个黎明活着已是福分，年轻则是上了天堂！"

　　萨缪尔森于 1941 年获得哈佛大学博士学位，其博士学位论文《经济理论的应用意义》在 1947 年以《经济分析基础》为题发表。这部著作是数理经济学的经典之作，改变了经济学的研究方式，使经济学由用文字和图表进行分析转向用数学工具进行分析。他也因此获得了美国第一届约翰·贝茨·克拉克（John Bates Clark）奖（这个奖项是奖给 40 岁以下的年轻有为的经济学家的，俗称"小诺贝尔经济学奖"），并且成为美国经济学家中问鼎诺贝尔经济学奖的第一人。起初，萨缪尔森想留在哈佛大学任教，但也许因为他是个"盛气凌人、狂妄自大、积极进取的年轻人"（他自己的说法），加上他的犹太人背景，哈佛大学只愿意给他提供一个普通讲师的职位。于是，他选择去了名气相对较小的麻省理工学院。哈佛大学不久就为此失策而感到后悔，因为它失去了那个时代最优秀的经济学家。从 1940 年起，萨缪尔森一直执教于麻省理工学院，直至退休。哈佛大学曾于 1954 年邀请他回母校任教，但被他拒绝。

　　第二次世界大战期间，萨缪尔森在麻省理工学院放射实验室工作，研发追踪飞机的计算机技术。第二次世界大战结束后，他返回经济学的教学和研究岗位，受经济系主任的邀请，开始把主要精力放在一本新的经济学教科书的编写工作上。当时的经济学教科书内容陈旧、观点过时，而且很少谈及凯恩斯的新经济学。萨缪尔森立志写一本关于凯恩斯主义的教科书，以此来统领以往的经济思想，并且将复杂的经济学理论简化为通俗易懂的散文，使沉闷的经济学变成激动人心的学科。1948 年，萨缪尔森的《经济学》一书出版，并获得了极大的成功。他在此书中应用简单的代数和简明的图表诠释凯恩斯的宏观经济学理论，并建立了一个新的经济学体系。这个体系综合了此前经济学的各种理论和观点，堪比小穆勒在 19 世纪中叶以及马歇尔在 19 世纪末所做的综合工作。《经济学》差不多每隔三年就再版一次（在 1985 年的《经济学》第 12 版中，萨缪尔森已经无力单独完成这项工作），而每次再版，萨缪尔森都对书的结构、内容、观点和文字做或大或小的调整和修改，以使他的理论体系能跟得上时代的发展步伐并反映经济学的新进展。这本书到目前为止已经发行到第 19 版了，并被译成 43 种文字，发行量已达数千万册。在《经济学》第 1 版出版时，加尔布雷斯就曾预言："下一代将跟随萨缪尔森来学经济学。"的确,萨缪尔森在经济学领域的影响可以说是无处不在的。人们进入大学,一开始学习经济学便遇到了萨缪尔森,读的是萨缪尔森的《经济学》;而当进行高层次的经济理论研究时,人们还是离不开萨缪尔森,因为这时,他的《经济分析基础》成了经济理论研究的指导。

萨缪尔森是经济学界的通才,几乎在所有的经济学领域,如微观经济学、宏观经济学、国际经济学、数理经济学和福利经济学,都有所建树。他在进行研究时,经常大量使用相当高深的数学。一部分西方经济学者认为,萨缪尔森提高了西方经济学的研究水平,并把它推向前进;另一部分学者则认为,萨缪尔森使西方经济学仅仅注重形式和分析技术上的精美,把全无任何经验内容的李嘉图恶习和瓦尔拉斯的均衡分析推向极致。2009 年 12 月 13 日,萨缪尔森在马萨诸塞州的家中辞世,享年 94 岁。

三、凯恩斯经济学和新古典经济学的大综合

凯恩斯主义的流行,使得西方经济学的整个理论体系出现了严重的分裂。首先,新古典经济学是以价格理论为核心而展开的,而宏观经济分析是以收入决定理论为核心而展开的,这两个核心理论之间没有内在联系,即价格理论不能被运用于宏观分析,而宏观分析则缺乏其微观基础。其次,这两种经济学的结论是相互矛盾、相互否定的:新古典经济学强调通过市场价格机制自发地调节经济活动,可以达到社会福利最大化,因此政府对经济的过分干预是不必要的;而凯恩斯经济学强调国家对经济生活的直接干预的必要性,否则自发的市场调节不能有效地运转。这样,无论就其基本命题和分析方法,还是政策含义,整个西方经济理论体系都产生了深刻的矛盾。西方经济理论的分裂实际上反映的是在稀缺资源配置的过程中,市场机制与国家调节之间的矛盾。新古典经济学揭示了自由市场经济的工作原理,而凯恩斯经济学说明了国家干预的必要性。这两种不同范式的经济学当然都是现代资本主义所需要的。因此,必须把它们综合在一起,使其相安无事地处在同一个理论体系之中。

新古典综合的完成者是萨缪尔森。从 1948 年开始,他在其著名的经济学教科书《经济学》中开始致力于经济理论的新的综合工作,"新古典综合"一词,便是由他首创的。在以后漫长的岁月里,他始终致力于这个体系的完善工作,其中包括从凯恩斯反对派那里汲取理论观点和方法。

按照萨缪尔森的解释,"新古典综合"是指"把早期经济学和现代收入决定论中的任何有价值的东西集合起来"。他认为这一体系"弥补了总量宏观经济学与传统微观经济学之间的鸿沟,并使它们成为一个整体"(《经济学》第 3 版 1955 年)。在 1958 年《经济学》第 4 版中,他又进一步指出,新古典综合"是将现代收入决定的合理内核与古典经济学原理的综合。它的基本原则是:通过收

入分析解决货币政策和财政政策中的重要问题，使古典理论重新有效"。在 1961
年《经济学》第 5 版中，萨缪尔森正式把他所代表的学派称为"新古典综合"，
并认为这是对凯恩斯理论的继承和发展。

新古典综合派是如何将凯恩斯的理论体系和新古典理论结合在一起的呢？从
形式上看，新古典综合其实就是萨缪尔森在他的《经济学》教科书中，把宏观经
济学和微观经济学顺次安排在一起的那种结合。所谓新古典综合，实质上是将以
马歇尔为代表的新古典经济学与凯恩斯经济学综合在一起，组成一个集马歇尔微
观经济学和凯恩斯宏观经济学之大成的经济理论体系。一系列在凯恩斯基本理论
基础上的最新研究成果形成"宏观经济学"；而传统的经济学理论，包括价格理
论、消费理论、生产理论、市场理论及分配理论和一般均衡理论与福利经济学形
成"微观经济学"。通过这样一种新的综合，"把凯恩斯有效需求的力量引向按一
个新古典模式那样的行动"（萨缪尔森语）。

应该承认，把凯恩斯主义宏观经济学和新古典微观经济学安排在一个统一的
理论框架之中，从而奠定了现代西方经济学的理论体系，这是在经济理论体系上
的重大创新。自此之后，西方经济学在理论观点上虽有突破性的进展，但仍然没
有突破萨缪尔森的理论体系。凯恩斯经济学和新古典经济学虽然是两种不同的范
式，但两者的价值取向毕竟是一致的，这决定了它们之间可以沟通。凯恩斯经济
学的根本缺陷是缺乏微观基础——价值论和分配论，而新古典经济学恰好可以弥
补这方面的不足。关于他的理论与新古典经济学的关系，凯恩斯本人说得含糊不
清且前后矛盾。他严厉地批判了新古典经济学的基本理论支柱，并把它变成了
"特例"，然而他又说："我们对于经典学派理论之批评，倒不在发现其分析有什
么逻辑错误，而在指出该理论所根据的几个暗中假定很少或从未能满足，故不能
用该理论来解决实际问题。假设实行管理之后，总产量与充分就业下之产量相差
不远，则从这点开始，经典学派理论还是对的。"[1]这句话成为新古典综合派经济
学家致力于把这两种不同的经济学范式综合起来的理论依据。他们相信，在实行
凯恩斯主义达到充分就业之后，新古典经济理论仍将再度适用。

然而，新古典综合派所做的"综合"工作，实际上是将两个不同的经济学范
式拼凑在一起，而不是将二者有机地结合在一起。正如一些经济学家指出的那
样，这样所形成的凯恩斯宏观经济学与新古典经济学之间的融合，就如油与水的
融合一样。这个理论体系中的矛盾和不一致性是相当明显的。瓦尔拉斯的一般均
衡表明的是所有市场同时出清时的状态，它不可能产生凯恩斯所说的小于充分就
业下的均衡。所以，至少在产量和就业的总水平方面，"看不见的手"是有缺陷
的。为了弥补这一裂痕，新古典综合派借助了"长期"和"短期"的说法：在长

---

① 凯恩斯. 1983. 就业利息和货币通论. 徐毓枏译. 北京：商务印书馆：326.

期内，新古典经济学行得通；在短期内，由于货币工资的刚性、缺乏利率弹性的投资需求和货币需求，以及其他不完全因素，凯恩斯主义则行得通。但这样一来，新古典综合派就背离了凯恩斯，在公众看来，凯恩斯的经济思想和政策不过是使新古典经济学重新适用的手段而已，凯恩斯的通论反过来变成了新古典经济学的特例。对于这样一种"解决"办法，凯恩斯本人就曾说过这样一段有名的话："在长期中，我们都死了。如果在暴风雨的季节里，经济学家们只能告诉我们，风暴过去很久后，海面又会恢复平静的话，那么他们留给自己的任务也太轻松，太无用了。"[①] 新古典综合派的这种做法招致凯恩斯非均衡学派和后凯恩斯主义者的严厉批判。在《经济学》第10版（1972年）中，萨缪尔森被迫放弃了"新古典综合"这一术语，而将他所代表的学派改称为"后凯恩斯主义主流经济学"。在《经济学》第12版（1985年），他又易名为"现代主流经济学的新综合"。

在"黄金时代"，可以忽视微观经济学和宏观经济学之间的精神分裂这个问题，但是当理论和现实变得更加扑朔迷离的时候，就不能再忽视了。20世纪70年代以后，新古典综合被抛弃了，代之以这样两种解决办法：要么使宏观理论适应微观理论（新古典宏观经济学的解决办法）；要么使微观理论适应宏观理论（新凯恩斯主义经济学的解决办法）。这成为自新古典综合破产以来宏观经济学发展的主线。

第二节 混合经济的理论和政策主张

新古典综合是适应现代资本主义经济的需要而产生的，而且它也恰恰是以此种需要来构建自己的理论体系的。现代资本主义经济是以生产资料私有制和市场经济为基础的，价格机制在调节资源配置方面起基础性的作用。但是，1929～1933年的大萧条和凯恩斯的经济理论都证明：市场经济在许多方面是失灵或失败的，特别是表现在宏观经济运行的不稳定上。因此，国家必须担负起指导经济的职责。然而，国家对经济的干预，不是重商主义式的干预，不是法西斯主义式的干预，也不是斯大林主义式的干预，这就决定了干预只能是凯恩斯主义式的。这意味着，国家对经济的干预必须以市场经济为基础进行。凯恩斯笼统地描述了现代资本主义市场经济条件下政府干预的这样一种方式，而新古典综合派的经济学家提供了更多、更具体的理论依据和政策工具，并把这种政府和市场共同起作用的经济称做"混合经济"（mixed economy）。

---

① 布莱登·斯诺登，霍华德·文. 2009. 现代宏观经济学：起源、发展和现状. 余江涛等译. 南京：江苏人民出版社：48.

一、混合经济的含义

最早提出混合经济思想的是凯恩斯。他在《就业、利息和货币通论》一书的第 24 章中曾指出,挽救资本主义的"唯一切实办法",就是扩大政府的机能,"让国家之权威与私人之策动力量互相合作"[①]。这就是混合经济论点的最初由来。

汉森进一步发展了这个思想,提出了"双重经济"(dual economy)的概念。他在 1941 年出版的《财政政策和经济周期》一书中指出,从 19 世纪末期以来,世界上大多数资本主义国家的经济已经不再是单一的、纯粹的私人资本主义制度,也不是纯粹的"公共经济",而是一种私人经济活动与政府经济活动同时并存的"公私混合经济"或"双重经济"。所谓"双重经济",包括"双重生产经济"与"双重消费经济"。前者是指生产中除了私人活动外,还有政府活动,如政府企业的建立、政府对基础设施的投资等;后者是指"收入与消费的社会化",即政府提供房租低廉的住房及政府在公共卫生、社会保障和社会福利等方面的支出。汉森指出,企业国有化不是"双重经济"发展的方向,不应该改变个人主义的经济,"政府只需支出大批经费,事情仍由私人企业来做"。

混合经济在萨缪尔森的《经济学》一书中得到了更为充分的论述。他认为,"混合经济"有两种含义:一是指"国家机关和私人机构都实行经济控制"的制度。它是这样一种经济,一方面,价格机制通过市场解决基本经济问题;另一方面,政府在控制经济方面确实做了许多事情。"我们的经济不是纯粹的价格经济,而是混合经济;在其中,政府控制的成分和市场的成分交织在一起来组织生产和消费。"[②]二是指"垄断和竞争的混合制度",即资本主义经济既不是一个完全竞争经济,也不是一个完全垄断经济,而是竞争和垄断交织并存的经济。萨缪尔森说:"我们的制度在两种含义上是混合的:政府限制私人的主动性;垄断的成分限制完全竞争的作用。"[③]

可见,所谓混合经济,是指既有市场机制发挥作用,又有国家对经济生活进行干预的经济。当然,这样说还相当笼统。自资本主义问世以来,就有政府对经济的干预。但在自由资本主义时代,政府的经济职责及其规模是相当有限的,仅限于维持市场经济运行所必需的法律秩序及承担某些私人无力进行或不愿意进行的公共事业和公共设施建设。但在混合经济中,政府的职能必须扩大,并被要求有意识地积极参与到市场经济的活动当中,以实现某些预先设定的目标。与之前

①　凯恩斯. 1983. 就业、利息和货币通论. 徐毓枬译. 北京:商务印书馆:326.
②　萨缪尔森. 1981. 经济学(上册). 第 10 版. 高鸿业译. 北京:商务印书馆:70.
③　萨缪尔森. 1981. 经济学(上册). 第 10 版. 高鸿业译. 北京:商务印书馆:82.

相比，政府的职能、权力和规模都无与伦比地扩大了。然而，政府不是要代替市场，它们之间有一个基本的分工，即生产什么、生产多少、如何生产和为谁生产等这些问题基本上留给私人企业和市场去解决，而政府主要通过执行各种宏观政策、微观政策以控制和改变市场运行的主要参数，从而间接地影响私营部门的决策，弥补市场调节机制的缺陷和促使经济长期稳定的增长。这意味着政府主要是采取经济手段而不是政治手段和行政手段对经济进行干预。此外，当政府规模大到使其变成一个巨型的市场主体时，它就可以通过变动自己的收入和支出直接影响整个经济。混合经济是一种新型的资本主义经济体制，是现代资本主义在经由自由资本主义—垄断资本主义—国家垄断资本主义发展阶段之后所采取的经济形式。

二、混合经济的理论模型

新古典综合派提出的混合经济模型主要有三个。

第一，收入-支出模型。该模型是凯恩斯的有效需求决定国民收入理论的解释和拓展。它认为，决定国民收入水平的是有效需求水平即总支出水平，即总支出＝私人消费＋私人投资＋政府支出＋净出口（在开放经济条件下）。因为存在边际消费倾向递减规律和资本边际效率递减规律，私人的消费和投资不足以达到充分就业水平，特别是后者总是极不稳定的，所以通常的情况是，投资或者大于充分就业下的均衡，或者小于充分就业下的均衡，由此便产生了通货膨胀和通货紧缩两个缺口，而这两个缺口要靠政府的支出加以抵消。

第二，IS-LM 模型。该模型是对凯恩斯理论的扩展和"新古典经济学式"的阐释。凯恩斯在《通论》中所考察的经济体系实际上是由三个市场——商品市场、劳动市场和货币市场——组成的，然而他却集中研究商品市场上的消费和投资的变化及储蓄和投资的变化如何决定产量和收入水平。这是因为，他假定资源和技术不变及充分就业之前劳动供给曲线的完全弹性，所以商品市场上的产量和收入水平一经决定，劳动市场上的就业量也就被决定了。凯恩斯虽然明确指出，收入的变化必然会改变货币需求，从而影响利息率，而利息率的变化也必然会反作用于投资，从而影响收入水平，但他在考察商品市场的收入决定时假定利息率不变，在考察货币市场的利息率决定时假定收入不变。也就是说，他始终没有对收入水平的变化和利息率水平的变化同时进行考察。希克斯和汉森采取一般均衡分析方法，使收入和利息率在投资、储蓄、货币供给和灵活偏好这四个因素的相互作用下同时被决定，从而指出了商品市场和货币市场同时达到均衡的条件。同时，他们也提供了对货币政策和财政政策的作用的说明。政府的财政政策决定了IS 曲线的位置，而货币当局的货币政策决定了LM 曲线的位置，通过搭配地使用这两种宏观经济政策，政府就可以决定适合的利息率和适合的国民收入。就这样，新古典经济学所强调的而被凯恩斯忽略的货币政策重新得到了重视，而且变得至少与财政政策同等重要。不过，凯恩斯和新古典经济学关于货币政策作用的不同观点在 *LM* 曲线的斜率中得到反映。

第三，*AS-AD* 模型。该模型是进一步向新古典经济学复归。在 20 世纪 30 年代资本主义大危机的特定环境下，凯恩斯注重有效需求而忽视了供给方面的重要性。但在 20 世纪 70 年代，凯恩斯主义的需求管理政策遭遇困境，而新古典综合派吸收了货币学派、新古典宏观经济学等反凯恩斯学派关于总供给分析的观点，将总需求和总供给结合起来解释国民收入的决定及相关经济现象：凯恩斯的收入-支出模型和希克斯的 *IS-LM* 模型成为向右下方倾斜的总需求曲线的基础；劳动供求曲线的交点决定了就业的数量及总产出水平，它成为向右上方倾斜的总供给曲线的基础。总供给和生产函数曲线是由水平段、中间段和垂直段构成的，其形状像反转的英文字母 L，其中，水平段和向右上方倾斜的部分构成短期总供给曲线，属于凯恩斯区域；而垂直段构成长期总供给曲线，属于古典区域。两条曲线的交点决定了整个社会的产量和价格水平，并说明：在短期内，凯恩斯主义经济学行得通；在长期内，新古典经济学行得通。

三、"相机抉择"的财政政策和货币政策

"需求管理"是新古典综合派经济政策主张的核心。其基本含义是：在私人经济无法实现充分就业的均衡的条件下，政府把干预经济的重点放在调节总需求水平上，进而通过这种调节影响总供给水平，以实现充分就业、物价稳定、经济增长、国际收支平衡等政策目标。具体而言，当总需求不足时，政府通过各种经济政策设法提高总需求水平；反之，当总需求过度时，政府通过各种经济政策设法抑制总需求水平。总之，政府通过频繁地、交替地、搭配地运用各种政策工具不断地调节总需求水平，直至使社会的总产量和总收入水平达到令人较为满意的结果为止。为什么是调节总需求而不是总供给？这是因为，一方面，混合经济的性质决定了政府不是商品和服务的供给主体（公共产品除外），却是对商品和服务提出需求的大户；另一方面，这种政策主张反映了凯恩斯的一个基本观点，即至少在短期内，总需求水平决定总产量和就业水平。

需求管理的政策工具主要有财政政策和货币政策。前者是指政府变动自己的支出和税收而直接影响总需求；后者是指中央银行通过再贴现率政策、公开市场业务和变动法定准备金率来改变货币供应量，货币市场上货币供给的变化会影响利息率的变动，而利息率的变动会通过一系列的传导机制最终影响到商品市场上的私人消费和私人投资。在新古典综合派那里，这两种政策同等重要，而且往往被综合地加以使用。"相机抉择"是运用这两种经济政策的基本原则，它意味着：第一，政府和货币当局有相当大的自由裁量权，可以随时随地决定使用何种政策

及如何使用它们。当然，要变动政府的税收和支出须经国会批准，因此变动起来相对困难些。如果前一项政策与后一项政策相矛盾，不能说明政策的不连续性，而只能说明经济情况发生了变化。第二，政府和货币当局应针对经济形势的具体走势酌情使用各种经济政策，也就是说要逆经济风向行事：当经济紧缩时，采取宽松的财政政策和货币政策；当经济过热时，采取紧缩的财政政策和货币政策。这叫做交替地使用财政政策和货币政策，它们从同一个方向影响总需求。当经济形势变得错综复杂时，为了只影响一个宏观经济变量而不至于伤害到另一个，还可以搭配地使用财政政策和货币政策，如采取紧缩的财政政策和宽松的货币政策的组合，或者刚好相反。每一种经济政策都包含着种种具有不同政策效力的政策工具，所以可以有相当多的经济政策组合。

新古典综合派的混合经济理论和相机抉择的政策主张遭到新自由主义经济学家的猛烈抨击。对古典自由主义者来说，政府被授予如此大的权力，而且政府的规模膨胀到如此大的程度，这是对个人自由最大的侵犯；对货币主义者来说，凯恩斯主义的相机抉择的政策主张完全忽视了政策效应的"时滞"问题，导致了产出和就业水平出现更大的波动；对供给主义者来说，是供给决定需求，这正好与凯恩斯主义者说的相反；对理性预期学派的经济学家来说，只有靠欺骗和愚弄公众，政府的经济政策才会起作用，而一旦考虑到理性预期，政策立即失效；对公共选择学派的理论家来说，以政府来弥补市场的失败，就等于用一个更大的失败来挽救一个较小的失败。反对派的观点动摇了新古典综合派的根基，但致命的一击还是来自混合经济本身的破产。

20世纪五六十年代，西方发达国家出现了长期繁荣的景象。这种情况被认为是执行凯恩斯的经济政策的结果，西方国家从此进入了"凯恩斯时代"。对此，新古典综合派的经济学家们天真而乐观地以为，他们终于找到了资本主义长治久安的药方。然而，正像希克斯指出的那样，这一成就有多少可以归功于凯恩斯的经济政策，仍然是一个悬而未决的问题。第二次世界大战以后，主要资本主义国家发生了以原子能、电子计算机和空间技术为标志的第三次科技革命，促进了生产力的极大发展；而战后经济重建则提供了广阔的市场，刺激了巨大的需求。这二者结合在一起，已产生了这样一种繁荣，即根本无需再由凯恩斯的政策来刺激。由于国家垄断资本主义的空前发展和凯恩斯主义国家干预政策的实施，暂时缓和了资本主义的基本矛盾，在一定程度上减轻了资本主义经济危机的破坏程度。

从20世纪60年代后期开始，情况发生了根本性的逆转。由于资本主义各国政府长期推行凯恩斯主义，导致财政赤字不断增加，国债总额急剧上升，通货膨胀越来越严重。到了20世纪70年代，由巨型的政府和巨额的赤字——这是执行凯恩斯主义的必然结果——所产生的通胀压力终于转变为高通胀率和高失业率并存的局面——"停滞膨胀"。新古典综合派不但无法解释滞涨的存在原因，而且也提不出解决这一问题的对策。因为按照它的理论，当失业增加时，政府就应该加大预算支出和增加货币供应量，以刺激有效需求，提高就业水平；而当通货膨胀出现时，政府必须减少预算支出和减少货币供应量，以降低有效需求，消除通货膨胀。这种政策建议在失业和通货膨胀同时并存时便会带来自相矛盾的后果。新古典综合派因此威风扫地。卢卡斯在一篇题为《凯恩斯主义经济学的死亡：问题与观点》的文章中这样写道："如果一个人被看做一个凯恩斯主义者，他就会把这个看做是对他的一种冒犯。在各种研讨会上，人们不再认真对待凯恩斯主义理论；听众开始窃窃私语，哧哧发笑。"[①] 到了 1980 年前后，年龄在 40 岁以下的美国经济学家中，已经难以找到一个自认为是凯恩斯主义者的经济学家。而在这时，美国最杰出的"老"凯恩斯主义者也在思考这样一个问题："凯恩斯真的死了吗？"当有人问萨缪尔森这一问题时，他的回答是："是的，凯恩斯死了，正如爱因斯坦和牛顿一样。"凯恩斯死了，这是个事实；新古典综合派也死了，这也是个事实。后来的新凯恩斯主义者再也不会像老凯恩斯主义者那样肆无忌惮地为政府的权力和规模的扩大、传统职能的突破、赤字及相机抉择等问题进行辩护了。

第三节　通货膨胀与失业理论

按照标准的凯恩斯经济理论，有效需求不足会引起失业，过度需求会产生通货膨胀，因此，通货膨胀和失业不可能同时并存。然而，现实显然要比理论复杂得多。第二次世界大战后，这一点很快就变得十分明显：经济很容易发生通货膨胀，就像容易发生失业一样。所以，问题并不是在通货膨胀与失业之间加以取舍，而是在这两个祸害之间进行选择和平衡。标准的凯恩斯经济学的需求分析无法解决这个问题。因此，当菲利普斯提出了一条反映失业率与通货膨胀率之间的交替关系的曲线时，它很快就被吸收到新古典综合派的基本理论框架中。

一、菲利普斯曲线

在菲利普斯之前，许多西方经济学家都用"成本推进论"来解释失业和物价水平上涨的现象，即认为物价水平上涨是由于生产成本特别是工资水平上涨造成的。他们认为，当货币工资的增长率超过了劳动生产率的增长率时，物价就会上涨。1958 年，英国伦敦经济学院的新西兰籍教授菲利普斯在《经济学报》上发

---

① 转引自：布莱登·斯诺登，霍华德·文，彼得·温纳齐克. 1998. 现代宏观经济学指南：各思想流派比较研究引论. 苏剑等译. 北京：商务印书馆：344.

表了"1861~1957年英国的失业和货币工资变动率之间的关系"一文。他根据英国相关年份的统计资料，利用数理统计方法估算出一条反映货币工资变动率与失业率之间的依存关系的曲线。这条曲线表明，货币工资变动率与失业率之间存在着此消彼长的相互替代关系：当失业率较低时，货币工资增长率较高；当失业率较高时，货币工资增长率较低。菲利普斯的结论是：在英国，如果能保持5％的失业率，货币工资水平就会稳定；如果低于此失业率，货币工资的增长率就会超过劳动生产率的增长率。

新古典综合派对菲利普斯曲线稍做修改，将其变成一条反映通货膨胀率与失业率之间的交替关系的曲线。修正后的这条向右下方倾斜的菲利普斯曲线表达了这样两层含义：第一，混合经济现在面临着萨缪尔森所描述的"宏观政策的两难选择"；即如果社会期望低失业水平，就必须接受高通胀；如果社会期望低生活成本，就必须接受高失业水平。在这两个艰难的选择中，凯恩斯主义者认为，失业比通胀更糟糕。第二，它为政府治理通胀和失业提供了一张"政策选择的菜单"。政府可以有意识地运用"相机抉择"的宏观政策将通货膨胀与失业控制在社会可接受的水平上。例如，如果失业率高了，政府可以通过制造通货膨胀来换得失业率的下降；如果通货膨胀率高了，政府可以通过提高失业率来换得通货膨胀率的下降。总之，混合经济下的居民必须习惯在通货膨胀和失业下生活，但他们又必须相信政府可以解决这些问题。以加剧某种经济疾病为代价来换取另一种经济疾病的减轻，这种做法在通胀率和失业率之间确实存在一种交替关系，且在它们都处于较低的水平时是可行的。然而，到了20世纪70年代，菲利普斯曲线借以发挥作用的条件都不存在了，也就是说，它也失灵了。

二、对停滞膨胀的理论解释

在20世纪60年代末特别是70年代，西方国家的经济情况普遍开始恶化，出现了停滞膨胀的经济现象。"滞胀"使菲利普斯曲线所反映的失业率和通货膨胀率之间的交替关系大大地恶化，甚至出现了两者不相关或正相关的关系，这表现为菲利普斯曲线向右上方移动，并变成垂直和正斜率。当时，菲利普斯曲线已经不能成为西方国家政府实行"需求管理"的依据了。滞涨的出现和菲利普斯曲线的失效使得经济学家们对他们教科书里的诸多模型产生了质疑。凯恩斯主义被抛弃了，与之相对立的模型随后建立起来。这些模型都说明了在存在通货膨胀预期的条件下，通货膨胀率与失业率之间根本不存在交替关系。

新古典综合派的经济学家们仍然固守着已经被攻陷的阵地，但他们使用了反对派的工具来维护自身已经陈旧不堪的观点。萨缪尔森以供给冲击解释滞涨现象，认为石油价格、商品或劳动成本的剧增，使总供给曲线向左移动，致使产出下降，同时价格上升。因此，经济遭受双重打击——低产出和高价格。供给冲击使宏观经济政策的所有目标都恶化了，这与菲利普斯曲线的交替关系并不矛盾。新古典综合派仍然紧紧抓住一个核心信念不放，即亚当·斯密所说的自由放任体系是内在不稳定的，需要政府干预来确保高水平的有效需求和充分就业。而自由主义者通过建立理论模型和进行实证分析证明了：政府的凯恩斯主义式的干预是经济不稳定的根源。

➤ 本章主要参考书目

凯恩斯. 1983. 就业、利息和货币通论. 徐毓枬译. 北京：商务印书馆.

萨缪尔森. 1981. 经济学（上册）. 10 版. 高鸿业译. 北京：商务印书馆.

➤ 复习思考题

1. 新古典综合派是如何把凯恩斯经济学和新古典经济学综合起来的？这种综合的主要问题是什么？

2. 什么是"混合经济"？国家在混合经济中发挥哪些作用？

3. 什么是"相机抉择"的政策主张？为什么这一政策主张遭到凯恩斯反动派的猛烈抨击？

4. 简要评述新古典综合派的通货膨胀与失业理论。

第二章

后凯恩斯主义经济学

后凯恩斯主义经济学（Post Keynesian Economics）是当代凯恩斯主义的一个重要分支。它代表了强烈反对处于主流地位的新古典经济理论和新古典综合的一般均衡分析方法，并努力为了给宏观经济分析提供可供选择的多种研究方法而联合在一起的经济学家们的观点。后凯恩斯主义经济学家反对新古典综合派将凯恩斯经济学与新古典经济学拼凑在一起的做法，他们试图从古典经济学、马克思经济学、制度经济学和演化经济学那里寻求借鉴，力图完成"流产"的凯恩斯革命。他们发展了凯恩斯在其著作中提出的不确定性、货币非中性、资本主义经济运行的不稳定性思想，以及关于资本主义政治和经济权力过分集中在少数人手中并由此而产生了财富、收入分配不公等激进思想，并运用这些思想来分析资本主义现实经济中的种种问题。总之，后凯恩斯主义经济学已经成为与资产阶级主流经济学相抗衡的一个重要的异端经济学①。

■ 第一节　后凯恩斯主义经济学的产生和发展

后凯恩斯主义经济学产生于 20 世纪 50 年代，至今已经历了三代经济学家的发展。在英国，随着这一流派的主要代表人物相继故去，其影响日渐衰微。但在美国，后凯恩斯主义经济学仍然十分活跃，特别是在 20 世纪七八十年代以来有

---

① 研究后凯恩斯主义经济学的一个一致的观点是，它属于异端经济学或"凯恩斯左派"，因此应该把其放入激进主义经济学范式一篇中加以介绍。但是，考虑到这一学派强调与凯恩斯的渊源，并自称为后凯恩斯主义经济学，因此本书仍然将其放在本篇中加以介绍。

了重大的发展。2008 年的美国金融风暴及其引发的全球经济危机再次验证了后凯恩斯主义经济学提出的理论观点，因此，这一流派的影响力必将进一步扩大。

一、英国后凯恩斯主义：新剑桥学派

后凯恩斯主义的发祥地在英国，特别是凯恩斯曾经执教的剑桥大学。第一代后凯恩斯主义者，如琼·罗宾逊（Joan Robinson 1903—1983）、皮埃罗·斯拉法（Piero Sraffa 1898—1983）、尼古拉斯·卡尔多（Nicholas Kaldor 1908—1986）、理查德·卡恩（Richard Kahn 1905—1989）等，是凯恩斯的同事及学生，并且是凯恩斯"圈子"的主要成员，曾经参与了凯恩斯的《通论》草稿的讨论和评论工作[①]。作为曾经与凯恩斯长期共事和密切合作过的剑桥同仁，可以说他们得到了凯恩斯的真传，并最了解"凯恩斯革命"的真谛。因此，当新古典综合派试图将凯恩斯主义与新古典经济学嫁接在一起时，他们最有资格将其抨击为"冒牌"和"杂种"的凯恩斯主义。他们以凯恩斯的嫡传弟子和凯恩斯理论的正宗自居，声称要把"凯恩斯革命进行到底"，或在凯恩斯经济理论的基础上进行经济学上的第二次革命。他们培养起来的第二代后凯恩斯主义者主要有：杰夫·哈考特（Geoff Harcourt 1930—）、卢伊季·帕西内蒂（Luigi Pasinetti 1930—）、约翰·伊特韦尔（John Eatwell 1945—）等。这些经济学家大多在剑桥大学任教，并且形成了统一的研究范式，所以又被称为"新剑桥学派"。同时，这一学派由于其学术观点和研究范式的特点，又获得了许多不同的名称，如由于强调凯恩斯经济思想中的激进成分而被称为"凯恩斯左派"；由于主张回到李嘉图那里寻找凯恩斯宏观经济分析的微观基础而被称为"新李嘉图学派"；由于强调古典经济学和马克思的剩余分析范式而被称"剩余学派"。

围绕着如何理解、继承和发展凯恩斯学说等问题，新剑桥学派与以保罗·萨缪尔森为代表的新古典综合派发生了严重的理论分歧，并在与后者进行激烈的理论论战中声名鹊起。新古典综合派直接用新古典的微观经济理论来填补凯恩斯经济理论的空缺的这种做法遭到了琼·罗宾逊和其他一些经济学家的严厉批评。他们指出，新古典综合派将新古典的微观经济理论作为凯恩斯宏观经济学的基础是完全错误的，因为凯恩斯革命的意义在于否定新古典经济学的三个基本前提，凯恩斯的宏观理论与新古典的微观理论在本质上是不能相容的。所谓新古典综合，是对凯恩斯经济思想原意的曲解，是向传统经济理论的倒退，是对凯恩斯革命的背叛。

---

① 在 20 世纪 30 年代，凯恩斯的周围聚集着一批二三十岁的天才青年经济学家来共同对付右翼的挑战和发展崭新的、激动人心的理论。这些年轻人包括后来的罗宾逊夫人、斯拉法、卡恩、米德、哈罗德等人，他们组成了名叫"Cambridge Circus"的讨论会，并将每次讨论的内容与结论由卡恩汇报给凯恩斯。

在 20 世纪 50～70 年代，新剑桥学派和新古典综合派之间就如何发展经济学特别是凯恩斯主义经济学展开了一场大论战。1953 年，琼·罗宾逊发表了《生产函数和资本理论》一文，对新古典综合派的资本理论进行了猛烈的抨击，从而挑起了这场大论战。由于当时相当一部分应战的新古典综合派的经济学家都在麻省理工学院（MIT）任教，而该校所在的城镇恰好也叫"剑桥"（美国波士顿市剑桥镇），所以这两个学派在对凯恩斯理论的理解与诠释上的激烈争论又被称为"两个剑桥之争"。论战从资本测量问题开始，涉及价值理论、收入分配理论和经济增长理论。新剑桥学派对新古典综合派的理论进行了全面的攻击，且正是通过这场论战，新剑桥学派成为凯恩斯经济学内部的一个较为激进的分支，并动摇了新古典综合派作为西方主流经济学的地位。

二、琼·罗宾逊

琼·罗宾逊是新剑桥学派最著名的代表人物和实际领袖。1903 年 10 月，她出生于英国坎贝里一个高层军官家庭。她的祖父和父亲都曾因为不肯妥协的缘故，分别放弃了神学教授和陆军少将的职务。她特立独行、永不妥协的性格显然是受到了家庭的影响。1922 年，琼进入剑桥大学的格顿学院学习经济学，从此与剑桥大学和经济学结下了不解之缘。当时，马歇尔已经退休，并于两年后（1924 年）谢世，因而主要由他的高足庇古给学生讲授马歇尔的经济学。当时，凯恩斯还是一个讲师，他更热衷于在官场转悠，并且穿梭于伦敦与剑桥之间。琼于 1925 年以优异的成绩毕业。1926 年，她嫁给剑桥大学的经济学家奥斯汀·罗宾逊，从此成为罗宾逊夫人。他们婚后离开剑桥去了印度，并在那里居住了两年。从印度回来后，罗宾斯夫妇就一直留在剑桥大学。开始时，罗宾逊夫人只是从事学院大学生学监一类与学术无关的工作，后来转向经济学研究，从初级助理讲师、讲师、高级讲师到教授。1971 年，罗宾逊夫人退休，从而结束了她在剑桥大学长达 40 年的漫长教学生涯。

罗宾逊夫人的成名作是 1933 年出版的《不完全竞争经济学》（The Economics of Imperfect Competition）一书。在此书中，她对新古典经济学的"完全竞争市场"假设做了重要拓展，开创了不完全竞争理论之先河。无独有偶，也是在 1993 年，在大洋彼岸的哈佛大学，就在《不完全竞争经济学》出版前 6 个月，爱德华·张伯伦（Edward Chamberlin　1899—1967）出版了内容相似的著作——《垄断竞争理论》（Theory of Monopolistic Competition）。他们因被认为是垄断竞争理论或不完全竞争理论的创始人而被相提并论。在经济学说史上，几个经济学家在同一年各自独立地提出了相同或相似的理论的情况并不罕见，但这令张伯伦非常痛苦，以至于他一生都在考虑如何将自己和罗宾逊夫人的研究成果加以区分，因而不断地修改自己的著作，充实其内容，并增添新的附录，最后甚至连罗宾逊夫人都说："很抱歉我毁了他的生活。"而对罗宾逊夫人来说，不完全竞争理论只是她初试锋芒的一个小小的研究成果。当了解到凯恩斯正在创作的那本后来在经济学界掀起革命性浪潮的《通论》之后，她毫不犹豫地放弃了自己在企业理论方面的研究，全力以赴地投入到凯恩斯所开创的新思路中。

罗宾逊夫人的理论建树足以使她跻身于最优秀的经济学家的前列，但这远非她魅力的全部。她特立独行的个性、离经叛道的研究方式、女性经济学家的身份及永远持异见者的观点，使她备受瞩目。罗宾逊夫人是闯入由男性垄断的、具有强烈思辨性的经济学研究领域中为数不多的、巾帼不让须眉的女性经济学家之一，仅凭这一点，她就应该受到足够的尊重。她厌恶教条的东西，以向陈规宣战为己任，不断寻求新的突破。她曾经说过，自己学习经济学的目的，就是为了不受经济学家们的欺骗。在新古典主义一统天下时，她就站到凯恩斯主义的一边；到凯恩斯主义大行其道时，她就坚称处于主流地位的凯恩斯主义是对凯恩斯革命的背叛，因而进行反主流的不懈斗争。她表达自己的方式就是与人争辩不休。她的理论就是在批判别人的理论的过程中形成和确立起来的。

罗宾逊夫人具有的比凯恩斯要强烈得多的左翼学术倾向在遇到波兰经济学家米哈尔·卡莱斯基（Michal Kaleck 1899—1970）后开始逐渐显现。20世纪30年代末，她开始研读马克思主义经济理论，而且在1942年发表的"论马克思主义经济学"一文中，把马克思的经济思想与传统经济学及凯恩斯主义理论进行了比较，并做出了相应的评价。她认为，马克思是一位杰出的古典经济学家，他尽管为李嘉图所影响，但在提出正确的问题这一点上独具匠心，而这些问题又是所有经济学家都应该回答的，因此马克思学说应该得到研究和尊重。她承认，除了不同意马克思的劳动价值论之外，她在骨子里是一个马克思主义者。实际上，罗宾逊夫人一直在寻求马克思学说与凯恩斯理论的融合，也一直在等待着至少是她心目中的那种资本主义体系的完结。她访问过苏联、中国等社会主义国家，还曾公开赞扬过中国的"文革"，但事后看起来是矫枉过正了。

1975年，世界大多数经济学家都认为，罗宾逊夫人理所当然会荣获当年的诺贝尔经济学奖，因为她的成就和威望使她得此奖确实名至实归，而且还有一个重要因素是：1975年是联合国确定的"世界妇女年"。然而，来自瑞典的消息出奇的冷漠：获奖者竟是一个叫康托罗维奇的俄罗斯男人和一个叫库普曼斯的荷裔美国男人！这使得罗宾逊夫人成为经济学中的托尔斯泰——20世纪自有诺贝尔奖以来最伟大的文豪，却遭到诺贝尔文学奖的冷落。1983年，罗宾逊夫人去世。就连她在学术上的对手——萨缪尔森在他写的悼念文章中，还为她没有获得诺贝尔经济学奖而鸣不平。此事成为世人诟病诺贝尔经济学奖评选委员会不公正的一个主要论据。他们认为：①至今还没有一个女性经济学家获奖，而罗宾逊夫人是才华横溢、著作等身的经济学家，不授奖给她，证明评委有性别歧视①；②罗宾逊夫人并非主流经济学家，没有给罗宾逊夫人和加尔布雷思这样影响甚大的、具有左翼色彩的经济学家授奖，证明评委有政治歧视。自此，在对罗宾逊夫人的追忆中，除了她天才的思辨、卓越的成绩、犀利的文风及坚韧的性格之外，还多了两个前无古人的特征：①她是迄今为止所有伟大的经济学家中唯一的女性；②她是伟大的经济学家中应该获得而没能获得诺贝尔经济学奖的人。也许她对是否获得诺贝尔经济学奖并不在意，因为她曾在 20 世纪 50 年代初谢绝了弗里希的邀请，不愿担任著名的计量经济学会的副主席职务。她对此事的解释是，她无法在一个连她自己都无法读懂的杂志的编委会中任职。

三、美国后凯恩斯主义：后凯恩斯货币学派

在英国新剑桥学派的鼓舞和影响下，美国的一些经济学家也从主流经济学家转变为后凯恩斯主义者。第一代美国后凯恩斯主义者主要有西德尼·温特劳布（Sidney Weintraub　1914—1983）和海曼·明斯基（Hyman P. Minsky　1919—1996）。他们培养出的第二代后凯恩斯主义者，主要有阿尔弗雷德·艾肯纳（Alfred Eichner　1937—1988）、保罗·戴维森（Paul Davidson　1930—）、维多利亚·奇克（Victoria Chick　1936—）等。更为年轻的一代，主要有杨·克雷格尔（Jan Kregel　1944—）、巴泽尔·莫尔（Basil J. Moore）、希拉·道（Sheila C. Dow　1950—）、兰德尔·沃瑞（Randall Wray　1953—）、瑞克·霍尔特（Ric Holt　1953—）等。

在 20 世纪 70～80 年代，美国的后凯恩斯主义有了重大的进展。这个阶段最重要的事件就是由温特劳布及其学生戴维森于 1978 年共同创办了《后凯恩斯经济学杂志》。该杂志作为一面旗帜，汇集了一种与新古典经济学、新古典综合派和新凯恩斯主义极为不同的经济学思想，从而不仅标志着美国后凯恩斯主义的诞生，也标志着后凯恩斯主义进入了向世界传播的新阶段。随后，在澳大利亚、加拿大、法国、奥地利等国也涌现了著名的后凯恩斯经济学家及其研究团体。

在如何理解凯恩斯学说的精髓、以何种方法分析现实的资本主义经济运行等方面，美国的后凯恩斯主义者和欧洲或英国剑桥的后凯恩斯主义者之间存在着很大的分歧。新剑桥学派认为，凯恩斯经济思想的精髓在于《通论》的第 24 章中关于社会哲学的论述，如资本主义社会财富和收入分配不均、投资的社会化及推

---

　　①　直到 2009 年，美国经济学家埃莉诺·奥斯特罗姆（Elinor Ostrom）才凭借着在公共经济治理领域的贡献成为自 1968 年诺贝尔经济学奖设立以来首位获奖的女性经济学家。但在名气和理论建树方面，她并不足以与罗宾逊夫人相提并论。

论资本主义必然走向没有食利者阶层的文明生活新阶段等，因此，当前的主要任务是发展凯恩斯主义的收入分配理论，并探讨和制定向没有食利者阶层的文明生活新阶段过渡的社会政策。而美国的后凯恩斯主义者认为，凯恩斯学说的精髓在于《通论》的第 12 章和第 17 章及他在早期的著作和以后的文章中着力阐述的不确定性、非理性、货币非中性等观点，并且强调凯恩斯始终都是一个货币经济学家，而且他所有的主要著作都与货币有关。他们把自己的学说称为"原教旨凯恩斯主义"，把凯恩斯的货币经济分析进一步发展成货币-信用理论，以此对现实资本主义的经济问题，如通货膨胀、失业、金融危机等，做短期分析，并批评新剑桥学派忽视了货币和信用对实体经济的影响而对资本主义真实部门做长期、均衡分析。

很明显，英国剑桥大学的后凯恩斯主义和美国的后凯恩斯主义之间存在着很大的思想分歧和沟通障碍，而仅仅在拒绝"杂种的"凯恩斯主义这一点上表现出一致。这正如哈考特所指出的那样，这个学派不是一个紧密的团体，实际上是一个相当异质的组合，仅仅是由于向正统经济学挑战以及其主要观点来源于凯恩斯而被联系在一起。在它的演变和发展过程中，后凯恩斯主义经济学没有显示出必要的内在一致性、综合性和强劲性，而这些恰恰是成为主流经济学的竞争者所必需的。所以，在主流经济学家眼中，它不过是几种观点的折中，不可能对主流理论构成系统性的挑战。

第二节　后凯恩斯主义经济学的方法论

一般认为，新古典综合派将凯恩斯经济学与 1870 年"边际革命"以来的新古典经济理论相联系，秉承的是新古典经济学的均衡分析、边际分析和供求分析传统，并把经济问题中的不确定因素假定为确定因素，从一个假设的封闭体系中推导出一些公理和定理，并以数学形式将经济理论体系表述出来。这种把经济学当做一种近似自然科学的倾向与古典经济学、马克思政治经济学和凯恩斯经济学所注重的社会性、人文性、开放性和未知性的传统大相抵触。后凯恩斯主义经济学秉承的是古典经济学以来的社会经济关系分析传统，坚持凯恩斯经济学中的宏观分析、非均衡分析、非理性预期、经济的不确定性、对资本主义生产制度和分配制度的较为激进的批判等，强调所有权与经济制度在经济变量决定中的最终作用。其方法论上的基本特点有以下几个。

一、不确定性

后凯恩斯主义经济学的一个基本假定是：我们生活在一个具有不确定性的世界中。所谓不确定性，是指未来在大多数情况下是未知的，是不可预见的。这是因为经济是在历史时间中而不是在逻辑时间中运行的。所谓历史时间，就是真实的日历时间。历史时间意味着经济事件以单向顺序发生，具有不可逆性。经济系统是通过日历时间由不可逆的过去向不确定的未来前行的，这正如琼·罗宾逊所说："过去是不能召回的，未来是不能确知的。"所谓"过去是不能召回的"，就是说，我们不可能奢望把过去做过的事情——如果我们不喜欢它的话——重做一遍。今天和明天的差别是 24 小时，而今天与昨天的差别是永恒的。做出的决策一旦实施，无论错误与否，其结果都无法推翻。所谓"未来是不能确知的"，就是说，我们生活在由历史的偶然性构成的世界里，在这个世界中，我们不仅对关于未来的知识了解甚少，而且也不可能根据现在来推断未来。

在历史时间中发生的经济事件具有非遍历性（non-periodicity）特征，也就是说，历史、现实和未来之间的联系不能通过数学上的概率来解释。非遍历性是与遍历性相对立的概念，源于统计力学，发展于随机过程理论。被统计系统的遍历性具有这种特性：统计数据在时间和空间上的平均值，要么针对无数观察而言是一致的，要么随着观察数量的增加是收敛的。假如系统的结构随着历史时间的流逝而保持稳定，则该系统是遍历性的。后凯恩斯经济学强调经济分析中的历史时间因素和经济过程的非遍历性，认为在根本的不确定性环境中，形成理性预期的概率基础是不存在的。即使人们有能力收集和处理所有与过去和现在有关的全部信息，并通过考察过去事件的概率分布来间接地获得一些关于未来的知识和信息，仍不能在统计上确切地提供关于未来发展的指导，从而无法把不确定性转化为可以测量的风险。在非遍历性过程中，概率方法是一件钝器，它不可能消除关于未来的不可知性和不可预期性。如果历史、现实和未来之间的联系不能通过某种概率性来解释，那么一个事件的未来结果就存在演化意义上的不确定性。正是由于未来的不确定性，所以严格合乎理性的行为是不可能存在的。

关于未来的确定性预期、经济事件的遍历性和将未来的不确定转化为概率意义上的风险，是新古典经济学最重要的前提假设。新古典经济学正是从这一前提假设出发来建立以个人最优化决策为基础的边际分析均衡体系。新古典经济学处理不确定性的方法就是通过下定义把它排除掉。它要么假定"现存状况将无定期继续下去"（凯恩斯语），要么假定未来的不确定性可以通过概率转化为确定性。如果假设有关未来的知识可以在今天获得，那么不确定性环境就成为风险环境，而风险是可测和可保险的。新古典经济学抹杀不确定性的根本原因在于，它假定经济事件是在逻辑时间中而不是在历史时间中发生的。在这里，历史过程被凝固在一个无所不在的确定性世界中，时间于是成了在均衡分析框架中流动的逻辑时间，既可前进，也可倒转。这项工作需要设想一个恒定的宇宙，它具有严格确定的处于静止状态的基本结构。然而，正如琼·罗宾逊指出的那样："一旦我们承认一种经济是时间上的存在，历史是从一去不返的过去向着未卜的将来前进的，那么以钟摆在空间来回摆动的机械比喻为基础的均衡观就站不住脚了。"她还说："就一个始终处在均衡状态的世界而言，将来与过去两者之间是没有区别的，没有历史，也不需要凯恩斯。"①

后凯恩斯主义认为，正是凯恩斯在《通论》和其他著作中表述的不确定性拉开了他与新古典经济学之间的距离。凯恩斯的一个重要贡献就是将不确定性牢固地置于经济各阶段的中心。琼·罗宾逊指出："凯恩斯革命的实质是把分析放在历史时间当中并强调不确定性的全面影响。"②明斯基也说："失去不确定性的凯恩斯，就像失去王子地位的哈姆雷特一样。"③ 凯恩斯非常强调不确定性在资本主义社会经济分析中的重要作用。例如，对有效需求、生产、就业和收入水平起主要影响作用的投资之所以容易发生波动，就是因为投资是联系现在经济与未来经济的纽带——投资的决策是现在做出的，而投资的收益则属于未来。"有一件事实很明显：我们据以推测未来收益的一点知识，其基础异常脆弱。若干年以后，何种因素决定投资之收益，我们实在知道得很少，——少到不足道"，"企业之依赖精确较量未来利益之得失者，仅较南极探险之依赖较量未来利益之得失者，略胜一筹"。投资的决策，"与其说是决定于冷静计算，不如说是决定于一种油然自发的乐观情绪"，决定于某种本能、猜想、狂想、激情和动物精神，"故设血气衰退，油然自然的乐观情绪动摇，一切依据盘算行事，企业即将委顿而死"。④ 凯恩斯正是根据未来的不确定性，分析了投资的不稳定性和人们对货币的灵活偏好的需要，进而分析了资本主义经济活动的不稳定性。

不确定性这个概念深刻地揭示了资本主义制度的内在不稳定性。在不确定性的世界和历史时间中，决策是预先做出的，而结果是事后得到的。所以，有关未来的完备知识是无法获得的，而行为依赖于无法克服的无知无识，这就不可避免地导致错误，并且这种错误不可能被轻易地、毫无代价地清除。所以，随着未来变成现在和现在变成过去，必须不断地调整决策。尽管市场权力的集中、纵向和横向的一体化及远期合同的运用可以作为一种对付不确定性的手段，但不确定性永远是一种无法从根本上逃避的事实。资本主义是一种天生就不稳定的体制，它不会在假设的竞争市场体系中自动地趋于充分就业的长期均衡。这正是后凯恩斯主义者与"杂种的"凯恩斯主义者和新自由主义者们之间的根本区别。

---

① 琼·罗宾逊. 1979. 凯恩斯革命的结果怎样？//现代国外经济学论文选. 第一辑. 外国经济学说研究会编. 北京：商务印书馆：22，23.

② 琼·罗宾逊，约翰·伊特韦尔. 1982. 现代经济学导论. 陈彪如译. 北京：商务印书馆：223.

③ 转引自：布莱登·斯诺登，霍华德·文，彼得·温纳齐克. 1998. 现代宏观经济学指南：各思想流派比较研究引论. 苏剑等译. 北京：商务印书馆：454.

④ 凯恩斯. 1981. 就业、利息和货币通论. 徐毓枬译. 北京：商务印书馆：128，138.

二、货币非中性

在新古典经济学的机械均衡的世界里，产量、就业及收入的实际水平是由真实部门的各种因素（资本、劳动、资源、技术等）决定的，货币供应量的变化只决定各种经济变量的名义水平，而不能决定其实际水平。这就是说，货币是中性的，它充其量也只是罩在实际经济部门之上的一层薄薄的面纱。新古典经济学通常把经济分成两个部门：一是实际部门或真实部门，在这里，生产要素之间的相互作用决定了各种经济变量的实际值；二是货币部门，在这里，货币的供给和需求及流通速度（货币数量论）决定了各种经济变量的名义值（价格水平）。新古典经济学的"两分法"抹杀了实物经济和货币经济之间的根本区别，它所研究的对象实质上就是在确定性条件下运行的物物交换，即便有货币，也只是作为交换的媒介在事后引进的。在新古典经济学的没有货币（或者货币只是买卖的中介）的确定性世界中，经济体系会自动实现充分就业的均衡。新古典经济学的这种"两分法"遭到凯恩斯的猛烈抨击，他明确表示要打破这种两分法，使物价论与社会全体之产量和就业量发生密切接触。与新古典经济学货币理论的严重分歧，使凯恩斯主张以微观和宏观两分法代替新古典经济学的两分法。他提出了生产的货币理论，用以解释有效需求在以不确定性为特征的世界里的波动。后凯恩斯主义者发展了凯恩斯关于货币非中性的观点，他们提出，无论是长期还是短期，货币都是影响真实部门的一个重要因素。

后凯恩斯主义理论从凯恩斯关于分析使用货币的企业家经济的方法演变而成。奇克曾简明地阐述了后凯恩斯主义的基本观点："《通论》代表着一个生产经济模型，它使用货币，在时间中穿行，受到不确定性和出错的可能性约束。"[①]后凯恩斯主义者指出，资本主义是在不确定条件下的信用-货币经济中运行的。因此，对于现代资本主义的任何理论分析，如果不考虑货币的特殊性，以及货币在实践上赖以发生作用的金融机构，那么这种理论就必然是干枯的，与现实没有什么联系。

与新古典经济学强调货币的流通手段的职能不同，后凯恩斯主义者强调的是货币的贮藏手段的职能，因为货币是在不确定性的世界中把现在与未来联系在一起的媒介。资本主义社会最基本的经济活动是资本家为赚取利润而进行的投资和生产活动。货币就是投资和生产得以实现和顺利进行必不可少的工具。在非物物交换的经济中，由于不确定性不间断地存在于所有的市场中，储存货币就必然成为抵御不确定性的一种不可或缺的手段。这是因为，货币作为一种特殊的资产，

---

① 转引自：布莱登·斯诺登，霍华德·文，彼得·温纳齐克. 1998. 现代宏观经济学指南：各思想流派比较研究引论. 苏剑等译. 北京：商务印书馆：454.

虽然具有零收益，但同时具有极大的灵活性，并且这种灵活性是其他资产所不具备的。所谓货币的灵活性或流动性，是指货币无论作为一般等价物的特殊商品还是作为一般的法定支付能力，随时随地（包括即期和延期）都能进行支付和偿还债务。由于其材料的属性（如体积小、自然损耗少等），储藏货币的费用很低，甚至是微不足道的，货币的这一特征与灵活性结合在一起，使其成为财富或价值的贮藏手段。货币之所以可以被用来作为贮藏手段，主要是因为存在未来的不确定性。这正如凯恩斯所强调的那样，如果不确定性完全不存在，那么就无需在交易需求之外再保持一定量的现金，所有的闲置现金将自动地转化为长期的盈利性资产，而货币作为财富贮藏手段的作用也就不复存在了。如果不是因为存在不确定性，凯恩斯问道："为什么在疯人院之外的每一个人都想把货币当做财富贮藏手段呢？"英国的后凯恩斯主义者乔治·沙克林（George Shackle　1903—1992）也指出：货币由于其所提供的流动性，可以推迟做出具有深远影响的决定，货币是不确定性世界中的购买力的短期寄居所。

　　一旦货币作为贮藏手段退出了流通领域，就存在导致危机的可能性，关于这一点马克思早已指出过。后凯恩斯主义者则发展了凯恩斯在《通论》的第 17 章中所讲的关于现代货币两个特征的思想，说明了为什么货币会影响真实部门的实际产出和就业，以及为什么资本主义的通常情况是有效需求不足。货币的第一个特征是：其生产弹性等于或几乎等于零。这就是说，货币不是生长在树上的，它不像其他商品那样，其需求增加和价格提高会使其供应量增加。在不兑现纸币流通或者实行管理通货的国家，纸币的生产或发行都由国家严密控制，对于私人企业来说，绝对没有生产纸币的权力，货币的生产弹性只能等于零。货币的第二个特征是：其替代弹性等于或几乎等于零。这就是说，货币是独一无二的，它不像其他商品那样，其需求增加和价格提高会减少自身的需求量和增加其替代品的需求量。作为一般购买力的代表，它可以换回任何其他商品，但其他商品却不具备这种效用。因此，人们不愿用其他商品来替代货币，货币的交换价值越高，人们越不愿用其他商品来替代货币，则对货币的需求就越大。货币的这两个特征对解释有效需求的失灵起着决定性作用：对于由面临更大的不确定性而引起的对灵活性需求的增加，即货币需求的增加，在货币供给不变的情况下，一方面会导致货币的价格和利息率的上升，另一方面会导致非货币生产及相应的劳动力需求的减少。在这两种情况下，货币都会对实际产出和就业产生决定性的影响，正如凯恩斯所说的那样："货币是以一种实质性的和特殊的方式进入经济体系之中的。"

　　后凯恩斯主义者不仅强调不确定性世界中货币的贮藏手段的职能，还把注意力集中到了不确定性世界中货币的支付手段的职能及由此产生的债务问题上。从货币的这一职能产生的信用关系到资本主义发展到了极致——资本主义在本质上和根本上是一种信贷经济——生产者之间、消费者之间及生产者和消费者之间的相互欠债与货币资本的借贷关系弥漫于每一个角落，从而形成一个接着一个的支付锁链，一旦个别人不能按期偿还债务——这在不确定性条件下是必然的——这个互相连接在一起的支付锁链就会从某一个环节中断，从而引发金融危机。在资本主义经济具有不确定性的世界中，货币有能力使实际经济陷入不稳定状态。

三、制度、权力、阶级和剩余的分配

后凯恩斯主义者把资本主义看做是一种结构、制度和社会关系都处在不断演变状态之中的社会。他们批判新古典综合派把经济关系视为单纯的人与物的技术关系的方法，强调社会制度和社会经济关系在经济分析中的重要性。这一学派强调，无论过去、现在还是未来，社会制度和社会经济关系，尤其阶级之间的经济关系，在经济活动和经济分析中都起着巨大的作用。琼·罗宾逊指出，经济关系是人们之间的关系，虽然人类社会的技术发展水平对社会中的各种关系有着重大的影响，但技术条件并不能完全决定人类社会的各种关系。她说："人类关系和工艺关系的相互作用是经济分析的论题。"[①]生产领域的社会关系同生产的技术结构一起决定经济运行的结果，凯恩斯的纯粹的宏观总量分析被辅之以社会关系和阶级关系的分析，收入、储蓄、消费等被分解为工人阶级和资本家阶级两个阶级的不同总量。这样，不仅说明了收入水平的变动，同时也反映出两个阶级在收入分配中的利益对立关系及其变动趋势，从而把宏观动态理论同微观的分配理论紧密地结合在一起。

后凯恩斯主义者坚持和强调的核心概念是剩余。他们认为，任何经济，如果它打算存在下去，必须至少能够再生产出生产过程中消耗掉的那一部分。任何超出简单再生产必要耗费之上的东西就是剩余，它要在各个阶级之间进行分配。财富的分配反映了社会的政治、经济权力结构。在财富分配不平等、具有一定阶级结构的社会中，权力的分配必定是高度集中和高度不平等的。在资本主义社会里，资本家和劳动者之间对剩余的分配，即工资和利润在国民收入中各自所占的份额，反映了资本主义社会权力的不对称性。这基本上是一种非常有利于资本家的权力关系，因为价格是以垄断市场的力量为基础，并在历史决定的工资水平之上的加成，而工资水平是由资本和有组织的劳动为增加各自的相对份额而进行阶级斗争的结果。总之，财富和收入的分配不像新古典主义者所说的那样，是从竞争性商品和要素市场的定价中推导出来的。价格是财富分配的函数，而不是相反。是财富的不合理分配及社会的阶级结构，而不是完全竞争市场的供求关系，在决定商品价格和要素收入的同时决定资源配置的状况。

后凯恩斯主义的分析方法是与新古典经济学的分析方法完全对立的。新古典

---

① 琼·罗宾逊，约翰·伊特韦尔. 1982. 现代经济学导论. 陈彪如译. 北京：商务印书馆：71.

经济学家认为，经济学主要研究的是如何最适度地将稀缺资源配置于不同的用途之上。这样，生产活动循环不息的过程就变成一个单向的选择过程。为了适应这个研究目的，新古典经济学用边际效用的主观分析方法，代替古典经济学中衡量生产成本的客观分析法。结果，剩余的概念就消失了。分配理论变成各种要素的定价问题，成为价格理论的组成部分。后凯恩主义经济学因强调剩余的概念、剩余在社会各个阶级之间的分配，以及强调分析资本主义的生产关系，被认为是再建渊源于古典经济学家和马克思的分析方法。

第三节　新剑桥学派的国民收入分配理论和经济增长理论

新剑桥学派认为，资本主义社会的分配关系主要表现为资本家阶级和工人阶级之间就利润和工资如何确定及它们各自在国民收入中所占的份额这一问题上的阶级冲突，这种冲突既受制于资本主义社会的财产关系和资本主义生产的技术结构，又与经济增长过程联系在一起。在资本主义制度下，收入分配有利于资产阶级，而不利于工人阶级，其结果必然导致有效需求不足以及"富裕中的贫困"等问题。因此，资本主义社会经济问题的根源在于收入分配的极端不均，出路在于凯恩斯在《通论》的第24章中所指出的：投资的社会化、改变资本主义的租税体系和消灭食利者阶级。

一、斯拉法的国民收入分配理论

新剑桥学派经济学家坚决反对新古典学派和新古典综合派的以边际生产力为基础的收入分配理论。他们认为，"资本和劳动的收入由生产函数和它们各自的边际生产力决定"这一教条是一种循环论证，因为按照边际生产力理论，要确定工资率和利润率，必须先知道劳动和资本的边际产品价值；而要想知道边际产品价值，就必须先知道产品的价格，包括各种资本设备的价格和各种消费品的价格，而后者离开了工资率和利润率就无法确定。因此，必须首先确定工资率和利润率，才能确定各种资本品和消费品的价格。但如果这样，需要边际生产力决定的工资率和利润率却变成了预先已知的量。于是，该理论陷入了循环推理的泥潭。特别是，资本的边际生产力是站不住脚的，这不仅因为资本不能离开利息率而单独确定其价值，而且因为根本就没有办法测量资本的"生产力"。只有假定资本是同质的，是具有可分性的，新古典综合派的平滑的、向右下方倾斜的资本边际生产力曲线才能成立。然而，有形资本（实际的生产资料）不像劳动力那样可以假定具有平均的质量和技能，而是由一大堆质量各异、形状不同且作用也不同的物构成的。所以，没有一个统一的标准将不同质的资本加总在一起。各种估计资本价值的"现值法"也不能解决问题，因为这些方法的使用要以预先知道的利息率为前提。这样一来，整个边际生产力分配理论就垮台了。

新剑桥学派指出，新古典经济学从物质技术关系引申出来的边际生产力理论是完全脱离历史和现实的，因为产品的分配与产品的生产不同。如果说产品生产多少要由物质技术关系决定，即必须使各种要素在一定比例关系下才能获得一定的产量，那么，产品的分配只涉及人与人之间的物质利益分割和利益冲突，反映的是社会阶级之间的矛盾和冲突。因此，分配不是取决于边际生产力，而是取决于历史形成的财产所有制和阶级力量之间的对比。在资本主义社会，财产表现为资本，而阶级冲突表现为资本家阶级与工人阶级的冲突，于是，分配问题亦即利润与工资的关系如何确定的问题。凯恩斯虽然看到了西方社会现存的财产关系的不合理性，但没有具体考察社会制度因素和历史因素对收入分配的影响。因此，将这些制度因素和历史因素引入分配理论以分析资本主义社会中工资和利润的分配关系，便成为新剑桥学派将凯恩斯革命进行到底的重要任务。比如，卡尔多提出了"凯恩斯主义宏观分配论"这一概念，用以说明资本主义制度下的分配结构，并强调该分配理论研究的是整个国民收入分配问题。而要建立一个与凯恩斯的宏观经济学相适应的收入分配理论，应该依循的原则是：第一，必须坚持价值的物质性和客观性，摒弃新古典学派的主观价值论和均衡价格论；第二，必须坚持凯恩斯关于收入分配不均的论点，摒弃新古典学派关于收入决定于要素边际生产力的理论。在这方面，新剑桥学派的收入分配论是以古典的、马克思的、卡莱斯基的和斯拉法的理论为基础的。

1960 年，斯拉法出版的《用商品生产商品》一书，被认为是新剑桥学派价值理论的代表作。斯拉法首先探讨一个没有"剩余"的简单商品生产体系中的价值决定问题，然后讨论有"剩余"的商品生产体系即资本主义经济体系中的相对价格（即生产价格）的决定问题。在斯拉法的价值论中，国民收入就是"纯产品"，即劳动在生产过程中新创造的价值。所以，国民收入的分配就是社会成员对这部分"纯产品"的分配。新剑桥学派就是依据斯拉法的价值理论来分析国民收入的分配结构的。为了突出资本主义制度下的分配结构，假定社会中只存在工人和资本家，纯产品则只在工人和资本家之间分配，即划分为工资和利润两个组成部分。在国民收入为一定量的情况下，工资和利润之间的关系表现为

$$工资 = 纯产品 - 利润 \tag{1}$$

或者

$$利润 = 纯产品 - 工资 \tag{2}$$

上式可进一步变形为

$$利润 = 纯产品\left(1 - \frac{工资}{纯产品}\right) \tag{3}$$

等式两边除以生产资料或资本，得到

$$\frac{利润}{资本} = \frac{纯产品}{生产资料}\left(1 - \frac{工资}{纯产品}\right) \tag{4}$$

如果用 r 表示利润率，用 R 表示纯产品对生产资料的比例或国民收入对资本的比率，用 W 表示工资在纯产品中所占的比率，$(1-W)$ 就是利润在纯产品中所占的比例，则利润率的决定可用下列公式表达：

$$r = R(1-W) \tag{5}$$

这一公式表明，资本的利润率大小取决于两个因素：

第一，工资在国民收入中所占的份额，即 W，而 W 则取决于一国历史上形成的工资水平、国内劳资双方议价力量的对比及过去长期劳动市场的各种条件。假定 $W=0$，则国民收入即全部纯产品都归于利润，则 $r=R$；这时，纯产品对生产资料的比率 R 就是最大利润率；如果工资 $\neq 0$，国民收入就必须在工资和利润之间进行分割，二者为反方向变动关系。例如，假定 $R=60\%$，$W=2/5$，那么，$r=60/100 (1-2/5)=36\%$。新剑桥学派由此得出的结论是：在国民收入的分配中，工资与利润是对立的。利润率越高，利润在国民收入中的比例就越大，而工资在国民收入中的比例就越小；反之，利润率越低，利润在国民收入中的比例就越小，而工资在国民收入中的比例就越大。在一定的国民收入水平上，工资和利润总是呈反方向运动的。这是李嘉图关于工资和利润之间的对立关系观点的再现。

第二，利润率的变动在一定程度上也受到生产技术的物质条件制约。这种制约是通过一定生产技术水平所决定的纯产品对生产资料比率 R 和工资在纯产品中所占的比率 W 来实现的。W 由资本-劳动比率决定。这个比例越大，生产技术的物质装备水平越高，W 就越低，利润率也就越高；反之亦然。R 实际上就是资本-产出率的倒数，而资本-产出率又与一定的技术水平相联系，资本-产出率越高，表明纯产品对生产资料的比率越低，利润率也就越低。当物质生产技术由劳动密集型向资本密集型转变时，资本的利润率可能上升也可能下降，这取决于技术水平对 R 和 W 的影响：如果技术水平的变动使得 R 的下降幅度大于 W 的下降幅度，则利润率就会下降；如果技术水平的变动使得 W 的下降幅度更大一些，则资本密集型变动与利润的提高相一致（这与新古典综合派所主张的相反）；如果技术水平的变动对 R 和 W 的影响程度相同，那么，技术水平的改变则不意味着利润率的改变。新剑桥学派的这种观点截然不同于新古典经济学关于分配完全由物质技术关系决定的论点。

二、卡尔多的经济增长模型

为了使凯恩斯理论长期化和动态化，新剑桥学派提出了自己的经济增长理论。新剑桥学派的经济增长模型是在哈罗德-多玛模型的基础上发展起来的，其模型的一个最重要特点是把经济增长同收入分配问题结合起来，把对经济增长条件的分析和收入分配格局的变化结合起来。工资和利润在国民收入中的相对份额将如何变动？将朝着哪个方向变动？决定这种变动的基本因素是什么？这些都是新剑桥学派的经济增长理论最为关注的问题。新剑桥学派经济增长模型的另一个特点就是把凯恩斯宏观模型中的收入、储蓄、消费等总量分解为资本家和工人这两个阶级不同的量，并对这些变量之间的关系进行长期的动态分析。新剑桥学派的经济增长理论主要有卡尔多的经济增长模型和罗宾逊夫人的经济增长模型。

在卡尔多的经济增长模型中，S 表示总储蓄；S_w 表示工人阶级的边际储蓄倾向；S_p 表示资本家阶级的边际储蓄倾向；Y 表示收入；I 表示投资；P 表示利润；W 表示工资。国民收入是工资和利润总量之和，即

$$Y = W + P \tag{6}$$

社会总储蓄等于工人阶级和资本家阶级的储蓄之和。其中，工人阶级的储蓄来源主要是工资，等于工人阶级的边际储蓄倾向乘以工资总额；资本家阶级的储蓄来源是利润，等于资本家阶级的边际储蓄倾向乘以利润。则有

$$S = S_w(Y - P) + S_p P \tag{7}$$

调整后得

$$S = S_w Y + (S_p - S_w)P \tag{8}$$

这就是说，在一定的时间内，总储蓄等于工人储蓄率乘以收入，再加上资本家储蓄率与工人储蓄率两者之差乘以利润。

根据凯恩斯的储蓄等于投资即 $S=I$ 的公式，则有

$$I = S_w Y + (S_p - S_w)P \tag{9}$$

等式两边以 Y 除之，并移项，则得出

$$\frac{P}{Y} = \frac{I}{Y} \cdot \frac{1}{S_p - S_w} - \frac{S_w}{S_p - S_w} \tag{10}$$

即利润占国民收入的份额等于资本积累率或投资率乘以资本家阶级的边际储蓄倾向与工人阶级的边际储蓄倾向之差的倒数，再减去工人阶级的边际储蓄倾向在两个阶级的边际储蓄倾向的差额所占的比重。公式（10）说明了由资本所有权和财产所有制所决定的资本主义收入分配制度的极度不合理性。波兰著名的马克思主义经济学家卡莱斯基也是新剑桥学派的先驱者之一，他用下面这样一句名言生动而又准确地描述了资本主义收入分配制度的不合理性："资本家得到他们花费的，工人花费他们得到的。"

为了说明这一点，我们需要将公式（10）变形，并增设一些假定条件。首先，按照古典经济学的假定，使 $S_w=0$，$S_p=1$，这意味着工人的工资收入很低，

仅够养家糊口，所以没有任何积蓄，全部工资用于消费；而资本家则是资本积累的动物，追逐利润的驱动力使其将全部利润用于资本积累，于是

$$\frac{P}{Y} = \frac{I}{Y} \qquad (11)$$

公式（11）清楚地表明了利润在国民收入中的份额与资本积累率或投资率之间的关系：投资率越高，国民收入的分配越有利于资本家阶级，而越不利于工人阶级。由于投资率与经济增长率是密切地联系在一起的，较高的投资率意味着较高的经济增长率，由此，卡尔多得出结论：经济增长扩大了资本主义社会中利润和工资分配比例上的差距，必然使工资在国民收入中所占的比重越来越小。这意味着，经济增长的好处被少数资本主义权贵得到，而广大劳苦大众并没有从中得到任何实惠，相反，他们陷入了绝对贫困和相对贫困之中。

以上假定工人的储蓄率为 0，资本家的储蓄率为 1。现在对这个假定做一种修正，即假定资本家的储蓄率小于 1。这意味着，在资本家所得到的利润中，有一部分用于消费。如果继续假定工人的储蓄率等于 0，则公式（10）就变为

$$\frac{P}{Y} = \frac{1}{S_p} \cdot \frac{I}{Y} \qquad (12)$$

这一公式表明，资本家阶级的利润永远等于他们的消费和投资。如果投资率 I/Y 不变，利润在国民收入中所占的比重就取决于资本家阶级的边际消费倾向，它等于资本家阶级边际储蓄倾向的倒数。这意味着，资本家的储蓄越少，消费越多，利润在国民收入中的份额就越大。看来这个社会对有产者阶级关爱有加。据说这个阶级有会下金蛋的鸡，或者"寡妇的坛子"①，所以它既不用劳力，也不用劳心，就可以坐享其成；而且它挥霍得越多，得到的也就越多。

公式（12）是在工人的储蓄率等于 0 这一假定的基础上推导出来的。现在再对这一假定进行修正，即假定 $S_w > 0$，而 $S_w < S_p < 1$。这意味着，工资水平的提高使工人阶级不至于将收入全部用于消费，其中的一部分可以节省下来作为积蓄，但工人阶级的储蓄倾向要远远小于资本家阶级的储蓄倾向，这是因为相对低得多的收入水平使工人阶级不得不将其收入的绝大部分用于消费，用做储蓄的只

---

① "寡妇的坛子"（Widow's Cruse）出自《圣经》旧约《列王记》第 17 章 12 节：七年大旱时，上帝命希伯来先知以利沙到撒勒法去照顾一个寡妇。这名寡妇向先知哭诉："丈夫死了，债主前来逼债，家里除了'一罐油'再没有什么值钱的东西了。"于是，以利沙施法，让寡妇到邻居家把能用的坛子全部借来，然后把家里少得可怜的油朝外借的坛子里倒。这时奇迹发生了，自家坛子中的油永远倒不完。后来，"寡妇的坛子"用来表示取之不尽的聚宝盆。凯恩斯在《货币论》中把资本家的利润与消费的正相关关系形象地比喻为"寡妇的坛子"，"无论他们挥霍多少，坛子总不会空"；一旦他们节俭起来，"那么这寡妇的坛子就成达奈德的水槽，决不能使水增加"。"达奈德的水槽"（Danaid Jar）出自希腊神话传说：达奈德是亚拉比亚王达内乌斯的女儿，因不听父命被罚，永远留在冥府中，往一个无底的水槽里注水。

是工资收入中的极小部分。而在这方面，资本家阶级则恰恰相反。因此，$\frac{1}{S_p - S_w}$ 为小于 1 的正数。如果投资率不变，利润在国民收入中所占的份额就由该项决定，卡尔多因此将其称为"收入分配的灵敏度系数"。即使工人阶级的储蓄为正，也不会改变经济增长过程中收入分配相对份额变动的基本趋势；相反，工人阶级的正储蓄会使国民收入分配的格局朝着有利于资本家阶级的方向变化，这是因为利润在国民收入中所占的比重是由投资率与该系数的乘积决定的，只要该系数为正，就会提高利润在国民收入中的相对份额。

不仅如此，工人阶级的储蓄率提高反而会使自己在国民收入分配中的处境恶化。公式（10）说明了 $\frac{P}{Y}$ 与 $\frac{S_w}{S_p - S_w}$ 呈反方向变动。假定资本家阶级的边际储蓄倾向不变，工人阶级的边际储蓄倾向越高，利润的份额就越大。这意味着，来自工人阶级的储蓄最终会转化为资本家阶级的投资，于是，工人阶级无权享有投资的报酬，后者全部归资本家阶级所有，且投资的结果又将他们置于更加不利的处境。所以，工人阶级的储蓄越多，所得的相对份额就越少，无论工人阶级怎么做，都不会使自己的境遇得到改善，到头来只能为有产阶级做嫁衣裳。

三、琼·罗宾逊的经济增长模型

琼·罗宾逊把国民生产分为两大部门：消费品生产部门和投资品生产部门。她假定工人阶级的工资收入全部用于消费，即 $S_w = 0$；储蓄完全来自资本家阶级的利润。在琼·罗宾逊的模型中，P 表示一年的净利润；I 表示净投资，即一年中资本价值的增加额；C_p 表示利润用于消费的比例，即资本家阶级的边际消费倾向，所以 $1 - C_p$ 等于资本家阶级的边际储蓄倾向。总利润分为资本家阶级的投资和消费两个部分，即

$$P = I + PC_p \tag{13}$$

长期均衡增长的条件是每年的投资等于储蓄，即

$$I = PS_p \tag{14}$$

投资等于利润减去资本家阶级的消费，即等于利润乘以资本家阶级的边际储蓄倾向，即

$$I = P - PC_p = P(1 - C_p) \tag{15}$$

将公式两端移项，得

$$P = \frac{I}{1 - C_p} \tag{16}$$

公式（16）表明，资本家阶级所得的利润总额等于他们的边际消费倾向的倒数，亦即其边际储蓄倾向和投资的乘积，即

$$P = \frac{I}{S_p} \tag{17}$$

等式两边除以资本存量的价值 K，得：

$$\frac{P}{K} = \frac{1}{S_p} \cdot \frac{I}{K} \tag{18}$$

式中，$\frac{P}{K}$ 表示利润率，一般用 π 表示；$\frac{I}{K}$ 表示资本价值的增长率。假定技术进步是中性的，这意味着资本价值对产量价值的比率不变，那么，$\frac{I}{K}$ 就是国民经济的增长率，即 g。这样，上式可以写为

$$\pi = \frac{g}{S_p} \tag{19}$$

这就是琼·罗宾逊在上述假设条件下推导出来的长期均衡增长公式。她的经济增长理论与卡尔多的经济增长理论揭示了同样一个原理，即资本家阶级的利润永远等于他们的消费和投资，资本家阶级在利润中用于消费的部分越大，经济增长率越高，利润收入在国民收入中所占的比重就越大，而工资收入所占的比重则越小。因此，增长并不是解决资本主义社会经济问题的灵丹妙药；相反，增长加剧了资本主义社会的各种矛盾，并引发更大的问题。

琼·罗宾逊提出了这样一个严肃的问题：经济增长究竟是为了什么？她认为，这是当前所面临的一切问题中最大的问题，而且是事实上从未被回答的问题。人们通常把增加投资看成是减少失业的办法，从而把越来越多的资源投入经济之中，认为增长即将解决一切问题，无需担心贫困，因为增长将提高底层人民的生活，贫困将要消失。对增长的颂扬，导致了只为增长而增长，似乎增长就是目的本身。本来应当懂得更多道理的经济学家也同意了这样的叫喊。这些"冒牌凯恩斯主义者"似乎完全不懂得，在私营企业制度之下，积累的性质必然产生不平等，经济增长只能加剧收入分配的失调。事实表明，随着经济的增长，在一部分人占有资本而另一部分人没有资本这一历史制度上进行的收入分配，将会变得更加有利于利润收入者集团，而不利于工资收入者集团，从而使"富裕中的贫穷，这句旧口号具有新的意思"。

之所以如此，主要表现在：一方面，远远超过半数以上的人口（因为低收入者占绝大多数）的生活水平总是低于全社会提供的平均生活水平，而不管他们消费的绝对水平怎样。赤贫的人、失业的人和老年人处在社会的最底层，他们靠社会保险付款来维持最低收入。而对低收入或没有收入的人来说，他们所有金钱的购买力由于一般的人变得富裕的事实而降低了，因为提供销售的货物的式样、包装、广告和价格都是为吸引有购买力的人而设计的。随着经济的发展，越来越多朴素的产品停止生产，因为如果供应最贫穷的人显然获利最少。另一方面，即使

工人的收入有所增加，也不意味着相对贫困和绝对贫困的消失，因为名义工资率的上升将推动物价的上涨，并促使企业增加投资和加紧采用新技术以代替工人，从而使实际工资率趋于下降。与此同时，经济增长要求的技术进步改变了劳动力的构成，而大部分工作职位只有受过教育和掌握技术知识的工人才能得到。由于受教育机会的不均等和掌握技术知识的不平衡，越来越多的工人从原先的工作岗位上不断地被排挤出来，他们的就业机会就更少了，家庭经济地位也不得不下降，处在绝对贫困的境地。这样，当经济增长在上层继续进行时，越来越多的家庭在下层却被驱逐出来。琼·罗宾逊由此认为，增长本身不是目的，如果说增长是为了解决消费问题，那么就应当问问究竟由谁来消费？消费的是什么产品？她的结论是："迄今为止，在最富有的国家里，'增长'还不曾消灭绝对贫困。很明显，也不能指望它会消灭相对贫困。""看来比我们曾经有过的更快增长也没有多大希望成为对付这种局势的灵丹妙药"。①

在资本主义社会，经济增长导致资源配置严重失衡，生态遭到破坏。琼·罗宾逊认为，当凯恩斯起来反对平衡财政和财政部的观点时，他不得不主张任何支出都比没有支出好。他说，从储蓄中拿出钱来，在地上挖洞，然后再把洞填上，不但会增加就业，而且还会增加有用的货物和劳务的生产及真实的国民收入。不过，当我们已经知道影响有效需求的因素之后，一个明智的社会就不应该依靠这种浪费的、不合情理的办法解决问题。为了保证投资方向和投资结构趋于合理，凯恩斯提出了由政府总揽社会投资的主张。而"冒牌的凯恩斯主义"却歪曲了他的原意。他们认为当存在失业和低利润时，政府尽管放手花钱，花在哪个方面都无关紧要，其他事情放手让私人企业去做就行了。但是，大公司只热衷于追逐最大利润，不可能从人类需要的长期利益出发来合理地开发和利用资源。因此，国家出钱让私人企业办事的自由放任政策，已经使空气和水被污染、舒适环境被破坏及非再生资源的消耗达到了这样一种程度，以至于自由放任最得意的鼓吹者也不得不注意了。

琼·罗宾逊认为，从技术方面考虑，一旦人们认识到这个问题，他们能够找到解决它的办法，所以困难不是来自技术方面而是来自政治和经济方面。迫于国内就业和国际竞争的压力，人们担心如果这些厂商被制止赚取最大利润，就业和出口份额将会受到威胁。因此，要制定一些规划来限制不仅已经存在而且将来或许要进行的有害生产，绝不是轻而易举的事。西方有些经济学家主张对污染环境和破坏生态平衡所造成的损害索取一笔费用。琼·罗宾逊对此表示异议，她说，这意味着，那些觉得毒害我们大大有利可图的厂商能够买到这样做的权利。在她

---

① 琼·罗宾逊，约翰·伊特韦尔. 1982. 现代经济学导论. 陈彪如译. 北京：商务印书馆：391～392.

看来，在现存的条件下，绝不会有简单的解决办法，因为反污染规定正在阻碍投资和减少利润。因此，应当允许污染稍为多些，以便有助于从萧条走向恢复。为了利润必须牺牲环境的舒适和人体的健康。她不无悲愤地说："必须允许大公司继续嚼碎地球，否则，他们将不能赚取利润和提供就业。"① 琼·罗宾逊指出，污染和无法弥补的资源损失最明显地否定了一条最著名的原理，这就是：在自由放任的制度下，市场力量的自由活动对整个社会产生有益的结果。

四、经济政策主张

新剑桥学派根据其对凯恩斯理论核心的理解和对资本主义存在的根本弊端在于收入分配不合理的诊断，提出了自己的经济政策主张，其核心内容为：强调通过调节收入分配来改变资本主义收入分配的不合理性，以最终实现凯恩斯所向往的"食利者阶层消失"的"文明生活"社会。这些政策主要有：

（1）实行累进的税收制度来改变社会各阶层收入分配不均等的状况。对高收入者课以重税，把富人的一部分收入转移给低收入家庭，从而逐步改变各阶层收入分配极度不均的状况。

（2）实行高额的遗产税和赠与税，以避免私人财产的大量集中，抑制社会食利者阶层收入的增加。新剑桥学派认为，社会上的阶级之所以存在，根源在财产的世袭制度，政府如果通过没收性的遗产税把大宗私人财产转归"公共所有"，就可以消灭财产世袭制度，到那时，社会上的阶级也就不复存在，至少阶级本身将不再具有重要的意义。

（3）政府运用财政预算中的盈余购买私人公司的股票，把部分公司股份的所有权从私人手中转移到国家手中，最终消灭私有财产制度，实现国有化。

（4）通过政府的财政拨款对失业者进行培训，提高他们的文化程度和技术水平，以便使他们有更多的就业机会，并能从事收入较高的技术性工作，从而拉平一些收入上的不均等。此外，国家还可以通过预算给低收入水平的家庭以一定的生活补贴，增加他们的收入。

资本主义社会的一个最显著缺点，"乃在不能提供充分就业，以及财富与所得之分配有欠公平合理"（凯恩斯语）。在一个生产的物质条件变成了资本而生产者变成了工资雇佣劳动者的社会里，财富分配的天秤自然倾向于富人一边。古典经济学家、马克思、凯恩斯和激进经济学家不仅说明了资本主义是如何分配财富的，而且指出了资本主义的分配所导致的种种不良的社会、政治和经济后果。新剑桥学派经济学家的贡献，就在于他们有力地证明了：价格体系和利润体系运作

---

① 琼·罗宾逊. 1979. 经济增长的年代//外国经济学说研究会. 现代国外经济学论文选. 第一辑. 北京：商务印书馆：40.

的结果，会自然导致富者越富，贫者越贫。当工人阶级从经济增长中分得少许的好处时，问题就被掩盖了起来，一旦经济危机爆发，由收入分配不均引起的社会矛盾立刻尖锐起来。在 2008 年的金融风暴席卷全球之际，大多数劳动阶级收入降低了，甚至失去了工作和家园，而那些出现巨额亏损且只能靠政府以纳税人的钱来救济的大公司的 CEO 们，却依然得到天价的薪酬，并依然进行阔绰的消费。这一尖锐的对比，立刻引起了公愤，并导致政府的干预，使得这些阔佬们也不得不假装高姿态，自愿降低薪酬。这在资本主义社会的历史上还是前所未闻的，而且恰恰说明资本主义的收入分配已经到了非改不可的地步。

■ 第四节　后凯恩斯主义货币经济学

同英国后凯恩斯主义者一样，美国后凯恩斯主义者也认为凯恩斯革命"夭折"了，并一直致力于恢复和拓展原创性的凯恩斯经济学。他们之间的分歧在于，前者强调资本主义经济的不稳定性的根源在于劳动与资本为剩余的分配而进行的斗争，因此，要解决资本主义社会的经济问题，就必须对资本主义的政治和经济权力进行根本的改组；而后者强调资本主义经济的不稳定性的根源在于不确定性和同货币-信用有关的那些问题，解决的办法是加强金融监管和对信贷的控制。美国后凯恩斯主义又称为后凯恩斯主义货币学派，其突出贡献是将凯恩斯关于不确定性和货币非中性思想发展为一种非均衡的和信用货币的分析框架，他们强调货币量和名义工资既是价格水平的主要决定因素，又是决定经济是否稳定的重要因素。

一、宏观经济学的微观基础

与新古典经济学的完全竞争市场假设不同，后凯恩斯主义经济学认为垄断才是资本主义的常态，特别是工业品市场，是典型的寡头垄断结构。后凯恩斯主义从垄断出发，研究市场价格的形成。卡莱斯基创立了一个最简单的后凯恩斯主义的成本加成定价（markup pricing）理论。这一理论认为，现代资本主义经济中存在着两个不同的价格体系：一是原材料或初级产品的价格由市场的供求关系决定，价格变动是调节未来生产和消费的信号；工业部门产品的价格则一般按成本加利润的原则来确定，其公式为 $P = ATC + NPM$。式中，P 表示厂商的产品价格，ATC 表示平均总成本，NPM 表示每单位产量的边际净利润。成本加成价格是一种"操纵价格"，反映了成本和厂商对市场的控制程度，但它对市场需求的变动反应并不敏感，所以不是使市场出清的均衡价格。

后凯恩斯主义把微观水平上的成本加成运用到宏观水平上，旨在说明物价水平的决定因素和通货膨胀。其中，最著名的是温特劳布（1978）根据凯恩斯关于

货币工资和物价的关系提出的"工资成本加成方程式"（Wage-Cost Mark-up Formula），即

$$P = K\frac{W}{Q} \tag{20}$$

式中，P 表示一般物价水平；K 表示整个经济中单位劳动成本之上的利润平均加成，反映的是经济中各企业运转的外生制度环境决定的垄断程度。一般来说，它在短期内是相当稳定的，因此在考虑 P 的变化时可以忽视 K 的变化。名义总工资 W 与实际产出 Q 之比是生产全部产出的单位劳动成本。用 L（总劳动投入）除以 W 和 Q，我们可以得到以下公式：

$$P = K\frac{w}{a} \tag{21}$$

式中，w 代表平均年名义工资率；a 代表平均劳动生产率。假定平均劳动生产率随时间推移而提高的速度相对稳定，如果平均年名义工资率的相对增长幅度超过了平均劳动生产率的提高幅度（$w > a$），则物价就会上涨。因此，利用一般符号，我们可以得出以下公式：

$$P = P(w) \tag{22}$$

　　简言之，物价是名义工资的函数，两者呈正相关。后凯恩斯主义货币经济学的通货膨胀理论是成本推动型的通货膨胀。这一理论在后凯恩斯主义货币经济学的宏观经济分析中扮演着非常重要的角色。我们以后还要回到公式（22），然后推出后凯恩斯主义货币经济学的内生货币供给理论。在这里，我们要描述的是后凯恩斯主义经济学根据这一理论而提出的对停滞膨胀的解释：当初级品（石油）价格上涨时，制造品成本就增加，价格上涨。工会为了抵制实际工资下降，从而要求增加货币工资。在这种情况下，资本家阶级会通过提高产品售价来转嫁因工资上涨而造成的利润损失。可见，初级品（石油）价格上涨必然会带来工资–价格螺旋式上涨的通货膨胀。而这种通货膨胀本身也有着抑制有效需求和削减产出的作用。一方面因为制造品价格过高，初级产品部门购买减少；另一方面，大多数工业国的政府，可能采取紧缩的财政政策和货币政策来对付通货膨胀，使收入减少，投资受到限制，从而出现通货膨胀和失业并存的局面。通货膨胀和失业同时上升的势头一旦形成，便不会有简单易行的出路。

二、货币需求、货币供给和货币非中性

　　新古典经济学认为，利率由投资和储蓄这两个实物因素决定，并调节投资和储蓄使二者相等，且货币的供求不会影响实际利率，因此货币是中性的。在《通论》中，凯恩斯对新古典经济学的利率理论进行了批驳，并提出了全新的流动性偏好理论。他认为，利率不是由投资和储蓄决定的，而是由货币的供求决定的。

货币需求由交易动机、谨慎动机和投机动机组成。其中，交易动机和谨慎动机主要与收入相关；投机动机主要与利率相关。货币供给是由货币当局决定的货币数量。利率是一种价格，它使得公众愿意持有的货币量恰好等于现存的货币量。因此，货币供求的变化使利率发生变化，而后者的变化又通过影响资本边际效率的变动传递到实际部门中去。后凯恩斯主义货币学派对凯恩斯在《通论》中的这些观点，特别是对凯恩斯在《货币论》和《通论》出版一年后的几篇论文中提出的观点加以补充和发展，形成了一个完整的关于货币非中性的理论框架。

1. 货币需求的融资动机

早在《货币论》中，凯恩斯就与货币数量论做了彻底的了断。他明确地区分了工业和家庭这两个部门为交易动机所持有的货币量，并指出两者持有货币的动机不一样：家庭部门主要是为消费的目的而持有货币，而工业部门持有货币的目的是为了生产和投资。马歇尔的"剑桥方程式"只适合于前者，因为它是相对稳定的，且与收入保持固定的比例，这一方程式被凯恩斯形容为一种"坐着的货币"；而后者由于经济形势的变化和未来的不确定性而具有更大的波动性，这就是说，两者的流通速度是不同的。凯恩斯因此否认了货币数量论和现代货币主义的一个主要信条，即在货币量和国民收入的名义水平之间存在着稳定的联系，因此货币需求函数是稳定的或是可预测的。在《通论》中，凯恩斯没有提到这一观点，而这被后凯恩斯主义货币经济学认为是从《货币论》上的一种倒退。然而，在《通论》出版一年之后，凯恩斯在《就业通论》、《利率的替代理论》和《利率的"事前"理论》这三篇文章中明确提出了融资动机（finance motive）的概念，并将其作为除传统的交易需求之外的一种货币需求。他说："我现在认为，当初我在分析货币需求的各种源泉时，如果能更加强调这一点就好了。"凯恩斯的货币需求的融资动机理论没有受到新古典综合派的重视，却被后凯恩斯主义大大地发展了。

后凯恩斯主义强调货币需求的"融资动机"，并将其称为"第四种货币需求"。一旦将货币需求的融资动机引入未来不确定性下的资本主义货币-金融体系的分析框架，就会得出货币非中性和资本主义经济不稳定性的结论。所谓货币需求的融资动机，是指企业家在进行投资决策和实际完成投资这一时间间隔内所产生的货币需求。这是发生在实际投资进行之前的对货币的需求，它同计划的投资有关，因为在进行投资之前，必须确保相应的资金供给，所以，它实际上是当前的投资决策所需要的一笔预先提供的现金。出于融资动机的货币需求，似乎只适用暂时或非常短的时期，但是这种旨在为建设项目提供资金的"暂时性"的货币需求将会特别巨大，特别是在经济高涨期更是如此。事前投资的急剧增加造成了对事前资金需求的显著增加，除非银行愿意按现行利率提供更多的资金——虽然这是不可能的，这种资金需求不可能在不导致利率上升的情况下得到满足。凯恩斯因此指出："在企业家筹措资金的时候和实际进行投资的时刻之间，存在着一个空位期，在这个空位期，存在着对流动性的额外需求，但是却不存在着它的额外供应。"①所以，利率上升最终会导致实际产出下降和失业增加。在灵活偏好理论中加入融资性需求，意味着在存量货币中加入流量货币，这样就必然导致存量和流量的矛盾，从而造成利率的不确定性和波动性。戴维森指出，在"融资动机"存在的情况下，*IS-LM* 模型是不稳定的，因为"融资动机"的存在，使得投资增加必然导致货币需求的增加，也就是说，商品市场与货币市场是相互联系的，*IS* 曲线和 *LM* 曲线也是相互影响的，当"融资动机"导致 *IS* 曲线移动时，*LM* 曲线也随之移动。

2. 内生货币供给理论

货币供给的内生性是指货币供给的数量是由经济主体的需要内生决定的，中央银行不能有效地控制货币供应量，而只能被动地适应经济生活对货币的需求。如果中央银行只是部分地满足了对于货币需求的增加——这是更为可能的情况，那么，发生在货币部门中的变化就会通过利率的变化外溢到实际部门中去。在后凯恩斯主流经济学和货币主义的货币理论中，货币供给被视为由中央银行决定的外生变量。不同之处仅在于它们对货币数量论及货币供应量与名义收入水平之间联系的强度有不同的解释。后凯恩斯主义货币经济学家从不同的角度分析了货币的创造过程，提出了内生货币供给理论。这一理论完全是与主流经济学所信奉的货币数量论相对立的。正如罗西斯指出的那样，一个充分发展了的内生货币供给理论必须毫不含糊地在三个方面直截了当地拒绝货币数量论：①拒绝资本主义经济自然趋于长期充分就业均衡的概念；②拒绝关于货币需求是人均实际收入或一般物价水平的稳定函数的论点；③拒绝货币数量论中的由货币供应量到名义收入或一般物价水平的因果链的箭头。

后凯恩斯主义的内生货币供给理论的代表是温特劳布-卡尔多模型。

温特劳布模型是以温特劳布著名的工资定理为基础的。根据这一定理，工资率的任何过度增加（$w>a$）都将通过某种在单位劳动成本之上的、事先决定的和稳定的加成导致物价的上涨。由单位劳动成本的增加所导致的名义收入的增加，将造成在给定实际产出水平上的交易货币（信贷）的需求的增加。温特劳布假定货币的流通速度不变，那么要维持实际产出和就业水平不变，货币当局就必须完全满足增加的交易动机所需要的货币量。因此，箭头的指向应是这样的：货币工资上升⇨成本提高⇨利润加成⇨价格水平上升⇨货币需求增加⇨货币供应量增加。后凯恩斯主义者的这种观点完全不同于货币主义者的观点，后者认为，是

———————————

① 斯蒂芬·罗西斯. 1991. 后凯恩斯主义货币经济学. 余永定等译. 北京：中国社会科学出版社：43.

货币供给量的变动造成了价格的变动，所以箭头的指向应该是完全相反的。

如果中央银行断然拒绝增加货币供应量，过度的货币需求就会引起利率的上升，并导致预料之中的"凯恩斯式"的结果，即通过乘数的作用，投资的减少将导致实际产出和就业的减少。于是，在较低的实际产出水平上，货币需求将会减少，这就迫使货币的需求和供给实现均衡，而这一调整过程是通过实际产出和就业的减少来完成的。同样的分析也可以应用于这样一种情况，即货币供应量的增加只能部分地满足货币的需求。在这种情况下，实际产出和就业会下降，但下降的程度比货币供应完全不增加时要少。在上述任何一种情况下，由于货币供应没有或只是部分地满足了货币需求的增加，物价水平将会提高，产出和就业将会减少。这就是温特劳布对滞涨问题的解释。在这里，滞涨是由温布劳特的工资定理加上中央银行的顽固态度造成的。

卡尔多认为，在信贷-货币经济中，任何时候的货币供给量都是由货币需求决定的，即货币供给直接随公众对现金和银行存款的"需求"变化而变化，也就是说，货币供应是内生的和受需求驱使的。他提出了决定货币供给变化的两个因素：货币收入变化率和通胀率。货币收入变化率建立在比温特劳布的单一工资理论要广泛得多的基础之上，并且取决于这样一些因素：①需求压力；②国内投资；③出口；④财政政策；⑤工资上涨率；⑥公共部门借贷要求的变动；等等。货币收入率和通胀率的变动使名义收入发生变动，从而导致货币需求量发生变动。如果不想引起灾难性的经济后果，货币当局除了必须满足由名义收入变动引起的货币的交易需求的变动外，别无其他选择。这就意味着货币需求创造了自己的供给。卡尔多指出，利率（贴现率）不是由竞争性金融市场上供求的相互作用内生地决定的，而是由中央银行外生地决定的货币的基本价格。利率不是一个因变量，而是一个完全处于中央银行控制下的自变量。所以，货币政策的目标是确定利率，而不是货币存量，这意味着，中央银行对货币供应量并没有实际上的控制能力。总之，货币需求是名义收入的函数，而利率则由中央银行决定。货币需求的变化是利率变化所导致的生产和收入水平变化的结果，利率对"持有货币的愿望"并没有直接影响，而只有因收入水平的变化所引致的间接影响。换言之，由贴现率变化所导致的利率的变化对投资有直接影响，同时通过乘数-加速数模型，又对收入造成了影响。因果关系的链条是这样的：利率下降⇨投资增加⇨收入按倍数增加⇨货币需求增加。由此引起的货币需求的变化，必须由作为"最后贷款人"的中央银行给予充分满足。

卡尔多的模型假定：在中央银行制定和维持的任何利率水平上，货币供给曲线的弹性是无限大的。这意味着，货币需求创造了自己的供给，而这种供给能完全满足经济对货币的需求。显然，这是对萨伊定律在货币部门的反用。而问题恰恰就出在这里：如果内生的货币供给是完全有弹性的，金融部门的行为就没有特别重要的意义，它仅仅是被动地适应实际部门发展的节奏而已。但实际上，在未来具有不确定性的资本主义货币-信用经济中，货币供给往往不能完全适应信贷货币的需要，这就意味着资本主义金融体系的不稳定和金融市场的非均衡状态。由此，必然会爆发资本主义金融危机和债务危机，并引发经济周期性的波动。

三、金融不稳定性假说

金融不稳定性假说（financial instability hypothesis），又称金融脆弱性假说，是后凯恩斯主义货币经济学用以说明资本主义社会之所以频繁爆发金融危机的一个颇具影响力的理论。该假说是一个资本主义经济周期的模型，借以说明了金融危机与经济周期发展的内在联系；同时，它还表明金融危机是与金融自身内在的特征紧密相关的，即不稳定性是现代金融制度的基本特征。该假说最早由美国经济学家明斯基提出并做了系统的解释。后来的后凯恩斯主义货币经济学家对这一假说做了进一步的补充和发展。

明斯基的分析是从企业的投资决策开始的。他认为，决定企业是否投资的主要因素是这项投资的未来预期利润收益，而投资的实现则主要依靠借债来筹措资金。所以，如果未来的预期利润率大于银行的利率，企业就愿意投资，而一旦投资实现，企业（借款人）和商业银行（贷款人）之间就形成了一种债务关系。企业对银行的债务承诺和支付义务是以未来预期收入的现金流来清偿的。但问题在于，未来的情况是不确定的，且利率会随经济周期的波动而变化，特别是在繁荣时期，利率会因为借贷需求的急剧增加而提高。当现金流出现断裂时，企业就会陷入债务危机之中。个别企业的债务危机当然不会引起整个宏观经济的震动，但明斯基指出，由企业过度负债而产生的债务危机必将通过以商业银行为代表的信用创造机构和借款人相关的行为导致宏观经济的通货紧缩，从而在爆发金融危机的同时引发经济危机。

明斯基指出，借款企业按其金融状况可以分为三类：第一类是"套期保值"企业（hedge-financed firm）。这类企业的预期收入不仅在总量上大于债务总额，而且在每一时期内，其预期的现金流也大于到期债务的本息。这类企业在金融上是最安全的，因为它们的现金流能完全满足债务支付的要求。第二类是投机性借款企业（speculative-financed firm）。这类企业的预期收入在总量上大于债务总额，但在借款后的前一段时间内，其预期的现金流小于到期的债务本息；而在之后的每一时期内，其预期的现金流大于到期的债务本息。因此，这类企业存在债务缺口，它们为了偿还债务，要么重组其债务结构，要么变卖其资产。第三类是

"庞兹"借款企业（Ponzi financed firms）①。这类企业在金融上是最脆弱的，在每一时期内，预期的现金流都小于到期的债务本息。为了支付到期的债务本息，它们必须采用滚动融资的方式，不断地借新债还旧债，以致债务累计越来越多，潜伏的危机越来越大。

建立在债务基础上的货币经济的稳定性，取决于这三种融资类型的混合状况以及融资方法沿着债务风险由小到大的移动。在一个经济周期开始时，大多数借款企业属于"套期保值"型借款者。在经济繁荣的诱导和追求更高利润的驱动下，金融机构逐渐地放松了贷款条件，而企业受乐观情绪的支配和宽松的信贷环境的鼓励，也倾向于采取更高的负债比率。越来越多的企业显现出风险较高的两种金融状况，即投机型和庞兹型，而"套期保值"型企业的数量不断减少。借款需求的增加和中央银行为抑制物价的普遍上涨而采取紧缩的货币政策而导致的利率大幅度上涨，逐渐使企业的财务状况恶化。于是，企业为了兑现债务的承诺，也不得不改变自己的融资方式：由套期融资转入投机融资，再由投机融资转入负债融资。另外，来自体系外部的重大冲击（如石油危机）诱发了严重的衰退，于是，即使利率不变，预期利润率的急剧下降也可能导致同样的后果。不管何种情况，由于总的支付义务超过了预期的总现金流，经济的整个债务结构变得难以支撑。随之而来的是由普遍的债务危机导致的经济紧缩，而这又将导致企业破产和银行倒闭现象的大量涌现。

明斯基认为，有两个主要原因可以解释这种金融体系的内在脆弱性特征：一个是代际遗忘解释（generational ignorance argument）。这是指由于上一次金融危机已经过去了很久，一些利好事件推动着金融业的繁荣，借款人对眼下利益的贪欲战胜了对过去危机的恐惧。人们往往认为当前资产价格的上涨趋势将持续下去，于是导致了更多的购买。另一个是竞争压力解释（rivalry pressure argument）。这是指贷款人出于竞争的压力而做出许多不审慎的贷款决策。在经济高涨期，借款需求巨大，如果个别银行不能提供充足的贷款，它就会失去顾客。但很少有银行能承受这种损失，因此每家银行都向其顾客提供大量的贷款，而不顾及最终的累积性影响。由于从借款开始高涨到最终的结账日，期间的间隔可能很长，以至于发放贷款的银行不会因为他们自己行为而直接遭受损失。

美国后凯恩斯主义经济学家、约翰斯·霍普金斯大学经济系教授罗伯特·巴伯拉将明斯基的观点总结为这样两句话："经济的长期健康发展使人们愿意去承

① 查尔斯·庞兹（Charles Ponzi）是美国第一次世界大战后的金融家，也是有名的骗子。他只是不断吸纳新投资者的钱，并将其付给前期投资者。因为前期投资者获得了巨大的投资回报，所以他们都争先恐后地宣扬庞兹是一位投资天才。这个消息迅速传播开来，于是，新投资者携带现金纷至沓来，希望也能致富。而此时，庞兹却卷走了这些新投资者的钱财，逃逸并失踪了。

担越来越大的风险。当许多人进行风险赌博时，一丝沮丧之情便可引发灾难性的后果。"他将 2008 年美国房地产市场暴跌列为"明斯基式危机"的一个经典案例。他指出，1966 年至 2002 年间，房地产价格持续上涨，这反过来使主流经济学家和房主们都以为，房价永远不会下跌。随着房价的上涨，人们在房地产市场里加大赌注，其形式就是次级抵押贷款、抵押再融资和复杂的金融衍生品。从 2004 年 6 月开始，为抑制通货膨胀，美联储决定提高利率，使联邦基金利率最终达到 5.25%。贷款利率提高后，人们对房地产的需求下降，导致房价回落。与此同时，拖延还款的现象明显加重。首先被拖欠的贷款就是所谓的风险贷款或次级贷款。在贷款市场繁荣时，许多银行利用抵押贷款发放担保债券。当房屋价格下跌、消费者开始拖欠还贷时，投资者发现最好的做法就是抛出手中的债券。这样一来，问题在短时间内就转移到银行方面，但它们没有充足的资金应对这股抛售浪潮，许多银行因此成为牺牲品。与此同时，债务成本提高，以及资产贬值使得许多家庭受到财产损失，从而造成消费、投资和信贷活动的相应缩减。

四、后凯恩斯主义货币经济学的政策含义

后凯恩斯主义货币经济学的基本观点之一是：资本主义天生是一种不稳定的体制，因为它是在不确定条件下的信用-货币经济中运行的，若不是它的创造性——它通过体制和组织的创新设计了解决各种不确定性和不稳定性的有效方法——资本主义早就崩溃了。然而，如果没有国家的干预和强制执行，资本主义用以解决不确定性和不稳定性的各种制度、措施和方法就不可能有效地运转。后凯恩斯主义货币经济学强调资本主义的不确定性和不稳定性，其目的不是摧毁这个制度，而是以国家的干预弥补资本主义市场经济的缺陷，以便使资本主义在经过修补之后成为运行效率更高和生存能力更强的社会制度。当然，这也是凯恩斯在《通论》中所力图达到的目的。

从后凯恩斯主义货币理论推出的一个必然结论是：无论是新古典综合派的相机决策的货币政策，还是货币主义的单一规则的货币政策，都不仅是无用的，而且是有害的。在后凯恩斯主义经济学家看来，这两种货币政策都以货币数量论为理论基础，都假定货币供应量是外生的，从而把控制流通中的货币量作为货币政策实施的第一要义。按照后凯恩斯主义的货币理论，认为决定物价水平的不是货币供应量，而是工资成本和利润加成。这意味着，在货币政策中不能找到如何使价格保持稳定的答案，因为货币政策对工资和薪金的谈判几乎没有直接的影响，所以它不可能对价格有任何直接影响。当货币政策的实施产生大量的失业，从而严重削弱工会的力量时，它也只会对价格产生间接的影响。货币政策当然会降低物价上涨率，但这必然会导致利率的大幅度上升和大规模的失业。也就是说，只有当引起经济的灾难性后果时，货币政策才是管用的。20 世纪 80 年代初，英国

撒切尔夫人政府和美国里根政府所执行的"货币主义"政策的后果就证明了这一点。所以,卡尔多把货币数量说的当代"货币主义"形式视为造成西方国家大量失业从而引起灾难和痛苦的一种"可怕的诅咒"和一种"邪恶精神的降临",认为它是一种尼采意义上的堕落,即试图在摆脱困境时本能地"喜欢坏的解决办法",而不能发现"好的解决办法"。从货币供给的内生性这一理论出发,后凯恩斯主义货币经济学强调,对于货币存量,中央银行没有任何控制能力,而正是把货币看成外生实体而试图对货币供应量加以控制的无效性才导致了战后经济政策的失败。因此,后凯恩斯主义货币经济学主张实施以稳定价格为目标的"收入政策",并且强调加强金融监管和对经济中的信贷流量进行控制。

➤ 本章主要参考书目

保罗·戴维森. 2009. 后凯恩斯学派 // 布莱登·斯诺登,霍华德·文. 现代宏观经济学:起源、发展和现状. 余江涛等译. 南京:江苏人民出版社.

布莱登·斯诺登,霍华德·文,彼得·温纳齐克. 1998. 现代宏观经济学指南:各思想流派比较研究引论. 苏剑等译. 北京:商务印书馆.

海曼·明斯基. 2010. 稳定不稳定的经济——一种金融不稳定视角. 石宝峰等译. 北京:清华大学出版社.

琼·罗宾逊,约翰·伊特韦尔. 1982. 现代经济学导论. 陈彪如译. 北京:商务印书馆.

斯蒂芬·罗西斯. 1991. 后凯恩斯主义货币经济学. 余永定等译. 北京:中国社会科学出版社.

➤ 复习思考题

1. 后凯恩斯主义经济学是如何论述未来的不确定性的?谈谈你对主流经济学试图把不确定性转化为风险这一观点的看法。

2. 什么是"货币非中性"?用货币需求的"融资动机"和内生货币供给理论说明货币非中性。

3. 简要评述新剑桥学派经济增长理论的主要内容、理论意义和现实意义。

4. 简要评述明斯基的"金融不稳定性假说"的主要内容、理论意义和现实意义。

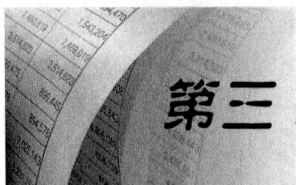

第三章

新凯恩斯主义经济学

　　新凯恩斯主义经济学（new Keynesian economics）是指自 20 世纪 80 年代以来继新古典综合之后发展起来的现代凯恩斯主义经济学派。它以新古典经济学的风格出现，但又具有凯恩斯主义的结论，因而被称为新凯恩斯主义。新凯恩斯主义用"粘性"理论取代了原凯恩斯主义的"刚性"理论，并从经济当事人利益最大化和理性预期的角度对这种粘性做出了合理的解释，进而运用微观经济学的理论和方法诠释了资本主义社会的经济波动和非自愿失业现象，从而弥补了原凯恩斯主义微观基础的不足，促进了国家干预主义的复苏。有人把新凯恩斯主义经济学的出现称为宏观经济学上的又一次革命，"这次革命等于凯恩斯主义的再现，但是具有更加严密的理论风格"。

　　新凯恩斯主义经济学的主要代表人物有：哈佛大学的劳伦斯·萨默斯（Lawrence Summers　1954—）和格里高利·曼昆（Gregory Mankiw　1958—）；麻省理工学院的奥利维尔·布兰查德（Olivier Blanchard　1948—）和斯坦利·费希尔（Stanley Fischer　1943—）；哥伦比亚大学的约瑟夫·斯蒂格利茨（Joseph Stiglitz　1943—）、布鲁斯·格林沃尔德（Bruce Greenwald　1946—）和艾德蒙·费尔普斯（Edmund Phelps　1933—）；普林斯顿大学的本·伯南克（Ben Shalom Bernanke　1953—）；约翰·霍普金斯大学的劳伦斯·鲍尔（Laurence Ball　1953—）；加州大学伯克利分校的乔治·阿克洛夫（George A. Akerlof　1940—）、珍妮特·耶伦（Janet Louise Yellen　1946—）和大卫·罗默（David Romer　1958—）；斯坦福大学的罗伯特·霍尔（Robert E. Hall）和约翰·泰勒（John Taylor　1946—）等。其中，阿克洛夫、斯蒂格利茨和迈克尔·斯彭斯因（Michael Spence　1943—）利用非对称信息理论对市场经济进行的研究获 2001 年度诺贝尔经济学奖。新凯恩斯主义经济学家大都集中在美国东西海岸的学术机构，这与新古典宏观经济学的主要代表人物大都集中在美国最大淡水湖群的学术机构（芝加哥、明尼苏达和卡内基-梅陇）恰好形成一种偶然的巧合。因此，罗伯特·霍尔将前者称为"盐水"经济学家，将后者称为"淡水"经济学家。进入 20 世纪 90 年代以后，新凯恩斯主义和新古典宏观经济学成为西方最有影响的两个经济学流派，而"盐水"和"淡水"两派之争主宰了西方国家的经济学界，并影响了政府的经济决策。

第一节　新凯恩斯主义经济学"新"在哪里？

在 20 世纪 80 年代末和 90 年代初，西方国家再度陷入衰退之中。一些主张以国家干预矫正市场失败的年轻学者努力使凯恩斯"复活"了。然而，此凯恩斯并不是原凯恩斯的 DNA 复制品，只有灵魂相通，而相貌完全不同。因此，曼昆选择以"转世"（incarnation）这个词来描述凯恩斯主义的复活。他的解释是："我选择再生这个术语因为它意味着在另一个身体上重生。我想强调的是，新旧凯恩斯经济学虽然有很多相似之处，但也有很多差异。在某种意义上，凯恩斯的精神已经被带回来了，不过它看起来不像老凯恩斯。事实上凯恩斯也许根本不会承认新凯恩斯主义者是凯恩斯主义者。一般而言，也许人们转世之后就认不出以前的自己了。"[①]新凯恩斯主义经济学不是对原凯恩斯主义经济学的简单因袭，而是对它的批判和发展。新凯恩斯主义经济学改进和发展了已经处于理论攻击之下的"凯恩斯城堡"的微观基础，并大胆地构筑了一个以不完全竞争、不完全市场、不对称信息和工资-价格粘性为主要特征的新的理论世界，从而"将成桶成桶的沙子倒在平滑的新古典范式之中"。

一、非市场出清与工资、价格粘性

新、旧凯恩斯主义经济学通常被称为非市场出清模型。所谓非市场出清，是指经济中这样一种状况：当市场上出现了供求不平衡时，工资和价格因某种原因不能迅速地做出反应并及时调整以使供求达到一致，由此劳动市场和产品市场都有可能产生超额供给或超额需求，经济因此处于持续的非均衡状态。凯恩斯认为，工资和价格之所以不能做出迅速反应，是由于它们存在刚性（Rigidity）。他对此的解释是：由于有工会存在，工资只能上升，不能下降，因此名义工资具有刚性。工资刚性是凯恩斯理论体系的基石，而价格刚性不过是工资刚性的一种情

---

①　布莱登·斯诺登，霍华德·文. 2009. 现代宏观经济学：起源、发展和现状. 余江涛等译. 南京：江苏人民出版社：385.

况。由于商品价格存在刚性，厂商对市场供求变动的反应不是调整价格，而是调整产量，从而导致了商品市场的非出清。同样，劳动工资的刚性导致了劳动市场的非出清。然而，凯恩斯对刚性的解释考虑的仅仅是政治因素，未能给出一个合理的经济学理由，这是他的体系中的一大漏洞。这一漏洞被攻击凯恩斯主义经济学的新古典宏观经济学紧紧抓住，成了凯恩斯主义经济学的"阿喀琉斯之踵"。在卢卡斯和萨金特看来，凯恩斯主义模型不可能被修补起来，因为它存在根本性的难题，而这些难题特别关系到：①非市场出清模型没有可靠的微观基础；②它采取的预期假定与最大化行为不一致。

新古典宏观经济学的模型是建立在工资和价格充分弹性的基础上的市场出清模型，而个人行为最大化假说和理性预期假说是这一模型的主要理论支柱。前一个假说来源于古老的经济学分析模式——"理性经济人"，这一模式是有关经济决策和经济行为最基本的方法，它假定经济主体的行为目标是追求个人利益的最大化，即厂商追逐利润最大化和家庭追求效用最大化；后一个假说来源于新古典宏观经济学，是经济人假说的进一步深化，认为除非受到了意料不到的干扰，微观主体的最大化行为不会犯系统的错误。由于这两个假说，工资和价格具有充分的伸缩性，即当市场上出现供求不平衡时，工资和价格可以迅速做出反应，并及时调整到使市场出清的水平。这意味着，市场条件的任何变化都只能引起名义变量的变化，而对实际产出和就业不会产生任何影响。新古典宏观经济学就是从微观行为主体的这种理性选择和合理化行为中演绎出来的，看上去无懈可击。然而，20世纪80年代的事实证明了市场连续出清的假设与现实不符，因为经济周期和非自愿性失业依然存在。从此，一些经济学家开始对资本主义市场机制的完善性表示怀疑。

新凯恩斯主义经济学用粘性（sticky）概念代替刚性概念，这意味着对凯恩斯刚性假设的某种弱化和对新古典弹性假设的某种让步。粘性是指从刚性到弹性的一种中间状态，就是说，从长期看，工资和价格不是不能变动；但在短期内，它们对市场条件变化的反应是呆滞的。即便是对新古典主义的某种让步，粘性理论仍然没有改变凯恩斯主义的结论：在经济中出现供给或需求冲击后，工资和价格的粘性使市场不能出清，经济处于非均衡状态。缓慢的工资和价格调整要使经济回到正常的状态，需要一个很长的过程。但新凯恩斯主义经济学弥补了凯恩斯刚性理论的缺陷，从经济当事人利益最大化和理性预期的角度对粘性做出了合理的经济学解释。新凯恩斯主义经济学使用了与新古典宏观经济理论相同的方法，但拒绝了它的结论。新凯恩斯主义经济学的出现代表了一种新的"综合"，即将新古典主义经济学的精华、有用的概念和方法吸纳到自己的理论框架之中，在承认微观经济主体具有"理性"预期并追求利益最大化的基础上，解释了工资-价格粘性、非自愿失业、普遍生产过剩等现象，从而为凯恩斯主义宏观经济学提供了坚实的微观基础。

二、不完全信息与不完全竞争

新凯恩斯主义经济学与新古典宏观经济学都认为宏观经济学应当建立在微观经济学的基础之上，也都认为理解宏观经济行为要建立一个简单的一般均衡模型。然而，新古典宏观经济学利用完全信息、完全竞争、完全预期和零交易成本构造了一个完美无缺的理论世界。在新凯恩斯主义者看来，新古典宏观经济学并非关于人们实际生活世界的理论，而是脱离现实世界的一种数学上的构思。凯恩斯主义经济学不是一种抽象的理论，而是解决经济问题的实际政策模式。新凯恩斯主义经济学在建立自己的经济模型时，利用的则是不完全信息、不完全竞争等。

所谓不完全信息（incomplete information），是指市场参与者不拥有某种经济环境状态的全部知识。新凯恩斯主义者认为，不完全信息经济比完全信息经济更加具有现实性，市场均衡理论必须在不完全信息条件下予以修正。非对称信息（asymmetric information）是不完全信息的一种情况，即一些人比另一些人具有更多、更及时的有关信息。有些市场卖者掌握的信息较多，而买者掌握的信息较少。例如，在一些要素市场上，雇员比雇主更了解自身的劳动能力；在商品市场上，卖方比买方更了解商品的性能、质量等。而有些市场则恰恰相反，买方比卖方掌握更多的信息，如保险市场和信用市场大多是这类情况：医疗保险的购买者比保险公司更了解自己的健康状况；贷款申请人比银行更了解此项投资的风险和收益等。一旦供求双方的信息分布不对称，在此类情况下所导致的均衡结果对社会来说就是一种无效率的状况。

新凯恩斯主义应用的不完全信息方法，最早由阿罗提出。阿罗在研究保险市场承保人与投保人行为的差异时，将由于信息不对称所导致的经济主体在经营活动时有意识地违背道德原则以求达到自我利润或效用极大化的行为称为道德风险或败德行为（moral hazard）。信息不对称和了解信息所需的成本，给市场的有效运转带来了很大困难。最早指出这种困难的是阿克洛夫。1970年，他发表了《次货市场：质量不确性和市场机制》一文，以旧车市场为例，详细地阐述了产品市场存在的信息不对称和由此得出的逆向选择（adverse selection）机制。所谓逆向选择，是指在买卖双方信息不对称的情况下，差的商品必将把好的商品驱逐出市场。当交易双方中的任何一方对于交易可能出现的问题比另一方知道得更多时，就会出现逆向选择。逆向选择是事前信息的不对称，而道德风险是事后信息的不对称，前者隐蔽信息，后者隐蔽行为，它们都是信息不对称所造成的事前和事后的机会主义行为。从特定的市场现象得出的败德行为与逆向选择机制具有普遍意义。只要信息不对称，上述两种机制就必然存在。不完全信息方法是新凯恩斯主义经济学用以重新构建经济理论体系的基石，也是这一学派对经济学方法论的杰出贡献。引进不对称信息之后，整个微观经济学必须重新改写，因为不完全信息是普遍存在的，而在此情况下达到的市场均衡是没有意义的。

新凯恩斯主义经济学模型与新古典主义模型之间的另一个区别在于对定价行为的看法。虽然在凯恩斯的《通论》出版之前，琼·罗宾逊和张伯伦已分别独立地发展了不完全竞争或垄断竞争理论，但新古典主义模型仍然无视这一理论及现实资本主义存在的巨型垄断企业这一事实，反而假定资本主义的市场经济是一种完全竞争类型的结构，企业都是价格的接受者，并在给定的价格下进行生产决策。为了从微观上说明工资和价格粘性的成因，新凯恩斯主义经济学与后凯恩斯主义经济学一样将不完全竞争假说纳入非市场出清的理论模型中，假定市场是不完全竞争的，或者假定需求曲线是向右下方倾斜的。这并不必然意味着工资和价格具有刚性的特征，但是，当供求失衡时，具有控制价格能力的垄断企业却可以通过调整产量和就业量而不是通过调整价格去恢复市场均衡。

■ 第二节　价格和工资粘性理论

工资和价格的粘性是指当劳动市场和产品市场出现供求关系不平衡时，工资和价格不能及时随之变动，因此，当总供给或总需求发生变化时，市场便处于失衡状态，就业和产出将发生波动。价格粘性与垄断厂商的定价行为有关，而具有市场势力的垄断厂商总是根据成本加成的方法来制定价格。由于工资是构成生产成本的主要部分，所以决定工资粘性的那些因素同时也决定了价格粘性。为了深入剖析价格和工资粘性的成因，新凯恩斯主义经济学区分了价格和工资的名义粘性和实际粘性：前者是指商品和工资的名义价格不能随着供求的变动而相应地变化；后者是指各类产品之间和各种工资之间的相对价格具有粘性。

一、菜单成本论

菜单成本论以调整价格的实际成本或风险成本来说明价格粘性。早期的菜单成本论是从价格调整的实际成本出发来解释价格粘性的。厂商每次调整价格都要花费成本。例如，研究和确定新价格、编印价目表、通知销售人员、更换价格标签等，全都有成本支出。这类成本类似于餐馆打印新菜单所需要的成本，所以，新凯恩斯主义者把这类成本叫做"菜单成本"。菜单成本的存在使厂商不愿意经常地调整价格。而厂商是否调整价格，取决于菜单成本和利润的关系：如果厂商调整价格获得的预期利润大于菜单成本，厂商就会调整价格；否则就不会调整。

曼昆将菜单成本引入厂商的定价行为，提出了关于垄断企业价格粘性的简单静态局部均衡模型。根据这个模型，当需求冲击使得价格偏离利润最大化水平时，只要存在微小的价格调整成本，垄断企业就可能宁愿维持原来的价格不变，即产生价格粘性，并且这种价格粘性还将导致比菜单成本大得多的社会福利损失。如图 3-1 所示，曼昆认为，垄断企业根据对需求水平的预期提前一期制定自己的价格，即在 t_0 时期制定 t_1 时期的价格。由于并不确切地了解 t_1 时期的需求水平，企业预期的需求水平与实际需求水平会有差异，所以实际制定的价格可能高于或低于最优价格。这时，企业是否会将原先制定的价格调整到最优价格，要根据企业从这种调整中得到的好处多少和承受的损失大小而定。其中，好处是调整后增加的利润或 MR；损失是由调整所增加的成本或 MC。这可分以下两种情况说明：

第一种情况是企业制定的预期价格 P_0 高于最优价格 P_m，即 $P_0 > P_m$。如图 3-1 所示，如果企业将价格从 P_0 降至 P_m，则生产者剩余的变动为 $B-D$，消费者剩余的增加部分为 $C+D$，总剩余的增加部分为 $B+C$。可见，总剩余增加的部分远远大于生产者剩余增加的部分。但是企业是否调整价格，并不是根据总剩余增量 $B+C$，而是根据自己所得到的生产者剩余增量 $B-D$ 来确定。如果价格调整的成本为 0，$B-D>0$，则企业愿意将价格由 P_0 调整到 P_m，从而使社会的福利增加。但实际上，企业调整价格往往需要成本。设价格调整成本为 Z，则企业只有在 $B-D \geq Z$ 时才会调整价格，否则宁愿维持错误的价格不变。当调整价格的总剩余的增加部分大于菜单成本，而生产者剩余的增加部分又小于菜单成本，即 $B+C>Z>B-D$ 时，企业将不愿调整价格，从而形成价格向下的刚性。这种刚性将使社会福利减少。

第二种情况是企业制定的预期价格 P_0 低于最优价格 P_m，即 $P_0 < P_m$（把图 3-1 中 P_0 和 P_m 的位置相互对调，就可以说明这种情况，故不画图）。此时，如果企业调整价格，则生产者剩余的增加部分为 $D-B$，而社会总剩余的增加部分是负数，即总剩余减少了 $C+B$。企业调整价格的条件为 $D-B>Z$。当 $D-B>Z$ 时，企业宁愿维持原来的价格不变，价格出现向上的刚性。但这种价格刚性不会使社会福利减少，反而使社会福利增加。

以价格调整的"菜单成本"来解释价格粘性的观点很快受到攻击，因为价格调整的实际成本即"菜单成本"实在太小，而且"在动用电子计算机程序时变得更小，每天打印一个价目单的边际成本只有几分钱"，这相对于利润而言，实在是微不

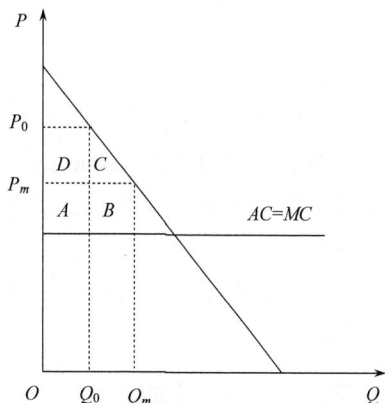

图 3-1　预期价格高于最优价格时的价格粘性

足道。因此，强调价格调整实际成本的菜单成本论难以解释价格粘性。

较上述理论稍晚出现的另一类特殊的菜单成本理论，是通过价格调整的风险成本而不是实际成本来说明价格粘性的。这一理论认为，当厂商在做出价格调整的决策时，难以预料产品价格或要素价格（包括劳动力价格，即工资）调整的后果，于是要素供给者、顾客和竞争对手对价格调整或工资调整的反应都有很大的不确定性。同时，价格水平变化对厂商拥有的各种有形和无形资产价值的影响也是难以确定的。这些不确定性使价格调整具有风险性，意味着价格调整是有代价的，其代价即为风险成本。风险成本远大于价格调整的实际成本。如果厂商预期调整价格后的利润所得大于调整价格的风险成本，厂商就会调整价格；反之，厂商就不愿意调整价格。由于调整价格的风险成本较高，所以厂商一般不会经常地改变价格，从而使价格具有粘性。在价格不能变动时，厂商对市场需求变动的反应只能是调整产量。而厂商共同调整产量的后果是总产量的变化，所以经济中的总产出会有波动。总之，菜单成本论说明了：在面临需求冲击时，单个企业调整价格所增加的利润可能非常少，甚至会低于价格调整的微小的菜单成本。在这种情况下，企业当然会维持原来的价格不变，这就出现了所谓的名义价格粘性。

二、厂商信誉理论

在不完全竞争市场上，消费者不掌握商品质量和性能的有关信息，而倾向于把商品的价格和质量联系在一起，即所谓"好货不便宜，便宜没好货"。对于质量好的商品，消费者愿意支付更高的价格。于是，在不完全信息的情况下，价格就成为发布关于商品质量信息的一个信号。价格的这种显示功能使有定价能力的垄断厂商实行优质高价的定价策略：一方面，制定的价格远远高于边际成本；另一方面，高价格也产生了一种激励效应，鼓励厂商为维护自己的声誉而保持商品的优质，以达到长期高价出售商品的目的。一旦价格成为商品质量的信号，厂商再采取薄利多销的定价策略就会得不偿失，因为价格下降会让消费者认为是商品质量的下降，消费者对该商品的需求量将会减少。价格和销售量的双重减少将使厂商的利润下降。因此，无论是总需求发生变动，还是对某种商品特定的需求发生变动，厂商都不会轻易变动价格，各种商品的相对价格大致不变，实际价格因此具有粘性。

三、投入产出表理论

这一理论从厂商之间的相互联系来说明实际价格粘性。随着生产率的提高和分工协作的发展，生产专业化程度越来越高，厂商之间形成了错综复杂的投入产出关系链。一些厂商的产出变成了另一些商品的投入。为了减少交易成本和抵御因价格波动而产生的风险，有联系的厂商之间往往采取合同定价制度。这种定价制度不仅保证了个别厂商的产出品价格不能轻易地随市场条件的变化而变动，从而导致该厂商产品的名义价格粘性；从厂商之间的投入产出关系来看，它还保证了有联系的厂商的投入品价格即成本具有相当的稳定性。只要成本保持不变，按照成本加成定价的厂商也不愿意经常地变动价格。依此类推，各厂商之间的相对价格也不会随总需求的变动发生变化，价格有实际粘性。即使单个厂商可以变动其商品的价格，从而对其他厂商的成本产生影响，这种影响在错综复杂的投入产出链之间的传递也是十分缓慢的。

四、寡头市场的定价理论

寡头就是由少数几家大企业控制某种商品的生产和销售的市场结构，是资本主义最典型的市场结构，多见于钢铁、汽车、电信、石油、航空、飞机制造、机械、家用电器等行业。由于寡头厂商的数目很少，寡头市场具有其他市场结构所没有的一个重要特征，即厂商之间是相互依存的。每一家厂商都知道，它的利润不仅取决于它生产多少，也取决于其他厂商生产多少。因此，厂商之间经常存在相互对付的策略行动。每个厂商在进行产量和价格决策时，必须把其对手对此的反应考虑进去。如果一家厂商提高价格，且在厂商之间不存在勾结，其他厂商必定不会跟着提价，因为这样做可以增加自己的销售量，扩大市场占有份额；如果一家厂商降低价格，其他厂商必定会跟着降低价格，因为如果不这么做，销售量就会减少，市场就会被其对手夺走。因此，除非价格与成本相差很大，否则任何厂商都不敢轻易地变动价格，他们宁愿在非价格方面（如产品质量、设计、包装、广告宣称等）进行竞争。这就是斯威齐的折断的需求曲线模型。只有当寡头面临着进入的威胁时，它才会使用价格武器对潜在进入者进行恐吓。一旦这种威胁消除以后，价格就会恢复刚性状态。

五、长期劳动合同论

长期劳动合同论，又称交错调整工资论或交错契约论，是指劳资双方通过订立工资合同来调整工资。美国的汽车、钢铁、电机、建筑、航空、铁路等许多行业是高度工会化的。在工会化的行业中，劳资双方一般签订为期三年的劳动合同。这就形成了每三年谈判一次工资的周期。劳资双方之所以签订长期劳动合同，主要是为了减少谈判成本及由谈判破裂而给双方造成的损失。影响工资谈判的因素有预期的劳动生产率增长率、预期通货膨胀率、预期市场需求的变化和其他可比工人的工资率。劳资双方都要对这些因素进行调查研究，因而谈判是要花费成本的，罢工对劳资双方带来的损失会更大。而长期劳动合同对厂商和工人都是有利的，可以降低谈判成本和减少罢工次数。因此，追求利益最大化的厂商和工人都愿意通过谈判来签订为期几年的长期劳动合同，预先规定厂商和工人的未来行为。从全社会来看，各行业的长期劳动合同的谈判和签订往往不是同步的，而是错开的。在三年的周期中，每年都有新的合同签订，每年也都有合同期满（图 3-2）。

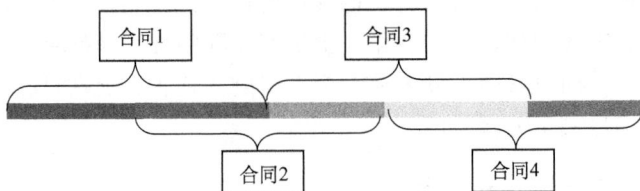

图 3-2　交错调整工资

　　新凯恩斯主义者认为，由于存在长期的、重叠的和时间错开的合同，造成工资的名义粘性，使工资率不能适应总需求的变化而进行迅速的调整，从而导致产量和就业量的波动。长期劳动合同的存在被认为是经济周期的根源。在这方面最有影响的是费希尔和泰勒的长期交错合同理论（staggered contracts theory）。这一理论表明：无论是通过合同机制还是通过理性预期机制来稳定工资水平，都会导致通货膨胀与失业之间的交替。

　　新古典宏观经济学反对凯恩斯主义政府干预政策的一个重要理论依据是：如果预期的形成是理性的，则系统的总需求政策就不可能有效果，特别是政府的扩张性货币政策不可能增加产出和就业。然而，费希尔和泰勒通过对长期交错的劳动合同的分析，却得到了不同的结论。根据他们的研究，长期交错的劳动合同可以产生凯恩斯所说的工资刚性。正是劳动合同的交错特点，导致宏观经济具有凯恩斯主义的特点，使得政府的主动性货币政策成为有效的调节工具。

　　以最简单的长期即两期合同为例。假定在全部工人和企业中，有一半工人和企业的工资是在 t 时期的开始时刻决定的，并在 t 和 $t+1$ 两个时期中有效；另一半工人和企业的工资则在 $t+1$ 时期的开始时刻决定，并在 $t+1$ 和 $t+2$ 两个时期中有效。对于在 t 时期决定工资的工人和企业来说，他们的工资决定可以对 t 时期中的任何货币供给的变化做出反应，但不能对 $t+1$ 时期中的货币供给变化做出反应。同样，对于在 $t+1$ 时期决定工资的工人和企业来说，他们的工资决定可以对 $t+1$ 时期中的任何货币供给的变化做出反应，但不能对 $t+2$ 时期中的货币供给变化做出反应。这样，在任意一个时期中，货币当局的政策变化至少要影响一部分工人和企业的实际工资。例如，在 t 时期当货币供给发生变化时，那些在 $t-1$ 时期开始时就已经订立合同的工人和企业在 t 时期的名义工资已经确定，不能再变化。这意味着，名义货币的弹性比名义工资的弹性要大，名义总需求的变化将引起实际变量的变化。因此，只要存在长期交错的劳动合同，那么即使经济主体的预期是理性的，且政府的货币政策变化能够被他们充分估计到，货币政策也可以产生实际的效应，即它会影响短期的产量水平。

六、隐含合同论

隐含合同（implicit contracts）论以风险中性的厂商和厌恶风险的工人之间存在的某种稳定工资的非正式协议来说明工资粘性。它假设厂商对风险持中性态度，这是因为企业归众多分散的股东所有，而股东可以通过股票市场的证券组合将特定的风险分散化；而工人则缺乏规避风险的能力和手段，等于把所有的鸡蛋都放进一个篮子里，他们希望通过工作获得稳定的收入，因而对风险持厌恶态度。

按照微观经济学的观点，工人的工资取决于工人劳动的边际收益产品，即工人劳动生产的边际物质产品乘以该产品的售价。如果没有这种隐含合同，工人的工资将会非常不稳定，因为劳动的边际物质产品是由工人的劳动生产率决定的，而其价格完全是由商品市场上的供求关系决定的。即使劳动生产率不变，工资也会随着产品市场上供求关系的变化而变化，而这些变化又会导致企业对劳动需求的剧烈变动，这意味着工人的工资和就业都将随着经济情况的波动而波动。由于工人没有多少财产可以依赖，于是这种收入的波动会在更大程度上引起他们的效用或满足水平的波动。应当指出的是，劳资双方对待风险的不同态度是由资本主义的财产权和资本主义性质的企业制度决定的，但资产阶级经济学家却反过来以此证明资本主义制度的合理性。他们以此解释为什么资本主义企业是资本雇佣劳动而不是相反，并且讲出了一个工人阶级为了一碗红豆汤而出卖长子权的故事——劳资双方本质上是一种合伙关系，但厌恶风险的工人阶级向风险中性的资本家阶级提出这样的建议（或者反过来也是一样）：如果你能使我的实际工资不随经济形势的变化而波动，作为一种回报，我将把对企业的支配权和剩余索取权让给你，并且甘愿做一名雇佣劳动者。这样的建议当然是资本家阶级求之不得的。于是，劳资双方达成了这样的协议或默契：工资份额不变，而风险、权利和剩余都归资本家阶级。这样的协议被资产阶级经济学家称为工人阶级和资本家阶级"看得见的握手"，他们之间合作愉快，双方各得其所。

新凯恩斯主义经济学用隐含合同论说明工资粘性。根据该合同，提供给工人的工资具有相对的稳定性。这就等于说，风险中性的企业通过雇佣关系向厌恶风险的工人提供了一种没有明说的保险合同，即合同工资不再准确地等于劳动的边际收益产品，它实际上包括了两个部分：除了一个与劳动的边际收益产品相等的部分之外，还有一个保险赔偿部分，即合同工资＝劳动的边际收益产品＋保险赔偿。这样，厂商支付给工人的工资就不等于即期劳动边际收益率，而等于某一时期内劳动边际收益的平均值。在经济萧条时期，劳动的边际收益产品较低，为了维持"正常"的收入水平，企业支付给工人一个正的保险赔偿，这时合同工资便高于劳动的边际收益产品；反之，在经济繁荣时期，劳动的边际收益产品较高，企业则把工资降低到劳动的边际收益产品之下，这时保险赔偿为负数。通过加入一个可正可负、可大可小的保险赔偿，工资就不会随着经济波动而相对稳定下来。当总需求水平发生变动时，工资的粘性将导致劳动市场的非均衡状态，并导致产量和失业量的波动。

七、效率工资论

这一理论强调工资的激励作用。该理论认为，劳动生产率是工资的函数，当相对工资高时，工人的劳动生产率高，努力工作，很少消极怠工；高工资使工人安心于现有岗位，不想跳槽；高工资使厂商能吸引在职的熟练工人，以降低培训成本，等等。总之，高工资可以减少雇员偷懒的现象，降低转换成本，提高雇员素质，刺激生产积极性。因此，厂商愿意向工人支付高于均衡工资的工资，以保持其工作效率。在需求下降时，厂商为了保持较高的劳动生产率，并不降低工人的工资，从而形成工资粘性。在存在失业时，工资的粘性阻滞了工资的下降，工资不会调整到使劳动市场出清的水平。

新凯恩斯主义为效率工资论提出了许多微观根据，其中最有名的一个叫做"偷懒模型"。它是指，在实际生产过程中，雇主的一个主要职能是对工人工作的监督，但由于信息不完全性，假定对工人的工作表现存在不完全监督，工人可以决定干活或偷懒（怠工），一旦偷懒行为被雇主发现，工人就会受到惩罚，被雇主开除。工人是否偷懒不仅取决于偷懒被抓住和被开除的可能性有多大，而且取决于偷懒的"机会成本"有多大，即工人偷懒被开除后的收入损失有多大。如果偷懒的机会成本很大，则不偷懒；反之，则偷懒。假定开始时，所有厂商都支付同样的工资，且经济运行处于充分就业的状态。在这种情况下，工人偷懒的机会成本很小，甚至为0，因为即使工人因偷懒被开除，他也很容易找到另外的工作并得到同样的工资。因此，工人大量偷懒，工作效率很低。为了消除怠工和加重对偷懒者的惩罚力度，单个厂商会提高工资，使怠工者感到偷懒的机会成本太大。这样，失业的威胁造成了偷懒的"成本"，并产生了维持工厂纪律的机制。于是，偷懒现象被制止。如果所有的厂商都这样做，则社会平均工资将上升，超过均衡（市场出清）水平，从而出现失业。这样，经济就从原先的充分就业均衡进入了新的失业均衡。尽管此时存在失业，但厂商仍不愿意以低工资雇佣工人，因为他们知道，一旦这样做，工人就会偷懒。换句话说，全体厂商用高于平均水平的工资"创造"出失业来防止在职工人偷懒，从而提高了在职工人的工作效率。在这里，失业有一种"社会价值"——它防止因偷懒而产生的效率损失。

八、局内人-局外人理论

局内人是指目前已在职的有经验的雇员。局外人是指长期游离于企业之外的失业工人或暂时在职的临时工，他们通常得不到行业工会的保护。局内人的工作受到各种劳动转换成本的保护，转换成本的存在使得厂商在用局外人代替局内人时要付出高昂的代价。转换成本又叫跳槽成本，包括雇用、训练、谈判、诉讼和解雇的成本。因此，尽管局外人愿意接受比局内人更低的工资，但是由于转换成本的存在，厂商往往不愿意雇用低工资的局外人，而愿意继续雇用高工资的局内人。于是，局内人在就业上具有实际的优先权，从而在劳动市场上获得市场力量，且这种市场力量因局内人的合作而加强。由于局内人控制了训练的过程，他们对于雇佣那些较低工资工人的行为很反感，因为这些低工资工人可能会替代自己。而且，一旦新工人接受了训练之后，就有可能要求更高的工资，这个事实提供了不去雇佣"便宜"新工人的进一步理由。局外人在市场上处于软弱无力的地位，他们即便愿意接受比局内人低得多的工资，却仍得不到就业机会。局内人-局外人理论解释了大量的劳动市场现象。例如，持续性失业、不同行业和不同国家的就业差别、劳动市场的分裂、失业的长短和构成及行业间的工资结构、高失业率同高工资并存等。

第三节　资本市场的信贷和股票配给理论

新凯恩斯主义经济学认为，资本市场的利率机制的变动也是滞后的，也就是说，利率也具有粘性，不能使资本市场出清。新凯恩斯主义经济学的资本市场理论是建立在不完全信息的基础之上的，即由于借方和贷方之间关于投资项目的信息不对称产生了资本市场的道德风险和逆向选择效应。信息不对称问题不仅形成独特的资本市场制度和筹资手段，而且还影响资本市场的均衡。新凯恩斯主义经济学关于资本市场的理论主要有信贷配给理论和股权配给理论。

一、信贷配给理论

信贷配给理论是指金融机构对企业的贷款利率一般都定得低于市场出清水平，从而使得信贷资金的需求远远大于供给，以至于银行不得不采取信贷配给的办法，使企业的信贷资金需求只能得到有限的满足。而按照新古典经济学的资本市场出清理论，不可能出现信贷配给的情况，因为利率的变动具有充分的弹性。为什么金融机构不用提高利率的办法而要用信贷配给的办法来分配资金呢？

第一，信贷市场上存在信息不对称与道德风险。银行面临巨大的竞争压力，存在破产的可能性。银行的贷款预期利润率不仅取决于利率的高低，而且取决于贷款风险的大小。因此，银行是厌恶风险的，确定风险是银行贷款的重要工作，因为在某种意义上，它比利率的选择更重要。但是，识别好借款人（按期偿还者）和坏借款人（违约者）不是一件容易的事。由于借款人和贷款人的信息不对称，作为借方的厂商比作为贷方的银行在还款概率方面有更多的信息，所以银行难以辨明企业的诚实性和投资的风险性，于是必然采取厌恶风险的行为，即选择能保证银行预期收益最大化和破产机会最小化的最佳利率，而不管这种利率是否能使市场出清。

第二，信贷市场上存在信息不对称与逆向选择。信贷市场的逆向选择问题是指当利率很高时，会把诚实的借款人挤出资本市场，而剩下的则是不诚实的和敢冒风险的借款人。新凯恩斯主义经济学认为，银行的利率既有正向选择效应，也有逆向选择效应。前者是指利率的提高能增加银行的收益，后者是指高利率会减少低风险借款人的比例。当利率提高时，诚实的且风险小的企业就会退出借款人队伍，只有那些从事的行业冒险性很大从而利润大且能承受高利率成本的厂商会继续申请贷款。但这些厂商还款率低，一旦投资失败，银行往往连本也收不回来。当利率的逆向选择效应超过了正向选择效应时，银行的收益就会下降，所以，银行不会轻易提高利率，即利率具有粘性。

二、股权配给理论

当企业通过银行信贷筹集不到足够的资金时，它就会通过资本市场发行股票。企业如果发行股票，其与股东共担风险，同时也没有偿还的必要。尽管发行股票有明显的优越性，但厂商的资金中只有少部分投资来源于发行股票。新凯恩斯主义经济学分析了信息不对称条件下投资者和管理者之间及内部持股人和新股东之间的利益冲突，解释了股权配给理论。

第一，激励效应与发行新股。在股票市场上，投资者或股东购买股票换来的是企业未来支付红利的承诺。股东与经理之间的关系是委托-代理关系。与经理相比，股东对企业的"质量"拥有较少的信息。投资者追求利润最大化，而经理追求效用最大化，两者为了各自的利益都不倾向于发行股票。这是因为，一方面，通过增发股票融资，企业管理者只能获得投资利润的很小一部分，其余大部分要以红利的形式分配给新股东。股东数量的增加及对其支付的红利减少了管理者所控制的资源，限制了他们的各种权力，因此一般企业管理者不愿意通过发行新股的方式来融资。另一方面，借贷融资在给管理者带来成本的同时，也提高了管理者的水平。如果是股票融资，管理者没有风险，不会因为资不抵债而破产，自然也就没有动力提供优质的管理水平。由于这种负激励效应，股东们也不会倾向于发行新股。由于管理者和股东都缺乏采取股票融资的动力，可以假定，只有当企业通过内部融资和借款所得的资金无法满足投资的需求时，才会通过发行新股来筹集资金。

第二，逆向选择与发行新股。按照阿克洛夫关于信息不对称条件下市场运行机制的原理，最常见的做法是根据平均质量来确定价值。投资者在购买高质量企业的股票时，将会低估它的市场价值。而高质量企业在其市场价值被低估时不愿发行新股，因此，高质量企业不倾向于采取增发股票融资的方式。同时，高质量企业比低质量企业更有能力采取内部融资和借贷融资的方式。一旦投资者广泛地建立起这样的信念，即"最差的厂商是最愿意发行股票的厂商"，他们就会把发行新股看成企业质量恶化的信号，从而相应低估它的市场价值。高质量企业会认识到继续发行新股是不明智的，从而停止发行新股。

第四节　新凯恩斯主义经济周期模型

新凯恩斯主义经济学把工资和价格粘性理论与宏观层次上的产量和就业量问题结合起来，建立了一个经济周期模型。这个模型揭示了当经济受到总供给或总需求的冲击时，粘性及经济不完全性如何将这种冲击放大和扩展，并导致实际总产量和就业量的周期波动。新凯恩斯主义经济学的经济周期理论是沿着这样两条分析路线发展起来的：一是在工资和价格粘性的基础上论述经济周期；二是在工资和价格弹性的基础上分析经济周期。

一、不变价格加成经济周期模型

这个模型假设工资率固定为 W_0，而原材料价格固定不变。由于平均成本不变及按固定的比例加成利润，所以导致名义价格的粘性，价格水平固定为 P_0。由于名义工资和名义价格的粘性，实际工资为 W_0/P_0，这意味着实际工资也具有粘性。这样，当总需求变动时，工资和价格的粘性就导致市场不能迅速地调整到出清水平，或者说市场由失衡状态再恢复到均衡状态的调整过程是相当缓慢和费时的。在这个过程中，如果没有政府的干预，经济将会出现周期性波动。图3-3说明了经济周期的发生过程：

在固定价格水平下，新凯恩斯主义经济学的短期总供给曲线 SAS（P_0）是完全有弹性的，如果社会总支出减少，图 3-3（b）中的总需求曲线从 AD_0 左移到 AD_1，经济从原均衡点 E_0 移到 E_1 点，该点是新总需求曲线和不变加成的总供给曲线的交点，总需求的减少使收入或产量从 Y_0 下降到 Y_1。相应的，图 3-3（a）中有两条劳动需求曲线：D_L 表示的是观念劳动需求曲线，即厂商在每一实际工资下愿意雇用多少工人的劳动需求曲线；TSE_1L_1 表示的是有效劳动需求曲线，即厂商在现行实际工资条件下不能卖掉它们想要卖掉的产量时的劳动需求曲线。因为价格水平和实际工资分别固定在 P_0 和 W_0 上，总需求的下降使厂商卖不掉

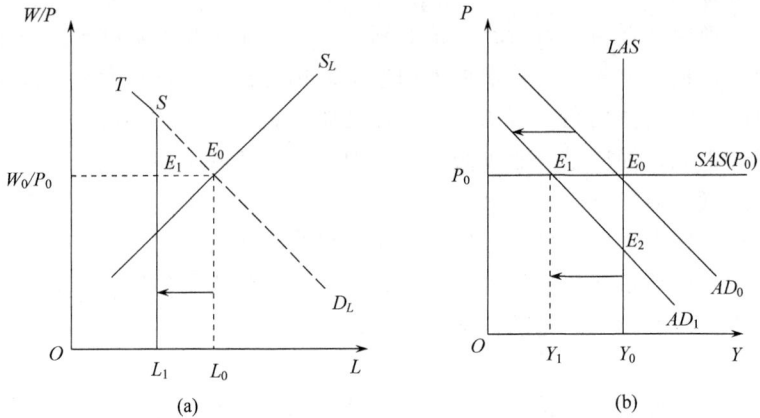

图 3-3　不变价格加成经济周期模型

就业量 L_0 所生产的产量，所以厂商离开了观念劳动需求曲线而向有效劳动需求曲线移动，使产量及就业量减少，而受总需求冲击导致的非自愿性失业的增加量为 $L_0 L_1$。

新凯恩斯主义经济学据此认为，经济不会永远处于非均衡状态，工资和价格粘性并不意味着工资和价格是永远固定的。厂商和工人对经济衰退都不满意。在经过几个月或几年之后，劳动合同将重新签订，价格也会缓慢地调整。在存在失业的情况下，工资率会降至 W_0 以下；在存在产品超额供给的情况下，价格会降到 P_0 以下。工资和价格的下降将使总供给曲线向下移动，同新需求曲线相交于 E_2。由于产量恢复到原来水平，厂商便增加雇用人数，使就业量回到原来的就业量 L_0 的水平。该模型的结论是：总需求的减少在短期内会降低实际产量，但在长期内只会降低价格水平。

二、可变价格加成经济周期模型

不变价格加成模型假定原材料的价格不随总需求的变化而变动，因此不仅名义工资有粘性，名义价格也有粘性。但这个假设是不现实的，因为在短期内，初级产品的价格会对总需求变化做出反应，最终产品的加成定价也会由此发生变动。可变价格加成经济周期模型将这种情况考虑进去，假定在短期内名义工资有粘性，但名义价格有不充分的弹性。

在图 3-4（b）中，短期总供给曲线不是一条水平线，而是具有正斜率的曲线，且与新的总需求曲线在 E_1 点相交。与图 3-3（b）相比，E_1 点决定的产量或收入较高，而价格较低，原因是价格会随着需求的减少而下降，从而对产量和就业量的减少起到一种缓冲作用。相应的，在图 3-3（a）图中，当价格由 P_0 降到

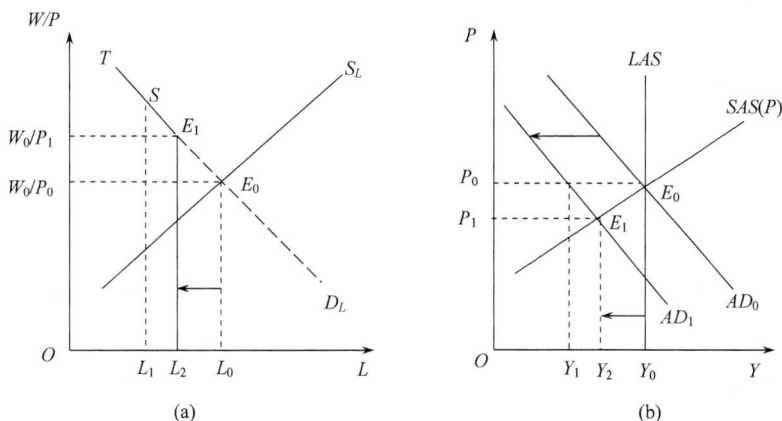

图 3-4　可变价格加成经济周期模型

P_1 时，实际工资从 W_0/P_0 提高到 W_0/P_1，有效劳动需求曲线为 TSE_1L_2。这说明在可变价格加成下，就业量 L_2 大于在不变价格加成下的就业量 L_1，从而就业量相应增加，失业量相应减少。可变价格加成经济周期模型的结论是：在短期内，总需求的变动既影响实际产量，又影响价格水平；在长期中，总需求的变动只影响价格水平。

三、价格弹性与经济周期

新凯恩斯主义经济学认为，即使工资和价格是充分灵活的，产量与就业量仍然可能极不稳定。格林沃尔德和斯蒂格利茨的经济周期模型不依赖于工资和价格的粘性，而是建立在市场和信息不完全性及由此而产生的风险的基础上。这个模型假定厂商是风险规避者，而金融市场是不完全信息条件下的不完全竞争市场。厂商用证券融资的方式受到一定制约，因此，厂商只能通过部分多样化来降低其面临的风险。厂商更多地依赖于贷款而不是所发行的证券进行融资，由此而来的债务使厂商更易于破产。因为厂商的债务负担主要取决于其产品的价格和投入的要素价格，价格的不稳定必然使厂商面临的风险增大，这意味着，与价格灵活性有关的风险大于来自产量调整的风险，于是风险规避的厂商必然要通过调整产量来规避价格风险。尤其在萧条时期，厂商生产得越多，破产的概率越大，破产的成本也越高，风险规避的厂商对此的反应是降低每一价格水平上的产量。企业净值的任何变化和企业对其面临风险的认识的任何变化都会对企业的生产意愿产生负面的影响，并将使以风险为基础的总供给曲线向左移动。图 3-5 说明了这种情况。在经济萧条时期，总需求曲线 AD_0 左移到 AD_1，需求引致的衰退使厂商面临的风险增大，从而厂商将减少产量。如果大多数厂商削减产量，会导致总供给

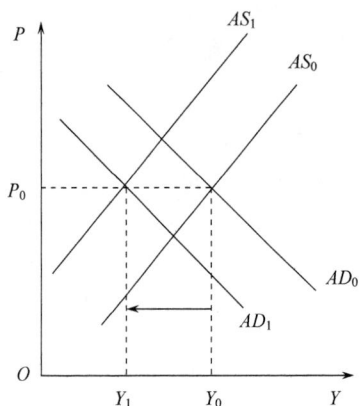

图 3-5 价格与工资弹性下的经济波动

曲线 AS_0 左移到 AS_1。图 3-5 中假定供求共同减少使价格水平 P_0 不变。如果考虑到价格的波动性，情况会更加恶化，产量会进一步下降，总供给会以更大的幅度减少。即使实际工资没有明显的变化，非自愿失业仍然会增加。

新凯恩斯主义经济学还研究了信贷市场上的不完全信息对经济的影响。经济衰退时，由于缺乏完全的信息，厌恶风险的厂商可能把其证券投资转向较为安全的投资项目上，从而降低了产量，放大了经济冲击的影响。经济衰退时，银根紧缩，厂商借贷的成本太高或者难以借到贷款，迫使厂商不得不减少产量，使经济从衰退滑向萧条。由于高利率会加大拖欠贷款的概率，降低银行的利润，所以银行通常实行信贷配给，从而进一步加剧了金融市场上的贷款紧缺，助长和恶化了经济周期波动。

四、新凯恩斯主义经济学的政策含义

新凯恩斯主义与老凯恩斯主义一样承认非市场出清，认为单纯依靠市场机制必然会带来失业和经济波动，因此必须进行政府干预。但与老凯恩斯主义相比，新凯恩斯主义的政策主张也有自己的特点：第一，它突破了老凯恩斯主义的短期需求管理主张，不仅强调供给对调节经济的作用，而且重视结构性政策的长期效果。第二，虽然新凯恩斯主义接受了新古典综合派的观点，即经济在短期内可能偏离其均衡水平，货币政策和财政政策对真实经济活动有重要影响，但是建立在不完全信息和不完全竞争基础之上的新凯恩斯主义模型更加强调波动是不规则的，而且是不可预测的。正如斯蒂格利茨所说："新凯恩斯主义经济学家也相信，面对迅速变化的经济，实际上不可能设计出合适的政策来。"[①]与新古典综合派倡导的"微调"（fine-turning）政策不同，新凯恩斯主义更加强调"粗调"（coarse-turning），即用于消除或避免严重的宏观经济问题的政策。第三，新凯恩斯主义对政府干预的有效性和局限性给予同样的重视。它认为，政府在克服市场失灵上有四个方面的优势，即课税权（对付外部性）、惩罚权（对付垄断）、限制权（国家的产业政策）和节省交易成本（法律和制度）。但也存在政府失败。斯蒂格里茨列举了公共部门的四大失败：存在于公共部门的不完全信息和不完全市场；潜

---

① 布莱登·斯诺登，霍华德·文，彼得·温纳齐克. 1998. 现代宏观经济学指南：各思想流派比较研究引论. 苏剑等译. 北京：商务印书馆：393.

在的政府的不良寻租行为和不公平；较高的国家行政机构的运行成本；公共部门缺乏效率和竞争。

新凯恩斯主义经济学对美国克林顿政府（1993～2000）的经济政策产生了重要的影响。尽管克林顿本人并未明确承认他的施政纲领来自新凯恩斯主义经济学，用他本人的话说，"我们的政策既不是随便的，也不是保守的；既不是共和党的，也不是民主党的。我们的政策是新的，是与以往不同的"，"是介于自由放任资本主义和福利国家之间的第三条道路"。但克林顿经济学实质上是对里根经济学的否定，它一反过去"政府应尽量减少对经济干预"的主张，重新回到了强调"政府参与经济"的凯恩斯主义的理论上来。从这一点上来说，克林顿经济学非常接近新凯恩斯主义经济学。到 2000 年 12 月克林顿任期结束时，美国经济连续增长了 112 个月，超过美国历史上的任何一次增长期。特别是 1996 年以来，经济年实际增长率达到 4%。更有意思的是，美国的这次经济增长同时拥有较低的通货膨胀率、失业率和财政赤字。1999 年，前两项指标分别为 1.9% 和 4.2%；克林顿卸任时，财政盈余创纪录地达到 2 369 亿美元。这种"高增长率、低失业率、低通胀率、低财政赤字"的新现象被称为"新经济"。当然，美国经济的发展决不会一帆风顺。2008 年，衰退这只"狼"终于又回来了。

➤ 本章主要参考书目

布莱登·斯诺登，霍华德·文. 2009. 现代宏观经济学：起源、发展和现状. 佘江涛等译. 南京：江苏人民出版社.

布莱登·斯诺登，霍华德·文，彼得·温纳齐克. 1998. 现代宏观经济学指南：各思想流派比较研究引论. 苏剑等译. 北京：商务印书馆.

吴易风，王健. 1996. 凯恩斯学派. 武汉：武汉出版社.

➤ 复习思考题

1. 比较新、老凯恩斯主义的方法论，并说明新凯恩斯主义经济学"新"在哪里。
2. 什么是非对称信息？为什么说引进不对称信息之后整个微观经济学必须重新改写？
3. 简要评述新凯恩斯主义经济学的价格粘性理论。
4. 简要评述新凯恩斯主义经济学的工资粘性理论。
5. 运用道德风险和逆向选择来说明新凯恩斯主义经济学的信贷股权配给理论。
6. 简要评述新凯恩斯主义经济学的经济周期理论。

第二篇　新自由主义经济学范式

　　所谓自由主义经济学，是指由资产阶级古典经济学创立并由新古典经济学加以形式化和数理化的经济理论和政策主张，以反对政府过多地干预经济生活和主张在不同程度上加强市场机制的作用为主要特征。经济自由主义者并非无政府主义者，他们并非一概反对政府的作用。然而，在绝大多数的案例中，他们的研究结果都表明：政府的干预过度了。经济学中自由主义思潮的存在由来已久，在资本主义社会的相当长一段时间内，经济自由主义一直代表着主流经济学的思想和政策主张。但 1929～1933 年的大萧条，使这一思潮受到了重创，并且导致了西方经济学由经济自由主义向国家干预主义的转变。

　　早在凯恩斯主义盛行的 20 世纪五六十年代，一些自由主义经济学家就打着所谓的"新古典复兴"的旗号，开始抨击和责难以萨缪尔森为首的新古典综合学派。但是，一来它对凯恩斯主义的批判正值凯恩斯主义占统治地位并在实践中取得了成功的时期，因而未能引起足够的重视；二来它对凯恩斯主义的批判往往集中于某些理论或政策，未能击中要害，因而不能对凯恩斯主义形成总体的威胁。到了 20 世纪 70 年代，形势发生了根本性的变化，变得明显有利于自由主义，而不利于凯恩斯主义。由于在理论上缺乏微观基础和在实践上无法对当时西方世界普遍出现的滞胀做出解释，凯恩斯主义不战自败，西方经济学再次陷入危机。在经济理论的大危机和大混乱中，一大批自由主义经济学家从研究方法、理论体系、基本原理、经济政策思想等方面，向凯恩斯主义发动了全面的进攻，展开了一场声势浩大的针对"凯恩斯革命"的"反革命"运动。在对凯恩斯主义的围剿中，经济学界出现了林林总总的经济自由主义学派，它们主要包括：新奥地利学派、货币学派、供给学派、新古典宏观经济学、新制度经济学、公共选择学派等。这些学派构成了与凯恩斯主义经济学范式针锋相对的经济学范式——新自由主义经济学范式。

　　所谓新自由主义经济学，只不过是新古典经济学范式在现代资本主义条件下的继续和发展。新古典经济学渊源于 19 世纪 70 年代的"边际革命"，其创始人为英国剑桥学派的著名经济学家马歇尔。"边际革命"是指 19 世纪 70 年代初在欧洲大陆出现的一种反对英国经济学的经济学说，代表人物是奥地利的门格尔、英国的杰文斯和法国的瓦尔拉斯。他们抛弃了从生产、成本、供给等方面进行价值分析的所谓英国古典经济学传统，主要侧重于从欲望、需求和效用方面来分析价值，并把这种分析与边际原理结合起来。马歇尔在英国传统经济学三要素生产成本价值论的基础上，通过供给曲线和需求曲线相结合的方式，吸收和综合 19 世纪末风靡一时的边际效用论，建立了一个折中式的经济理论体系，被称为新古典经济学。其基本特点是：这种学说建立在人与物的关系及物对人的满足的基础上（"边际革命"），其在远离现实世界的条件下（无视垄断的完全竞争市场经济）及在否认经济危机（"萨伊定律"）和资本主义剥削关系（克拉克的边际生产力论）的基础上，把市场经济关系变成了由符号和公式组成的数学模型（数理经济学），用精密的数学逻辑证明了资本主义自由竞争的市场经济可以自动实现均衡和使社会福利最大化（马歇尔局部均衡、瓦尔拉斯一般均衡和帕累托最优）。当危机的风暴在外部世界肆行无忌时，新古典经济学家们却在一个并不存在的世界"模型"里玩着单纯的逻辑游戏。因此，它的破产是必然的结果。新自由主义经济学与新古典经济学有直接的联系，新自由主义经济学家也并不否认这一点。但前者在保卫后者的理论硬核时，增添了许多新的方法、假设和假说。

新自由主义经济学的出现，标志着经济学上发生了一场具有"革命"意义的全面变革，从而使西方经济学再次发生转变。这是一次向右转，这一转变被称为"向新保守主义转变"，甚至叫"新保守主义反革命"。关于这场变革的性质，美国经济学家斯坦有一个很好的解释。他这样写道："一直孕育着而现今跃居舞台中心的新秩序是'保守主义'……其他标签，如'货币主义'、'供应学派'及'自由市场派'等，也都适用，但'保守主义'是最适用的，因为它最宽泛且最适于把正在涌现的新思维和新政策的所有元素都包括在内。在保守主义经济思潮中汇集的各种观点都是消极的，是对'更少'的要求——更少的政府支出，更少的赋税，更少的赤字，更少的政府干预。"[①]作为一种支持个人财产和契约自由权利的意识形态，新自由主义经济学的保守性在于：宣扬极端的个人主义和个人选择的自由，宣扬私有财产制度神圣不可侵犯，宣扬市场自动调节机制的充分性和完全性，反对政府对经济的干预，反对集体主义和社会主义，从而充分肯定和坚决维护现存的资本主义秩序。这是宣布社会反对国家、市场反对计划和调节及个人权利反对不可抗拒的权威和集体主义这一古典的经济自由主义的复归。在 20 世纪的最后 30 年和 21 世纪初的近 10 年，新自由主义经济学成为全球经济学的主宰。然而，它没有预见到 2008 年骤临的金融风暴和席卷全球的经济危机，并且对此也是束手无策，自此，西方经济学再次陷入理论危机。这意味着经济理论和经济政策必将再次发生向左的方向转变。

---

① 赫伯特·斯坦. 1997. 美国总统经济史：从罗斯福到克林顿. 金清等译. 长春：吉林人民出版社：1.

第四章

现代奥地利学派经济学

奥地利学派经济学（the Austrian school of economics）一词，最初是指由奥地利经济学家门格尔及其两个学生庞巴维克和维塞尔在 19 世纪下半叶创立的一种主观主义和边际主义的价值理论、资本理论与分配理论。作为新古典主义"边际革命"的一个主要组成部分，奥地利学派经济学很快融入了主流经济学之中。到了 20 世纪二三十年代，奥地利学派变成了经济思想史上的一个地理概念和历史名称，它不过是恰巧由奥地利人组成的、厌恶数学和鼓吹自由市场经济的新古典经济学而已。然而，从那之后，奥地利学派经济学与新古典经济学分道扬镳了。现代奥地利学派经济学家——其标志性的人物是米塞斯和哈耶克及他们在美国的弟子们——发掘和拓展了奥地利学派经济学中那些与主流经济学相异质的部分，他们反对主流经济学家的均衡分析、数量分析和总量分析，主张建立在个人主义和主观主义方法论基础上的过程分析、心理分析和结构分析。这些观点和方法形成了经济科学中有别于主流的微观经济学和宏观经济学的另一种范式的基本框架。现代奥地利学派经济学家也是古典的自由主义的坚决捍卫者，旗帜鲜明地反对各种各样的集体主义、干涉主义和社会主义。他们人数虽少，且长期被排斥于主流经济学的圈子之外，经历了大起大落，但他们思想敏锐，意志坚定，不间断地通过著书立说、组成协会及定期举办各种形式的会议和讨论班来宣扬自己的主张，特别是通过与凯恩斯经济学、新古典经济学和社会主义经济学的几场有名的论战来扩大其影响，并以出色的预言能力为奥地利学派经济学赢得了一席之地，最终受到了广泛的关注。

第一节　奥地利学派经济学的形成与发展

如果从创始人门格尔算起，奥地利学派经济学的形成和发展大约经历了整整七代人和一个半世纪。在这期间，奥地利学派经济学经历了与主流经济学的整合与分离，虽然有过短暂的繁荣和受到长期的冷落，但也迎来了它生命中的主要的复苏。总的说来，这要归功于第三代奥地利经济学家米塞斯和第四代奥地利经济学家哈耶克的坚韧不拔和努力工作，以及第五代、第六代和第七代新奥地利学派经济学家对传统理论的挽救和发展。

一、作为"历史名称"的奥地利学派经济学

1871年，卡尔·门格尔（Carl Menger 1840—1921）的《国民经济学原理》一书出版。在该书中，门格尔挑战古典经济学的劳动价值理论，系统地发展了一种与边际原理相结合的主观主义的价值和价格理论。门格尔被认为是新古典经济学当之无愧的奠基者之一，并领导了"新古典主义"的边际革命。而他与在同一年独立发现了边际主义原理的另两位经济学家（英国的杰文斯和法国的瓦尔拉斯）之间的差别仅在于他是用文字而不是用数学来表述效用价值论的，因而被认为缺乏理论的严密性。门格尔在该书中所阐发的经济体系运转方式不同于新古典经济学的见解——诸如知识、无知、时间、过程、自发秩序等观点，这些观点为现代奥地利学派经济学家，特别是新奥地利学派经济学家所着力发掘，并成为构成奥地利学派经济学范式的基本硬核——要么被忽视了，要么被认为与新古典经济学所讨论的核心问题无关。

门格尔的学生——欧根·冯·庞巴维克（Eugen von Böhm-Bawerk 1851—1914）和弗雷德里克·冯·维塞尔（Friedrich von Wieser 1851—1926）发展了他们老师的主观价值理论，并且成功地将奥地利学派经济学融入主流经济学之中。许多出身纯正的奥地利学派经济学家，如熊彼特、哈伯勒、马赫鲁普、摩根斯坦，都是通过发展奥地利学派论题而成为新古典主义的一分子，并以奥地利学派经济学的主要理论被接受成为主流经济学的一部分和以自己的维也纳学术传统出身为荣。例如，马赫鲁普曾几次列举第二次世界大战前奥地利学派经济学的6个主要观点，它们是：①方法论的个人主义；②方法论的主观主义；③边际主义；④效用和边际效用递减；⑤机会成本；⑥消费和生产的时间结构。这些观点（第6点除外）多多少少地被包容在主流经济学的体系之中。因此，在马赫鲁普的心目中，奥地利学派经济学不过是具有某种强烈的自由市场倾向的新古典经济学。在这些人看来，奥地利学派经济学的消失，不是因为它的失败，而是因为它的成功。"因此，毫不奇怪，到了20世纪20年代，包括奥地利学派经济学家在

内的大多数经济学家都相信不再有什么独树一帜的奥地利学派经济学了，这个学派所有重大成就，要么轻易地融入了新古典正统思想之中，要么为经济学界门派长期不和提供了论题。故而不存在什么奥地利学派，有的只是碰巧在奥地利发源的观念罢了"。①

然而，在两次世界大战之间，在他们领导的就社会主义可行性问题与社会主义者展开的著名论战中，以及在他们就经济周期理论问题与凯恩斯展开的论战中——在这两场论战中，奥地利学派受到了世人的瞩目，因而有过短暂的辉煌，但他们被认为在论战中失败了。米塞斯和哈耶克发展了门格尔思想中那些不同于主流经济学的命题。米塞斯和哈耶克认为，他们不过是在阐述"现代经济学"的命题而已，但是他们的观点到了新奥地利学派经济学家手中，就变成了与主流经济学相区别的另外一种经济学范式。

二、米塞斯

路德维希·冯·米塞斯（Ludwig von Mises　1881—1973）是庞巴维克的学生，现代奥地利学派经济学的奠基者和精神领袖。他不仅是一个庞大的理论体系的构建者，并且游离于主流经济学之外，拒绝与其对话；他还通过开办长达34年的研讨班，培养出第四代和第五代奥地利学派经济学家，且这些经济学家在追随导师思想的过程中，逐渐意识到一个独立的"奥地利学派经济学"的存在。

米塞斯于1881年9月29日出生在奥匈帝国的莱姆堡（今乌克兰境内）的一个犹太人家庭。他的父亲是位建筑工程师，由于对奥地利铁路建设的特殊贡献，被授予"冯"这个荣誉头衔。1900年，米塞斯进入维也纳大学，参加著名的庞巴维克研讨班，和奥托·鲍威尔、熊彼特等成为同学。1906年，米塞斯获得维也纳大学经济学和法学博士学位，成为维也纳商业部的首席经济和法律顾问，被公认为是制定维也纳经济政策的主要人物。

但他的真正目标是在维也纳大学当教授。1912年，米塞斯出版了他的第一部主要著作——《货币与流通手段理论》，后来被译成英文，书名为《货币与信用理论》。在该书中，米塞斯用边际效用价值论解释了货币的起源、价值及作用，并运用他老师的"迂回生产方法"和瑞典经济学家维克赛尔的"自然利率假说"提出了一个挑战费雪货币数量论的货币模型。这个模型后经哈耶克发展，成为奥地利学派经济学独具特色的商业周期理论，用以与凯恩斯的有效需求不足理论相

---

① 卡伦·沃恩. 2008. 奥地利学派经济学在美国：一个传统的迁入. 朱全红等译. 杭州：浙江大学出版社：41.

抗衡。米塞斯成为奥地利学派经济学货币和信用理论的权威。从 1913 年开始，米塞斯作为一名无薪的兼职讲师，到维也纳大学定期给学生上课。米塞斯的一些同事预计他将在适当的时候获得维也纳大学的一个职位。尽管大家公认他才华横溢，可是当职位有空缺的时候，顶替这个职位的却是维塞尔的另一名学生——汉斯·梅耶。马克·斯考森认为，米塞斯之所以没有得到大学职位，原因有三个：一是他是身处反犹太人情绪不断高涨的国家中的犹太人；二是在一个盛行国家社会主义的时代，他是自由放任主义的坚定不移的倡导者；三是他为人教条、绝不妥协。许多人认为他"难以相处"，"个性令人讨厌"。对于正统学术界来说，米塞斯也许是个局外人，但他始终都是奥地利学派经济学的中心人物。除了在大学讲授常规课程外，他还在商业部办公室主持私人研讨班达 14 年之久（1920～1934），直至为躲避纳粹迫害逃离维也纳为止。每周五晚上，就有一些年轻学者和知识分子到此与米塞斯探讨有关经济、社会和哲学问题。这些年轻人后来都成为世界著名的经济学家、哲学家和政治学家。

在两次世界大战之间，米塞斯所领导的奥地利学派经济学忽然成为世界经济学界瞩目的中心。1920 年，米塞斯发表了题为《社会主义国家的经济计算》的文章——两年后，米塞斯将此文加以扩展并写成专著，以《社会主义》为题出版——从而挑起了一场持续近 30 年的关于社会主义经济可行性问题的大论战，吸引了众多的英、美经济学家参加。米塞斯争辩道，由于资源稀缺，需要经济计算，没有经济计算，就不可能有合理的经济活动。价格体系是唯一合理和可行的经济计算体系。在一个没有私有制和真正的市场的社会主义经济中，不能用货币来表现各种生产要素（特别是资本品）的价格，只能用比较和考虑各种实物的消耗来进行经济核算。社会主义只是在黑暗中摸索，其经济决策顶多只能建立在模糊的评价上。因此，社会主义经济无法进行合理的经济计算，因而无法有效率地配置稀缺资源，社会主义行不通。而社会主义者兰格等人则争论道，中央计划委员会可以充当类似于在瓦尔拉斯的一般均衡体系中的拍卖人的角色，通过模拟市场和试错法，最终获得保证经济体系达到一般均衡的价格。米塞斯和哈耶克——后者在 20 世纪 30 年代作为主力加入到争论之中——反驳道，在一个静止的社会中，兰格等人的解决办法可以奏效——因为在那里，经济过程仅仅是在自我重复，但是，一旦考虑到经济生活中无处不在的变化、未来的不确定性、知识的分散和利用、竞争和市场过程及激励、创新与企业家的作用等时——这些观点不是被新古典微观经济学完全忽视了，就是被其完全抹杀了——兰格等人构建的模式就不再灵光了。米塞斯和哈耶克与其说是与社会主义者兰格等人进行论战，不如说是与新古典经济学进行论战。兰格模式不过是维塞尔-帕累托-巴罗内运用一般均衡理论研究社会主义经济纯理论的继承和发展。但结果是兰格胜利了，甚至连米塞斯最杰出的同学熊彼特也反对米塞斯的观点。他这样写道："社会主义可行吗？它当然可行。"米塞斯和哈耶克预言了半个世纪之后计划经济的瓦解和苏东政权的崩溃。

1926 年，米塞斯和哈耶克共同创办了奥地利经济周期研究所，以监视和预测欧洲的经济状况，并且相当准确地预测到了即将来临的大萧条。许多正在试图解释 1929～1933 年的经济危机原因的英、美经济学家，很快就被奥地利学派经济学的观点吸引。伦敦经济学院经济学系主任罗宾斯在听说了米塞斯和哈耶克的观点后，就前往维也纳参加了米塞斯著名的研讨班。之后，他还邀请哈耶克去伦敦经济学院举办一系列关于奥地利学派经济周期理论的讲座，目的是与凯恩斯斗争。哈耶克征服了伦敦经济学院所有的少壮派，并且挑起了一场与凯恩斯的论战。然而，奥地利学派经济学的辉煌很快就消失了——1936 年，凯恩斯的《通论》的出版，彻底击败了奥地利学派经济学的经济周期理论。而在此之前兴起的德国纳粹势力，摧毁了作为一个学术实体的奥地利学派。奥地利学派经济学家散落到世界各地，最后集中到了美国。

1934 年，米塞斯逃亡到日内瓦。1940 年，他又流亡到美国的纽约市。他从1945 年开始一直担任纽约大学的客座教授，直到 1969 年退休。不过他始终没有从大学领取薪资，其生计是由一些赏识他的商人所资助的。这位 20 世纪最重要的经济学家，从来没有得到过一个正式的教授职位。由于经济一直处于拮据状态，米塞斯 80 多岁的时候还坚持上课并到墨西哥和阿根廷做巡回演讲，以赚取生活费。在美国的米塞斯变得过度忧郁，充满了绝望，总是一副闷闷不乐和对一切毫无兴趣的样子。几十年间，凯恩斯主义大行其道，而作为奥地利学派经济学领军人物的米塞斯却被排除在主流学术界之外，成为经济学的边缘人物。

米塞斯的大部分时间都待在他在纽约的公寓里著书和写文章。他会在他的旧打字机前一坐就是几个小时，吸烟。即使在夏天最热的时候，在没有空调的情况下，他也拒绝脱掉夹克衫。这一努力的结果便是他的鸿篇巨制《人类行为》（1949）的出版。这是一部集奥地利学派经济学之大成的著作，书中从人从事有目的的行为这一简单的公理出发，通过文字演绎的方式，最终推导出了从个人选择到商业周期的整个微观和宏观经济学体系。米塞斯并没有打算将《人类行为》撰写为奥地利学派经济学的标准教科书，认为从未存在一种与其他经济学不同的奥地利学派经济学。但他拒绝了主流经济学的方法和理论，构造了一种全新的经济学理论体系。《人类行为》对于他培养出来的奥地利学派经济学的继承者们来说，就像《资本论》对于马克思主义者一样有指导意义。

在纽约大学期间，米塞斯还继续办他在维也纳办过的私人研讨班，培养出了像罗斯巴德和科兹纳这些杰出的第五代奥地利学派经济学家。1973 年 10 月 10日，米塞斯在纽约的住所中去世，终年 92 岁。虽然他经历了人生的种种波折和磨难，寿命也很长，但还没有长到可以使他看到一年后他的弟子哈耶克获得诺贝尔经济学奖及随后自由主义的胜利、凯恩斯主义的衰败、苏东政权的崩溃和现代奥地利学派经济学的兴起和发展。

三、哈耶克

1899 年 5 月 8 日，弗里德里希·奥格斯特·冯·哈耶克（Friedrich August von Hayek 1899—1992）出生于维也纳。第一次世界大战期间，哈耶克作为炮兵军官在奥匈帝国军队服役。1918 年，第一次世界大战结束后，他进入维也纳大学学习，师从维塞尔。1921 年，他获得法学博士学位，并于 1923 年得到政治学博士学位。哈耶克在维也纳大学期间与米塞斯并不熟悉，虽然曾听过米塞斯的课，但直到毕业后才由他的老师维塞尔引荐给米塞斯，从此开始了与米塞斯的合作。米塞斯对哈耶克的影响是巨大的。哈耶克毕生的努力，其实都可以看做是把米塞斯未言明的思想清楚地表达出来，把米塞斯勾画的轮廓变得丰满，以及回答米塞斯未及回答的问题。1923 年，哈耶克去美国访问，以助教的身份研究美国的经济问题。1924 年，哈耶克回到维也纳，随即与一批年轻的、初显才华的经济学者聚集在米塞斯周围，参加米塞斯的私人研讨班。1927 年，在米塞斯的支持下，哈耶克担任了奥地利经济周期研究所所长。1929 年，哈耶克成为维也纳大学的讲师，讲授门格尔、庞巴维克、维塞尔及米塞斯的经济学说。此时的哈耶克已成为奥地利有名气的经济学家了。

1931 年，哈耶克应莱昂内尔·罗宾斯的邀请，到伦敦经济学院就经济周期理论问题举办讲座。哈耶克用他著名的三角形理论对 1929～1933 年大危机提出了一个合乎逻辑的解释。他指出，经济衰退是 20 世纪 20 年代无法维持的繁荣的必然结果。短时间内，伦敦经济学院的师生都成了哈耶克主义者。就在这一年，哈耶克用英文出版了他的著作《价格与生产》，并在英语国家中产生了巨大的反响。罗宾斯任命哈耶克为伦敦经济学院的经济学教授。这样，哈耶克就成了"冲入英美经济学家视野的一颗新彗星"。其实，让罗宾斯和伦敦经济学院感兴趣的是，哈耶克的商业周期理论可以成为对抗正在形成的凯恩斯周期理论——储蓄过多和消费不足导致危机——的武器。"这正是我们在反击凯恩斯的时候需要的东西"。伦敦经济学院与剑桥大学之间的抗争，有着学术讨论的成分，但更多的是学术地位竞争的问题。伦敦经济学院的第一代学者就对剑桥经济学家没有好感，坎南向来与马歇尔不和。1929 年，罗宾斯担任伦敦经济学院经济系主任之后，试图创建一个有世界领先水平的经济系，于是，双方的竞争达到白热化。凯恩斯的崛起让伦敦经济学院感觉到真正的威胁。哈耶克的出现，因其思想基础与凯恩斯相对立，使罗宾斯和伦敦经济学院看到了对抗凯恩斯的希望。

1931 年 8 月，哈耶克在伦敦经济学院学报《经济学》上发表了批评凯恩斯的《货币论》的文章——《反思凯恩斯的纯粹货币理论》。1931 年 11 月，凯恩斯在《经济学》上对哈耶克的书评做出回应。此后，双方展开了一年多的论战。1932 年 10 月 17 日，伦敦《泰晤士报》发表了由凯恩斯、庇古和其他经济学家签名的写给编辑的信，反对萧条时的节俭。紧接着，10 月 19 日，一封由哈耶克、罗宾斯和另外一些经济学家签名的信则批评政府支出。

论战的火多于光。双方谁也没有认真对待对方的理论观点，激烈的交锋主要体现在非学术的攻击上。凯恩斯对哈耶克的评论大为恼火，他之前对哈耶克很友善，因此他认为，哈耶克挑起论战是恩将仇报。尤其令凯恩斯无法忍受的是，哈耶克实际上乐于充当伦敦经济学院的枪手——可能受到了罗宾斯的纵容——目的是通过对自己的攻击引起注意，从而进入英国经济学界。虽然在论战中，哈耶克一直没有占上风，但通过与当时世界上最伟大的经济学家进行论战，使他受到了广泛的注意。凯恩斯和哈耶克分别代表了 20 世纪 30 年代的西方经济学两大阵营。凯恩斯是国家干预主义者，而哈耶克是个彻底的自由主义者。在哈耶克看来，凯恩斯理论中的国家干预思想是对自由主义的威胁，而凯恩斯否定市场经济能够自行调节的观点，实际上是为扩大政府的作用找借口。哈耶克把凯恩斯看成是自马克思主义产生以来对经济自由原则最严重的威胁，并且他担心随着国家干预的加深和国家权力的集中，自由主义将会遭受到严重的损害。由此可见，两人之间及两派之间的论战是不可避免的。虽然哈耶克在论战中败下阵来，但是到了20 世纪 70 年代，凯恩斯主义遭到抛弃，哈耶克的经济学说再度引起人们的重视。哈耶克与凯恩斯之间的论战至此由历史给出了结论。

1936 年，所有人的目光都转向了剑桥大学和凯恩斯的新书。凯恩斯清晰地表达了大萧条的原因及出路所在。米塞斯和哈耶克可能解释了萧条的原因，但他们主张实行无为而治的经济政策，并认为经济衰退是一种天然的疗伤药，可用于清除那些没有依靠真正意义上的储蓄来支持的投资。对此，凯恩斯明确表示，这次危机非常严重，如果不采取措施，那么哈耶克所歌颂的资本主义和个人主义文化就会消失殆尽。米塞斯和哈耶克的复杂的资本和生产跨期结构的经济周期理论及无为而治的经济政策败给了凯恩斯简单明了的有效需求不足原理和行动主义政策。伦敦经济学院的少壮派们——约翰·希克斯、尼古拉斯·卡尔多和阿巴·勒纳——全变成了凯恩斯的信徒。路德维希·拉赫曼是哈耶克的学生，也是新奥地利学派的主要理论家。他回忆道，20 世纪 30 年代初哈耶克刚到伦敦经济学院时，"所有人都是哈耶克的信徒；而到了 20 世纪 30 年代后期，就只剩下我们两个人了：哈耶克和我本人"。希克斯也说，哈耶克的"听众烟消云散了"，甚至连哈耶克最亲密的朋友罗宾斯也放弃了。在自传中，罗宾斯称他在20 世纪 30 年代对哈耶克的支持是"我职业生涯中的最大错误……它将是一件永远给我带来深深懊悔的事情，尽管我是出于善意行事并且有强烈的社会责任感，但我却如此坚决地反对那些有可能缓和当时经济困境的政策"。

哈耶克从与凯恩斯的论战中败下阵来。他变得性情抑郁，加之他用四个年头写《资本纯理论》非常艰苦，这使他对经济理论感到厌倦，于是停止了经济学的写作而转向政治哲学、法律理论和思想史的研究。在 20 世纪 30 年代末和 40 年代，哈耶克作为主力参加到了由米塞斯挑起的关于社会主义经济计算问题的大论战中，并于 1944 年出版了轰动一时的小册子《通往奴役之路》。该书虽然使哈耶克赢得了世界性声誉（也使他臭名昭著），但他和经济学的距离实际上是由此拉开了。《通往奴役之路》基本上是一部政治哲学著作而不是经济学著作，在经济学家眼里，一个严肃的经济学家是不应该写政治哲学这一类著作的①。

经济学界几乎将哈耶克遗忘了。哈耶克极其沮丧，加之因为卷入了一桩私人丑闻之中，使他在伦敦经济学院再也待不下去了。1950 年，哈耶克离开英国前往美国，申请芝加哥大学的教授职位。芝加哥大学最终雇佣了他，但是他是作为社会与道德科学教授，而不是经济学教授。虽然比米塞斯的境遇好一点，但像米塞斯一样，哈耶克的薪水也是由私人基金赞助的，也是被美国经济学界边缘化的人物。由于渴望回到欧洲，1962 年，63 岁的哈耶克到德国的弗赖堡大学担任经济政策的教授。1969 年退休后，哈耶克应邀到奥地利萨尔茨堡大学工作，一直到 78 岁（1977 年）。以后的时间，他都是在德国的弗赖堡度过的。1992 年 3 月 23 日，哈耶克在自己的家中永远停止了工作，享年 93 岁。

哈耶克是一位在社会科学领域内纵横驰骋的大师。他的研究涵盖的范围从纯粹的经济学到心理学，从政治哲学到法哲学和人类学，从科学哲学到思想史，并且在所涉及的每个领域都做出了卓越的贡献。他的离去，使我们恐怕再也看不到对人类科学如此兴致广泛的大学者了。作为 20 世纪自由主义意识形态的最为重要的思想家和自由市场经济的坚决捍卫者，哈耶克终其毕生之力捍卫自由的价值，并以其渊博的知识、雄辩和才华将经济理论与道德学、伦理学、政治学、法学、社会哲学等联系起来，从更广的范围和更基本的意义上研究自由主义。他不但从经济学或效率的意义上，而且从政治学、伦理学和人本主义的意义上，把个人自由权利的存在与否视为一个社会是否健全的基本标志。他认为，我们这个时代的人类所面对的最可怕的危险是个人自由的价值遭到了严重的威胁，这种威胁来自社会主义、计划经济和国家干预主义。在其六十余年的学术生涯中，哈耶克

---

① 弗里德曼甚至认为，哈耶克本来就不应该从事经济学研究，如果从事经济学研究，他不会取得什么有价值的成就。哈耶克选择研究经济学就是一个错误，政治理论才是他适合从事的专业。弗里德曼说："我非常赞赏哈耶克，但不是赞赏他的经济学。我觉得他的《价格与生产》是一本漏洞百出的书。我觉得他的资本理论简直无法卒读。"

始终都在与这些思潮做毫不妥协的斗争。他不仅埋头著述，在一些富商的资助下，他还将分散在各个大学里受"左派"势力排挤的学者团结起来，创办了著名的以倡导古典自由主义为目的的"朝圣山学社"。这个学社的核心会员，不仅有冯·米塞斯、弗兰克·奈特、卡尔·波普尔等老一辈学者，也有米尔顿·弗里德曼、乔治·斯蒂格勒、詹姆斯·布坎南、罗纳德·科斯、加里·贝克等新生力量。由于始终坚持极端的自由主义、爱憎分明的右派立场，以及其思想的穿透力，哈耶克的声誉大起大落——爱他的人视他为指路明灯，恨他的人视他为恶魔怪兽。

四、奥地利学派经济学的复兴与新奥地利学派

到了 20 世纪 70 年代，奥地利学派经济学迎来了自己的"春天"，因为这一时期发生的历史事件证明了奥地利学派经济学出色的预言能力。米塞斯和哈耶克对凯恩斯主义和极权社会主义的批判都不幸言中了。凯恩斯的国家干预主义导致了西方国家的"滞胀"，随即被抛弃了；而极权的社会主义在经济上和政治上都遭遇到了困境，不久就崩溃了。自由市场原则在东、西方同时复兴。米塞斯和哈耶克理所当然被看成席卷东、西方的那场亲市场的革命的"智力教父"。正是在这样的历史背景下，奥地利学派经济学迎来了自己生命中最重要的复苏。如果有人要对奥地利学派经济学的复兴确定一个明确年份的话，那就是 1974 年。在这一年，哈耶克获得诺贝尔经济学奖。同样在这一年，新一代奥地利学派经济学家和来自美国各地及其他三大洲对奥地利学派经济学感兴趣的人在美国佛蒙特州的南罗约敦召开了长达一周的首届奥地利学派经济学研讨会。第五代奥地利学派经济学家是会议的主要发言人，他们阐述了现代奥地利学派经济学的基本原理和方法，向第二次世界大战后统治经济科学的凯恩斯-新古典正统发起了挑战。会议还讨论了当时的奥地利学派经济学的重要问题和之后的发展方向。会议论文以《现代奥地利学派经济学的基础》为题编辑出版，被认为是新奥地利学派的宣言。

所谓"新奥地利学派"，按照卡伦·沃恩的解释，主要是指这样一部分人，"他们大部分居住在美国，从 20 世纪 60 年代的某个时期开始，他们自认为加入到了由门格尔首开先河、由米塞斯传承并修订的经济学传统。因此，新奥地利学派经济学并不是根据其出身而是根据他们所接受的信仰来确定的。而且他们开始主要推崇的是米塞斯，其次才是老一辈奥地利学派经济学的其他人"①。他们主要包括第五代奥地利学派经济学家穆雷·罗斯巴德（Murray N. Rothbard 1926—1995）、伊斯雷尔·柯兹纳（Israel M. Kirzner　1930—）和路德维希·拉

---

①　卡伦·沃恩. 2008. 奥地利学派经济学在美国：一个传统的迁入. 朱全红等译. 杭州：浙江大学出版社：12.

赫曼（Ludwig Lachmann 1906—1990），他们三人是新奥地利学派最杰出的理论家和领袖，对推动奥地利学派经济学的复兴起到关键的作用；同时还包括第六代奥地利学派经济学家杰德·奥德利斯库（Gerald O' Driscoll）、马里奥·里佐（Mario Rizzo）、罗杰·加里森（Roger Garrison）、劳伦斯·怀特（Lawrence White）、丹·拉瓦伊（Don Lavoie）和第七代的乔治·塞尔金（George Selgin）、彼得·勃特克（Peter Boettke）、斯蒂文·霍维兹（Steven Horwitz）、大卫·普雷奇特科（David Prychitko）等人。他们主要集中在美国的纽约大学、奥本大学和乔治·梅森大学，致力于研究、宣传和讲授奥地利学派经济学，目的是向弗里德曼证明奥地利学派经济学是一门比主流经济学更为优秀的经济学①。

　　新一代奥地利学派经济学家不满于主流经济学所提供的关于社会经济的确定的、静态的、均衡的和机械的描述图景。他们认为，这幅图景漏掉了某些关键性的内容，因而不可能为今天的经济社会提供一个一致并清晰的解释。他们发现并明确地指出了目前占主导地位的经济理论的漏洞——它对均衡状态的过度迷恋、高度的形式主义、过于广泛的总量分析等，并且试图填补这些漏洞，或致力于发展另一种替代原则。他们继承和发展了门格尔-米塞斯-哈耶克的奥地利学派经济学传统中那些有别于主流经济学的内容，并把经济学理解为一种关于动态主观主义和个人主义及关于时间、无知和过程的一门社会科学。如今，奥地利学派经济学与主流经济学的关系及它将何去何从，仍然是悬而未决的问题。一部分新奥地利学派经济学家试图将奥地利学派经济学融入主流经济学的理论框架之中，将前者视为后者的重要补充；而另一部分新奥地利学派经济学家试图超越主流经济学，将奥地利学派经济学发展成为一种关于激进的演化经济学。

第二节　奥地利学派经济学的方法论

　　在一些经济学家眼中，奥地利学派经济学只不过是厌恶数学和鼓吹自由市场经济的新古典经济学而已。但实际上，在经济学家应如何审视世界及如何履行其职责等问题上，前者向后者提出了最基本的挑战。奥地利学派经济学诠释了一种与新古典经济学不同的经济学研究对象和方法。为了揭示经济现象背后的真正因果关系，它拒绝了新古典主义勾画的以经济变量之间的函数关系及力学意义上的均衡为主要特征的经济世界，而代之以用有目的的人的行动来描述的一个动态的世界。正像沃恩所指出的，"从最起码的意义上讲，奥地利学派经济学对于当代

---

　　①　弗里德曼也参加了南罗约敦会议。他的观点是："没有奥地利学派经济学，只有优秀的经济学和糟糕的经济学。"他解释说，他无意把奥地利学派经济学贬低为糟糕的经济学，而是说奥地利学派经济学家（尤其是哈耶克）的真正有价值和原创性的贡献可以平稳地结合到主流经济理论之中。

经济学的方法、内容及局限性做了全新的解释；从最深远的意义上说，它是对经济学的一次激进的甚至是革命性的重建"[1]。

一、作为人类行为学的经济学

人类行为学（Praxeology）是奥地利学派经济学独特的方法论。最先把这个词应用于经济学方法论的是米塞斯。他不仅是该方法论的主要创立者，而且将其应用于构筑经济学理论体系。对米塞斯来说，人类行为学是一种对人类的行为进行终极假设的公理体系，并且为所有以人的行为作为研究对象的社会科学奠定了牢固的理论基础。经济学只是人类行为学这一更大学科体系中的子学科。人类行为学为经济学提供了认识论和方法论的基础，而经济学则是运用人类行为学的基本公理和少数几个辅助性公理来解释市场现象的一门科学。

人类行为学的基本公理是："个人从事有特定目的的行动。"这是一个公理性命题，它不需证实，也不能被证伪。对这个公理性命题的经济学解释，构成了经济分析的辅助性公理。其中，最为关键的是"行动"（action）这一概念的含义。"行动意味着，个人的行为有目的，即指向目标。此外，他的行动还意味着，他有意地选择特定手段，去达到他的目标。因为他希望达到这些目标，这些目标必定对他来说有价值。因此，他必定有价值观，这些价值观支配他的选择。他利用手段，意味着他相信他有技术知识：特定手段将实现他的目的"[2]。这就是说，"行动"是人类所特有的行为，只有人具有明确的目的性，他才会计划和掌握知识，并利用手段去达到目的。另外，行动必定需要时间，所有行动都是发生在现在，并指向（切近或遥远的）未来要达到的目的。行动本身就意味着变化，人之所以要行动，是因为他对现状不满意，而行动的结果必定是现状的改变；现状的改变反过来必定改变目的、知识和使用的手段。总之，偏好、感觉、知觉、计划、预期、知识等这些主观因素构成了人特有的有目的的行动，而人是在一个资源有限（时间和手段都具有稀缺性）、知识不完备且根本上是不确定性的世界中展开这些行动的。

奥地利学派经济学把经济学视为人类行为学的一个组成部分，这首先意味着经济学是一门社会科学，它研究的是人与物或人与人之间的关系。经济学研究的主角是人而不是物，它所涉及的是一个与物质世界完全不同的主观世界。经济世界是由人的动机、利益和目的组成的现实领域，它不是客观的，但同样是现实

---

① 卡伦·沃恩. 2008. 奥地利学派经济学在美国：一个传统的迁入. 朱全红等译. 杭州：浙江大学出版社：4.

② 穆雷·罗斯巴德. 2008. 人类行为学：奥地利学派经济学的方法论//埃德温·多兰. 现代奥地利学派经济学的基础. 王文玉译. 杭州：浙江大学出版社：18.

的：尽管它是看不见和摸不着的，但它"就在那儿"。奥地利学派经济学认为，经济科学的主要任务就是用人的行动来解释这个世界。正是人的行动塑造和组成了社会。因此，如果我们的任务是理解人的行动组成的世界，我们就只能用人的行动来解释世界。只有这样，才能建立起关于经济事物的一个一致的因果关系链条，用于描述那些经济学所要解释的各种现象之间所存在的"可理解的"联系。拉赫曼为经济学规定了这样两个任务："第一个任务是用人的行动和有计划的努力来解释我们周围的世界。第二个任务是探索此类行动的无意后果。"①

作为人类行为学的经济学，意味着方法论的个人主义和主观主义。方法论的个人主义是要阐释经济学应当从什么样的角度来解释社会现象——是从个体出发，还是从集体出发？这种方法论认为，应从个体行为出发进行研究，而社会现象只是单个人行为的有意识或无意识的结果。这里所谓的个人，是指具有独立目的、自主行动和分散知识且能够与他人和社会进行协调和互动的个人，即个人在性质上乃是社会的。这种个人既不是孤立的、自足的和原子式的个人，也不是组织和集体强制服从下的个人，前者缺乏人的社会性，后者缺乏真正的人性——个人只是集体和组织"机器"中的"螺丝钉"。方法论的个人主义是与方法论的集体主义相对立的。前者认为要从个体推知集体，而后者认为社会作为一个整体，具有自己的目的与需要。米塞斯和哈耶克坚决反对方法论的集体主义。米塞斯指出："所有行为都是人的行为；在个体成员的行为被排除在外后，就不会有社会团体存在的现实性。"②哈耶克也指出，诸如社会、国家和阶级这类集合体从特定意义上讲并不存在，它们不吃不喝，也不采取积累和消费行为，将其理解为自成一体并独立于个人而存在的观点，以及把任何价值重要性赋予有关集合体的陈述，或对有关经济集合行为进行统计性概括的做法，都是极其错误的。因为这样的集合体不仅不是给定的客观事实，而且还是人的心智建构的产物，它并不是那种能够从科学意义上解释个人行动的本体论实体，而是一些意义客体。离开了个人，没有个人的理解和能动作用这类范畴的支持，这些意义客体便无法得到人们的理解。所以，从逻辑上讲，所有关于集体的陈述都是从有关个人的陈述中推论出来的。

方法论的个人主义和方法论的主观主义实际上就像同一个硬币的正反两面。方法论的主观主义要求经济学采取一种与自然科学研究不同的方法和立场。经济学不但要分析个人的行动及无数个人的交互行动所产生的客观后果，而且要用偏好、感觉、知觉、计划、预期、知识等这些主观因素来揭示这种行为背后所隐

---

① 埃德温·多兰. 2008. 现代奥地利学派经济学的基础. 王文玉译. 杭州：浙江大学出版社：39.

② Mises von Ludwig. 1963. Human Action：A Treatise on Economics. New Haven：Yale University Press：42.

藏的动机、利益和目的。这自然意味着所有的经济范畴都具有主观性。由于每一个人都是不同的，所以不存在所谓客观的经济规律。哈耶克指出，与经济行为的各种目标有关的价值，只能由相关的人类目的和依据人们持有的关于这些目标的观点来说明。社会科学的研究是主体对客体的认识，然而，主体所认识到的客体的性质，并不是客体所客观具有并实际存在于其中的，而只是主体在进行分类时的主观意识活动。这就是说，社会科学中的规律只不过是关于人在相同环境下的相同反应的假设。社会科学的主观性就在于，它并不是按照客体所具有的共同属性，而是根据个人对经济现象以相同的方式所做的主观反应去对经济现象进行分类和找出规律性的。主体对客体认识被哈耶克归结为只是一种精神构造，一种可由经验事实修正的抽象。随着情况的变化，同一客体在不同的时间和地点就会有不同的含义，因此任何人都不可能知道客观事物的真实性质。哈耶克反对效用在不同时间、不同场合和不同个人之间的比较，并且否认计划者能合理地比较和加总不同的效用，以及确定反映个人实际愿望的社会目标。因此，他反对设立理性的计划机构来促进社会改善，而主张个人分散行动，以市场机制组织人们的经济行为。

因此，忽视或抹杀经济世界和物质世界的差别，并以自然科学的方法来研究经济现象——这正是新古典主义经济学范式的本质——是极不合适的。哈耶克用"科学主义"（scientism）一词形容新古典主义经济学无视物理现实和非物理现实的本质区别而对物理学研究方法进行盲目地模仿，并将其称为"经济科学的弄虚作假主义"，认为它不可避免地忽视了社会现实的一些关键因素。奥地利学派经济学反对单纯地描述经济变量之间的函数关系，因为这种"科学主义"的方法完全忽视和抹杀了人的动机，它仅仅描述经济现象，并没有完全描述我们正在描述的东西，且缺少理解这个世界最关键的部分——有目的的人类行动。对此，多兰解释道："行动一词有一个严格的技术意义，而理解这个意义的最好方式是将其与事件进行对比。一个事件可以被看作'恰好发生了的'事情——自然界中发生的一个变化，比如一块石头从悬崖上落下并砸死了史密斯。相反，一个行动之所以会发生，是由于有目的地干预事件的'自然'进程，比如琼斯为了杀死正站在悬崖下面的史密斯而推下一块石头。……对正统经济学家，由于受实证主义和行为主义方法论影响，行动的概念使其心神不宁……结果，正统理论倾向于仅仅研究可观察事件和事件之间的所谓经验关系。与正统思想家明显不同的是，奥地利学派经济学家相信，事件意义上的经济现象不能说出全部故事，因为它必定忽视现实的一个重要成分——有目的的行动。"①

① 埃德温·多兰. 2008. 作为非常规科学的奥地利学派经济学//埃德温·多兰. 现代奥地利学派经济学的基础. 王文玉译. 杭州：浙江大学出版社：5.

　　柯兹纳也举了这样一个例子来说明人的目的对理解事件的意义：假设一个火星人为了获得博士学位做研究工作，并用望远镜对准地球上的一个地方进行观察。他看到一些盒子排成一列，从中发现一个较小的盒子每天早晨7：30从这些盒子旁穿过，并在其中的一个盒子旁短暂停留之后继续移动。他还发现，每天早晨，一个身体从其中的一个盒子中走出，然后进入这个移动的小盒子里。有时在这个身体进入小盒子之前，那个小盒子就走开了；有时这个身体以不同寻常的速度来到每日移动的小盒子的停靠处，且正好在小盒子移动之前进入。这个火星人假设一个确定的规律，即移动的盒子和身体的规律，他能准确地预测出在什么时候这个身体将会错过那个小盒子，在什么时候他正好能赶上它。他可以解释那个身体和那个盒子的移动，甚至完全不用提及某个人为了正点上班而试图赶上公共汽车。"但是，如果他真的这么做，他并没有告诉我们有关这个情形的所有事情。一个有关移动的身体和盒子的理论，没有注意到人的目的，该理论给出的是现实的一个被删减了的描述。依照奥地利学派的观点，经济学必须用人的动机解释这个世界。经济学不仅仅是移动的盒子或不断变化的经济数量。"①

二、激进或动态的主观主义：时间、无知和未来不确定性

　　新古典经济学也是以方法论的个人主义和主观主义为基础而建立起一种关于人的行动理论分析框架的。英国经济学家罗宾斯将经济学定义为研究稀缺资源在各种可供选择的使用中间进行分配的科学。这一定义不仅强调人们面临的资源稀缺性和选择问题，而且强调经济学是研究如何利用稀缺的资源以最大限度地满足人们需要的科学。根据这一定义，正统经济学家建立起了一个在资源约束条件下的效用最大化行为模型，用以解释无数个个人在市场上相互作用而产生的各种经济现象。柯兹纳把新古典主义的行为模型称为"罗宾斯最大化"，并且将其与米塞斯的"有目的的人的行动"相比较，认为这两个框架都符合方法论的个人主义和主观主义，但它们之间却有意味深长的不同。

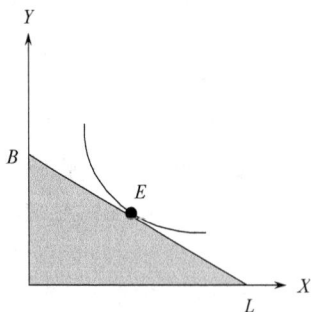

图 4-1　罗宾斯最大化

　　"罗宾斯最大化"可以用序数效用论的最大化公式来表达（见图 4-1）。它假定偏好是既定不变的，而知识是完全的，人在既定的手段-目的框架内和已知的环境下寻求实现自己的目的和计划。因此，一旦达到最大化的点（E 点），选择就结束

---

　　① 伊斯雷尔·柯兹纳. 论奥地利学派经济学的方法 // 埃德温·多兰. 现代奥地利学派经济学的基础. 王文玉译. 杭州：浙江大学出版社：43.

了，因为一切都不需要再改变了。这种均衡状态具有自我修复的本领，它可以吸收因外部因素变动而造成的冲击，使之向某一均衡值收敛而不是偏离。只有当外部约束条件发生变化时（它是外生变量），均衡状态才会跟着变化。在这种情况下，最大化行为表现为均衡点变动的轨迹。奥地利学派经济学家认为，这是一种"静态的主观主义"，它把有目的的人的行动片面地描述为是特定的、有序的和静止的，并且可以用数学术语来规范。"罗宾斯最大化"不能充分地解释那些他们认为明显属于人的行为，因为它忽视了人的主观主义的其他表现特征及人在决策时所面临的不确定性。奥地利学派经济学家指出，人的行为绝非简单地在一个既定的手段-目的框架内进行选择，而是包含着更丰富的内容。而"行动"概念比"最大化"概念更为有用，因此它认识到了人类进行选择的创造性和不确定性。奥地利学派经济学家主张的"动态的主观主义"或"激进的主观主义"，具有颠覆正统的新古典经济学的研究方法的一切特征。奥地利学派经济学强调，经济学不仅是偏好和约束的经济学，而且是一种关于时间和无知的经济学。

奥地利学派经济学家反对均衡的概念和均衡分析方法，主张代之以过程分析。他们认为，人的行动经由时间发生，而且是在没有完全掌握知识的情况下发生的，所以就要求经济学在发展其理论的过程中不能剥离时间和无知。一旦将时间和无知引入经济分析之中，就必然导致对所谓"均衡状态"的根本否认。

时间的动态概念，即对时间推移的主观理解，是奥地利学派经济学对时间观念的独特观点。同后凯恩斯主义经济学反对新古典经济学的所谓"逻辑时间"而主张"历史时间"一样，奥地利学派经济学反对新古典经济学的所谓"牛顿时间"而主张"真实时间"。"牛顿时间"是新古典经济学的时间特点，是一种空间化的时间概念。它只代表了在某一线路上的移动，人们可以用不同的数据来描述时段或时点的连续排列，因此在某些情形中，时间可比做空间。"牛顿时间"具有这样一些性质：①同质性。在时间进程中，除位置不同外，各时点的特征都是一致的。例如，在瓦尔拉斯和阿罗-德布鲁的一般均衡模型中，如果外生变量不发生变化，所有的决策在初始点上就已经完成了，经济主体看待世界的观点限于初始时间所持有的观点。②数学连续性。新古典经济学中的时间因素是可以无限分割的，而每一个部分又彼此相互独立。③因果无效性。在新古典经济学中，时间的变化不会使外生变量发生变化，因此，每一个时点上的经济状态之间缺乏因果关系。

"真实时间"属于人类的时间。人事实上存在于时间之中——从诞生到成长直至死亡——这本身就意味着时间是有限的，应该理性地使用它。因此，理性行动必须要求有时间维度。此外，时期之间的联系一定是主观的，当前时期和其他时期原则上通过个人的感觉相联系。与新古典经济学的"牛顿时间"概念针锋相对，奥地利学派经济学的"真实时间"的特点是：①动态连续性，而非数学连续性。真实时间的动态结构由两个因素组成，即记忆和预期。记忆表现为通过早期经验获得的知识发生的变化，而预期则表现为将目前不太满意的现状转化为未来比较满意的状态。时间不再是一种静态主观概念，相反，它是各种新经验的动态连续流。奥德里斯科与里佐指出，"这种连续流并不是存在于时间之中，相反它即时间或构成了时间。我们只是可以认识到：新事物一定会产生，或者真实时间将停止"①。因此，与时间意识共存的均衡观念，要么是自相矛盾的，要么只是粗略地近似。在真实时间的世界里，均衡将会被连续地破坏，因而根本不会实现某种均衡。②异质性。不断产生的新鲜经验是时间流动的一部分，这意味着每一个时间段与其前期和后期都不相同。时间的异质性意味着时间的不可逆性，即一旦情况发生变化，就永远不可能再回到初始的状态。因此，沿着供求曲线及其他种种曲线的运动都不能反映真正的时间变化。严格地说，一旦离开这类曲线上某一个给定的点，我们就不可能再重新回到这个点上。而主流经济学实际上暗含着一个问题，即时间是可逆的。③因果效应。人们对过去行为的记忆，会改变他们对世界的看法。预期将吸取记忆的因素，其中最重要的例子就是学习。一个人在前一时期的预期，会使得未来时点上的思想状态发生变化，这将导致对更远未来的考察方式发生变化，还会导致行为的变化。这样，时间实际上具有一种因果效应。总之，"真实时间"是非定向和不可重复的，在这种时间里会发生不可预知的变化。穿越时间的行为不仅意味着经济问题不能只是一种静态的分配，还有另一个基本含义，那就是广泛的不确定性。关于这一点，奥地利学派经济学比后凯恩斯主义经济学解释得更加清楚：随着时间的流逝，人的知识流必将发生改变。

　　奥地利学派经济学对不确定性的强调是与这样的问题联系在一起的：人对知识的了解是有局限性的，以及人们如何去克服这些局限性。奥地利学派经济学家所谓的知识，绝不仅仅指那些可以用文字记载和由历史传承下来的一般科学技术知识；实际上，他们所强调的知识的含义要比通常所谓技艺的东西更宽泛，还包含只可意会，不可言传的经验、对决策有用的信息、对机会的认识和把握、对未来变动趋势的预测及人的学习能力和创造力等。知识，是指每一个独立的个人在利用手段达到目的的过程中所有有用的东西。它通常具有这样的性质：①私有性和分散性。知识是分散地掌握在每一个独立的个人手中的。②主观性和异质性。每一个独立的个人都是不同的，对一个人有用的知识对另一个人可能全然没有用处。③多样性和易变性。许多有用的知识只涉及特定的时间和地点，一旦情况发

① O'Driscoll, Gerald, Rizzo, Mario. 1985. The Economics of Time and Ignorance. Basil Blackwell: 60.

生变化，这些知识可能全然没有用处。④经验性和隐含性。我们所了解的大量的重要知识，经常要么无法说清楚，要么目前还无法阐明。我们常常知其然，不知其所以然。例如，人们知道怎样骑自行车，但却不知道骑自行车的物理和机械学原理。这意味着有些知识是不能通过学习来获得或通过文字加以复制的。人固然可以通过学习或边干边学来获得了更多的知识，而且通过"知识的分工"获得了越来越多的私人知识及利用这些知识的能力，但是知识的性质决定了人必将而且永远处于一种"无知"的状态。单个个人只了解自身或一些特殊事件的知识，因而只能根据自己所掌握的这些知识进行决策。个人所知道的占社会总知识的比例是微乎其微的，因而对市场上的绝大部分知识仍处于必然的无知状态，而无知必然会引起知识的变化。总之，正如拉赫曼所指出的："知识是一个难以捉摸的概念，和新古典方法格格不入。它无法被数量化，没有空间定位，难以进入复杂的函数关系。尽管它随时间变化，但它不是变量，不是因变量，也不是自变量。一旦我们允许时间流逝，就必须允许知识变化，而且知识不能被看做任何东西的函数。"①

　　一旦允许知识通过时间的流逝而发生变化，就会引出奥地利学派经济学所提到的基础性问题——未来的不确定性。知识塑造了行为，行为塑造了人类可以遵循的世界。但如果知识是难以捉摸的，是多层次的、异质的、私有的和多变的，且不是任何东西的函数，那么，这个世界就没有相对固定不变的东西。这种观点在经济学的方法论上的应用，意味着对均衡状态的根本否定。首先，必须否定"罗宾斯最大化"。一个已知的和既定的手段-目的的选择框架并不存在，因为知识流的变化改变了所有的数据，人们的偏好和实现目的的手段都将随之改变。其次，外部事件的冲击不一定导致行动会朝着某一个均衡点收敛，因为任何一种随机性的干扰因素都可能导致行动方向的改变，从而影响行动的过程。最后，尤其要否定"一般均衡"的概念。如果说个人可以通过学习和修改行动计划来达到"个人的均衡"，那么，试图把市场作为一个整体进而描述它的均衡状态是完全没有意义的，因为它根本就不存在。这不仅因为早在一般均衡状态实现之前，某些变化就会接着发生，使均衡力量永远不可能及时发挥作用，而且因为知识具有异质性。对此，拉赫曼批判道："瓦尔拉斯主义者在三个层面上使用均衡概念——个人、市场和整个经济系统，从而犯下了没有保证的推广的谬误；他们错误地相信，打开一扇门的钥匙将打开一系列门。正如米塞斯说明的那样，受一个大脑控制的行动必然是一致的。同一个市场中许多头脑的行动则缺乏此类一致性，就像面对股市同时出现的看涨和看跌一样。在一个经济系统之内，许多市场中的个人

---

　　①　路德维希·拉赫曼. 2008. 论奥地利学派经济学的核心概念：市场过程//埃德温·多兰. 现代奥地利学派经济学的基础. 王文玉译. 杭州：浙江大学出版社：115.

行动相互和谐，这是一个更冒失的假定。"①现代奥地利学派经济学家主张用市场过程理论代替新古典主义的市场均衡理论。用拉赫曼的话说，市场是"一种特殊的过程，一个没有开始与结束的持续的过程，被均衡的力量和变化的力量相互推动着"。

　　奥地利学派经济学拒绝用数理经济学和计量经济学工具分析经济现象。米塞斯给出了这样的理由："无法测量，不是因为没有测量的技术方法，而是因为没有不变关系。……经济学并不像……实证主义者再三强调的那样因为尚未成为'定量科学'而落后。它不是定量科学，也不测量，原因是不存在常量。"② 他给出这样一个例子加以说明：一位统计学家测定，某地的土豆供给增加了10%，其后价格下降了8%。他并没有"测量"土豆的"需求价格弹性"，而只是确定了一个唯一的和单独的历史事实，因为他不能确定在另一个国家或另一个时期伴随土豆供给的变动将会发生或可能发生什么。没有哪个有智力的人怀疑，人关于土豆和其他商品的行为是可变的。罗斯巴德强调，经济分析只能是文字演绎而不是数理逻辑。这是因为语言和文字是一种意识，是我们思维能力的一部分，也是领会或理解事物意义的一种抽象概括；而数学符号本身是没有意义的，数理逻辑演绎的每一步都会丢失很多含义，将自然语言转换为数学公式会使人们失去知识而不是获得知识。而为了能够解释结论，数学公式必须再被转换为自然语言。这个过程也没有意义，而且违背了奥卡姆剃刀的伟大科学准则：避免不必要的复杂化③。

　　奥地利学派经济学家还反对正统经济学的总量分析或宏观分析方法。他们指出，所谓的宏观经济总量是一个虚构的概念，这不仅因为缺乏一种可靠的度量方法，而且因为个人的行动和计划是没有办法加总的。拉赫曼指出，国民收入核算体系的主要依据是肤浅和极易误解的。表面上，国民收入的度量所依据的市场价格是均衡价格，但是，这种价格究竟是瓦尔拉斯-帕累托一般均衡的价格，还是交易日的均衡价格，抑或是短期或长期的均衡价格？没有理由说明它们为什么应该是相互一致的。以不一致的价格为基础，难道有可能得出宏观经济思想所要求的有意义的总量吗？柯兹纳也指出，资本总量是空洞无物的概念，一件资本品不

---

　　① 路德维希·拉赫曼. 2008. 论奥地利学派经济学的核心概念：市场过程∥埃德温·多兰. 现代奥地利学派经济学的基础. 王文玉译. 杭州：浙江大学出版社：118.

　　② Mises, von Ludwig. 1963. Human Action: a Treatise on Economics. New Haven: Yale University Press: 55～56.

　　③ 奥卡姆剃刀定律（Occam's Razor），是由14世纪的逻辑学家、圣方济各会修士奥卡姆的威廉（William of Occam，约1285～1349年）提出的。他在《箴言书注》2卷15题说："切勿浪费较多东西去做用较少的东西同样可以做好的事情。"这个原理被概括为"如无必要，勿增实体"，意为化繁为简，让事情保持简单。

仅是生产出来的生产要素，而且是被赋予生产目的的物品。它们之所以难以被加总，不仅仅因为存在物质上的异质性，更因为赋予这些物品的目的的多样性。即使可以解决宏观总量的度量问题，也是没有意义的。这是因为，每个个体都是不同的，世界上绝对没有两个完全相同的头脑。不仅不同的人以不同的方式对相同的事物的评价不同，而且同一个人在不同的情况下的评价也不同。把众多不同的人的不同计划简单相加，只能得出错误的结论。多兰举了这样一个例子：个人 A 建造一座房子，目的是居住，而个人 B 制造一枚炸弹，目的是摧毁 A 的房子。A 指望未来住房所提供的服务有一个确定的价值，而 B 指望炸弹所造成的破坏有一个确定的价值。这两个未来价值流量肯定不能合理地加总，因为在逻辑上两者不可能同时实现。如果将两者简单加总，结果必然是高估价值总量。柯兹纳也举例说：琼斯预期下雨，从而建设一个生产雨伞的工厂；而史密斯预期天气晴朗，从而建设一个生产网球拍的工厂。这两个人的计划有可能完全或部分地相互排斥。两者各自高估自己的工厂的可能产出并不重要，重要的是把琼斯的工厂的价值和史密斯的工厂的价值相加是没有意义的。

奥地利学派经济学家甚至反对经济理论的经验验证。这不仅因为他们的理论是从不言自明的公理演绎出来的，这些公理性命题是内省的，不需要证实，也不能被证伪；而且因为他们认为，统计学和计量经济学只有在经济史的研究中才是有用的，运用这些工具证实或证伪理论，只能说明过去，而不能说明现在和未来。经济总是千变万化的，而未来是不确定的。"Tomorrow is another day"（明天是不同的一天）！

总之，现代奥地利学派经济学与主流新古典经济学在思维的基本路径上产生了极大的分歧：新古典经济学家看不到经济世界和物质世界的根本区别，将经济世界处理成相对特定的、有序的和静止的，以便用类似于自然科学的方法研究经济问题；而现代奥地利学派经济学家遵循人类行为学的分析范式，强调川流不息的变化、非均衡状态和未来的不确定性，因而所关注的范围远远超出了通常情况下新古典经济学家所关心的范畴。正如沃恩所指出的那样："奥地利学派经济学与新古典主义正统经济学说之间的关系实际上是一场关于在经济学分析的过程中均衡模式结构的本质之争，同时也是关于新古典主义经济学的那些假定和结构原则是否恰当和有用的大辩论。"①

三、自发秩序原理和市场过程理论

一旦承认人的有目的的行动是在时间、无知和未来不确定的世界中进行的，

① 卡伦·沃恩. 2008. 奥地利学派经济学在美国：一个传统的迁入. 朱全红等译. 杭州：浙江大学出版社：13.

那么就必须回答这些问题：人们如何形成对未来和他人行动的预期，并指望他个人的行动计划得以实现？彼此并不熟悉和不了解的人们之间如何展开合作和竞争，以使个人的努力不至于白费？在新古典经济学看来，无需回答这些问题，因为一切都是明明白白的。而对奥地利学派经济学来说，回答这些问题是至关重要的。他们认为，在一个混沌无序的世界里，不可能有人的理性行动。实际上，人类社会的各项事务特别是经济事务，的确遵循着某些规则有条不紊地进行。这些规则隐藏在表面上杂乱无章的个人行动的背后，协调着千百万人各自的行动计划——这些计划可能而且肯定是相互矛盾和相互冲突的——使之朝着一个稳定的方向前进。为了使人类社会不至于崩溃，如果没有这些规则，就必须把它们创造出来。这里的问题当然不是这些规范是由谁和出于何种目的创造出来的，因为世界上绝对没有如此聪明的头脑可以从混沌中创造出秩序来，即便有这样的头脑，它所创造的秩序也可能意味着灾难，而不是增进人类的福祉。早在经济学产生的17~18世纪，经济哲学家们就发现了隐藏在杂乱无章的个人行动背后的社会秩序原理，而且正是因为承认并试图解释这些隐藏的社会秩序原理，才促进了经济学的发展。而新古典经济学把人的经济行动视为在静态时间和完全知识条件下的选择行为，所以自然将古典经济学这部分的思想精华拒之门外。为了证明市场经济的优越性，特别是为了说明在时间和无知条件下人的行动的稳定性，奥地利学派经济学家继承和发展了古典经济学的社会秩序原理。沃恩指出："奥地利学派经济学一个突出的研究领域就是人们为了减少由于无知和不确定性带来的负面效果而创造出制度性的解决办法。用哈耶克的话来理解，就是奥地利人认为经济学需要回答的最关键的问题并不是为什么人们在做经济决策的时候会出现错误，而是要回答在这样的环境下人们为什么会作出正确的决策。"[①]

　　按照哈耶克的解释，所谓"秩序"是指这样一种事态，其间，无数且各种各样的要素之间的相互关系是极为密切的，所以我们可以从对整体中的某个空间部分或某个时间部分所做的了解中学会对其余部分作出正确的预期，或者至少学会作出颇有希望被证明为正确的预期。显而易见，在社会生活中，肯定存在着一致性和常规性的东西，而且社会也必定拥有某种秩序，否则社会成员就不可能生活在一起。"自发秩序"（spontaneous order），即人类社会中存在着种种有序的结构，不是刻意的人为安排的结果，而是许多人追求各自计划的行动的副产品，也就是说，它是自发和自然形成的。用亚当·斯密的老师亚当·弗格森的话说，它是"人类行为的结果，而不是任何人设计的结果"。亚当·斯密的"看不见的手"最能表达"自发秩序"的生成原理：我们对私人目的的追求，促进了一个超出了

① 卡伦·沃恩. 2008. 奥地利学派经济学在美国：一个传统的迁入. 朱全红等译. 杭州：浙江大学出版社：5.

我们原有的更大的目的，而我们对此既没有打算，事前也不知道。

"自发秩序"是一种与"人为的秩序"根本不同的秩序。为了揭示二者之间的不同，哈耶克区分了两种不同的社会安排：组织和秩序。在落难到孤岛的鲁滨孙的一个人的世界里，所有的行动都是由他个人完成的，不必牵扯到他人。一旦超出了鲁滨孙社会，为了解决人们之间的分工和合作关系，规则就会出现。人们通常是在组织内或通过组织来实现个人的行动计划的。组织是为实现某些特定目标而组成的群体，组织的成员可以被假定接受了组织设定的目标，并致力于实现这些目标。为了实现目标的最大化，组织需要确立某些规则以协调组织内各成员的行动。组织规则是由组织者或治理者为特定的目标确立的，体现了组织领导者的意志，并以命令和权威手段强制推行。组织成员必须服从统一的意志，并且从事按照任务委派给他的、作为整体目标一部分的具体工作。每一个个人在一个确定的组织中的位置，是由命令决定的。此外，每一个个人所必须遵循的规则，不仅取决于他在该组织中所占据的位置，而且取决于发号施令的权力机构为他规定的特定目的。哈耶克把由某人通过把一系列要素各置其位且指导或控制其运动的方式而确立起来的秩序称为"人为的秩序"。毋庸置疑，对于实现统一的目标和完成明确的任务而言，组织乃是促使我们进行有效地合作的最有力量的手段。

但是，一旦跨出家庭、社团或公司等"所谓熟人社会"的小圈子，从而进入彼此陌生的社会，组织秩序或人为秩序就不再起作用了。在这里，人们的偏好、目标和知识各不相同，他们彼此之间并不熟悉，甚至未曾谋面，不了解彼此的行动计划，不知道也不需要知道在何种程度上彼此的行动是促进还是损害了各自想要达到的目标。在这种情况下，为了使人们之间的分工、合作和交易得以顺利进行，社会显然需要某些秩序——被哈耶克称为"合作的扩展秩序"，以区别于在组织范围内以人际关系为基础所形成的狭隘意义上的合作秩序。这种秩序的特点是：①它是自生和自发形成的，不能归于某些可以识别的创造者。世上没有任何一个人或一个机构可以把千百万人的私有的、分散的、易变的和隐蔽的知识加以整合，以便对复杂社会中的所有活动做出全面且刻意地安排。②它没有特定的目标，独立于任何共同的目的，只是一种能促进个体实现目标的行为规则体系。这种行为规则适用于无数未来的事例并且平等地适用于所有人，其唯一的目的是促进人们实现各自的计划和方案。一个典型的例子就是马路上的通行规则：不管路人去何处或干什么，靠右侧或左侧通行的规则并不引导他们如何到达目的地，也不需要知道这些，只是避免了由于他们各自目的地的不同而产生的行动冲突，同时又不妨碍他们去各自的目的地。③它未必都是复杂的，但是与刻意的人为安排不同，它却有可能达到任何一种复杂程度，从而完成靠人间的智慧根本无法完成的任务。这些自发秩序就是哈耶克发现的在社会生活中最为广泛的一种秩序，包括道德、宗教、法律、语言和文字、货币和市场等，其中，产生于市场的自发秩序是最为典型的。

哈耶克指出，在任何一个规模较大的群体中，人们之间的合作始终是以自发秩序和刻意构建的组织为基础的。一般来讲，上述两种秩序会共存于任何一个复杂的社会之中，不论其复杂程度如何。自发秩序和人造秩序的相互交融，构成了社会所有成员行动的结构，即人类发展的社会秩序。但是，这一事实并不意味着可以用我们所喜欢的任何一种方式把这两种秩序混为一谈。企图以组织代替秩序的做法，将导致社会的灾难和个人的被奴役。他还认为，社会科学研究的任务就是说明这些不是人类有意设计的自发秩序的各个方面，如果没有这类秩序，也就没有社会科学存在的意义，而这类秩序中的经济方面，就为经济学提供了研究对象。为此，受米塞斯的启发，他用"catallaxy（交易秩序）"来取代"economy（经济）"一词，因为他非常不满意"经济"一词的使用，认为它会产生歧义。这个由希腊词根组成的词可以被译成"家庭管理"，它意味着市场上的经济当事人分享一个共同的目标，从而完全混淆了组织和秩序。哈耶克区分了"经济"和"交易秩序"，认为前者是指目标最大化，如同人们在管理家族产业时所做的那样；后者是指"市场上许多个体经济相互调整而产生的秩序"，而这才是经济学的研究对象。

自发秩序是指社会在长期的文化发展进程中自发形成的、用以调节人们行动规范的规则体系或制度。因此，自发秩序原理就是奥地利学派经济学的制度观。这种制度观涵盖了人们行动结构的秩序和规则系统的秩序两方面的内容，前者指的是个体遵循普遍规则而产生的秩序；后者指的是个体遵循的规则如何进化的秩序。

自发秩序首先作为各种规则的静态体系而发挥作用。我们出生在某一社会，到处都是各种各样的规范、规则和制度，这些制度从正式的法律体系到道德规范，再到传统和习俗，以及社会生活和经济活动的许多具体制度，都对行为有着隐含的或明确的规定，告诉我们应该或不应该做什么，并且规定了这样做应该得到的奖赏或惩罚是什么。这些制度的共同点是，限定了我们的思想和行动的范围，但也使我们能更轻松地准确预期他人的行动，即使我们并不掌握关于他们的详尽的知识。制度通过约束人们的行动而简化了施行计划所需要的知识，从而提高了圆满完成这些计划的能力。制度的作用是充当"方向点"，也是"周期性行动模式"，它把"行动协调为一个公共的路标"，使我们能充满信心地预测别人的行动。例如，靠路的哪一边走并不重要，关键是所有人都同意，而且一旦确立了这个规则之后，我们就不必每次上路前都要算计一番。由此制度缩小了我们为了成功行事而必须了解的事物的范围。这样的"规则"自己产生一种秩序，它们使个人能够制定包括其他个人的交互行为的计划，即使参与其中的个人的目标是不同乃至相互冲突的，制度也能帮助我们实现个人之间的计划协调，使我们有秩序而非混乱地享受日常生活。正如拉赫曼在他的文章中屡次说过的那样："未来是未知的，但并不是不可想象的。"

　　因此，制度的重要性在于：它们帮我们减少了在一个不确定的世界中潜在的混乱，完成了在无知的情况下的个人计划协调任务。米塞斯指出，货币制度的重要性不仅在于帮助我们建立一个如果没有货币就无法建立的复杂的交换体系，而且在于它是我们在复杂的经济中进行价值判断和经济核算的唯一工具。在一个不断变化的世界里，无论是在手段上还是在目标上，都在不断地重新进行评估。试图去预期某些商业计划结果的唯一办法就是估计未来的价格，而评价计划成功与否的唯一标准是计算货币的获利与损失。因此，货币计算基本上是一种对行为的可能选择过程的思考方式。而对哈耶克来说，市场制度的重要性在于解决了在无知的情况下知识的有效利用问题。哈耶克认为，知识分工"至少是与劳动分工同等重要"的问题，甚至是经济学中的"中心问题"，然而它却一直未得到认真地研究。由于"知识分工"，人们必然对现实世界中的很多事件都处于无知状态。一个经济制度的效率问题，关键在于它是否能充分和合理地利用知识。但是我们必须利用的各种情况的知识，从来也不是以集中的或完整的形式存在的，而是以分散的、不完整的形式甚至往往还作为相互矛盾的形式为一切独立的个人所掌握。因此，我们无法避免知识的不完整性。于是，经济问题不仅是一个如何分配给定的资源的问题，还是一个在任何人都只能得到部分知识的情况下如何利用知识的问题。经济问题常常只是由于变动的缘故而产生，因此，社会的经济问题主要是一个迅速适应特定时间和地点的情况下的变动问题。知识只有在表示特定时间和地点的情况下才有意义。知识的这种分散性、多样性和易变性（哈耶克也提出了知识的默会性），决定了没有任何一个机构或头脑能够随时全部掌握它们。因此，为了让这种个人知识服务于社会，就只能依靠市场这一超越个人的收集信息制度。在这种制度下，个人的知识不但能够得到有效的利用，而且使参与协作的社会成员之间在天赋、技能和趣味上扩大了差异，大大促进了一个多样化世界的形成，从而进一步增强了合作的群体力量，使它超出个人努力的总和。价格体系的真正功能是作为一种传递知识的机制。在价格体系下，个人参与者只需要知道很少的知识就能采取正确的行动，而无需知道所有的、完善的知识；所有的决策都是在信息产生的情况下迅速做出的，适应特定时间和地点的情况的变动。但是中央计划无法解决知识的利用问题，因为：第一，它不可能了解和掌握所有的做出决策所需要的知识；第二，它无法适应信息的经济变动性，也无法直接考虑各种具体的时间和地点的情况。因此，在一个复杂的社会里，若要协调多种多样的个人努力，就必须考虑到单个人不能完全观察到的各种事实。"使文明能够成长壮大的正是人们对市场的非人为力量的服从，没有这种服从，文明就不可能得到发展；正是通过这种服从，我们才能够每天协力筑造某种比我们当中的任何人所能充分了解的还要伟大的东西"。企图以理性来驾驭社会力量，或靠"精英"

的合理化设计来代替这个非人为的、貌似不合理的市场力量，是行不通的，因为
"这不仅是一条通向极权主义的道路，而且是一条通向我们文明的毁灭的道路，
一条必然阻碍未来进步的道路"①。

　　如果不是有意设计的结果，那么社会上大多数有用的制度是怎样出现、发展
和演进的呢？作为现代奥地利学派经济学的核心的市场过程理论则说明了这一
点。这个理论描述了无数个有目的的个人为了实现各自的计划如何通过市场交易
过程进行创造性的选择，从而产生新的知识、技术和行为方式，用以减少由时间
和无知引起的不确定性，从而推动了社会的进步和经济的发展。社会制度和社会
秩序只不过是创造性选择的副产品。

　　首先需要匿名的推动者，现代奥地利学派经济学将其命名为"企业家"。但
是，此企业家不是彼（新古典意义上的）企业家。它不是指一类人或一种生产要
素（这类人聪明绝顶，从事于指挥生产要素并敢于承担市场风险），而是一种在
每个人的行为中都会存在的行动。现代奥地利学派经济学家把人的行动解释为由
重复性的行为模式和不可预知的企业家发现组成的混合物。他们指出，个体的行
为既具有"典型"特征，又具有"独特"特征。前者或多或少地重复着并可预
测，而后者则依赖环境的变化而改变。除习惯性行为以外的所有行为都是不确定
性的创造性选择。这种创造性的选择包含两个特征：第一，当个人不满足预算限
制下的选择行为时，他会采取改变预算限制的行动；第二，当个人不满意于行动
的结果时，他会调整下一次的行动。行动本身就意味着手段-目的框架的改变，
而计划要想成功，就必须发现新知，并利用一切可以利用的机会。这就是企业家
行为。对米塞斯来说，既然行为或多或少地带有不确定因素，那么一切行为都会
有企业家成分。涉及为将来做准备的行动尤其如此。企业家就是专门应付不确定
因素的行动人，并且他们通过成功地处理不确定性来获取利益。柯兹纳把企业家
行为的这种独特特征加以提炼，称之为"机敏性"（alertness）。这种"机敏性"
是纯粹的和无计划的，它不能从他人那里租借或雇佣，不能对其进行投资，也不
存在一个统一的回报率。企业家就是"机敏性"品质的载体，他们注意到别人所
漏掉的获利机会，而那些机会就待在那里，等着被发现。通过"机敏性"地感知
获利的机会，他们重新定义了手段-目的框架。由于各自的利益和特有的知识不
同，人们将会注意到不同的获利机会，其结果是带来了创新活动，表现为打破已
知的禁锢，发现新的知识、行动方式和需求等。

　　其次需要模仿者。如果创新成功了，就会有模仿者，开始会很少，后来会很
多。"成功的计划逐渐固化成了制度"，而这种固化机制就是模仿。当然，有成功
就有失败。制度的形成和发展是一个不断的试错过程。在新古典经济学中，试错

---

　　①　哈耶克. 1997. 通往奴役之路. 王明毅等译. 北京：中国社会科学出版社：194～195.

过程中"错"的部分仅仅被看作浪费或者市场失败。对奥地利学派经济学而言，构成市场过程一部分的失误应该被视为整体必不可少的部分。学习的正确途径不是我们怎样才能消灭错误，而是怎样把错误导向有用的知识。从这个意义上说，失败是成功之母。总之，市场过程是人们交互行动中的创新、学习和试错的互动过程，也是发现的过程。它推动了产品和技术的创新，也创造了新的人类互动模式。此外，它也指向了关于社会制度的起源和变迁：这也是一种自然的演化过程，类似于生命的进化和物种的演变。制度之所以能够生存下来，仅仅是因为它们能够更好地帮助社会中的个体实现他们的目标。

第三节　货币、资本和经济周期理论：米塞斯-哈耶克模型

除方法论之外，现代奥地利学派经济学不同于主流经济学的地方主要表现在经济周期理论上。因为奥地利学派经济学的经济周期理论的主要创立者是米塞斯和哈耶克，所以其理论模型又被称为米塞斯-哈耶克模型。该模型着重考察了时间、货币、资本结构和经济周期之间的关系。马赫鲁普将该模型的实质表述为"货币因素引起周期，真实现象构造周期"。米塞斯-哈耶克模型的思想来源于门格尔的"财货的等级"理论、庞巴维克的资本和利息理论及维克赛尔的"自然利率"理论。随后，现代奥地利学派经济学家对此加以补充和完善：罗宾斯和罗思巴德运用该模型说明两次世界大战之间的经济繁荣和萧条；希克斯在1973年连续发表论著，发掘奥地利学派经济学的这一主题，并将自己的资本理论命名为"新奥地利学派经济学"；加里森用主流经济学的术语和模型重新表述了奥地利学派经济学的经济周期理论的精华（本节的阐述主要根据加里森的有关论述），等等。最终形成了成熟的、独具特色的奥地利学派的宏观经济学。

奥地利学派经济学家认为货币主义和新古典宏观经济学的货币中性学说的根本错误在于：无视干扰经济活动协调的货币政策所造成的真正失调。奥地利学派宏观经济学的独特之处在于：将被主流宏观经济学完全忽视的相对价格和产出结构的变化纳入经济分析之中，试图说明货币干扰如何通过影响相对价格来改变生产的时间结构和经济的真实部门。它所使用的是微观分析方法，这意味着早在新凯恩斯主义和新古典宏观经济学之前，现代奥地利学派经济学就试图将微观分析和宏观分析打通。

一、货币非中性

现代奥地利学派经济学认为，不仅货币供给规模的变化，而且货币进入经济的方式及其在经济体系中运行的途径，都会影响真实变量和最终市场结果。这意味着货币总是在起作用，它在影响真实部门方面不是中性的。米塞斯指出："货

币增量一开始没有进入所有人的口袋；首先得到好处的人不一定都得到相同数量，而且并非每个人对相同增量的反应方式都相同。"[①]哈耶克则强调，扩张的货币政策是不均匀地在一个特殊的点上把货币注入经济之中的。他将货币注入经济的方式比作向一个容器注入一种粘性液体（他的例子中讲的是蜂蜜）："当然，它有到达一个均匀平面的趋势。但是，如果（蜂蜜）这种液体在一个点处被注入这个平面，那里会形成一个小堆。从它出发，更多物质将慢慢地散播开。甚至在我们停止注入之后，要充分恢复均匀平面也需要一些时间。当然，平面的高度不会是注入停止时那个小堆的高度。但是，只要我们以一个不变的速度注入，那个小堆就会稳定地相对高于其周围液体的高度。"[②]罗思巴德还提出了一个天使加百利模型：假如天使加百利突然降临人间，并且一夜之间使每个人的现金余额都增加了 20%，那么并非所有的价格都增加 20%，因为每个人都有不同的价值尺度，增加的货币用于购买的商品和劳务的种类和数量是不同的，需求结构将发生变化，相对价格和生产中的相对收入也会发生变化。在现实世界中，新货币的注入不同于天使加百利模型，政府或银行创造出来的货币总是被用于购买特定的商品和服务。因此，那些最早收到新货币的人得到利益，而较晚收到新货币的人和根本没有收到新货币的人则遭受损失，而这必将引起收入和财富的重新分配。

总之，货币供应量的变化必然会通过相对价格的变化来引起资源的重新配置。然而，问题恰恰在于资源是如何重新配置的。主流经济学只是讲到劳动和资本这些要素在各部门之间的流出和流入，实际上根本就没有回答这个问题。而现代奥地利学派经济学把资源的重新配置看成生产和资本的结构在时间中进行调整的过程。这样，资源的重新配置就有可能达不到一般均衡的状态，从而可能引起经济过程的收缩和扩张。

二、资本的跨期结构："哈耶克三角形"

从社会分工的角度来看，生产表现为一系列由投入-产出过程连接在一起的结构体系。其中，一个生产阶段的产出被用于下一个阶段的投入。从人运用手段去实现目的这一公理出发，可以得出具有鲜明奥地利学派特征的关于生产结构的观点：第一，生产的目的是为了消费。因此，对生产要素的需求及由此对中间产品的需求是一种引致需求。这是门格尔法则。他依据产品进入消费领域的远近，将其分成不同的等级，即直接满足消费的财货是"第一级财货"或"低级财货"，

---

① 转引自：布莱恩·斯诺登，霍华德·文，彼得·温纳齐克. 1998. 现代宏观经济学指南：各思想流派比较研究引论. 苏剑等译. 北京：商务印书馆：429.
② 转引自：埃德温·多兰. 2008. 现代奥地利学派经济学的基础. 王文玉译. 杭州：浙江大学出版社：174.

如面包；直接生产低级财货的生产要素组成"第二级财货"，如面粉；生产第二级财货的生产要素组成"第三级财货"，如小麦；而生产小麦的为田地和犁；生产犁的为铁……依此类推。高级财货不能直接用于消费，因而本身不具有价值，它们的价值是由它们所生产的消费品的价值派生和传递过来的。因此，生产的结构表现为由高级财货通过时间和不同的生产阶段不断地向低级财货递进的成熟过程，离消费品越远的产品的价值越低。第二，人们进行生产的手段是资本。资本表现为一堆异质物品的组合，这些物品的组合取决于个人的生产计划，如牛、犁、种子和肥料，以及不同的机器、厂房和工具等。按照庞巴维克的观点，使用资本的生产是一种"迂回的生产"，不同于"赤手空拳的生产"。例如，为了解渴，人并不是跑到水井旁用手捧起来喝，而是要把水挑回家。为此，他需要桶；而为了制造桶，他需要伐木；而为了伐木，他需要一把斧子；而为了制造斧子，他需要寻找铁矿……依此类推。这种"迂回的生产"方式延长了生产的结构，使其远离消费。奥地利学派经济学关于生产和资本结构的观点被哈耶克简洁地用一个三角形来表示，这就是著名的"哈耶克三角形"。

图 4-2 显示了从左到右排列的十个生产阶段（最初的哈耶克三角形从上到下排列了五个生产阶段，这里介绍的是经加里森修订过的哈耶克三角形）。每个柱形按时间排列，它们的（相等的）宽度表示生产时间的增加。最后一个柱形图的长度代表消费品的价值，前一个高度缩短的柱形图代表各个生产阶段货物的价值。哈耶克三角形告诉我们：第一，这个直角三角形的斜边勾勒了成为消费品的价值，它沿着直线轨迹从消费品的完全没有价值向消费品的完全市场价值移动；第二，三角形的底边代表一连串单位时间的间隔；第三，三角形的垂直边代表消费品产出的价值，这意味着消费是在生产过程的时间终点上发生的。哈耶克三角形的面积和形状都有可能发生变化，它反映了经济增长与生产和资本跨期结构的变化。

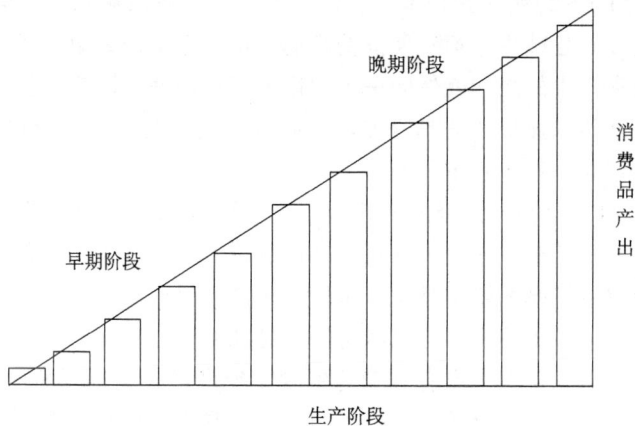

图 4-2 "哈耶克三角形"

三、自愿储蓄、投资和经济增长

自愿储蓄涉及人们跨期消费偏好的改变。当人们更加偏好未来的消费时，就会自愿地推迟或减少目前的消费。而由储蓄节省下来的资源变成了投资，并且通过投资推动经济增长。这就是储蓄、投资和经济增长之间的关系。然而，这三者的关系并非像主流经济学所阐述的那样简单，它涉及储蓄转化为投资的机制和资本跨期结构的重构。

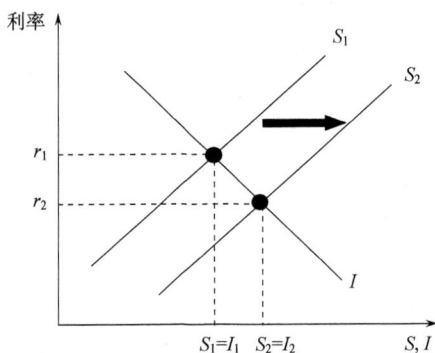

首先，现代奥地利学派经济学认为，利率是调节储蓄-投资跨期配置的基本协调机制。奥地利学派经济学反对凯恩斯关于利率由货币的供给和需求所决定及收入调节储蓄的观点，坚持古典经济学关于利率由可贷资金的供求关系所决定并使储蓄转化为投资的主张。这就是说，家庭从节省消费而释放出来的资源是通过金融市场转移给企业界的，而利率则调节可贷资金的供求并使储蓄全部转化为投资。图 4-3 说明了这种情况。储蓄是利率的函数，并与之成正比；而投资是利率的反函数。跨期消费偏好的改变使储蓄曲线向右移动，在释放更多资源的同时也降低了利率，而利率的降低有利于企业将更多的资源转化为投资。因而，利率调节了储蓄和投资，并完成了稀缺资源的跨期配置。

图 4-3　可贷资金市场

其次，储蓄向投资的转化必然会改变生产的时间结构，并引起跨期资本的重构。图 4-4 和图 4-5 说明了这种情况。图 4-4 假定跨期消费偏好变化发生在第二期的末尾。这一变化减少了第三期消费品的产出。在资源约束的条件下，消费支出的减少和投资支出的增加就像同一个硬币的正反两面。随着投资的完成，消费品产出最终将开始以递增的速率增加，在第六期达到与初始的产出水平相一致，并在以后的时期超过这一水平。

图 4-5 显示的是消费-投资的变化与生产的时间结构之间的关系。从节省消费而释放出来的资源被投入到一种更加迂回的生产过程之中，亦即资源现在被用于愈加远离消费品终端的资本品生产阶段，生产的时间结构延长了，哈耶克三角形的形状和面积发生了改变，这意味着资本跨期结构的重构。奥地利学派经济增长理论表明：第一，世上绝没有免费的午餐。经济增长是以开始阶段的无增长、低增长甚至是负增长为代价的。第二，与储蓄相联系的增长必然会导致资本跨期结构的重构。

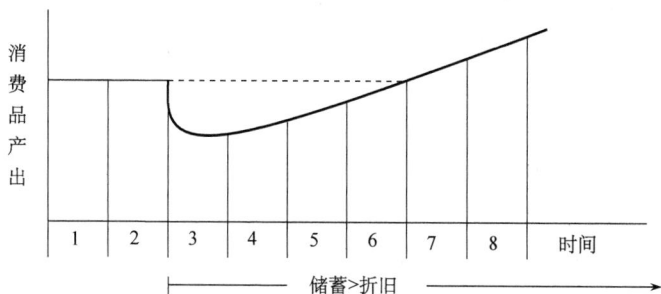

图 4-4 消费品产出可能的时间模式

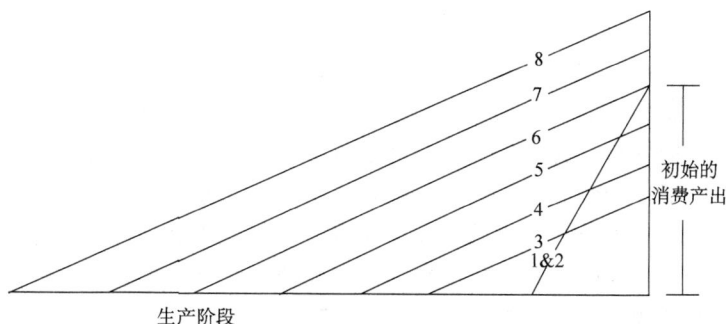

图 4-5 跨期资本重构

四、奥地利学派的总量分解

奥地利学派反对总量分析或宏观分析方法。它并没有在微观分析和宏观分析之间划上一条明确的分界线，而是重点考察千百万个个人的不同生产计划在市场上的相互协调所引起的生产结构问题。这种将微观和宏观打通的独特方法，使奥地利学派注意到了被主流经济学所忽视的问题——总产出的分解。

货币主义没有回答甚至没有提到这个问题。货币主义关于产出、价格和货币供应量之间关系的观点可以用人们所熟悉的费雪交易方程式表达，即 $MV=PQ$。货币主义者完全忽视了储蓄和投资变化对产出结构的影响，而将注意力放到货币数量 M 和货币流通速度 V 与一般价格水平 P 的关系上。他们把这个问题留在微观经济学领域，认为有效的市场机制自然会解决稀缺资源的跨期配置问题，从而使储蓄和投资相一致。

凯恩斯主义者则认为，不存在协调储蓄和投资跨期配置的简单有效的方式，因为储蓄和投资分属于不同部门的人的不同决策，而且储蓄是稳定的，而投资极不稳定。凯恩斯据此把总产出 Q 分解为消费品产出 Q_C 和投资品产出 Q_I。因而凯恩斯主义的方程式为：$MV = P(Q_C + Q_I)$。这一方程式强调了凯恩斯所发现的问题，即 Q_I 的不稳定性和它对其他宏观变量的影响。凯恩斯主义方程式强调 Q_C 和 Q_I 的同方向变化，这被奥地利学派认为是储蓄-投资的反常，即凯恩斯所说的"节俭的悖论"：储蓄增加（亦即 Q_C 的减少）对总支出进而对总收入产生了冲击，并且通过放大的乘数效应减少了投资。奥地利学派认为，凯恩斯的总量分析虽然比货币主义前进了一步，但仍然没有考虑到产出的时间结构。特别是凯恩斯的储蓄-投资反常，只考虑到储蓄增加的引致需求效应，而忽略了储蓄增加所引起的利率效应。

按照奥地利学派的观点，投资量必须进一步被分解，以便将生产阶段纳入分析之中。奥地利学派的方程式是：$MV = P(Q_C + Q_2 + Q_3 + Q_4 + Q_5 + Q_6 + Q_7 + Q_8 + Q_9 + Q_{10})$。在假设的 10 个生产阶段中，$Q_C$ 是消费品，或者用门格尔的语言来说是第一级或低级财货，如面包；从 Q_2 到 Q_{10} 是第二级和更高等级的财货，如从面粉、小麦到可能专门从事产品研发的科研机构。储蓄的变化会导致产品相对价格和利率的变化，并由此产生两种效应：引致需求效应和利率效应。正是这两种效应引起了生产和资本的跨期结构发生改变。一方面，储蓄的增加意味着当下消费品的需求减少及其价格的下跌，这将引起与生产第一级财货直接相关的第二级财货及处在较晚生产阶段的财货的需求和价格发生相应的变化，如对面包的需求减少，直接导致对面粉和小麦的需求下降。这就是引致需求效应。另一方面，储蓄的增加意味着利率的下降，这降低了投资的成本，并引起了资本品生产的扩张，使资源进入较早的生产阶段。例如，对排在生产阶段末端的那家科研机构来说，利率下降是个好消息，这可以使这家机构以更优惠的贷款条件购买早先就想购买的实验设备。生产阶段越晚，引致需求效应越大；而生产阶段越早，利率效应越大。图 4-6 说明了这种情况。这两种效应的相互关系说明了由储蓄释放出来的资源如何通过低级财货和高级财货的相对价格的变化而引起稀缺资源跨期配置结构的改变。也就是说，它将改变哈耶克三角形的面积和形状。

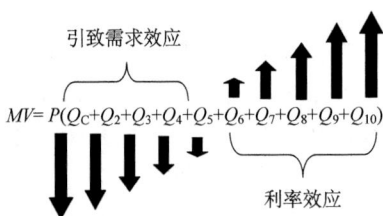

图 4-6   引致需求效应和利率效应

五、以资本为基础的宏观经济模型

加里森以米塞斯-哈耶克模型中的可贷资金学说和哈耶克三角形为核心，并借用了微观经济学的生产可能性边界概念，构建了奥地利学派的以资本为基础的宏观经济框架（图 4-7）。这个框架把储蓄、投资和生产的时间结构之间的关系和变化综合在一起，用以描绘充分就业的宏观经济的跨期均衡和分析经济波动可能产生的原因。

在可贷资金市场上，利率反映了市场参与者的储蓄偏好和投资偏好。使储蓄和投资相等的利率叫"自然利率"，它是瑞典经济学家维克赛尔曾经使用过的一个概念。自然利率决定了生产可能性边界曲线上的消费品产出和投资品产出的某一组合，后者最终决定哈耶克三角形的形状。现在考虑自愿储蓄偏好发生变化而引起的跨期调整：假如人们变得节俭起来，储蓄曲线向右移动（从 S_1 到 S_2），而自然利率下降（从 r_1 到 r_2）。这使得消费品产出减少，而投资品产出相应增加，二者的反方向运动反映的是充分就业条件下的资源约束。由储蓄增加而产生的引致需求效应使哈耶克三角形变矮，而利率效应使其变长。一旦资本的重构完成，并且储蓄引起的初始投资通过各个生产阶段得以实现，消费品产出就会增加，最终将超出储蓄增加之前的产出水平。这表现为生产可能性边界向外推移。

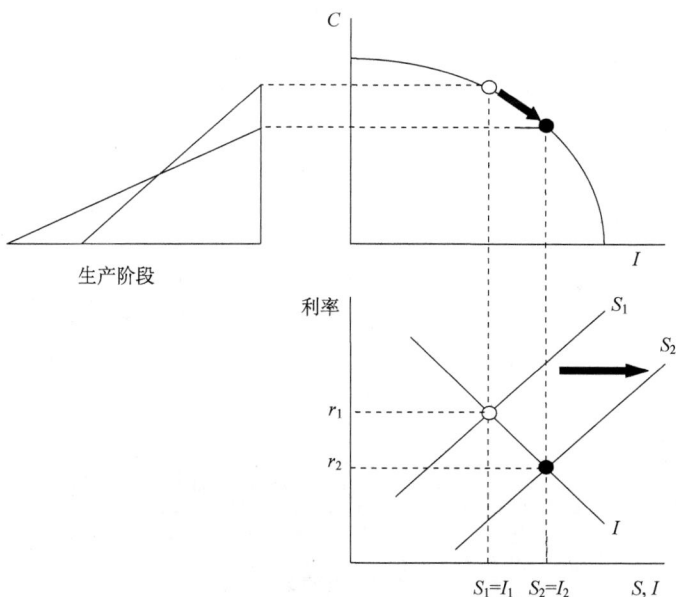

图 4-7 以资本为基础的宏观经济框架

六、奥地利学派的经济周期理论

奥地利学派的经济周期理论是一种关于繁荣和萧条的理论，也是一种关于政策导向或一种人为因素造成的经济波动理论。它说明了不恰当的货币政策如何通过改变相对价格和产出结构造成资源配置的扭曲，以及市场的自我纠错机制的反方向运动如何对此加以纠正。而由此产生的繁荣和萧条的交替，并不意味着市场失灵或市场失败。市场始终是有效率的，如果没有人为因素的干扰，市场能够使跨期的生产活动和跨期的消费活动相一致，而不至于出现经济膨胀和衰退。然而，市场没有被判定为如此有效率，以致从一开始就能阻止所有政策导致的不当配置。市场活动是在时间中进行的，市场也需要时间对外部冲击做出反应和进行自我调节。正是市场调节机制的有效性，从而产生了经济波动。当然，经济波动的根源在于政府，而不在于市场。奥地利学派的经济周期理论尤其关注创造经济繁荣的超市场力量，以及将繁荣变为萧条的市场自身的矫正力量，因此它特别适用于分析两次世界大战之间西方国家由过度繁荣转变为大萧条的情况。实际上，米塞斯和哈耶克根据自己的模型也准确地预测到了那场大萧条。我们的分析从膨胀的货币体系所导致的过度繁荣开始（见图4-8）。

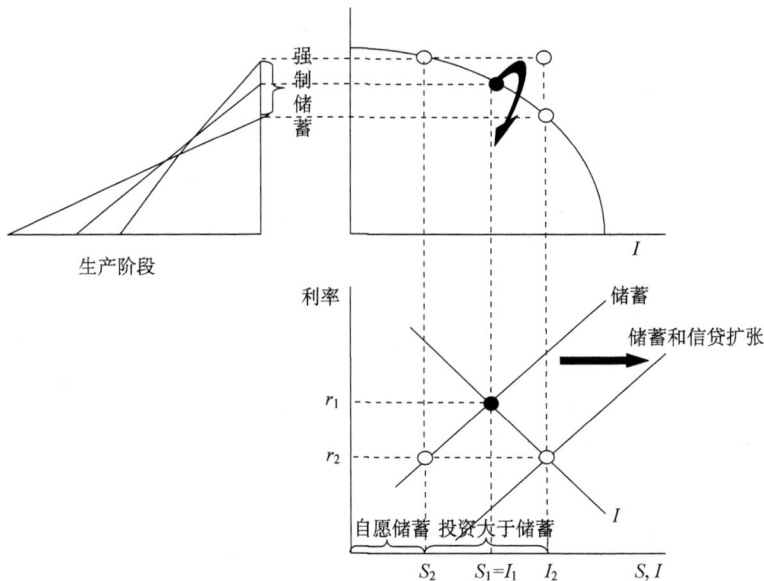

图 4-8　政策导致的繁荣和萧条

货币的扩张最初导致利率的下降和投资的增加，而消费支出的减少和对投资品需求的增加改变了二者的相对价格。资源从较晚的消费品生产阶段流出，流入较早的资本品生产阶段，并相应地拉长了生产的时间结构。到目前为止，事情与自愿储蓄增加导致的投资拉动别无二致，但故事才刚刚开始。当市场利率低于自然利率（它等于自愿储蓄和投资相等时的利率）时，投资大于自愿储蓄的供给，投资和自愿储蓄的缺口则由注入的货币供给来弥补。而问题就出自这里。增加银行贷款并不增加劳动和土地的服务。在最终的分析中，实际的投资不可能超过实际未消费的产出。但支撑投资增加的资源来自何处？自愿储蓄只能支撑其中的一部分，剩余的部分靠的是强制储蓄。强制储蓄是奥地利学派的经济周期理论中一个非常重要的概念，它表示消费被非自愿地减少，或消费品产出的相对和绝对下降。为了使延长的生产结构得以完成，并进入最后的消费阶段，资源必须继续从消费中释放出来，即消费品产出继续下降，直至新的生产结构完成。但是，应该注意的重要观点是，只有当消费不被允许回到它从前的水平时，生产结构的延长才会继续下去。如果对资本品的需求增加来自储蓄愿望的增加，则增加的投资将会由经济主体的自愿储蓄的增加来支撑，而且向较长生产时期的变化将是永久性的和可持续的。在储蓄增加导致的资本重构的情形中，引致需求效应和利率效应朝着同一个方向发挥作用，都将资源再配置到较早的生产阶段中，此时哈耶克三角形的变化是稳定的。不幸的是，我们所考察的情形并不是这样的，经济主体会努力恢复他们的初始消费水平，而这最终会导致生产结构的收缩。

投资的膨胀增加了对劳动、土地和原材料的需求，并且提高了这些生产要素的价格和要素所有者的收入。高工资增加了自愿失业者、临时工作者和在职工作者的劳动供给，经济因此超越了生产可能性边界并达到充分就业的繁荣。然而，由信贷扩张引起的人为繁荣是不可维持的，经济将沿着顺时针方向回落到生产可能性边界之内。图 4-8 中的哈耶克三角形的形状冲突说明了这种情况。在信贷扩张的情形下，消费者的消费意愿并没有减少，消费支出反而由于自愿储蓄的减少而增加了，但增加的消费支出遇到的是减少了的消费品产出。消费品供求之间的矛盾又由于充分就业产生的高收入进一步提高了消费支出而加剧了。由于存在虚假利率，引致需求效应和利率效应发挥了相反的作用。前者要求缩短生产的时间结构，从而将资源吸引到较低级的财货生产阶段，而人为的廉价信贷又将资源吸引到较高级的财货生产阶段，从而延长了生产的时间结构。资源的流出和流入反映的是消费者和投资者之间的博弈。如果消费者的选择获胜，经济就会沿着边界朝消费者的极限点逆时针运动；如果投资者的选择获胜，经济就会沿着边界朝投资者的极限点顺时针运动。哈耶克三角形被从两端拉向中间。当然，这场博弈没有最终的胜利者，它是一种负和博弈，其结果使经济沿着生产可能性曲线上的箭头方向最终落在边界之内。

经济由繁荣向萧条的逆转过程是这样的：第一，由于支付准备率及其他种种限制，银行的信用扩张迟早会终止，于是市场利率上升，投资的预期收益率下降，资本品的需求和价格随之下跌；第二，生产的扩大，增加了其对生产要素的需求，提高了要素的价格，这意味着资本品的生产成本上升；第三，要素所有者增加货币收入后，会把被迫降低的消费恢复到原来的正常水平，从而推动消费品需求增加和价格上涨。我们早先描述过的投资品和消费品的相对价格运动被颠倒过来：相对于投资品价格而言，消费品的价格提高了，非专用性资源由较早的生产阶段流入较晚的生产阶段。由于缺乏资源，生产结构的延长无法完成，先前那种被延长的生产结构将恢复到迂回程度较低的生产结构。由于资金短缺、产品滞销、存货积压和价格下跌，资本品生产企业出现了亏损或倒闭，延长的生产结构不得不半途而废，停留在未完成阶段。不仅如此，许多投资品的组合只具有特定的用途。例如，一台制造鞋子的机器不能胡乱地和一台制造汽车的机器结合起来生产第三种产品。许多专业性资源就这样因不能被转移到迂回程度较低的生产阶段而被闲置起来，于是失业和衰退接踵而至。整个经济结构的这种大规模调整一定会给投资者的信心以极大的打击，工商界信心的极度丧失完全有理由使经济进入到向下的螺旋运动的通道，这意味着生产过程可能收缩得比情况所需要和所允许的更厉害——经济最终由衰退走向萧条。只有当通过萧条使被信贷扩张扭曲的资源配置重新恢复到一种比较合理的结构时，一个可持续的产出和就业结构才会建立起来。

　　总之，生产结构的重新调整意味着对早先的、由信贷扩展引起的资源错配的一次总清算。货币的扩展不仅影响了利率，也改变了储蓄和投资以及消费品和投资品之间的相对价格，从而向整个经济系统传递错误的信息，导致了资源配置的严重失调，有一些产品生产过度，另一些则生产不足。市场的自我矫正机制对这个错误信息的揭露及其纠正组成一次衰退。"奥地利学派分析或哈耶克分析的突出特点是，注重商业周期过程中出现的比例失调，并强调这些失调的价格信号。现代总量宏观模型中忽视的恰恰是这些影响"①。

七、通货膨胀、滞涨和"货币的去国有化"

　　奥地利学派的经济周期理论没有突出货币扩张可能导致价格和工资的普遍上涨。不论是通货膨胀，还是对通货膨胀率可能的错觉，都不是这一理论的根本。相反，其焦点集中在货币扩张的微观经济学上：相对价格的变化和由此产生的资源配置的扭曲。即使在价格水平稳定的时期，也会发生结构性失调。事实上，两次世界大战之间的繁荣和萧条时期的价格水平总体上保持稳定，而且甚至稍有下降。奥地利学派对经济危机的对策是无为而治，听其自然。既然每一次生产结构的调整都表现为一个经济周期，那么，衰退就是市场自我矫正机制借以纠正错误的货币政策导致的结构失调所必须支付的代价，而萧条是医治这种结构性失调的天然良药。如果为了对付萧条而继续维持错误的政策，结果将会适得其反。不仅如此，干预市场自然过程会导致经济周期的变形，并产生新的问题。据此，奥地利学派经济学解释了 20 世纪七八十年代在西方主要资本主义国家出现的通货膨

---

　　① 小杰拉德·奥德利斯库，苏打·舍诺伊. 2008. 通货膨胀、衰退和滞涨 // 埃德温·多兰. 现代奥地利学派经济学的基础. 王文玉译. 杭州：浙江大学出版社：178.

胀和停滞膨胀——它们完全是政府错误地执行凯恩斯主义政策而试图维持人为繁荣的必然结果。

凯恩斯主义者把衰退和萧条的原因解释为需求不足而不是供给失调，因而一旦失业增加，就主张采取扩张的货币政策来刺激就业，甚至不惜以通货膨胀为代价。对奥地利学派经济学家来说，凯恩斯主义者的政策处方是对错了症和下错了药。在短期内，菲利普斯曲线上通货膨胀和失业之间的交替关系是存在的，但是这种交替关系只是暂时地掩盖了货币扩张所造成的经济真实面的扭曲，从而只是推迟了市场纠正的力量。无可否认，货币的扩张会创造出人为的繁荣，投资和就业都会迅速增加。然而，这种人为创造的繁荣是不可持续的。因为，货币扩张只是暂时地掩盖了储蓄和投资之间的不匹配，而不合理的生产结构也只有靠货币扩张的加速才能得以维系。一旦货币扩张减速或停止，衰退征兆就会立刻显现出来。就好像存在一种宿命的报应法则：人为创造的繁荣必然导致萧条，你允许人为的繁荣持续的时间越长，继之而来的萧条持续的时间也越长，而且越严重。因此，在长期内，通货膨胀和失业的交替关系根本不存在；相反，通货膨胀和失业具有一种自我恶化的趋势——高通胀率和高失业率并存。哈耶克把凯恩斯主义的政策处方比做暴饮暴食和吸毒，认为它本质上是亡命徒的做法，一无所有却试图孤注一掷以获得短暂的喘息，并且还将使经济处于"骑虎难下"的境地。他这样写道："现在，我们有一个通货膨胀困扰的繁荣，它的确依靠继续的通货膨胀。如果价格上升低于预期，那么，经济就会处于萧条压力之下。……放慢通货膨胀会导致衰退。现在，我们有一个难以对付的困难，好比手抓着老虎的尾巴：这个通货膨胀能持续多久？如果放任这只老虎（通货膨胀），它将把我们全部吃掉；然而，如果它跑得越来越快而我们绝望地跟着，我们仍将完蛋！"[①]

如何从根本上消除信贷膨胀导致的经济周期波动？早期的哈耶克主张实施中性货币政策，即货币数量使市场利率等于自然利率而不至于引起货币非中性的货币政策。然而，这样的政策很难具有操作性，因为中央银行并不知道什么是自然利率，以及它是如何变动的。特别是到了 20 世纪 70 年代，面对资本主义世界的失业膨胀，哈耶克认识到，目前国家所需要的不是政策处方，而是根本的制度改革。他要求废除国家对货币发行权的垄断，而由私营银行发行竞争性货币作为国家货币的替代物。这就是哈耶克在 1976 年出版的同名书中提出的"货币的去国有化"（denationalization of money）主张。

在哈耶克看来，资本主义经济本质上是一种私人市场经济。只要不受政府的财政政策和货币政策的干扰，市场机制将会充分发挥作用，把各种商品和要素的

---

① 转引自：小杰拉德·奥德利斯库，苏打·舍诺伊. 2008. 通货膨胀、衰退和滞涨. // 埃德温·多兰. 现代奥地利学派经济学的基础. 王文玉译. 杭州：浙江大学出版社：184～185.

供求信息准确而及时地传递给每个当事人，使供给随需求的变化及时得到调整，从而使一切生产资源都能得到合理的配置，经济便可均衡、稳定地发展。因此，通货膨胀和失业都不是资本主义市场制度的必然现象。但要使市场信息被准确地传递出去并发挥其积极的调节功能，必须以排除货币因素的干扰和建立起健全的货币制度为前提。问题不是出在市场制度本身，而是出在政府对货币发行权的垄断上。哈耶克指出，从古罗马时代起，政府就垄断了货币发行权，因为这种权力能给政府带来丰厚的财政收入。政府完全是从自身利益而非社会利益出发来垄断货币发行权的。在铸币时代，政府对货币发行权的垄断就已经造成了祸害，但还不算太明显、太严重。而在纸币时代，其不良后果就非常严重、非常明显了。纸币的历史就是通货膨胀的历史。垄断了货币发行权的政府，更关心的是自己财政支出的需要，而不是通货的稳定。政府滥用货币发行权的结果，一方面造成大规模失业，另一方面造成通货膨胀。因此，政府对货币发行权的垄断是经济不稳定的直接根源。

哈耶克据此要求对现行的货币制度进行根本性改革——货币的去国有化。如果允许私人银行发行竞争性货币，私人银行自身就要承担过度发行货币的严重后果，因而它必定会谨慎行事，自行限制货币的发行量，以保证通货的价值，取得公众的信任。各私人银行所面临的重大决策是试图发行自己的货币，还是选择其他私人银行所发行的某一种或几种货币来作为储备？那些发行货币的私人银行从自身利益出发，将自觉地控制货币的发行量，并保持足够的储备，以应付各种待支付的债款，否则它发行的货币就会被公众所抛弃；而那些不发行货币的私人银行，其扩张信用的行为也将受到其货币被选择的那些银行的钳制。这样就使整个银行体系在相互竞争中以一种审慎的态度来对待货币的发行，从而避免了政府垄断货币发行权时的通病——通货膨胀。在自由货币制度下，整个社会所向往的好货币将不再来自政府的仁慈，而是来自各私人银行对其自身利益的关心。私人银行发行竞争性货币与发挥自由企业经营和市场经济的作用是一致的。前者提供健全和稳定的货币，后者提供有效配置资源和增进经济效率的经济活动领域。二者互为条件，互相促进，缺一不可。

第四节　集体主义是"通往奴役之路"

在第二次世界大战即将结束之际，西方世界再一次面临抉择：战后制度的重建是沿着社会主义方向稳步前进，还是继承曾经创造了西方文明的个人主义传统？在资本主义面临着何去何从选择的关键时刻，人们特别是知识分子的思想观念发生了深刻的变化。在西方国家特别是在英国，社会改革热情十分高涨，知识分子中所有的好人和最有才干的人在内心里都是社会主义者，当时几乎所有关于社会改革的知识潮流，都有着社会主义取向。社会主义已经取代自由主义成为绝大多数进步人士所坚持的信条。政府对经济生活干预的深化及集体主义和社会主义思潮的涌现让敏感的哈耶克预感到了某种危险。哈耶克对这股社会改革思潮产生了深刻的怀疑：既然人们的需要有着高度的主观性、个体性和易变性，那么为了满足这些需要而从事的经济活动可以进行"合理计划"吗？实行这种计划的政治后果会是什么？希特勒政权的建立，为哈耶克提供了计划经济的理想在实践中的可怕样板，这更加重了他对西方文明前途的担心。哈耶克发现，第二次世界大战后的民主国家与 20 世纪二三十年代的德国越来越相似。他指出：我们有重蹈德国覆辙的危险，只有认识到这种危险，才能指望避免它。他感到仅仅从经济学上对凯恩斯主义及其他形形色色的干预思想进行批判是远远不够的，还必须对其更基本的思想渊源进行彻底的攻击，使真正意义上的自由主义得到延续。他把反对各种各样的集体主义和干预主义当作自己不可推卸的责任。正是在这样的背景下，哈耶克在 1944 年出版了《通往奴役之路》一书。在此书中，哈耶克有力地证明了：集体主义必然会导致权力的集中和滥用，最终的结果是自由被毁灭和个人被奴役。他苦口婆心地警戒世人：通往地狱之路，常由善意铺设。如果人类放弃自由主义的精神，想凭着良好的意愿，自以为是地去计划和设计社会，必将把人类引向深渊。他把此书献给所有政党中的社会主义者，特别是英国的社会主义知识分子——他们以为国家社会主义不是社会主义，而只是某种可憎的东西。哈耶克要告诫这些知识分子："你们和他们一样在走同一条道路。"

一、集体主义对个人主义

哈耶克指出，社会主义既是一种价值观，又是一种方法。作为一种价值观，社会主义的终极目标是自由、平等、民主、社会正义、安全等；作为一种方法，社会主义意味着"废除私有企业，废除生产资料私有制，创造一种'计划经济'体制，在这种体制中，中央的计划机构取代了为利润而工作的企业家"[①]。对社会主义所追求的终极目标，哈耶克并不反对，他反对的只是社会主义的方法。他指出，社会主义和自由主义之间的争论，只涉及一切形式的集体主义所共有的方法，而没涉及社会主义者运用这些方法想要达到的特定目标。他竭其所能攻击的正是这种方法，而他竭尽全力要证明的是，社会主义者运用集体主义的方法所达到的结果，恰恰与他们所追求的目标背道而驰。因此，他用"集体主义"一词代替了"社会主义"一词。哈耶克的所谓"集体主义"，不仅仅包括社会主义，也包括意大利的法西斯主义、德国的国家社会主义和苏联的共产主义。在他看来，

---

① 哈耶克. 1997. 通往奴役之路. 王明毅等译. 北京：中国社会科学出版社：37. 哈耶克的观点均引自该书。为了节省篇幅，以下引文不注明出处。

尽管这些主义所追求的目标不同，但它们的方法是相同的，即它们都是一种集体主义。

集体主义意味着一种"计划经济"，它主张以计划来代替非人为的竞争力量，以对社会进行有意识的指导代替自发的、盲目的市场调节。作为一种社会制度，各种各样的集体主义都有两个主要特征：首先，有一个明确的、单一的、高于一切的且为整个社会共同接受的目标体系；其次，为了实现这个单一目标，他们要将整个社会组织起来，控制社会的一切资源，并对一切活动加以集中的管理。每个独立的个人只是实现这一目标的"工具"，或者只是整个社会巨大无比的机器上的或大或小的某一个部件，个人的目标（如果有的话）必须服从社会的目标，而每个人在社会上的相对地位取决于他在完成这一社会目标时的相对重要性。哈耶克指出，形形色色的集体主义，如共产主义、法西斯主义等，它们之间的不同在于它们想要努力引导社会所要达到目标的性质。但它们与自由主义和个人主义的不同，则在于它们都想组织整个社会及其资源达到这个单一目标，而拒绝承认个人目的至高无上的自主领域。集体主义的实质在于：一方面否定任何并非直接出于理性设计甚或理性不及的各种社会力量；另一方面则试图根据唯理主义的理性观，并且以极端的方式从政治上、经济上和道德上重构社会秩序。

个人主义或自由主义（这两个词是可以互换的）是与集体主义完全对立的一种思想体系和社会制度安排。个人主义拒绝承认存在一个所谓的"社会目标"，它的基本观点是：在限定的范围内，应该允许个人遵循自己的而不是别人的价值和偏好，而且在这些领域内，个人的目标体系应该至高无上而不应屈从于他人的指令。就是这种对个人作为其目标的最终决断者的承认和对个人应尽可能以自己的意图支配自己的行动的信念，构成了个人主义立场的实质。个人主义拒绝根据有意识构造的蓝图对一切活动的集中管理和组织，而赞成尽可能地运用竞争力量作为协调人类各种努力的工具。个人主义把权力视为腐败的根源，而把权力的集中视为对个人自由的最大威胁，主张无论是政治权力——通过民主制和三权分立——还是经济权力——通过市场经济——都应该加以分散。尽管民主制度和市场经济有各种各样的缺陷，却是避免个人被极权主义所统治和奴役的唯一方法。这就是古典的个人主义或自由主义，它是从伯里克利、修昔底德、西塞罗、塔西伦、伊拉斯谟、蒙田等人那里继承来的，并且由亚当·斯密、休谟、洛克、弥尔顿等人加以发扬光大，构成了西方文明的显著特点之一。哈耶克对古典自由主义的贡献就是，他有力地证明了集体主义必定会导致权力的集中和权力的滥用，进而导致个人自由的丧失，最终导个人被奴役。

二、自由的丧失

哈耶克认为，集中计划意味着经济问题是由社会而不是由个人解决，同时也意味着不允许个人根据他们自己的意愿和所喜欢的方法进行选择和决定，而必须由计划者来决定。这是对个人的经济自由的完全否定。

首先，在集中计划条件下，个人作为消费者，没有处置自己的收入和选择消费的权利。计划当局有完全的权力来决定给个人什么和按什么条件给个人。它将不仅决定可供利用的商品和劳务是什么及数量和价格的多少，而且也将能够决定这些商品和劳务在各个地区和集团之间的分配方式；并且只要愿意，它也能在人们之间实行它所喜欢的任何程度的差别待遇。其次，个人没有选择工作的自由。计划当局的意志，并不是仅仅从个人作为消费者这个方面，而且甚至主要不是从这个方面来计划和指挥个人的日常生活。它更多地是从个人作为生产者这个方面来进行这种计划和指挥的。个人生活中的这两个方面不能截然分开，而且由于对大多数人来说，花在工作上的时间占据我们整个生命的大部分，而我们的职业通常也决定了我们生活的地点以及将与哪些人在一起生活，因而对我们的幸福来说，选择职业的某种自由甚至比在闲暇时花费我们收入的自由更为重要一些。

在一个有计划的社会中，当局所掌握的对所有消费的控制权的根源，就是它对于生产的控制。而对财富生产的控制，就是对人类生活本身的控制。虽然指挥一切经济活动的当局直接控制的只是对大部分可取资源的使用，但它控制着用于个人所有目标的有限手段的分配。它的决策对经济体系的其余部分所产生的影响如此之大，以至于它几乎间接地控制了一切：从个人的原始需要到个人和家庭、朋友的关系，从个人工作的性质到个人闲暇时间的利用，很少有生活的哪一个方面，计划者不施加"有意识的控制"。例如，对外汇实行计划管理的结果就绝不仅仅只与对外贸易有关，实际上这是使个人完全屈服于国家的专制之下，是把一切后路都断绝掉的杀手锏——不只是对富人，而且是对每一个人。一旦个人不再能自由旅行，不再能自由订购外国书报杂志，一旦一切对外联系的工具只限于那些为官方意志所认可的人，或者认为必要的人，则它对舆论的有效控制，将远远超过 17 世纪和 18 世纪任何专制政府所施行过的控制的程度。计划经济实行以后，个人将一切听命于管理经济体系的当局，除此以外没有其他选择的余地。而放弃了经济事务中的自由，就绝不会存在已往的那种个人的、政治的自由。

三、民主的毁灭

哈耶克认为，根据一个单一目标来指导各种经济活动，就会遇到这样一些棘手的问题：依据什么样的价值尺度来确定统一的社会目标？如何确保具有不同目标的每一个人对这一社会目标的认可，以便致力于实现它？在自由社会里，根本没有必要考虑这些问题，更没有必要对此形成共同的意见。不幸的是，民主制度对解决这些问题束手无策，也就是说，民主制度与集体主义在本质上是相互冲突的，集体主义意味着民主的毁灭和走向独裁。

哈耶克指出，社会为之组织起来的"社会目标"或"共同目的"，通常被含糊其辞地表达成"公共利益"、"全体福利"或"全体利益"。无需思考便可看出，这些词语没有充分明确的意义。千百万人的福利和幸福不能单凭一个多寡的尺度来衡量。一个民族的福利，如同一个人的幸福，依赖于许许多多的事物，而这些事物被以无数种组合形式提供出来，而不能充分地表达为一个单一目标。我们不仅没有包罗万象的价值尺度，而且对任何有才智者而言，去理解竞取可用资源的不同的人无穷无尽的不同需求，并一一定出轻重，将是不可能的。在政府应该干些什么这个问题上，几乎是有多少人，就有多少种看法。以"公共利益"、"全体福利"或"全体利益"之类的称呼所表示的社会计划，只不过是对计划目标缺乏真正一致的掩饰。因此，在一种计划制度里，不能把集体行动都限定在我们能够赞同的任务上，而为了任何行动都能完全实行，我们将迫不得已要在一切事情上都达成共识。

当民主政体着手制定和执行一个全面的计划时，它显然需要更多的一致性。然而，对于这样一个任务，多数决定的制度是不合适的。对社会需要计划这一点上的一致看法，与计划所服务的目标上的一致看法完全是两码事，因为，人们完全有可能一致同意一定要有一个中心计划，但在目标上却没有一致的意见。这就好比一群人决定一起去旅行，而在想去的地点上没达成一致，结果他们全体可能不得不进行一次大多数人根本不想做的旅行。对于一个有限目标选择的计划，民主制度是可行的。但是，一个名副其实的经济计划，必定有一个单一的观念，必然要涉及社会政治生活和经济生活的方方面面，牵扯各个阶级的利害关系和利益的分配。同时，它又是一个各部分都必须极其精心地相互适应的复杂整体。这样的计划不能通过对各种有冲突的看法的妥协来达成。即使议会能按部就班地就某个方案达成一致，它最终也必然不能令所有人满意。根据民主原则制定成功的计划的可能性甚至比诸如成功地通过民主程序筹划一次军事战役的可能性更小。

民主的立法机构在产生和推行一个全面的经济计划时所表现出来的无能、犹豫不决和低效率，将不可避免地导致民众对民主制度的不满，从而议会渐渐被视为"清谈馆"，无力或不能贯彻他们被选出所应担负的任务。人们越来越相信，倘若有效的计划要落实，就必须摆脱民主程序的羁绊。这样，计划经济和指挥经济的任务就被授予少数政治和技术专家或精英们来完成。同时，为了更好地完成这一任务，他们越来越强烈地要求获得更大的权力，就像把指挥军队的权力交给最高指挥官一样。由专家或精英来做出决定，不仅意味着我们必须按他们的价值尺度做出选择，而且当我们把以前许多人独立行使的权力集中在某一单个集团手里的时候，这绝不是等量的权力的转移，而是权力的绝对量的增加和扩张。如果将这种权力授予国家，就等于是一个新创造出来的权力，即以"政治权力代替经济权力"，这意味着权力膨胀到前所未有的程度，而且其影响极为深广，几乎使它变成了另外一样东西；同时，它也必然意味着，用一种无处不在的权力代替一种常常是有限的权力。经济权力虽然可能成为强制的一种工具，但当它在私人手中时，绝不是排他性的或完整的权力，也绝不是支配一个人的全部生活的权力。但是，如果把它集中起来作为政治权力的一个工具，它所造成的依附性就与奴隶制度没有什么区别了。特别是集体主义者为了达到他们的目的，必须建立起前所未有的巨大权力——人支配人的那种权力——并且他们的成功也取决于他们获得这种权力的程度。这种创造出来的巨大权力的存在及运用这种巨大权力以实现一个宏伟目标的决心和雄心壮志，是对民主制度的极大威胁。民主本来是人类设计出来的用于防止权力集中的一种制度，但它却完全有可能成为服务于巨大权力的一种手段。此时，民主已经名存实亡了。不仅如此，为了更迅捷地实现目标，巨大权力也完全有可能彻底撕破民主这块遮羞布，而进行赤裸裸的统治。意大利和德国法西斯就是典型的例子。哈耶克指出，我们的要点与其是独裁必然不可避免地消灭了自由，毋宁是计划导致独裁，因为独裁是强制推行各种理想最有效的工具，而且，集中计划要在很大程度成为可能，则独裁本身就是必不可少的。计划与民主之间的冲突只不过起因于这个事实，即对经济活动管理所需的对自由的压制来说，后者是个障碍。因此，当社会由一个集体主义信条支配时，民主不可避免地将自行毁灭。

四、平等的消亡

哈耶克认为，社会主义者之所以倡导计划，是因为它能使我们得到一个比较公正、平等的财富分配。这确实是能够认真地坚持和要求计划的唯一理由。市场经济分配财富的原则，不仅取决于人们的才干和努力，而且取决于人们的运气和机会，而后者往往有利于富人，而不利于穷人。如果平等是值得追求的目标，那么，它应该是一种"机会的平等"，而不是结果的平等。为此，应当把机会的不平等尽量地减少到先天差别所许可的限度。一旦达到这一点，市场经济分配财富的原则就是公平的，因为平等意味着以相同的方式对待所有的人，而这正是自由市场经济的运行条件。哈耶克指出，虽然竞争与正义很少有共同之处，但同样值得称道的是，二者对所有人都一视同仁。我们不能预测，谁将是幸运的或者谁将受到灾难的打击。赏罚并不是根据某人对人们功过的看法来加以均摊的，而是取决于他们的才干和运气。依靠市场以外的力量，如用行政和立法的手段人为地把一部分社会成员的收入和财产分给另一部分社会成员，就会使某些人处于与其他人不平等的地位，并成为不平等的有权势者。这样，平等的实现要以另一种不平等为前提，而后者甚至是更严重的不平等。国家的作用不是用种种手段来实现收入的均等化，而是要保证人人有平等的机会。

政府一旦为了公平的缘故而走上计划的道路，谁得什么和得多少这类问题就不是由非人为的力量来决定的，也不是许多人从事竞争性活动的结果，而是由当局有意识地做出的决定所造成的。在一个有计划的社会里，个人的日子无论过得比他人好些或坏些，都是某些当权者希望的结果。并且，个人对于改进其地位所做的一切努力的目标，将不在于预测个人无法控制的那些情况和对那些情况尽量地做出准备，而在于设法使握有全权者做出有利于个人的决定。由于只有国家的强制权力可以决定"谁应得到什么"，所以唯一值得掌握的权力，就是参与行使这种管理权。

政府一旦担负起筹划整个经济生活的任务，不同的个人和集团都要得到应有的地位这一问题，就不可避免成为政治的中心问题。计划经济是根据什么尺度来决定公平分配标准的呢？很不幸的是，没有这样的标准。公平分配是一个模糊的观念，唯一赋予这一观念以清晰意义的是平等，即凡是人力可以控制的一切地方的、个人的完全和绝对的平等。社会主义所允诺的不是绝对的平等，而是一种更加公平、更加平等的分配，即并不是绝对意义的平等，而只是"较大的平等"而已。哈耶克认为，较大平等的公式对计划者必须解决的任何问题都没有提供什么答案，它的内容不比"公共利益"或者"社会福利"这些用语有更明确的意义。它并未使我们能够不必在每一特定的场合里，对在特定个人或者集团的价值之间做出抉择，并且它无助于我们做出这种决定。它告诉我们的一切，实际上就是要尽量向富有的人们索取一切。但一到分配这种掠夺品的时候，问题依然没有得到解决。对于按劳分配，哈耶克认为，它是指工人得到全部劳动的生产物，这意味着运用大量资本的产业中的工人比运用少量资本的产业中的工人所得的收入要多得多，这是很不公平的。

由于没有一个为理智的人们赞同的价值尺度来证明社会的一种新的等级体系的正当性，并有可能满足对公平的要求，集体主义决定分配的原则必然是主观的、任意的和强制的。在决定各种不同目标的相对重要性的同时，计划者也就决定了不同集团或个人的相对重要性。这意味着要以不同方式对待不同的人。哈耶克还引用小穆勒的一段话来抨击集体主义的分配制度："可以默认一种像平等规律那样的固定规律，并且，也可以默认偶然性或客观必然性；但由一小撮的人来衡量每一个人，给予这个人的多些，那个人的少些，都全凭他们自己的爱憎与判断，这种事是不能容忍的，除非它来自被认为是超人一等，并以超自然的恐怖为后盾的人们。"

哈耶克还指出，集体主义分配的不平等比竞争造成的不平等分配还要令人不堪忍受。他这样写道，不平等随时都存在，而这在那些受到不平等迫害的人看来，是不公平的；失望总是有的，而这在那些感到失望的人看来，是不当的；不幸的打击总是有的，而这在那些遭遇这些打击的人看来，是不应有的。但当这些事情发生在一个有意识的指导的社会里时，人民的反应方式与当这些事并不是出于任何人有意识的选择时的反应方式是大不相同的。非人为的力量所造成的不平等比有计划地造成的不平等，无疑更容易忍受些，其对个人尊严的影响也小得多。在竞争的社会里，任何一个企业对某个人说，它不需要他的服务，或者说，它不能给他提供一个更好的工作，这不是小看他，也不是伤害他的尊严。如果是在有计划的社会里，由此产生的痛苦必定会严重得多。在那里，个人必须做出决定，不是某一个工作是否需要他，而是他是否对某一个工作有用，以及有用到什么程度。他在生活中的地位必须由他人来决定。

五、道德的沦丧

历史表明，极权主义往往是由坏人领导的政权。例如，德国的法西斯政权就是由一群自大狂、精神病患者、流氓和杀人犯集团建立起来的。有人争辩说，极权主义是一种可以为善也可以作恶的制度，运用这个制度达到何种目的，完全取决于独裁者。只有坏人当政时，极权主义才会变成一种邪恶的力量；如果由一些正派人物来领导，它就会成为促进一些重大目标快速实现的强有力的工具。因此，问题不在于这个制度本身，而在于如何防止坏人当政和确保由好人来领导。对此，哈耶克指出，在集体主义社会中，总是最坏者当权。这种"劣币驱逐良币"的现象绝非偶然，而是极权主义社会运行的基本法则。因为从集体主义制度产生的道德体系没有任何一般的道德或规则及个人良心自由运用的容身之地。

首先，一个人数众多、组织严密、意识形态统一的团体，似乎在任何社会中都不可能由最好的分子，而只能由最坏的分子来建立。原因在于：第一，人们的教育水准越高，理智越强，其观点和口味就越独立，也就越多样化，因而就越不易认同一个统一的意识形态和价值体系。因此，一个价值标准极为相似的同类集团，决不会是由具有高度不同和高度发展的趣味的人们所构成的。要形成这样的同类集团，势必要降低团体的道德和知识标准，更多地借助于比较原始的、共同的本能和趣味。第二，在这样一个团体中，目标一致、志同道合的人总是少数，于是，为了实现其政治目标，必须通过把更多的人转变过来信奉同样简单的信条来增加他们的人数。为此，它必须得到有密切联系的、成分相同的群体的支持。这个群体由那些思想模糊、不健全、容易动摇、温驯、易受骗的人及那些感情与情绪容易冲动的人所组成。这些人没有自己的坚强信念，而只准备接受一个现成的价值标准体系。只有这样的群体，才便于独裁者掌握控制。手法圆熟、道德低下的政客利用忌妒等各种大众心理，大声地、喋喋不休地向他们灌输集体主义的信条，因为一种娓娓动听的理想很容易起到蛊惑人心的作用。比如说，"消灭富人"这种口号，就很容易得到支持，因为人们本来就具有嫉妒富人的心理。政治蛊惑家和煽动家还特别善于利用大众对敌人的憎恨，不管敌人是内部的，如"犹太人"或者"富农"，还是外部的，将"我们"与"他们"对立起来，从而将某个集团牢牢地团结起来共同行动，以壮大极权主义队伍。当极权主义的领导人由于得到了"群众"的支持而在人数上显得是多数时，那种理想的目标就会变成带来灾难的政治行动。

其次，集体主义至高无上的道德准则是：目的说明手段的正当性。这个原则意味着，为了实现一个崇高的理想和伟大的目标，可以做任何不道德甚至违反道德的事情。在这一原则下，只要集体行为是为全体谋福利的，则良心不许做的事就是没有的。由此可见，如果以一个集团的名义去行动，就像是将人们从控制个人行为的许多道德束缚中解放出来，其结果将是对一切道德价值的否定。于是，不可避免地就有下面的情况发生：残酷有时可以变成责任；违反我们的情感的行为，如枪毙人质和杀害老弱等，被看成仅仅是权宜之计；强迫迁移数万人口，成为差不多除了受害人以外每个人都赞成的一种政策措施；像征募妇女以做传宗接代之用之类的建议也会受到认真考虑。在集体主义者的眼中，总是有一个上述这些行为为之服务的重大目标，正是这一目标使这些行为具有合理性，因为对一个社会的共同目标的追求，可以无限制地忽略任何个人的任何权利和价值。这样，传统道德中的大部分人道主义要素，如同情心、怜悯心及对他人权利、财产、尊严乃至生命的尊重等，都会消失殆尽。

此外，只问目的，不择手段，是使那些肆无忌惮、为非作歹的人得以爬上高位的关键。要成为一个对极权主义国家运行有用的助手，一个人单单准备接受那些为可耻行径而进行的巧言令色的辩护还不够，他还必须积极地准备破除他所知道的任何一种道德约束。对那些残酷无情、寡廉鲜耻的人们来说，存心干坏事，乃是追求权力、爬上高位的必由之路。他们要做的一些工作，其恶劣性是没人怀疑的，但为了达到某种更崇高的目的，这些工作是必须要做的，而且还必须做得同任何其他工作一样熟练，一样有效率。由于有些需要做的工作本身就是坏的，是所有受到传统道德教育的人所不愿做的，所以愿意做坏事就成为升官得势的门径。在一个极权主义的社会里，那些需要实行残忍和恐吓、蓄意的欺诈和阴谋间谍活动的岗位是很多的。无论盖世太保和集中营的管理，还是宣传部，或者"冲锋队"、"党卫队"（或者它们在意大利和俄国的翻版），都不是适宜表达人道主义情感的地方。然而，要谋求极权主义国家最高地位，就必须做好这类工作。于是，因为有道德良知而无法或拒绝做这些事情的人，将被摈弃于权力之外。正是由于这个缘故，那些无耻之徒和放荡不羁的人，才在一个趋向极权主义的社会里有更多获得成功的希望。凡是没有看到这一点的人，他就还没有领会到把极权主义和自由主义政体分开来的那个鸿沟的全部内容，还没有领会到集体主义下的整个道德氛围和本质上是个人主义的西方文明之间的全部区别。

不仅如此，哈耶克还认为，即使权力被思想高尚的、有理想的人所掌握，结果也会给社会带来极大的灾难。在人类历史上曾经出现过许多有理想的思想家和政治家，他们提出过各种各样的实现"理想社会"的纲领和主张，许多人还为此做了巨大的努力，但是从后果来看，这些理想主义者给世界带来的往往不是幸福而是灾难。哈耶克指出，世界上的坏事不一定都是由坏人干出来的，而往往是由一些"高尚的"理想主义者干的。他还指出，"思想高尚"或"心地善良"的理想主义者同极权主义的独裁主义者之间并没有一条明确的、不可逾越的鸿沟。有民主思想的政治家为了实现自己的理想，也往往会变成极权主义者。这是因为，着手计划经济生活的民主主义的政治家很快就会面临这样的选择：是僭取独裁权力，还是放弃他的计划？要实现改造社会的理想，他必然会要求一切权力的集中，否则，他的理想就不可能有机会得到贯彻。由于改造社会的愿望出自高尚的动机，所以他在道德观念上自认问心无愧，结果就会无所顾忌地朝着极权主义的方向走去。

六、真理的终结

哈耶克指出，要使一个极权主义制度有效地发挥其作用，仅强迫每个人为同样的目标工作还是不够的。重要的是，须使每个人都相信那些目标，而且都把它们看成是他们自己的目标。为此，就需要统一全体人民的思想，哈耶克将其称为"思想的一体化"或"思想的国家化"。为了实现这一点，首先，极权国家要集中控制所有的宣传工具，并确保一切宣传都为同一目标服务，一切宣传工具都被协调起来朝着一个方向影响个人，同时，传播知识的整个机构——学校、报纸、广播和电影——都被专门用来传播强化人民对当局所做决定的正确性的信心的意见。宣传的主要技巧之一，就是仍然使用旧字眼，但换上新意义，如自由、民主、真理等。其次，要控制一切信息来源，使受众与外界隔绝，实施资信垄断。对那些易带来疑窦或犹豫的信息将一概不予传播。人民对这个制度的忠诚会不会受到影响，将成为决定某条信息是否可以发表或被禁止的唯一标准。再次，严厉压制任何怀疑和不同的见解。要使大多数人失去独立思考的能力是不难的，因为大多数人很少能够独立思考。在大部分问题上，他们所接受的意见都是现成的意见，而那些仍然保留着一种批判倾向的少数人也必须保持沉默。政府的每一个行为，必须是神圣的和免受批评的。对于这个信条的公开批评，或者甚至表示怀疑，都是必须禁止的，因为它们容易削弱公众对政府的支持。凡是可能引起对政府的智慧产生怀疑或者可能造成不满的东西，都是不会与人民见面的。思想自由和言论自由是绝对不被允许的，因为只要异议不受到禁止，就始终会有人对支配着他们同时代人的意见有所疑问，并且提出新的意见来接受辩论和宣传的考验。当人们所表示的那种怀疑和担心涉及的不是个别企业的成功而是整个社会的计划时，那就一定更会被当做阴谋和破坏来看待。在没有任何不同声音的环境下，人们的独立思考能力逐渐萎缩；在长期的单一垄断的声音的灌输下，连最明智的、最独立的人也不能完全逃脱这种影响。由此，统治者的思想就成了全体国民的思想，统治者的目标也就成了全体国民的目标。

哈耶克指出，思想的一体化或思想的国家化进程，不可能把宣传的范围局限于价值标准和道德信仰上，而必须把宣传的范围扩展到以不同的方式作用于人类理智的事实的问题上去。之所以如此，是由于为了诱使人民接受官方的价值标准，就有必要把那些价值标准加以合理化，就必须使人民不但赞同那些最后目标，而且也必须赞同关于制定那些措施所根据的事实与可能性的看法。因此，事实和理论必须与关于价值标准的意见一样成为一种官方学说的对象。然而，对经济计划中所暗含的那个无所不包的价值体系的一致同意，并不存在于自由社会里，而必须另外创立。计划者在做出许多决定时，由于缺乏其他根据，所以必须听凭个人爱憎的摆布。把这种爱憎加以合理化的需要和采用能够打动尽量多的人的方式来说明他的理由的必要性，会迫使计划者不得不创造理论，即对事实与事实之间的联系做出断言，然后这些断言就成为统治学说中不可分割的一部分。创造一种"神话"来说明其行动合理的这个过程并不一定是自觉的。支配着极权主义领袖的，或许只是一种对他所发现的某种局面的本能的憎恨和想创造一个更符合他的是非观点的新等级秩序的愿望。他可能只知道厌恶犹太人，因为在一个没有为他提供满意的地位的制度里，犹太人居然似乎都很成功；他可能只知道喜爱和羡慕那些魁伟俊美的人，即他年轻时所读过的小说里面的那些"贵族"人物。或者出于对工业文明的普遍憎恨和对乡村生活的浪漫主义的渴望，以及一种关于农民当兵具有特别价值的思想，为另外一种神话提供了基础。这种神话不但表达了终极的价值标准，而且也表现了一整套关于因果关系的信念，而这些信念一经成为指导整个社会活动的理想，就决不容许有人对其提出质疑。要使人民承认他们要为之服务的这些价值标准的正确性，最有效的方法就是不断地树立偶像，以便使人们相信只有新的偶像才能为他们指引方向，而且只有对新偶像无比忠诚才能使他们不再困惑和彷徨。

一旦政治权力与真理画上等号，真理也就死亡了。当科学不能为真理而只为一个阶级、一个社会或一个国家的利益服务时，争辩和讨论的唯一任务就是辩护和更进一步地传播那些用以指导整个社会生活的信仰。在极权主义制度里，对真理的无私探讨是不允许的，而对官方意见的辩护成了唯一的目标。在这种情况下，真理这个词本身已失去了它原有的意义——它不再说明某种有待发现的事物，而成了某种要由当权者规定的事物，某种为了有组织的一致行动的利益而必须加以信任的事物，并且是在有组织的行动有迫切需要的关头又必须加以更改的事物。由此产生出来的一般的思想氛围，形成对于真理玩世不恭的态度，甚至连追求真理的伪装都被抛弃了。集体主义思想的悲剧在于：它起初把理性推到至高无上的地位，却以毁灭理性而告终，因为它误解了理性成长所依据的那个过程。

正是一切集体主义学说对"自觉的"控制或"自觉的"计划的要求,才必然会导致这样一种要求,即某个人的思想应支配一切。因此,个人主义在社会过程面前的态度是谦逊的,而对其他意见的态度则是容忍的,并且,它恰好是思想上的傲慢自大的对立面。而想全面指导社会过程的那种要求的根源,正是这种思想上的傲慢自大。

七、私有制、自由市场经济和法治是自由的根本保障

哈耶克从经济自由主义的立场出发,热情地颂扬私有制。他认为私有制是自由的最重要的保障,这不单是对有产者,对无产者也是一样。他说,只是由于生产资料掌握在许多个独立行动的人手里,才没有人有控制我们的全权,我们也才能够以个人的身份来决定我们要做的事情。如果所有的生产资料全部集中到一个人手里,不管它在名义上是属于整个"社会"的,还是属于独裁者的,谁行使这个管理权,谁就有全权控制我们。

把权力分裂或分散开来就一定会减少它的绝对量,而竞争制度是旨在用分散权力的办法把人用来支配人的权力减少到最低限度的唯一制度。在一个竞争性社会中,我们能够自由地处置我们的收入和所有的财产。我们的确有某种选择。如果某一个人拒绝满足我们的希望,我们可以转向另一个人。我们并不是绝对地被束缚在为我们选择好了的某一工作上;如果某一位置变得令人十分难以容忍,或者如果我们钟情于另一个工作,能干的人几乎总有路子可走,也就是以某种牺牲为代价,就可以达到他的目的。没有比知道我们无论怎么努力也不能使情况改变这件事更使一个人的处境变得令人难以忍受的了。诚然,在私有制和竞争性社会里,穷人在机会方面受到的限制要比富人多得多,而且穷人致富的可能性也小得多,但是穷人通过个人的努力就可能致富,而且他致富的努力不会受到任何人的阻碍。虽然在私有制社会中,人们的收入可能不均等,但每一个人致富的机会是均等的。而在废除了私有制的公有制社会里,穷人在名义上成了公有财产的主人,但同时,他却不得不服从于拥有极大的垄断权的国家管理机构,并完全受这个庞大的管理体制所支配。穷人只能靠有权势者的恩惠才能改善生活。哈耶克把私有制社会称为"富人得势的世界",而把公有制社会称为"只有得了势的人才能致富的世界"。他这样问道:"一个富人得势的世界仍比一个只有得了势的人才能致富的世界要好些,试问谁会否认这一点呢?"

哈耶克认为,"人治"的弊病在于政府行为的随意性。一旦权力落入追求个人私利的人之手,权力就会被滥用。他主张法治,并认为它是自由的最根本的保障。哈耶克所说的"法治",是指政府在一切行动中都要受到事前规定的、并且公开宣布的规章法令的约束,每一个公民都可以根据这些立法来监督政府的行动。虽然受委托的立法者和执法者都是不可能绝对不犯错误的凡人,因而法治也

永远不可能达到尽善尽美的程度，但是其基本点是很清楚的，即留给执掌强制权力的执行机构的行动自由应当尽可能地减少。虽然每一条法律通过变更人们可能用以追求他们的目的而相对限制了个人自由，但是在法治条件下，却有效地避免了政府采取故意刁难的行为来阻碍个人的努力。哈耶克指出，在法治问题上流行着一种似是而非的观念，即认为只要政府的一切行动都合乎法律的规定，或者一切行动都有法律依据，那就是实行了法治。这种错误的观念混淆了"法治"与"合法"二者的界限。只有在维护自由和自由竞争的条件下，制定法律并保证法律的实施，才是实现了法治。在损害或取消自由竞争的场合，虽有"法律"，但没有"法治"；只有"合法"，但并不符合"法治"的精神。因此，法治只能是自由的保障，也是自由在法律上的体现。根据这一界定，哈耶克认为，事实上存在着两种法律：一种是"法治的法律"（the law of the rule of law），一种是"非法治的法律"。前一种法律是事前宣布的一般原则或"竞赛规则"（the rule of game），它才是人们应该向往的；后一种法律只不过徒有法律的形式，实际上却是个人专横的靠山。

➤ 本章主要参考书目

阿兰·艾伯斯坦. 2003. 哈耶克传. 秋风译. 北京：中国社会科学出版社.

埃德温·多兰. 2008. 现代奥地利学派经济学的基础. 王文玉译. 杭州：浙江大学出版社.

哈耶克. 1997. 通往奴役之路. 王明毅等译. 北京：中国社会科学出版社.

卡伦·沃恩. 2008. 奥地利学派经济学在美国：一个传统的迁入. 朱全红等译. 杭州：浙江大学出版社.

罗杰·加里森. 2009. 奥地利学派//布莱登·斯诺登，霍华德·文. 现代宏观经济学：起源、发展和现状. 余江涛等译. 南京：江苏人民出版社.

马克·斯考森. 2006. 现代经济学的历程——大思想家的生平和思想. 马春文等译. 长春：长春出版社.

王军. 2004. 现代奥地利经济学派研究. 北京：中国经济出版社.

➤ 复习思考题

1. 简要评述奥地利学派经济学的方法论。

2. 什么是奥地利学派经济学的动态的和激进的主观主义方法论？它与主流经济学的方法论有何区别？

3. 简要评述奥地利学派经济学的经济周期理论。

4. 什么是"哈耶克三角形"？并说明它在奥地利学派经济学的经济周期理论中的作用。

5. 米塞斯和哈耶克认为社会主义行不通，你同意他们的论点吗？为什么？

6. 哈耶克认为集体主义是"通往奴役之路"，你同意他的论点吗？为什么？

第五章

货 币 主 义

　　"货币主义"（monetarism）是 20 世纪 50 年代主要在美国兴起的一个反凯恩斯主义的经济学流派，它因强调货币存量是名义收入及实际经济活动水平短期变化的最重要因素而得名，这一命题恰好与凯恩斯关于"货币不重要"的观点针锋相对。货币主义的领袖是米尔顿·弗里德曼（Milton Friedman　1912—2006）。美国货币主义的主要代表人物还有卡尔·布伦纳（Karl Bruner　1916—1989）和艾伦·梅尔泽（Allan Meltzer　1928—）；英国著名的货币主义者有艾伦·沃尔特斯（Alan Walters　1929—2009）、戴维·莱德勒（Davil Laidler　1938—）、迈克尔·帕金（Michael Parkin）等。

第一节　米尔顿·弗里德曼

　　米尔顿·弗里德曼是美国著名的经济学家，以研究宏观经济学、微观经济学、经济史、统计学及主张自由放任资本主义而闻名。在 20 世纪 50 年代，他凭一人之力奠基并领导了货币学派，并且应用凯恩斯主义的语言和理论工具来反驳凯恩斯主义体系，攻击凯恩斯主义模型，并提出名为货币主义的相反模型，从而成功地拆除了"凯恩斯建造的房屋"，发动了号称"货币主义反革命"。作为 20 世纪自由主义的思想家，他对引领 20 世纪 70 年代后东西方出现的"亲市场运动"发挥了至关重要的作用。弗里德曼是继凯

恩斯之后 20 世纪最重要的经济学家。如果说凯恩斯的精神主导了 20 世纪前半叶的西方经济政策，那么弗里德曼的思想则影响了 20 世纪的整个后半叶。在亚当·斯密的《国富论》出版 200 年之后的 1976 年，瑞典皇家科学院授予弗里德曼诺贝尔经济学奖，以表彰他在消费分析、货币理论及历史和稳定政策的复杂性等方面的贡献。

弗里德曼在 1985 年 3 月 21 日的一次演讲中回顾自己的学术道路时说："在回想我的经历与发展历程时，我发觉自己所走过的道路，是由一连串幸运的意外所决定的。"1912 年 7 月 31 日，弗里德曼出生于纽约一个贫苦的移民家庭，父母曾在血汗工厂工作。尽管家境贫寒，但弗里德曼认为"出生在美国"，是他成功的一生中最幸运的。他的父母在他十几岁时从欧洲中部的小城移居美国。弗里德曼说，如果父母都留在故乡，即使结了婚也有了同样的小孩，也不可能有后来的他。弗里德曼念高中时，他父亲去世了。在 1929 年考入拉特格斯大学后，弗里德曼靠着奖学金及在餐馆当服务员和在一家百货公司做售货员完成了学业。

在上大学期间，弗里德曼开始计划主修数学，并打定主意将来成为保险业的精算师。他参加过好几次相关的考试，有些及格，有些则没通过。这是弗里德曼唯一失败的考试经历。不过，这样的不及格对他而言或许是好事。1932 年毕业时，他获得了经济学和数学双学位。那一年，正是美国经济大萧条中最黑暗的日子。毕业时，弗里德曼同时获得了布朗大学（数学）和芝加哥大学（经济学）提供的奖学金。最后，他选择了有着全美国最出色的经济系的芝加哥大学继续深造。当时的芝加哥大学有一批信奉经济自由主义的经济学家，他们对弗里德曼经济思想的形成产生了相当大的影响。

在芝加哥大学的第一堂经济学理论课上，弗里德曼又一次遇到了幸运的意外。当时的座位是按姓氏字母排序的，他恰巧坐在了露西·戴瑞克特（Ross Director）的旁边。两个单纯的年轻人由最初的接触迅速发展成友谊，然后是爱情。6 年后的 1938 年 6 月 25 日，两人结婚，从此终生不渝。露西在自己成长为一位重要的经济学家的同时，也帮助弗里德曼成为经济学大师。他们一起合著了《自由选择》（1980）、《现状的专制》等著作。弗里德曼曾说他的作品无一不是由露西审阅的，更笑言自己成为学术权威后，露西是唯一胆敢跟他辩论的人。弗里德曼病逝后，露西说："我除了时间，什么都没有了。"1998 年，两人推出了他们共同的回忆录——《两个幸运的人》（*Two Lucky People*）。在这本回忆录中，弗里德曼将自己的成就归因于幸运女神对他生为犹太裔移民的眷顾，归因于美国社会的自由开放、学生时代的良师益友、自己所经历的时代巨变等。当然，相濡以沫的爱侣露西在七十多年中的相依相伴也是弗里德曼取得巨大成就的原因之一。

1933 年，弗里德曼获得了芝加哥大学的经济学硕士学位，之后进入哥伦比亚大学学习一年。哥伦比亚大学的传统与芝加哥大学不同，但霍特林对数理统计学的研究、制度学派大师米契尔的经验研究及约翰·克拉克的经济理论都对弗里德曼产生了重大影响。一年以后，弗里德曼又回到芝加哥大学，当舒尔茨的助手。这时，他认识了以后成为终身朋友的斯蒂格勒。1935 年，弗里德曼到华盛顿的全国资源委员会参与消费者预算的研究工作，这项研究对他以后写《消费函数理论》有着重要影响。1937 年，弗里德曼进入美国国民经济研究局，协助库兹涅茨研究独立职业者的收入。他与库兹涅茨合著的《独立职业活动的收入》是他第一部成名作，也是他的博士学位论文。该书于 1940 年已完成，但由于国民经济研究局的一些理事对其中的某些观点有争论，所以在 1946 年才得以出版。

1946 年，弗里德曼获得了哥伦比亚大学颁发的博士学位，随后回到芝加哥大学教授经济理论，直到 1976 年退休。在这 30 年里，他将芝加哥大学的经济系塑造成了一个紧密而完整的经济学派，多名芝加哥学派的成员获得了诺贝尔经济学奖。1953~1954 年间，他以访问学者的身份前往英国剑桥大学，并与当时剑桥的凯恩斯派学者和反凯恩斯派学者都有交往。1964 年，他曾作为美国共和党总统候选人戈德华特的竞选经济顾问，从 1966 年起，他担任著名的《新闻周刊》杂志的专栏撰稿人。1968 年，他担任尼克松总统经济顾问委员会委员。1977 年退休后，他担任斯坦福大学胡佛研究所高级研究员。1980、1988 和 1993 年他曾三次来中国访问，受到了当时中国最高领导人的接见。弗里德曼因心脏病于 2006 年 11 月 16 日在旧金山家中逝世，享年 94 岁。

弗里德曼在经济理论上的主要贡献被认为是他在 1953 年发表的论文《实证经济学方法论》中将卡尔·波普尔的证伪主义应用于经济学方法研究。尽管他发现凯恩斯的简单假设很完美，但是他最终否定了该模型，“因为我相信它与经验事实相悖”。在理论上，弗里德曼提出了货币主义是一组有关货币量和其他经济变量之间关系的命题，建立了相关的重要理论假说，包括关于货币真实需求的货币数量假说、消费需求的持久收入假说和关于通货膨胀与失业关系的自然率假说，并在与安娜·施瓦茨合著的《1867~1960 年美国货币史》（1963）一书中对这些假说进行了艰苦的验证和检验及大量的数据分析。弗里德曼改写了货币理论和货币史，并复兴了这样一种古老的传统：物价水平由流通的货币数量决定。他认为，在短期内，只有当人们存在“货币的幻觉”时，货币数量才能成为影响实际产出的干扰因素；从长期看，一个经济的产出水平是由充分就业水平决定的，货币所能改变的只能是名义数量，因此，政府的宏观调控政策在长期内不起任何作用。他建议政府使用的唯一经济杠杆是控制货币供应量。在 20 世纪 50 年代，这一观点没有被接受，但他却坚持了下来，直至他的观点被普遍接受。他预测到了“滞胀”，这让他赢得了 1976 年诺贝尔经济学奖。在进行对 1929~1933 年大危机的研究过程中，弗里德曼认为，紧缩的货币政策会阻碍经济的发展，但扩张的货币政策也不会带来经济的复苏。当时一个十分流行的比喻反映了弗里德曼所做的工作的影响力：货币政策就像一根线，可以拉得紧，但不能推得动（经济）。如今，"货币是重要的（money does matter）"及"通货膨胀无论何时何地都是货币现象"等定论早已深入人心，甚至为东西方的论敌们所接受。

弗里德曼还是自由主义思想的不懈倡导者，也是少数能够通过媒体来成功影响公众和政府政策的经济学家之一。不计其数的演讲和辩论，以及数十年来为《新闻周刊》撰写的专栏文章，使弗里德曼成为美国国内公共政策领域众人皆知的人物。他的著作《资本主义与自由》（1962）对自由放任的经济政策做了清楚而深刻的诠释，发行量达数以十万计。此后，他和妻子露西合著的《自由选择》一书，无论是在电视节目上还是在图书销售上，都更为成功。超过300万的美国人阅读了《自由选择》，同名书最终售出了100万册之多。同为自由主义旗手，与哈耶克相比，弗里德曼学说的政策含义要现实得多。罗纳德·里根和撒切尔夫人被认为是弗里德曼的关门弟子。实际上，在发达国家之外，发展中国家都朝着放松管制、大力发展民营经济及保护私人产权的方向大步前进，所有这些剧变都与弗里德曼有关。

弗里德曼的影响也表现在智利。20世纪70年代，智利军人皮诺切特发动军事政变，推翻了民选的阿连德政府。不堪通胀之苦的皮诺切特军政府聘请了多位芝加哥大学的经济学家（"芝加哥男孩"）出任其政府要职，其中当然也包括弗里德曼。这些"芝加哥男孩"在当地大力推广弗里德曼的自由经济和放松管制主张，使智利的通胀率很快由700%甚至1000%的高位回归正常，但同时也导致了智利国内的失业和贫穷现象的凸显，从而遭到左翼人士的反对。皮诺切特对他们实施镇压，国内矛盾被激化。一些人因此指责弗里德曼，认为其对此负有责任。例如，设在瑞典的智利委员会则把弗里德曼称为"要对当前智利的失业饥饿政策负有罪责的经济学家"。在这样的背景下，当1976年弗里德曼在诺贝尔经济学颁奖典礼上从座位上起立以便从瑞典国王手中接过获奖证书时，一位观众突然举起"自由归于智利人民"的横幅并站起来进行抗议，大喊"资本主义下台，弗里德曼下台"，会场出现一阵骚乱。

身高只有1.57米的弗里德曼是经济学界公认的"小个子巨人"，"人矮却站得高"。他思维严谨，富有创造力。1992年获得诺贝尔经济学奖的贝克尔形容弗里德曼可能是全球最为人所认识的经济学家，"他能以最简单的语言表达最艰深的经济理论"。他亦是极出色的演说家，能随时即席发表演说，极富说服力，思考快如闪电，据说参与辩论从未输过。"无人敢说辩赢了他，因与他辩论过已是无限光荣，没多少人能与他说上两分钟"。美国前总统里根的秘书舒尔茨说："每个人都喜欢与米尔顿争辩，尤其是当他本人不在场的时候。"20世纪的经济学是凯恩斯和弗里德曼的天下。几年前，在150名经济学家对20世纪"最有影响力"

的经济学家的投票中，弗里德曼位列第二，仅居凯恩斯之后。弗里德曼被称为最后一位既家喻户晓又拥有最高专业成就的伟大经济学家。人们常常将他与凯恩斯相提并论，而弗里德曼始终对凯恩斯心怀敬意，尽管他本人在某种程度上已经取代了凯恩斯的地位。弗里德曼的逝世足以让全世界为之动容。有人说，自他之后，经济学大师时代可能已经一去不复返了。"没有他，这个世界不会是这样"。

第二节　"货币是重要的"

弗里德曼建立了一个关于宏观经济分析的货币数量理论分析框架。这一理论的中心命题是：货币是推动产量、就业（在短期内）和物价变化的最重要的因素，而货币当局的行为支配着经济中货币存量的变动，因此通货膨胀、失业和经济周期性波动都可以通过经济中货币存量的变动得到解释。这意味着，除非资本主义经济受到起伏不定的货币增长的干扰，否则将是内在稳定的。由此得出的政策结论是：应当稳定通货以适应经济增长的需要。从这个意义上说，货币是至关重要的。但弗里德曼不同意这样的说法，即"只有货币起作用"。因为从长期看，货币数量只决定名义国民收入，而不能决定实际国民收入，后者是由实际部门的诸种因素（如进取心、创造力、勤奋及节俭等）决定的，也就是说，货币从长期看是中性的。弗里德曼调和了古典学派有关货币长期中性的论点，同时又允许货币在短期内发挥作用。这一观点被后来的新古典宏观经济学发展为一种极端的理论，即认为货币无论在长期还是在短期都是非中性的。

一、现代货币数量论

货币主义的理论基础是现代货币数量论，而现代货币数量论是传统货币数量论的发展。传统货币数量论是解释物价和货币价值决定的一种学说，其核心观点是：物价水平的高低和货币价值的大小是由一国的货币数量决定的，前者与货币数量成正比，后者与货币数量成反比。最早主张这一理论的有英国古典经济学家约翰·洛克、大卫·休谟和李嘉图。传统货币数量论的兴盛时期是19世纪末20世纪初，主要代表人物是美国经济学家费雪、劳夫林，以及英国剑桥学派的马歇尔、庇古等。费雪在其所著的《货币的购买力》一书中，提出了以"现金交易说"为基础的交易方程式，即 $MV=PT$。其中，M 表示货币供应量，V 表示货币年流通速度，P 表示平均物价水平，T 表示一年内商品和劳务的交易总量。费雪认为，V 是由一些制度上的因素（如公众的支付习惯、使用信用的范围、交通和通讯的便利等）决定的，T 则取决于资源、技术等条件，且在短期内，这些因素和条件的变化不大，P 与 M 成正比例变化。显然，费雪的交易方程是以充分就业为假设前提的，他所关心的是整个经济为了实现一定的交易量所需的货币量，只考虑了货币的支付职能，而没有考虑货币的储藏职能。

　　庇古在《货币的价值》一文中根据马歇尔的学说提出了一个以"现金余额说"为基础的剑桥方程式，即 $M=KPy$。其中，y 表示真实的国民收入，P 表示一般物价水平，M 表示人们手中持有的货币量或人们对货币的需求量，K 表示人们手中经常持有的货币量与名义国民收入 Py 的比率（它实际上是现金交易学说 V 的倒数）。这一方程表明：人们自愿在手中保存的实际现金余额取决于实际国民收入 y，两者之间存在着稳定的关系。在 K、y 保持不变的情况下，M 与 P 就成正比例变化。可见，交易方程和剑桥方程的结论是相同的，即都认为物价水平的高低取决于货币数量的多少，所不同的是，剑桥方程侧重货币的持有方面即货币的储藏职能，把货币看作财产的保存形式。

　　20 世纪 30 年代，凯恩斯也以流动偏好为基础，提出了新的货币需求方程，即 $M/P=L$ (y,r)。其中，L 表示对货币的总需求，由交易需求和投机需求构成，y 表示收入水平，r 表示利率。这一灵活偏好货币需求函数考虑了投机因素，突出了利率的作用，无疑发展了马歇尔和庇古的思想。凯恩斯的货币理论是对传统货币数量论的修正和挑战。他认为，一方面，流动偏好本身的存在决定了利率不可能降为 0，因为利率是放弃流动偏好的报酬；另一方面，当利率很低时，人们对投机所需要的货币量几乎无限大，这就是所谓的"流动性陷阱"。凯恩斯得出了这样的结论："货币不重要"，即在衰退或萧条期间，货币供给的积极扩张是无济于事的，好比"你无法逼人花钱"。凯恩斯把货币数量论的适用范围局限于充分就业的特殊情况下，由于在大萧条时充分就业难以实现，所以凯恩斯对传统的货币数量论几乎是以肯定的方式加以否定了。在 20 世纪 30 年代的大萧条期间，货币数量论已经名声扫地，因为货币当局未能阻止这次大危机。凯恩斯的《通论》出版之后，货币数量论已经无人问津，取而代之的是凯恩斯货币理论中的收入支出模型。当然，美国芝加哥学派的经济学家们是例外。

　　弗里德曼复兴或重新表述了传统货币数量论。虽然传统货币数量论是一套关于货币供应和一般价格水平的理论，但弗里德曼沿着剑桥传统将其重述为货币需求理论，而不是一般价格水平或名义收入理论。弗里德曼假设：货币只是人们持有财富的一种形式，除此之外，人们还可以通过持有债券、股票、非人力资本（包括生产资料和耐用消费品）、人力资本等形式保存自己的财富。对货币的需求恰似对任何资产的需求，在持有前，人们总要比较其收益和持有的机会成本。货币具有日常交易的便利，但持有货币会放弃其他资产带来的生利机会，人们将对货币的灵活性和其他财富的收益率进行比较，从而确定货币和其他各种财富形式的持有比例，以达到效用最大化。

　　人们对货币的需求主要取决于以下几个因素：①总收入或总财富量 Y^P。Y^P 是持久性收入，即一个人拥有的物质资本和人力资本在相当长时期内能够经常获得的收入，相当于观察到的过去若干年收入的加权平均数。②其他各种资产的预期收益率或持有货币的机会成本 r。③财富持有者的偏好 U。④预期的通货膨胀率 P^e。货币需求函数是

$$M_d/P = f(Y^P, r, P^e, U)$$

弗里德曼认为，现代货币数量论是传统货币数量论的"重新表述"，因为如果把传统理论中的 K 或 $1/V$ 看成是取决于 Y 以外的其他因素，如 r、P^e、U 等，则两个函数是一致的。在提出货币需求函数之后，弗里德曼又利用美国货币史进行了大量的实证研究，得出的结论是：货币需求是稳定的，且随着收入的增加而具有长期增长的趋势。其理由是：①货币需求对 Y 的弹性较大，但由于弗里德曼使用的是持久收入的概念，这种加权的平均收入具有相对稳定性，不会引起货币需求的波动。根据弗里德曼在《1867～1960 年美国货币史》中估算出来的经验数据，货币需求的收入弹性为 1.8。②弗里德曼通过实证研究指出，从长期趋势来看，货币流通速度将随着国民收入的增长而出现递减的趋势。货币流通速度在 1880～1914 年呈持续下降趋势（从 4.97 降至 1.91）；在 1914～1929 年无明显变动；从 1946 年起开始回升，但仍然低于整个 20 世纪 20 年代的水平。与此同时，他也承认货币流通速度随着经济周期的变动而变动，即在经济扩张时期上升，在经济收缩时期下降。③利率对货币需求的影响过于微小，因而缺乏统计上的意义。根据弗里德曼的统计分析，货币需求的利率弹性为 -0.15。④物价变动率只有在变化很大、延期很长时，才能直接影响货币需求的预期通胀率。在物价基本稳定的情况下，P^e 可以忽略不计。⑤在短期内，货币的效用 U 是相当稳定的。

总之，弗里德曼用可信的数据和数量分析及严密的方法验证和支持了自己的论点。需要指出的是，虽然直至 20 世纪 70 年代初的经验证据都充分支持这样一个信念，即货币需求是稳定的，但自那时以来从对美国和其他经济的许多研究中却发现了货币需求明显不稳定的证据。人们提出了许多可能的原因以解释这种现象，其中包括 20 世纪七八十年代金融体系的制度性变革。当货币的需求变得越来越不可预测时，货币主义模型预测的准确度将大大降低。

二、货币供给和货币传导机制

弗里德曼把货币定义为通货和商业银行的活期存款与定期存款之和，即 M_2。他认为，货币供给主要取决于货币制度。在美国现行的货币制度下，货币供应量主要取决于以下三个因素：①基础货币，由银行准备金和公众所持有的现金组成；②银行存款与存款准备金比率，反映银行行为；③公众存款与公众持有的通货比率，反映公众行为。只有基础货币可以由货币当局控制。而存款-准备金比率和存款-通货比率共同决定了货币供给的乘数，它们并不是货币当局能控制得

了的。这两种比率主要取决于真实经济活动的涨落。例如，当经济处于扩张时期时，银行倾向于扩大贷款和投资，公众则倾向于持有较少的通货而增加其手中盈利性资产的数额，此时这两种比率都将趋于上升；反之，在经济收缩时期，这两者的比率都会下降。但是，弗里德曼强调，货币供应量归根到底是由货币当局直接控制的，这是因为，货币当局可以通过改变基础货币的供给来影响银行的存款-准备金比率和公众的存款-通货比率，从而改变银行的准备金数额和公众持有的通货。这就是弗里德曼所强调的货币供给的外生性和可控制性的简单解释。

在弗里德曼看来，货币供应量由货币当局决定，可以随意改变；而货币需求与其决定因素之间有着稳定的函数关系，不能随意改变，并且人们愿意持有的货币余额与其收入的比例在长期内是稳定的。这样一来，问题就出现在货币供给方面了。如果货币的供给无法适应稳定的、日益增长的对货币的需求，宏观经济就会出现问题。经济中的货币存量，恰似人身上的脂肪，太多无益，太少有害。货币供应量的加速或减速的变化必将导致经济患上两种疾病：通货膨胀和通货紧缩，从而导致整个宏观经济的不稳定。那么，货币供应量的变化是通过何种途径传导到真实经济部门中去？或者说，货币的传导机制是什么？

凯恩斯主义者强调货币政策的利率传导机制，即通过改变货币存量来改变利率进而影响实际产出和就业。凯恩斯之所以较为轻视货币政策的作用，不仅由于利率传导机制以间接的方式作用于总支出，而且由于存在着"流动性陷阱"，致使货币政策失灵。货币主义者认为利率在货币传导机制中不起重要的作用，他们强调应在更广的资产范围内从相对价格的角度去理解货币传导机制，而不应只把资产界定为包括货币和债券两种。弗里德曼认为，对追求效用最大化的个人而言，全部财富在各种资产间的分配情况，取决于各种资产的相对收益率。这些资产不仅包括货币、股票和债券，而且包括各种实物资产（如耐用品、资本品、消费品等）。在均衡状态下，财富将在各种资产之间进行这样的分配，直至它们的边际收益率相等。当边际收益率不相等时，人们便会在不同资产之间重新分配财富，直到各种资产的边际收益率相当为止。考虑一下货币管理当局在公开市场上购买债券而导致货币供应量增加的情况：公众持有的货币量将增加，货币的边际收益率将下跌，人们将会用手中多余的货币余额购买其他各种资产，进而致使各种金融资产和实物资产的价格水平上升，这样，大部分货币增量将直接导致名义收入的增加。名义收入的增加最终会影响到投资、储蓄、消费和物价水平。货币主义的货币传导机制的理论实质是，将托宾的 Q 理论、莫迪利安尼的生命周期理论和庇古的财富效应理论应用于货币的传导机制，把凯恩斯的利率传导机制的作用范围扩大到了货币与其他金融和实物资产的结构调整中。资产组合的这种调整过程对于货币主义者所说明的货币传导机制来说是至关重要的，因为，正是通过这种调整，货币存量的变化才会对真实经济部门产生影响。但自此之后，货币主义与凯恩斯主义就分道扬镳了。货币主义者认为，在短期内，由于存在着"货币幻觉"，货币供应量的变化会引起产量水平的变动；在长期内，当"货币幻觉"消失后，货币供应量的变化将全部表现在物价水平的变动上。

三、通货膨胀、失业和滞涨：附加预期的菲利普斯曲线

弗里德曼把通货膨胀归咎于现代资本主义的国家干预和凯恩斯主义的经济政策。他指出，当货币数量的增长速度超过产量的增加速度时，就会发生通货膨胀。在当今世界上，通货膨胀是有关印刷机的现象，起因于经济脸盆里的货币溢出太多，所以，只要关住货币水龙头，就可以制止在浴室中流溢满地的通货膨胀。总之，通货膨胀随时随地都是一种货币现象。弗里德曼也严厉地批评了凯恩斯主义者根据菲利普斯曲线所表示的通货膨胀率与失业率之间的交替关系，以及他们为政府提供的关于治理通货膨胀和失业的政策组合。他指出，把货币工资增长率和失业率联系起来的原始菲利普斯曲线忽视了人们对通货膨胀的预期在工资谈判中的作用。他以自然率假说和对通货膨胀的预期为基础，对原始菲利普斯曲线进行了改造，形成了附加适应性预期的菲利普斯曲线。这条曲线表明，通货膨胀率与失业率之间只存在短期的交替关系，长期菲利普斯曲线垂直于自然失业率水平。这意味着，试图以加速通货膨胀为代价减轻失业的做法，会导致滞涨局面的出现。

弗里德曼认为，菲利普斯曲线原始假定的一个根本错误是：认为货币工资变化率是在完全与通货膨胀率无关的情况下决定的。这意味着，工人是非理性的，完全受"货币幻觉"的支配，即工人完全不了解物价水平的变化情况，仅仅依据货币工资水平的变动来决定是否增加或减少劳动的供给。实际上，厂商和工人关心的都是真实工资，而不是货币工资。弗里德曼认为，应该用实际工资变化率来确定菲利普斯曲线。由于名义工资是在劳动合同确定之前由劳资双

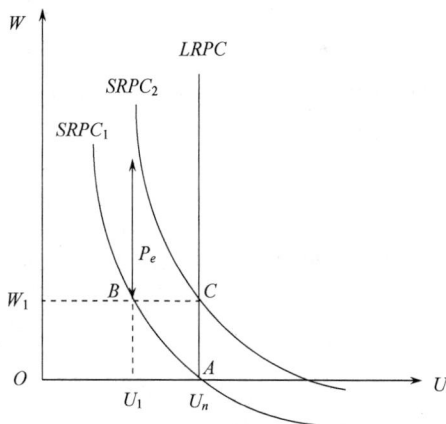

图 5-1　附加预期的菲利普斯曲线

方谈判决定的，所以影响实际工资决定的一个重要因素是预测将在整个合同内存在的通货膨胀率。将预期通货膨胀率作为货币工资变化率的一个重要因素，意味着不再只有一条菲利普斯曲线，而将有一组菲利普斯曲线，每条曲线与一个不同的预期通货膨胀率相关联。图 5-1 画出了两条这样的曲线。

图 5-1 中，横轴代表失业率，纵轴代表货币工资率。为了分析简便，假设劳

动生产率为 0，这意味着货币工资增长率等于价格上涨率；并假定开始时，货币增长率为 0，从而物价水平保持不变，预期通胀率也为 0。经济位于短期菲利普斯曲线 $SRPC_1$ 的 A 点。在该点上，失业率为 U_n。U_n 是自然失业率，即在没有货币干扰时，劳动市场和商品市场供求达到均衡状态下的失业率，它是由货币因素之外的实际因素决定的。弗里德曼的"自然失业率"，实际上就是传统经济学所说的摩擦性失业和自愿失业。

现在设想货币当局为了降低失业率而扩大货币发行量，商品市场和劳动市场上的过度需求会对物价和货币工资产生向上的压力。由于经历了一段物价稳定时期，工人的预期通货膨胀率为 0，同时他们也不掌握有关价格变动的信息，这意味着工人会暂时陷入"货币幻觉"，会把货币工资的增加误认为是实际工资的增加，因此提供更多的劳动。而厂商并不存在"货币幻觉"，劳动的实际成本由于价格上涨而下降会使厂商增加对劳动的需求。这样，经济就会由最初的 A 点过渡到 B 点，失业率由 U_n 降至 U_1，而货币工资增长率进而通货膨胀率则由 W_0 上升至 W_1。然而，B 点只是经济长期均衡过程中的一个短期过渡点。随着工人慢慢根据其经历的实际通货膨胀率调整其通货膨胀预期，他们会认识到，虽然货币工资有所增加，但实际工资却减少了。他们根据调整后的通货膨胀预期 P^e 要求进一步提高货币工资，以补偿由物价上涨所导致的实际收入的下降。随着实际货币工资的提高，厂商会解雇工人，失业将增加，直到 C 点，此时实际货币工资恢复到原来的水平，失业率处于自然水平。把 A 点和 C 点连接起来，便会得到一条垂直于自然失业率之上的长期菲利普斯曲线。这条曲线的形状意味着，一旦人们使用了正确的价格预期，即 $P^e = P$，"货币幻觉"就消失了，通货膨胀和失业之间便不会有长期的交替关系。

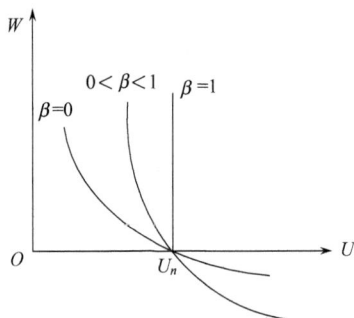

图 5-2　通货膨胀与失业之间的交替关系

附加预期的菲利普斯曲线还可以用下列公式表示：$W = f(U) + \beta P^e$。该公式表明，货币工资增长率是由预期通货膨胀率和失业率决定的。其中，β 为价格预期的调整系数，表示预期价格变动与实际价格变动之间的某种误差，如果 $\beta = 1$，意味着预期通货膨胀率等于实际通货膨胀率，即 $P^e = P$。很明显，通货膨胀率与失业率之间的交替关系，以及菲利普斯曲线的形状，取决于 β 估计值的大小（见图 5-2）。

如果 β 值为 0，意味着在通货膨胀和失业之间存在一种稳定的短期和长期交替关系，就像原始的菲利普斯曲线所显示的那样；如果 β 值为 1，意味着二者没有交替关系；如果 β 值大于 0 而小于 1，意味着二者有长期的交替关系，但这种关系在短期内不那么有利。

1976 年，弗里德曼在接受诺贝尔经济学奖时，发表了题为《通货膨胀与失业：经济学的新领域》的演讲，更清楚地表达了通货膨胀和失业之间的关系。他把由货币数量变动引起的名义收入的动态调整过程按西方国家的历史时期划分为三个阶段：

第一个阶段表现为负斜率的菲利普斯曲线。在早期的研究中，经济学家根据对英国 1861～1957 年近一个世纪统计资料的分析发现，通货膨胀与失业之间存在着一种相互替代的关系，即高通货膨胀率往往伴随着低失业率，而高失业率往往伴随着低通货膨胀率，这便构成了负斜率的菲利普斯曲线。弗里德曼认为，这是由于人们此时尚未形成对物价上涨的预期，不会要求增加工资和提高利率，从而使实际工资和实际利率因物价上涨而下跌，利润上升，而厂商扩大生产，增加雇佣工人，从而使产量增加，失业率减少。因此，出乎意料的货币供应量的增加，导致了物价上涨和产量同时增加的结果。

第二个阶段表现为垂直的菲利普斯曲线。20 世纪 60 年代西方国家的实际情况正好说明了这一点。在这一时期，西方国家的政府追求充分就业的目标，并力图将失业率降至低于自然失业率之下的某一水平。扩张的财政政策和货币政策在刺激总需求的同时，带动了物价水平的上涨。人们开始与通货膨胀打交道，并且形成了关于通货膨胀的预期。最初，人们对价格的预期并不准确，但他们可以从过去的错误中吸取教训，并纠正错误。在相当长的时间内，人们对物价上涨的预期将会调整到与实际值相一致的水平。市场利率和名义工资的进一步提高，使失业率回复到自然失业率水平。任何旨在把失业率降低到自然失业率之下的政策，只有在下述条件下才能生效，即人们对通货膨胀率的预期低于实际通货膨胀率。如果货币当局此时仍然要保持较低的失业率，就必须进一步增加货币供应量，从而使价格进一步上涨。但最终人们对物价上涨的预期也会上升，于是失业率又回到自然失业率，名义国民收入的变动全部表现为物价上涨，菲利普斯曲线变成了一条垂足于 U_n 的直线。

第三个阶段表现为正斜率的菲利普斯曲线。20 世纪 70 年代的统计资料表明，各主要资本主义国家出现了通货膨胀率和失业率同时增长的趋势。弗里德曼认为，这是由于长期的通货膨胀会加剧经济前景的不确定性，实际的和预期的通货膨胀率越高，经济就越不稳定。这种动荡不定的通货膨胀，严重影响资源的合理配置。随着通货膨胀率的上升且变得越来越不稳定，投资将会减少，价格制度的效率将下降，所有市场之间的相互摩擦将加大，导致相对价格体系扭曲，政府会实施工资和价格控制政策等，所有这些都会导致失业率的上升。因而，菲利普斯曲线向右上方倾斜，这意味着滞涨的出现。弗里德曼认为，只有以增加失业为代价，采取通货紧缩政策，降低通货膨胀率，才能使经济返回自然失业率的状态。

随着 20 世纪六七十年代西方国家通货膨胀率上升和失业率的居高不下，弗里德曼的影响不断扩大，货币主义大获全胜。弗里德曼的整个分析是以适应性预期为基础的。在 20 世纪 70 年代有关菲利普斯曲线的论战中，从货币主义宏观经济学演化出一个全新的"理性预期学派"。这个学派以理性预期代替了弗里德曼的适应性预期，这意味着，即使在短期内，菲利普斯曲线也是垂直的。

四、通货紧缩：谁为大萧条买单？

为了反驳凯恩斯主义关于"货币不重要"的看法，弗里德曼通过对经济史的研究反复证明了货币政策的扩张和紧缩都确实起作用。他通过研究时间序列数据，对美国的货币增长率和经济活动水平的转折点进行比较，以此重新确立了货币的重要独立作用。他发现，货币供应变化率的高峰（波谷）平均领先于经济活动水平的高峰（波谷）16（12）个月。这为表明货币对经济活动有影响提供了有力的证据。特别是弗里德曼发现，货币存量明显绝对减少的时期，正好也是所辨别出来的 6 个严重经济收缩时期：1873～1879 年、1893～1894 年、1907～1908 年、1920～1921 年、1929～1933 年和 1937～1938 年。通过研究这些经济严重衰退时期的货币供给变化背后的历史环境，弗里德曼认为，导致货币收缩的那些因素基本上与货币收入和物价的同期或事先变化无关，这意味着，货币收缩是导致经济严重衰退的原因，而不是因经济严重衰退而产生的一种结果。

根据这种观点，弗里德曼对 20 世纪 30 年代那场经济大灾难的成因提出了重新的解释。正是这次大萧条，使得公众和经济学家的观念向左的方向转变，并且使他们相信，资本主义制度具有内在的不稳定性，因此政府必须扮演更加积极主动的角色，以此来消除无序的私人经营活动所产生的混乱，这就导致了凯恩斯主义的国家干预主义的崛起。弗里德曼通过大量的实证分析令人信服地证明了，那次大萧条像大多数其他的严重失业时期一样，也是由于政府管理不当造成的，正是货币当局在阻止萧条时采取了错误的通货紧缩政策，才使一场原本普通的衰退演变成该世纪最严重的大灾难。他认为，若当时联邦储备系统采取不同的货币政策，悲剧就不会上演。

弗里德曼认为，大萧条的开端，不是 1929 年 10 月 24 日的黑色星期四，而是始于 1927 年 7 月联邦储备系统为减少"投机"而采取的货币紧缩政策。投机泡沫的破灭和股市的大崩盘必然会引发焦虑的情绪，从而使消费者和企业家减少支出，并增加自己的流动性储备以备不虞。所有这些迹象表明，这本来是一次普通的经济衰退，尽管它可能是美国历史上最严重的一次经济衰退。然而，如果不是联邦储备系统的倒行逆施，这次衰退不可能造成经济活动的崩溃，并导致灾难性后果，经济也很可能在 1931 年初就开始复苏，就像 1908 年初的复苏那样。联邦储备系统的所作所为，与它于 20 世纪 20 年代早期的经济衰退中的作为大不一样，即它没有采取在公开市场上买进政府债券和扩大货币供应量以应对经济萧条。特别不能原谅的是，1930 年底，当经济恐慌演变成银行的挤兑风潮时，作为"最后的银行"的联邦储备系统基本上袖手旁观，非但没有采取行动，反而提高了贴现率，使货币数量锐减。货币崩溃既是经济崩溃的原因，也是经济崩溃的结果。从 1929 年 7 月到 1933 年 3 月近 4 年间，货币数量下降了三分之一，价格下跌了三分之一，国民收入减少了一半，失业率上升到 25%。

弗里德曼从根本上推翻了凯恩斯的这样一个观点，即在经济衰退或萧条时期，货币不重要，因为你无法逼人花钱。他也拆穿了联邦储备系统官员信誓旦旦的谎言，即声称联邦储备体系在避免大萧条变得更糟的过程中尽了最大的努力，只不过这些努力在面对绝对强大的通货紧缩的力量时无能为力。他不无愤慨地说："据我所知，没有任何国家在任何时间有过任何严重的经济萧条而又不伴随货币数量的急剧下降；而同样的，没有任何货币数量的下降而又不伴随严重的经济萧条。"① 大萧条"实际上是货币力量重要性的一份可悲证明"，它说明，当少数人对一个国家的货币制度拥有巨大的权力时，他们的错误可以造成多么大的损失。弗里德曼认为，凡是赋予少数人如此大的权力和如此多的伸缩余地以致其错误能产生如此深远影响的任何制度都是一个坏制度，而在一个分散责任却把大权赋予少数人从而使重要的政策行动在很大的程度上取决于带有偶然性的个人性格和作风的制度中，导致错误是不可避免的。自此之后，联邦储备系统没有再犯它在 1929～1933 年所犯的错误：但它犯了相反的错误：它使货币数量增长过快，从而加剧了通货膨胀。此外，它在两个极端之间摇摆不定，时而促进经济繁荣，时而加剧经济萧条。为此，弗里德曼要求用宪章和规章制度来限制货币当局的权力。他借用克莱门梭的话说，货币重要到如此的程度，以至于不能让它为中央银行所管理。

五、"单一规则"的货币政策

货币是重要的，这不仅意味着货币是一部便利的、加速经济运转的极有效能的机器，它将全部交易卷入其中，从而起着润滑剂的作用；而且还意味着一旦货币体系发生紊乱，就会破坏整个经济的均衡发展。如果没有货币的干扰，则市场经济具有内在稳定性。但市场本身不能提供稳健的货币体系，这个任务只有货币当局才能完成。因此，弗里德曼指出，"货币当局肩负着一项积极的、且重大的任务：提出对货币这架机器的改进意见，从而减少其出现失调的可能性；并且对货币这架机器自身所具有的力量加以运用，从而使这架机器保持良好的运行状态。"② 为了使货币不会成为重大经济纷扰的根源，从而为经济运行和发展提供

① 弗里德曼.1986.资本主义与自由.张瑞玉译.北京：商务印书馆：50.
② 弗里德曼.1991.弗里德曼文萃.高榕译.北京：北京经济学院出版社：510.

一个稳定的通货环境，弗里德曼要求通过立法建立起用于货币政策行为的规章制度，避免货币政策的剧烈摇摆，实行"单一规则"的货币政策。其主要内容是：

第一，货币当局应该以本身所能控制的货币数量来指导自己，而不应该以不能控制的数量作为指导。弗里德曼认为，货币当局可以有效地进行控制的最重要的数量就是货币存量，这也是货币当局应承担的最基本的职责。这意味着，货币当局通过控制货币存量来稳住宏观经济中的各种名义量，如汇率水平、价格水平、名义国民收入水平等，并且运用这种控制力来稳定宏观经济中的各种真实变量，如实际利率、失业率、实际国民收入水平等，使之不受各种名义量的扰动。

第二，在宣布把控制货币存量作为货币当局支配的唯一政策目标之后，弗里德曼提出了达到这一目标的一个"简单规则"或"单一规则"，即公开宣布它采取的政策是让某种给定含义的货币总额保持一个稳定的增长率，使货币供应量的增长率与经济增长率保持一致。根据他的估计，美国产量年平均增长率为 3%，劳动力年平均增长率为 1%～2%，而货币流通速度是随着实际收入的增加而下降的，这样，美国货币供应量的年增长率则固定在 4%～5% 左右，于是就可以使物价大体保持稳定，从而为经济生活提供一个稳定的货币环境。如果货币增长率被固定在所建议的范围之内的某一点上，即使现实证明它过高或过低了，也不会严重干扰经济的稳定，因为一个被证明是多少有些过高的增长率，可能意味着长期温和的价格上涨；而一个被证明是多少有些过低的增长率，则可能意味着长期温和的价格下降。但这两者都不是严重的问题。严重干扰经济稳定的是急剧而又大幅度的价格波动，而不是在上涨或下降这两个方向上的温和而又平稳的长期价格运动。

弗里德曼对后凯恩斯主流经济学的货币政策给予了最严厉的批评。他认为，把经济稳定、充分就业、价格稳定、经济增长等作为美联储的一般目标，从而授予货币当局如此广泛而又重要的职责，并且既不通过明确的规定和指导政策的规则来对这种职责加以限制，同时这种职责也不受外部实施准则的检验——这是美国现行货币制度安排的一个严重缺陷。实际上，这些目标需要通过许多公共机构和私人机构的共同行动才能达到，而货币当局只是这许多机构中的一个，这实际上赋予了货币当局其自身根本无法履行的职责。

弗里德曼反对凯恩斯主义的货币政策以盯住利率和失业率为主要目标。他认为，这种货币政策在很短的时间内可以限制利率和失业率，但在长期内只能导致通货膨胀率、利率和失业率的升高，从而引发物价上涨和失业率升高的恶性循环。弗里德曼特别反对现代凯恩斯主义所谓"相机抉择"的货币政策——这种政策赋予了货币当局根据具体经济形势随意增减货币数量的无限权力。他认为，这种政策非但不能消除由其他因素所导致的不稳定因素，反而使货币政策本身成为一个不确定的和不稳定的潜在根源。弗里德曼这样写道："我们需要的不是这样一个在经济车辆上不停地转变方向盘以适应道路上意外坎坷的熟练货币司机。我们需要的是某些工具，它们能够防止作为稳定物而待在后座上的货币旅客偶尔发生倾斜的危险，同时，还能够防止方向盘发生急剧转动从而把汽车打发到路外去的危险。"①

弗里德曼对凯恩斯主义的货币政策最致命的一击是他对货币政策的"时滞效应"（time lag）的分析。他把时间因素引入货币政策效果的分析之中，并通过对大量历史资料的考察和实证研究指出：由于人们对资产结构的调整是相当缓慢的，所以货币存量变动后需要6～9个月之后才能使名义收入发生变化，且在名义收入和产量受到影响之后，还需6～9个月才能使物价发生变化。这样，从货币供应量变动到物价变动将会出现1～1.5年的时滞。弗里德曼的结论是：货币行动只有在相当长久且不稳定的时间之后才能影响经济情况。这意味着，有效的货币政策必须以准确地估计时滞效应为前提，而我们根本无法预测一年之后的经济风会怎么刮。"相机抉择"的货币政策依靠的是根本靠不住的判断力，而它非但不起作用，甚至事与愿违，往往使经济更加动荡。弗里德曼借此大大地嘲讽了后凯恩斯主流经济学家，认为这些经济学家就好比高明而又自负的医生，他们望闻问切，对症下药，可是给出的药方在目前没有疗效；待到身体靠自身免疫功能恢复健康时，药物才发挥作用，而这已极大地损害了健康的肌体和免疫系统。

弗里德曼也反对凯恩斯主义关于"财政政策至关重要的"的观点。他认为，如果没有货币政策的配合，财政政策是无效的。当政府支出增加而无货币供应量的相应增加时，只会发生政府支出对私人支出的"挤出效应"，而完全谈不上乘数效应。即使有货币政策的配合，财政政策在刺激经济增长方面也只有短期效果，在长期中不但无效，反而会加速通货膨胀。

■ 第三节 弗里德曼的经济自由主义

现代货币主义不仅仅是一种货币理论，也是一种经济自由主义的思想和主张。弗里德曼所主张的自由主义，是一种古典的自由主义，更确切地说，是主要由亚当·斯密等人所诠释过的经济自由主义。

一、复归古典的自由主义

弗里德曼把自由主义比做一个稀有和脆弱的被培育出来的事物，认为它是在18世纪末和19世纪初发育和成长起来的。他说："自由主义哲学的核心是，相信个人的尊严，相信根据他自己的意志来尽量发挥他的能力和机会，只要他不妨

---

① 弗里德曼.1991.货币稳定方案.宋宁，高光译.上海：上海人民出版社：128.

碍别人进行同样的活动的话。"①自由主义把个人强调为社会的最后实体，把个人
自由作为鉴定社会安排合理性的最终目标。自由主义强调两种意义上的自由：一
种是和人们之间关系有关的自由，是自由主义者把自由当做第一个考虑因素的出
发点；另一种关系到个人如何使用他的自由，属于个人伦理和哲学的范畴。第一
种意义上的自由是说，自由只能为了自由本身的缘故而被限制。一旦给定了一个
能够自由行动的范围，这当然是消极自由。自由主义者的主要目的是让每个人自
己对伦理问题加以处理。约翰·穆勒在《论自由》一书中清楚地表达了这两种意
义的自由："人类之所以有权可以个别地或者集体地对其中任何分子的行动自由
进行干涉，唯一的目的只是自我防卫……对于文明群体中的任一成员，所以能够
施用一种权力以反其意志而不失为正当，唯一的目的只是要防止对他人的危害。
若说为了那人自己的好处，不论是物质上的或者是精神上的好处，那不成为充足
的理由……任何人的行为，只有涉及他人的那部分才须对社会负责。在仅只涉及
本人的那部分，他的独立性在权利上是绝对的。对于本人自己，对于他自己的身
和心，个人乃是最高主权者。"②

　　古典的自由主义把权力的集中视为对自由最大的威胁，认为权力意味着某种
强制和对他人自由事务的干预。自由主义者把人当做不完善的实体，即把社会组
织问题看做消极地防止"坏人"做坏事的程度等同于把同一问题看做能使"好
人"做好事的程度。当然，"坏人"和"好人"可能是同一个人，这取决于谁来
鉴定他们。这就是阿克顿勋爵那句著名的格言所表达的意思："权力导致腐败，
绝对权力导致绝对腐败。"因此，弗里德曼指出："自由主义者基本上是害怕权力
集中的，在一人的自由不妨碍其他人的自由的条件下，他的目标是各个人得到最
大限度的自由。他相信：这个目标要求把权力分散。他对分派给政府任何可以通
过市场履行的职能表示怀疑，既因为这会在有关领域中用强制手段来代替自愿合
作，又因为政府的作用的增加会威胁其他领域的自由。"③ 古典的自由主义作为
一种政治哲学，要求权力尽可能地分散和相互抵消。"在国内，它支持自由放任
主义，把它当作为减少国家在经济事务中的作用从而扩大个人作用的一个手段。
在国外，它支持自由贸易，把它当作为世界各国和平地和民主地联系在一起的手
段。在政治事务中，它支持代议政体和议会制度的发展，减少国家的无上权力和
保护个人的自由权利"④。

　　然而，弗里德曼指出，从 19 世纪后期开始，尤其是美国在 1930 年以后，特

---

①　弗里德曼.1986.资本主义与自由.张瑞玉译.北京：商务印书馆：188.
②　约翰·穆勒.1959.论自由.许宝骙译.北京：商务印书馆：10～11.
③　弗里德曼.1986.资本主义与自由.张瑞玉译.北京：商务印书馆：39.
④　弗里德曼.1986.资本主义与自由.张瑞玉译.北京：商务印书馆：7.

别是在经济政策中，"自由主义"这个术语逐渐和很不相同的主张联系在一起。19 世纪的自由主义者把扩大自由视为改进福利和平等的最有效的方法，而 20 世纪的自由主义者则把福利和平等看做自由的必要条件或者是自由的代替物。在他们看来，自由主义的最后目标不再是自由，而是福利和平等；而目标的实现主要依赖于国家，而不再依赖于私人的自愿安排。以福利和平等的名义，20 世纪的自由主义者赞成的恰恰是古典的自由主义者所反对的国家干涉和家长主义政策的再现。弗里德曼反对 20 世纪 30 年代在西方国家兴起的凯恩斯主义，认为这是一种名为自由主义实为国家干预主义的思潮，而他要为自由主义正名。同哈耶克一样，弗里德曼以复归古典的自由主义为己任。但是，与哈耶克极力证明集体主义是一条通往奴役之路不同，并与其交相辉映，弗里德曼力图证明，竞争的资本主义是政治自由和经济自由最根本的保障。

二、回归亚当·斯密的经济自由主义

　　弗里德曼所说的竞争的资本主义，是一个由自由的私有企业通过自愿交换所组成的经济。它首先意味着一种资本主义性质的经济安排，而私有制是其经济结构的主要形式；它同时也意味着不存在一个集中的权力机构，从而排除了强制和顺从的可能性。因此，这样一种经济制度安排意味着经济合作和经济协调只能以市场的方式进行，而且这是一种典型的自由放任的市场经济，政府在其中扮演着次要的角色和执行着为数不多的职能。亚当·斯密论证了这样一种经济如何通过一只"看不见的手"把个人追逐私利的行为引导到社会公众福利的增进上，而弗里德曼要证明的是这种经济安排是自由主义原则的最高体现。

　　弗里德曼指出，竞争的资本主义既是政治自由和经济自由的必要条件，也是它们的充分条件，因为：第一，企业是私有的，从而签订合同的双方最终还是个人；第二，个人确实有自由参与或不参与任何具体的交换，从而每次交易完全是自愿的。交易之所以是自愿的，是因为只有当交易双方均能获得好处时，交易才会发生。这就意味着，在没有强制手段的情况下，也可以达到合作目的的协作。对一个自由主义者而言，任何强制的形式都是不合适的。"经济活动的市场组织的主要特征是：在大多数的活动中，它能避免与一人对另一人的干扰。消费者可以免于受到销售者的强制性的压迫，因为有其他的销售者……销售者也可以免受消费者的强制性的压迫，因为他能出售给其他的消费者。雇员可以免受雇主的强制性的压迫，因为他可以为其他雇主工作，等等"①。在这种经济中，个人是作为追求其自身利益的本人而行事的。如果有谁是作为别人的代理人而行事的，那么，他也是在自愿的、双方同意的基础上才这样做的。因此，经济之间的合作完

---

　　①　弗里德曼.1986.资本主义与自由.张瑞玉译.北京：商务印书馆：16.

全是个人的和自愿的。竞争的资本主义主要依靠自愿合作和私人企业,从而把经济活动中普遍的相互依存和个人自由结合起来。

经济自由本身是目的,而不是手段。同时,由于经济安排对权力的集中和分散所具有的影响,经济自由也是达到政治自由目的的一个不可或缺的手段,因为它能把经济权力和政治权力分开,使一种权力抵消另一种权力。弗里德曼指出,市场提供的经济自由,"所具有含义远远超过狭隘的经济的范围。政治自由意味着一个人不受其他人的强制性的压制。对这一点的基本威胁是强制性的权力,不论这种权力是存在于君主、独裁者、寡头统治者或暂时的多数派。保持自由要求在最大可能的范围内排除这种集中的权力和分散任何不能排除掉的权力——即相互牵制和平衡的制度。通过使经济活动组织摆脱政治当局的控制,市场便排除了这种牵制性的权力的源泉。它使经济力量牵制政治力量,而不是加强政治力量……假使经济力量加入政治力量,权力的集中几乎是不可避免的。假使经济力量保持在和政治力量分开的人的手中,那么,它可以作为政治力量的牵制物和抗衡物"[1]。

至于市场经济作为一种无意识的、协调千百万个个人的经济活动的工具的工作原理,以及它所产生的合意的结果,亚当·斯密早已做了清楚的阐释。弗里德曼所能做的就是用现代经济学的术语来解读斯密的观点。他指出,社会上的每一个人都自由地追求个人利益,并且在自愿互利交易的基础上与其他人合作,自然而然地产生出了错综复杂的社会结构。价格之所以能够协调千百万人的经济活动,其原因在于价格在组织经济活动方面起着三种作用:传递信息、提供激励和分配收入。首先,价格的自由变动可以反映市场上各种商品的供求状况,并把各种商品的供求信息传递给消费者和生产者。其次,传递信息的价格会刺激生产者按需求变动的信息行动,刺激消费者按供给的信息行动,从而协调整个社会的经济活动。不仅如此,价格变动所传递的信息还刺激人们按最有效率的生产方法进行生产,即按成本-收益原则,采取最节省成本的生产方法,把资源用于能带来最大收益的方面。由此,效率便成为市场经济的核心。最后,对于一个通过市场活动来获得收入的人来说,其收入取决于他在出售货物和劳务方面的所得同他在生产这些货物和劳务上所花费的成本之间的差额,而这种差额又取决于市场为使用这些资源确定的价格。因此,价格具有分配收入的作用。价格的这三种作用是密切关联的:如果价格传递的信息被扭曲,则价格的激励效应和收入效应也会被扭曲;如果价格不具有激励效应和收入效应,则价格传递信息的作用就毫无意义。另外,如果价格不具有分配收入的作用,那么要利用价格传递信息和刺激人们从事经济活动是根本不可能的。总之,如果没有外来的干预(主要来自政府的

---

[1]　弗里德曼.1986.资本主义与自由.张瑞玉译.北京:商务印书馆:16~17.

干预），在价格机制的作用下，市场将会体现出最好的个人自由和资源配置效率。

同卡尔·波普尔一样，弗里德曼把国家看作一种必要的罪恶。他说："为了保护我们的自由，政府是必要的；通过政府这一工具我们可以行使我们的自由；然而，由于权力集中在当权者的手中，它也是自由的威胁。即使使用这权力的人们开始是出于良好的动机，即使他们没有被他们使用的权力所腐蚀。"[①]他还针对肯尼迪总统在就职演说中说过的"不要问你的国家能为你做些什么——而要问你能为你的国家做些什么"这句话进行了批评，认为这句话在整个句子的两个部分中，均未能正确地表示合乎自由社会中的自由人的理想的公民和他的政府之间的关系。"自由人既不会问他的国家能为他做些什么，也不会问他能为他的国家做些什么。他会问：'我和我的同胞们能通过政府做些什么'，以便尽到我们个人的责任，以便达到我们各自的目标和理想，其中最重要的是：保护我们的自由"[②]。弗里德曼反对政府过分干预市场经济，认为政府干预将会导致人们丧失个人选择的自由，从而破坏市场经济的效率。他说："我们不希望保留干涉我们自由那么多的国家的干涉。"他主张用类似于"奥卡姆剃刀"的"自由主义剃刀"将国家多余的职能无情地"剔除"，即如无必要，它的权力不应增加。弗里德曼规定了避免政府权力集中从而威胁自由的两大原则：第一大原则是政府的职责必须具有一定的限度。他根据亚当·斯密在《国富论》中的有关论述，将政府的作用概括为四点：①保护社会，使它不受外部敌人的侵犯；②建立司法机关，制定自由社会的公民在进行经济和社会活动时应遵守的规则，以保护社会上的个人不受其他人的侵害或压迫；③建设并维持某些私人无力进行或不愿意进行的公共事业和公共设施；④保护那些被认为不能保护自己的社会成员。但弗里德曼承认，任何这样使政府发挥作用的方式都是充满危险的，因此第二大原则是政府的权力必须分散。总之，弗里德曼的经济自由主义完全是亚当·斯密的经济自由主义的翻版。他自己也承认这一点，并且说，其实亚当·斯密在200年前就给出了答案，而要想比他回答得更好，恐怕很难。

▷ 本章主要参考书目

布莱登·斯诺登，霍华德·文，彼得·温纳齐克. 1998. 现代宏观经济学指南：各思想流派比较研究引论. 苏剑等译. 北京：商务印书馆.

布莱登·斯诺登，霍华德·文. 2009. 现代宏观经济学：起源、发展和现状. 余江涛等译. 南京：江苏人民出版社.

弗里德曼. 1986. 资本主义与自由. 张瑞玉译. 北京：商务印书馆.

---

① 弗里德曼.1986.资本主义与自由.张瑞玉译.北京：商务印书馆：4.
② 弗里德曼.1986.资本主义与自由.张瑞玉译.北京：商务印书馆：3.

弗里德曼. 1991. 货币稳定方案. 宋宁，高光译. 上海：上海人民出版社.

弗里德曼. 1991. 弗里德曼文萃. 高榕译，北京：北京经济学院出版社.

➤ 复习思考题

1. 为什么弗里德曼说"货币是重要的"？请对比凯恩斯所说的"货币不重要"的观点进行分析。

2. 简要评述弗里德曼的通货膨胀的理论观点。

3. 运用适应性预期说明菲利普斯曲线在不同时期的形状。

4. 什么是"单一规则"的货币政策？请说明弗里德曼反对新古典综合派的"相机抉择"货币政策的理由。

5. 简要评述弗里德曼的经济自由主义思想。

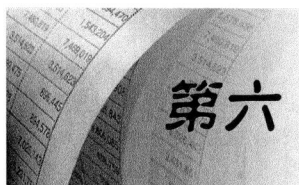

第六章

供给经济学

　　"供给经济学"（supply-side economics），直译为供给方经济学或供给面经济学，是 20 世纪 70 年代后期在美国出现的一个经济学流派，因重视和强调经济供给方面的作用和反对凯恩斯主义需求学派而得名。凯恩斯主义经济学强调，在短期内，产量、收入和就业水平是由总需求决定的，因而政府可以通过推行需求管理的财政政策和货币政策来实现没有通货膨胀的增长。然而，到了 20 世纪 70 年代，凯恩斯主义经济学彻底失败了，因为糟糕的经济情况令人无法再忍受了：经济增长速度放缓、劳动生产率下降、通货膨胀加剧、失业率升高、收入分配差距扩大、财政赤字和贸易赤字持续攀升、国际收支恶化、高利率和高税率居高不下，等等。凯恩斯主义经济学不仅对此束手无策、一筹莫展，反而被指责必须对糟糕的结果负责。此时，正统经济学家们陷入了一片混乱之中。人们等待新的理论来拯救美国的经济。随后，一批主张经济自由主义的经济学流派便应运而生，其中就包括供给学派。

　　作为一种与注重需求的凯恩斯主义经济学不同的经济学的描述方式，供给经济学这一术语的出现可能具有讽刺意义。因为按照萨缪尔森的说法，"标准的供给经济学"所研究的问题，应当仅限于资本的形成及技术的创新和发展对社会生产率的影响，而供给经济学实际上只是一种与凯恩斯主义需求学派的财税政策完全对立或者相反的财税政策主张，它是从供给方面强调税收对产量、劳动供给、资本形成率和劳动生产率的刺激作用，而不是主张通过财税政策来调节总需求水平进而对产量和就业水平产生影响。供给经济学并没有太像样的理论与主流经济学相抗衡，所以供给学派的著作往往被西方的学术界看做"纯粹是修辞学与政治学"；而且作为一种经济政策，供给经济学在里根政府时期的试验被认为失败了。

因此，供给经济学被讥笑为"提供了近代史上一种经济思想的地位如火箭般上升又很快销声匿迹的最明显的例子"。尽管受到了轻视，供给经济学还是掀起了一场"革命"。这场革命导致了美国保守主义的共和党上台、凯恩斯主义经济政策被抛弃和由里根总统导演的伟大的经济复兴运动。在经济理论上，供给经济学仍然留下了一些有价值的成果，其中包括关于税收收入与税率之间的一条著名的曲线，以及关于税收楔子的原理等。

■ 第一节　"供应学派革命"

供给学派经济学家把供给经济学的出现视为经济学上的一次革命：在经济理论上，这次革命意味着对凯恩斯主义的否定，即从需求方面转向供给方面；在经济政策上，这次革命意味着一场决定性的全面变革的开端，即从国家干预主义转向保守主义。

一、供给学派的主要代表人物

供给学派革命主要起源于罗伯特·蒙德尔（Robert Mundell 1932—）和阿瑟·拉弗（Arthur Betz Laffer 1941—）的思想，还有其他一些人将这些思想运用于实践。蒙德尔是 1999 年诺贝尔经济学奖获得者，被人们称为"欧元之父"。早在 20 世纪 70 年代初期，他就提出了减税主张。他批评美国政府所采取的通过增加税收来抑制通货膨胀的政策，指出这种政策是引发 1969～1970 年经济危机的直接原因。同时，他提出，配合紧缩性货币政策的减税才是抑制通货膨胀和降低失业率的良方。美国南加利福尼亚大学经济学家拉弗发展了蒙德尔的观点，从而成为供给学派最为重要的代表人物。拉弗曾担任尼克松政府行政管理和预算局的经济学家，后来成为里根政府总统经济顾问委员会委员。他建立了一套基于对个人和企业进行刺激的新经济学，即以刺激供给为主要内容的减税经济学，并极力向世人兜售。为了证明减税不至于引起财政收入的减少和预算赤字的增加，他还顺手在一张餐巾纸上画了一条曲线，这条曲线就是著名的"拉弗曲线"。

在拉弗周围聚集着一批被其观点所吸引的人，其中包括《华尔街日报》的副主编祖德·万尼斯基（Jude Wanniski 1936—2005）。他发现了初露端倪的供给学派运动，并利用自己在舆论界的方便条件为其造势。在他的热情鼓动下，供给学派的观点成为该报社论中讨论的固定主题。他还写文章称赞拉弗，在他的笔下，拉弗的形象变得高大了许多。他自己还撰写了一本题为《世界发展之路》的小册子，以解释和支持拉弗的观点。此外还有诺曼·图尔，后来成为里根政府财政部副部长。乔治·吉尔德（George Gilder 1939—）则是哈佛大学肯尼迪政治学院高级研究员，1981 年出版了《财富与贫困》一书，从社会学的角度阐述了供给学派的理论。他主张改变当时的税收政策，以激发工人和资本家的积极性；同时，他还反对政府的社会福利计划，认为这会助长"懒散"。这本书在美国产生了较大的影响，许多人称其为供给学派的"经典之作"。吉尔德是里根所格外欣赏的经济学家，就任总统后，里根将其所著的《财富与贫困》一书赠送给每一位内阁成员阅读。还有保罗·克雷·罗伯茨（Paul Craig Roberts 1939～），曾担任《华尔街日报》的副主编、美国众议院预算委员会经济学家和里根政府财政部助理部长。1984 年，罗伯茨出版《供应学派革命：华盛顿决策内幕》一书，对供给学派的产生与发展、理论与实践都做了比较详细的介绍。

　　虽然整个供给学派所持的基本理论大致相同，但他们对于某些政策主张的效果评价却存在着一定的差异。也正因为如此，供给学派被划分为两个分支，即激进或极端的供给学派与温和的供给学派。前者以正统的供给学派自居，并沉浸于拉弗曲线之中，坚信减税会产生立竿见影的效果，因此这一学派又被称为"拉弗派"；而温和的供给学派则反对采取过激的政策措施，更反对过分地夸大减税的作用，主要代表人物是哈佛大学经济系教授马丁·费尔德斯坦（Martin Feldstein 1939—）和西北大学凯洛格商学院经济学教授迈克尔·埃文斯（Michael K. Evans）。费尔德斯坦曾任里根总统和老布什总统时期的经济顾问委员会主席，现为美国经济复苏顾问委员会成员和美国国家经济研究局名誉主席。他原是凯恩斯主义者，但在 20 世纪 70 年代"滞胀"局面出现以后转变为供给学派的拥护者。但他只主张适度的减税，而且认为减税的效果并不像激进的供给学派所说的那么乐观，并以较温和的态度提出了"费尔德斯坦曲线"，对财政赤字、资本形成和通货膨胀的相互关系进行了讨论。这是供给学派又一比较独特的对宏观经济的总体解释。埃文斯同样拥护供给学派的观点，认为凯恩斯主义模型无法医治美国 20 世纪 70 年代的经济疾病，因为"它们把中心放在需求的问题上"。"而我们需要的则是强调供给一面，把中心放在生产力刺激上的模型"。不过，埃文斯与费尔德斯坦一样，对减税的效果持保守态度。他指出："人们应该小心，别对削减个人和公司所得税抱太大的希望。我们并不赞成这样的理论：所有经济病都能够简单地用减税来医治而不用考虑任何其他方面的财政政策或货币政策。"①

二、供给学派与共和党的政治运动

　　供给学派革命不仅是关于经济理论的革命，更主要的，它是关于经济政策的

---

① 迈克尔·埃文斯.1984.凯恩斯主义经济计量模型的破产//外国经济学说研究会.现代国外经济学论文选.第五辑.北京：商务印书馆：65，76.

革命。供给主义的政治纲领为美国共和党的政治运动提供了极大的方便，它帮助共和党在 1980 年的大选中东山再起。

按照罗伯茨的说法，"这场革命 1975 年夏发源于国会议员杰克·肯普的办公室，一直持续到里根政府的头三十个月。杰克·肯普是第一个供应学派的政治家，罗纳德·里根是第一个供应学派的总统"[①]。杰克·肯普（Jack Kemp）是共和党众议员，通过拉弗、万尼斯基和他的财政助理罗伯茨了解了供给学派的观点后，便立刻成为供给主义的虔诚信徒。供给学派于是有了自己的政治领袖肯普、经济学首领拉弗和舆论喉舌《华尔街日报》。供给学派的代表人物相聚在肯普的办公室，针对卡特政府和国会提出的每一个经济主张和动议设想出自己与其相对立的立场。他们由于深信自己的主张会改变历史，因而意气风发，信心百倍，而且志在必得。肯普的办公室一时间俨然变成了供给经济学研讨班的会议室。1977 年，在供给主义者的帮助下，肯普同共和党参议员威廉·罗思合作，把拉弗的观点写进一个提案，要求政府按每年 10％的比率消减个人所得税，连续消减 3 年。这就是著名的肯普-罗思减税提案。这个提案完全反映了拉弗的理论，拉弗因而一举成名，更有人称拉弗是"自 30 年代凯恩斯以来的最迅速地发挥了政治影响的经济学家"。这个提案虽然受到卡特总统的阻挠而未被国会通过，但在国会的决策过程中，供给经济学声名大噪。到 1978 年年底，供给经济学已风靡国会，无论是民主党多数派，还是共和党少数派，对其概无异议。1977 年 9 月，共和党全国委员会通过了肯普-罗思法案，供给经济学成为国会共和党派的学说，1978 年夏，该法案成为 1980 年美国总统大选的共和党竞选政纲。

供给主义者更希望肯普获得提名担任总统候选人。万尼斯基在 1979 年曾说，"杰克·肯普必须竞选总统"，"西方文明的未来取决于他"。但肯普当总统的机遇并不十分美妙。几个月以后，肯普决定不参加提名总统竞选。作为回报，他同里根阵营签订了协议，条件是里根必须接受供应学派的训练而且供给主义者参加里根的决策。1980 年年初，里根同供给主义者一起讨论了金本位、减税、供给学派理论、经济增长等一系列问题。肯普认为里根的反应极为热情，且对拉弗曲线有一种直觉的理解，他已 90％站在了供给学派一边。

供给经济学之所以受到保守主义政党的青睐且地位迅速攀升，是因为它在那个极其沮丧的年代描绘了无痛苦地摆脱滞涨的光明前景，而且这个理论简单、易懂，具有较强的可操作性。当然，这一理论的唯一问题是，它并不现实。但是，要普遍地认清这一点，还需要一段时间。自从民主党在 20 世纪 30 年代的大危机中击败共和党之后，它持续执政 30 多年，把共和党"逼在洞里"，长期不得翻

---

① 保罗·克雷·罗伯茨.1987.供应学派革命：华盛顿决策内幕.杨鲁军等译.上海：上海译文出版社：1.

身。民主党在执政期间一直以凯恩斯主义学说为指导，用扩大需求即通过扩大政府开支来刺激经济、保持就业和缓和危机。而共和党除了主张削减政府开支和财政预算平衡这些传统的保守主义经济政策外，拿不出像样的理论与之相抗衡。自20世纪70年代初起，美国经济陷入了滞胀困境，经济学家们由此确信，在通货膨胀和失业之间存在着的交替关系已经不复存在了。凯恩斯主义不灵了，而且传统的保守主义经济政策也不灵了。因为在这种情况下，削减政府开支、减少预算赤字和实现预算平衡无论如何都意味着必须以人为地制造一场令人痛苦的经济衰退为代价来换取物价水平的下降。这正是货币主义者的主张和英国撒切尔夫人政府即将经历的。而就在这一时刻，出现了比货币主义者更天真也更乐观的供给主义者，他们宣称自己掌握了无痛苦地降低通货膨胀的秘诀。其论证是这样的：通货膨胀起因于对产出的需求超过了供给，因而传统的反通货膨胀方法不但不能制服通货膨胀，反而会导致生产萎缩。因此，降低税率，即刺激经济均衡中的供给方面，将会减少需求超出供给的部分，进而控制通货膨胀。同时，刺激供给的措施会提高劳动生产率，即单位工作时间的产出，从而控制劳动成本的增加和价格水平的上升程度。而且，减税将自己支付自己，也就是说，降低税率不仅不会减少财政收入，反而会使收入增加，因为减税将刺激劳动、储蓄和投资的积极性，从而增加劳动和资本的供给，进而提高国民收入。可以说，供给主义者的解决方案是一个皆大欢喜的经济主张：共和党人借此找到了制服民主党人的法宝，经济学家也找到了与凯恩斯主义需求派相抗衡的新经济学，而普遍的一刀切方式的大规模削减所得税率永远是选民所拥护的。在与民主党人和凯恩斯主义者的斗争中，共和党和供给主义者已经稳操胜券，而至于他们的经济主张是否可行，那是以后的事情了。

三、里根经济学

罗伯茨指出："罗纳德·里根是以一个供应学派的政治纲领来竞选总统的，他因此而有了一个不靠通货膨胀和政府计划的就业政策，有了一个无需以失业为痛苦代价的反通货膨胀政策，也有了一个依靠经济增长消灭赤字，而不借助于纳税者预算账面平衡的预算政策。"[①]不过，里根本人对此却不买账。在其回忆录中，里根强调他对税制改革的看法不是来自人们所说的供给经济学，而是来自他在好莱坞期间在同税法打交道的经历中所学到的对实际经济理论方面的了解。他说："我在华纳兄弟影片公司的鼎盛时期属于交94%税的阶层；这意味着在超过某一个基数后，我只能拿到我所挣的每1美元中的6美分。剩下的都归政府……

---

① 保罗·克雷·罗伯茨.1987.供应学派革命：华盛顿决策内幕.杨鲁军等译.上海：上海译文出版社：93.

这个制度有些不对劲：当你不得不把这样高的比例作为所得放弃时，工作的激情便没有了。"[①]里根是一个保守主义的政治家，不是供给学派的虔诚信徒。他必须在供给主义、货币主义和传统的保守主义之间寻求平衡，以实现他伟大的经济复兴计划和远大的政治目标。在供给经济学声名狼藉之后，他急于与其划清界限，这也许是出于某种政治策略上的考虑，也许是因为里根本人好大喜功，不愿意在自己的光环下出现别人的影子。但不可否认里根与供给经济学之间存在千丝万缕的联系。在里根经济学[②]中，供给经济学表现为某种核心的东西。

里根经济学一开始就是一种妥协，或者说是三种观念的混合物，即供给主义、货币主义和传统的共和党预算平衡政策的混合物。里根经济学的基本内容是：①大幅度减税。个人所得税每年削减 10％，共削减 3 年；最高边际税率从 70％降到 50％，最低边际税率从 14％降到 12％；3 年后，边际税率将下降到 10％～50％。此外，大幅度降低企业投资所得税。②减缓和稳住货币增长速度，促使通货膨胀率下降。③大力压缩政府开支，特别是社会福利方面的支出。④大大减少政府管制。还有两条没有包括在里根经济政策通常的四根支柱之内，但是它们是方案的重要部分或制约因素：⑤大力扩充国防开支。⑥在几年内，使联邦预算达到平衡。里根政府无意在它的目标与承诺中进行调和或确定优先重点。它做了全盘的承诺：无痛苦的通货紧缩；重整旗鼓的经济增长；平衡的预算；更加强大的国防。人们普遍怀疑这些目标能否全部得到落实，因为这些目标之间存在着相互冲突。但里根内阁信心百倍，认为这些目标在 1～2 年内均能完成。货币主义经济学家已经指明，管住货币就管住了通货膨胀；而供给经济学家则提供了对付由于通货紧缩而导致的经济萎缩的良方，再加上压缩非国防开支，也会使预算达到平衡，即使国防开支要大幅度上升。这样，一切仿佛尽在掌握之中。尽管有种种理由表示乐观，但里根及其经济顾问还是严重忽视了完成任务的艰巨性和困难性，并且低估了经济政策发挥作用的时效。正如美国经济学家赫伯特·斯坦指出的那样，里根经济学

---

①   罗纳德·里根.1991.里根自传.翻译组译.北京：东方出版社：206.

②   "里根经济学"（Reaganomics）是指里根在总统竞选期间逐步形成和提出，并在其任总统期间实施的"经济复兴计划"的经济政策主张。其主要内容包括紧缩货币供给、全面减税、减少政府干预、削减社会福利等。这些政策带来了美国 20 世纪 80 年代后的经济持续繁荣，使里根在美国人民心目中成为 20 世纪最伟大的总统。然而，这一术语的最初出现却具有讽刺意味。里根上任之初，美国正面临着一场"经济上的敦刻尔克大撤退"，而美国在这一时刻却居然选出了一个戏子来扮演领袖。对于里根的经济复兴计划，被里根的政治对手戏称为"供给方经济学"，甚至嘲弄它是"巫毒经济"和"里根经济学"。本章关于里根时期美国经济的一些数据来自：埃德蒙·莫里斯.2004.里根传.李小平等译.北京：当代世界出版社.

"这幢大厦微妙地平衡于一组同时发生的政策行为和一组描述这些政策行为对经济影响的方程式之上。任何一点失误都会引起其他部分倒塌"。[1]

1981年8月，里根总统签署了"经济复兴税法"，开始了美国历史上幅度最大、范围最广、影响最深刻的减税。从1981年到1983年，里根总统将美国税率削减了25%；从1983年到1985年，美国的个人所得税减少3 000亿美元，企业所得税减少500亿美元。正当里根深信"减税将产生一种强大的推动力"，将使美国经济"点燃经济繁荣之火"，并"正等待减税刺激经济发生作用"的时候，1981年和1982年，美国经济却急剧地跌进一场严重的衰退之中。里根执政头两年的经济"政绩"是：40年来最高的失业率、50年来最高的企业破产数和有史以来最多的财政赤字。1982年，为了摆脱困境，里根在实施了历史上最大规模的减税计划之后，又实行了历史上最大规模的增税计划。人们普遍认为供给学派经济政策失败了，因为没有出现供给主义者所预期的政策效果。

"1982年和1983年，里根的一些来自极右派和极端供应学派观点的支持者变得非常惊慌，认为他们对里根总统的影响正在日益变弱。于是，'让里根成为里根！'成了他们的战斗口号。但是，里根已经不总是'里根'了。即使他变成了'里根'，也表明他的动摇和面目不清"[2]。里根的一些重要理论家相继挂冠而去，其中有总统国内政策顾问马丁·安德森，被称为里根的主要保守派理论家；财政部副部长诺曼·图尔，供给学派经济学家，是里根政府削减个人所得税率的3年计划的主要发起人和支持者；财政部助理部长保罗·罗伯茨；经济顾问委员会高级经济学家斯蒂文·汉克。他们都主张通过减税来刺激经济。现在，"里根可能是白宫里剩下的最后一个虔诚的供应学派"。

一些经济学家指出，里根经济学是货币主义和供给主义的混合物，由此产生了扩张的财政政策和紧缩的货币政策之间的矛盾。美国联邦储备委员会为抑制严重的通货膨胀而实行了紧缩的货币政策，这使当时的利率一直保持在很高的水平，而高利率会严重地阻碍投资的增长，并且使赤字大幅度增加。高利率和高赤字不仅相互支持，而且产生了通货膨胀压力，并且使经济更难从危机中摆脱出来。

但是，里根并没有放弃减税政策。从他的第二个任期开始，里根推行了更激进的减税方案，并且大刀阔斧地对美国的现行税收制度进行前所未有的改革。1985年5月28日，里根在电视讲话中宣布了税制改革方案。他认为美国现行的

① 赫伯特·斯坦.1997.美国总统经济史：从罗斯福到克林顿.金清等译.长春：吉林人民出版社：223.

② 赫伯特·斯坦.1997.美国总统经济史：从罗斯福到克林顿.金清等译.长春：吉林人民出版社：212.

税制是复杂的和不公正的，称他提出的这项"革命性"税制改革方案将削减税率和档次，堵塞税收漏洞，从而把美国的税制变成一种"清楚、简单和公平的"制度。其税制改革方案主要包括：①降低个人所得税税率和档次。把个人所得税税率从之前的（11％～50％）14 档改为 15％、25％和 35％三个档级，最高税率由 50％降到 35％。②降低公司所得税税率，把公司所得税税率由之前的最高 46％降至 33％。③减少或取消 60 多项优惠赋税待遇，如废除对企业投资所实行的 6％～10％的减税优惠；减少企业享受的加速折旧优惠；限制或废除企业的各种娱乐、旅行和慈善费用的免税优待。④制定增加收入和堵塞漏洞的各种措施。税制改革方案问世后，国会和白宫之间及不同利益集团之间展开了激烈的争吵。里根亲临国会游说后，新税法才获得国会的批准。新税法废弃了原来的最高税率为 50％和最低税率为 11％共 14 档级的个人累进所得税制，改为 15％和 28％两级税制，并对高收入者另加 5％的附加税。按照新税法，个人所得税的税率将由 50％降到 28％，而公司所得税税率将由 46％降到 34％。这是美国 60 年来最低的税率，也是 40 多年来美国历史上最全面且影响最深远的一次税制改革。

从 1982 年 12 月起，美国经济走出衰退，开始强劲有力地复苏。到 1988 年 5 月，美国经济持续增长 65 个月，成为战后和平时期美国经济增长持续时间最长的一次。1983、1984、1985、1986 和 1987 年，美国实际经济增长率分别为 3.6％、6.8％、3.0％、2.9％和 3.0％。据《华尔街日报》1987 年 3 月 30 日的报道，美国制造业的劳动生产率从 1981 年第 3 季度到 1986 年第 4 季度平均每年增长 3.8％；通货膨胀率大大下降，1983、1984、1985、1986 和 1987 年的消费物价指数上涨率分别为 3.2％、4.3％、3.6％、1.9％和 3.7％。里根总统任职 8 年内，提供了 1900 万个新的就业机会，失业率从 1982 年的 9.5％降至 5.6％，为 20 世纪 80 年代初以来的最低水平。然而，里根政府也给下一届政府遗留下来一大堆难题，如巨额的预算赤字和外贸赤字、美元地位不稳及美国从净债权国变成了一个净债务国等。

里根政府创造了奇迹，这个奇迹又被称为"里根革命"。在告别演讲中，里根认为，他为此而感到无比自豪的巨大成就有两项：一项是经济的复苏；另一项是道德的恢复，即美国再次受到世界的尊重，并被寄予厚望来承担起领导世界的重任。里根总统就任之时，美国经济正处于第二次世界大战之后最严重的经济危机之中。正如他在第一任就职演讲中所说的："我们遭遇到我国历史上历时最长、最严重之一的通货膨胀，它扰乱着我们的经济决策，打击着节俭的风气，压迫着正在挣扎谋生的青年人和收入固定的中年人，威胁着要摧毁我国千百万人民的生计。停滞的工业使工人失业、蒙受痛苦并失去了个人尊严。"但里根经济学一开始就遭到了嘲弄，一些权威人士说，里根的经济计划将引起恶性通胀，从而导致经济崩溃。里根经济学的核心是："小政府、低税收、少干预。"在第一任就职演讲中，里根用这样一句名言表达了他的思想："政府不能解决问题，它本身就是问题。"在告别演讲中，里根也表达了同样的观点："'我们人民'告诉政府，而不是政府告诉'我们人民'该做什么。'我们人民'是驾驶员——而政府则是一辆汽车。'我们人民'决定它行驶的方向、道路与速度。世界上几乎所有国家的宪法都是告诉人民享有哪些特权，而在我们的宪法中，'我们人民'告诉政府什么是允许做的。'我们人民'是自由的。这种信念，是我在过去8年里作出不懈努力的基础。"当然，这些观念不是里根本人创造出来的，而是基于古典的经济自由主义的一种传统思想，里根不过是用自己的语言重新表述它，并且身体力行。里根也承认这一点。他在告别演讲中说："那时我赢得了一个绰号——'伟大的传播者'。但是，我从不认为，是我的风格或者我使用的语言改造了世界——这是问题的关键。我不是一位伟大的传播者，但是我传播了伟大的思想，它们并非凭空出自我的智力，它们来自一个伟大的国家的内心——来自我们的经历、我们的智慧以及我们对在两个世纪里引导我们的那些原则的信念。"胡佛研究所的经济学家、里根政府的前国内政策首席制定人马丁·安德森说得好："认为的确曾发生过里根革命，或里根曾赋予这种革命以生命，都是错误的。事实是这种革命造就了里根。"

第二节 极端的供给经济学

极端或正统的供给经济学实质上是减税经济学，或者是关于税收刺激的经济学。极端的供给主义者认为，当前美国经济的主要问题不是需求不足，而是供给不足。供给不足的原因，乃是由于所得税税率太高，因而抑制了美国人民储蓄、投资和工作的积极性。要使经济摆脱停滞膨胀的糟糕困境，需要一个新的强调供给方面的经济学和一个新的刺激供给的税收结构，而减税就是号称"供给方"的经济学和财政政策的核心。为了说明减税所具有的政策效应，他们建立起关于税率如何影响产出水平、人们配置稀缺资源的决策及政府的收入水平的相对完备的理论分析体系。虽然拉弗指出，供给经济学是一种"对个人刺激的新经济学"，但是就其实质来说，它"不过是穿上现代服装的古典经济学"。供给学派继承的是古典经济学的宏观公共财政分析传统，这个传统来自重农主义者、休谟、斯密、李嘉图、萨伊和穆勒。他们在奠定诸如公平、确实、便利、经济等这些有关赋税原则的同时，强调了税收对总供给和经济增长的影响。然而，极端的供给主义者太推崇减税的快速效果，以至于乐观地以为减税可以包治百病。供给经济学既代表了一批年轻的经济学家试图彻底摆脱凯恩斯主义经济学的理论勇气和拯救经济于水火的乐观主义，同时也代表了一种将复杂的经济问题简单化处理的理想主义。这种乐观主义和理想主义也许是那个动荡的年代赋予有激情和理想的年轻人的特质。

一、理论前提假设

供给学派的理论前提假设是在批评和继承新古典经济学和凯恩斯主义经济学的假设前提的基础上建立起来的。供给学派接受了新古典经济学的"价格弹性"、"经济中存在着完全的确定性和预见性"及"货币在长期和短期内均为中性"的基本假设。但在资本主义经济的正常状态是否为"充分就业"的问题上，供给学派则提出了与新古典经济学的"充分就业"和凯恩斯主义经济学的"非充分就业"都不同的假设。

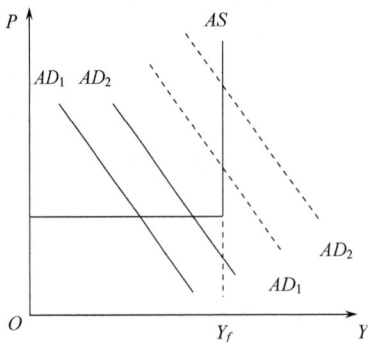

图 6-1　古典的和凯恩斯的总供给曲线

新古典经济学从萨伊定律出发，认为供给会创造自己的需求，生产出来的商品都能够销售出去，总供给和总需求永远相等，资本主义经济的正常状态就是充分就业，而总产量就是充分就业时的总产量，即 $Y = Y_t$。因此，新古典经济学的总供给曲线就是一条垂直于横轴的直线（见图 6-1）。这种总供给曲线的形状决定了总需求的变动不会改变总产量，而只会影响到价格水平的变化。凯恩斯则认为，20 世纪 30 年代的大危机充分地证明了萨伊定律已经破产，供给并不能创造自己的需求。由于"资本边际效率递减"、"边际消费倾向递减"和"流动偏好"三个基本心理规律的作用，社会的有效需求是不足的，生产过剩和大量的非自愿失业必然会经常出现，资本主义经济的正常状态是非充分就业。这样，再加上"价格刚性"的假定，凯恩斯得出了一条平行于横轴的总供给曲线（见图 6-1）。这样的总供给曲线预示着总需求的变动不会改变价格水平，但能够带来总产量的增长。

而供给学派对上述新古典经济学和凯恩斯的假设前提都持批评的态度，认为二者都存在一定的局限：首先，二者都忽视了总供给变动的作用。在新古典经济学"充分就业"的假定条件下，总产量只会停留在由生产函数和生产要素赋予总量决定的水平上。而供给学派认为，只要给供给以一定的刺激，总产量还会有一定的增长余地。在凯恩斯"非充分就业"的假定条件下，总产量是由总需求水平决定的。而供给学派认为，真正对总产量起决定作用的不是总需求，而是总供给。其次，二者都不符合当时的宏观经济状况。供给学派认为，在当时的美国，不纳税经济活动尤其是"地下经济"活动的发展十分迅速，这导致了经济缺乏稳定性、统计数字不实、政府对宏观经济难以把握等问题。而从新古典经济学和凯恩斯主义经济学的假设前提出发，无法对不纳税经济活动的发展做出合理的解释，也不可能对由此产生的问题提出可行的解决方案。

为了克服上述二者的局限，供给学派提出了自己的假设前提：存在居民户生产部门活动。这样，整个社会就有了两个生产部门，即市场部门和居民户部门。市场部门被纳入国家税收制度的监督管理之下，而居民户部门则是不纳税的。"任何时候都存在着资本和劳动的固定的存量，而这些存量都必须加以分配，不是用之于家庭内生产就是用之于市场生产"[①]。只要存在资源利用效率的问题，市场部门对资源利用的效率就会高于居民户部门。从这样的假设前提出发，供给学派认为，经济处于一种市场部门和居民户部门都拥有生产要素且生产要素全部被利用的特殊状态之中，生产要素因受到相对价格的影响而在市场部门和居民户部门之间流动。这样，短期内总产量（市场部门的产量）仍然有增加的余地，这就区别于新古典经济学。同时，总产量的增长又不像凯恩斯主义经济学认为的那样主要由总需求的扩大来决定，而是由相对价格变动引起的总供给增加来决定。

二、税收楔子与税率的产出效应

供给经济学认为，对生产要素征税会使生产要素的净收入和总收入之间形成一定的差额，而生产要素的供给者和需求者总是根据税后的净收入来决定要素的供给量和需求量。这样，税收就好比插入生产要素供求之间的"楔子"，使得生产要素的供给量和需求量同时减少，由此导致产出下降和社会福利的"无谓损失"，而损失的大小与税率成正比。如果以 w 表示税前工资率，$\bar{w}$ 表示税后工资率，r 表示税前盈利率，$\bar{r}$ 表示税后盈利率，t_l 表示劳动税率，t_k 表示资本税率，则税后生产要素净收入与总收入之间的差额可以用下列公式表示：

$$\bar{w} = (1 - t_l)w$$
$$\bar{r} = (1 - t_k)r$$

这个公式表明，在生产要素所有者的总收入一定的情况下，其净收入的多少与税率的高低成反比。税率越高，生产要素所有者的净收入就越少，生产要素供给量就越小，产出水平就越低；反之亦然。税率不仅影响生产要素的供给，同时也影响对生产要素的需求。因为对生产要素的需求取决于雇佣该生产要素的成本，所以其成本越高，需求就越少。税率越高，雇佣生产要素的成本就越大，对生产要素的需求就越少，产出水平就越低；反之亦然。

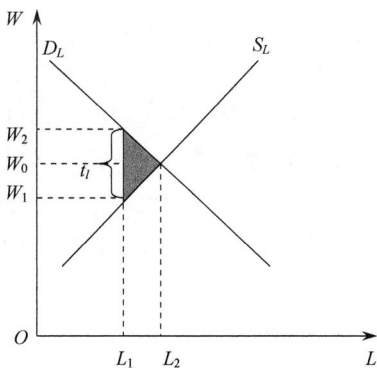

图 6-2　劳动的税收楔子模型

---

①　阿瑟·拉弗，维克托·坎托，道格拉斯·乔伊尼斯.1984.税率、生产要素之运用以及市场生产//外国经济学说研究会.现代国外经济学论文选.第五辑.北京：商务印书馆：2.

总之，无论是企业想使用生产要素的愿望，还是生产要素的所有者想工作的意愿，都被税率的提高所削弱了。图 6-2 说明了插入税收楔子之后劳动市场的供求减少情况。图中假定劳动需求曲线 D_L 和劳动供给曲线 D_S 的弹性相等，因此劳资双方承担税收负担的比例也相等。同样的情况也可以说明资本市场的供求关系。

在没有打入税收楔子之前，企业雇佣劳动的成本与工人实际得到的工资是相等的，这时，实际工资为 W_0，就业量为 L_2。假如政府征收税率为 t_l 的工资税，则工人的实际所得减至 W_1，劳动供给降至 L_1。因为税收是支付给政府的，雇佣工人的实际成本 W_2 比支付给个人的实际工资 W_1 更高，其间的差额等于政府的税收收入，即税收＝ (W_2-W_1) t_1。因此，征收工资税同时提高了雇佣工人的成本，使企业对劳动的需求数量减至 L_1。产量因而减少，并产生社会福利的"无谓损失"（以图中的三角形阴影面积表示）。

三、边际税率与消费-储蓄和闲暇-工作的"相对价格"

大幅度地、持续地削减个人所得税率和企业税是供给学派最主要、最具代表性的政策主张。然而，供给经济学的减税政策与凯恩斯主义经济学的减税政策在目的、手段和性质上是完全不同的。凯恩斯主义主张减税的目的是增加总需求，进而提高产量和就业水平。而供给主义主张减税的目的是刺激人们储蓄、投资和工作的积极性，进而提高总供给水平。目的不同决定了手段和方法的差异，"凯恩斯主义的财政政策强调平均税率，因为凯恩斯主义者认为，税收是通过改变可支配收入进而改变总需求来影响经济的。供应学派经济学强调边际税率，因为供应学派相信，税收是通过改变对工作、储蓄、投资和承担风险的刺激来影响经济的"[1]。凯恩斯主义主张重点削减低收入阶层的税率，以增加大部分人的可支配收入，进而刺激需求和缩小贫富差距。而供给主义主张重点削减高收入阶层的税率，因为只有这部分人增加收入才能增加储蓄和投资。边际税率是指对新增加的收入的课税率，收入越高，从削减边际税率中得到的好处就越多。因此，供给学派也常常被人谴责为"劫贫济富"的经济学。对此，供给学派的辩解是：可以通过"滴漏效应"[2] 使减税带来的经济增长的好处渗透到穷人那里去。

极端的供给主义者把边际税率视为影响人们现在甚至是未来把资源在消费和

---

① 保罗·克雷·罗伯茨.1987. 供应学派革命：华盛顿决策内幕. 杨鲁军等译. 上海：上海译文出版社：5.

② "滴漏效应"（Trickle-down effect），又译做渗漏效应和涓滴效应，指在经济发展过程中并不给予贫困阶层、弱势群体或贫困地区特别的优待，而是由优先发展起来的群体或地区通过消费、就业等方面惠及贫困阶层或地区，带动其发展和富裕。"滴漏经济学"（trickle down economics），常用来形容里根经济学或供给经济学，因为里根政府的经济政策理念是：救济不是救助穷人最好的方法，而应该通过经济增长使总财富增加，最终使穷人受益。

储蓄及工作和闲暇之间进行配置决策的最重要的决定因素，因为边际税率的变动改变了人们从事消费、储蓄、投资、工作、学习、休息等各项活动的"机会成本"，从而影响和改变了人们配置稀缺资源的决策。供给经济学家把由边际税率变化引起的各项活动的机会成本的变化视为它们之间的"相对价格"的变化。他们认为，高税率将会改变配置在各种用途之间的资源的相对价格或收益，从而不鼓励人们从事储蓄、投资、学习、工作等这些有益于供给增加和劳动生产率提高的经济活动，于是人们将把资源更多地用于消费和闲暇。供给学派认为，20世纪70年代美国经济的头号问题不是通货膨胀，而是生产率的下降，具体表现为资本的形成率下降和工作的积极性下降。生产率下降的根本原因在于当时美国的税率已经达到了非常高的水平。据吉尔德称，"进入80年代以后，普通美国人的边际税率已经接近50%。这意味着通过额外工作所得的报酬的半数将以这样或那样的形式落入政府之手"。[1]要提高资本的形成率和工作的积极性，就必须削减边际税率，以改变储蓄和消费、工作和闲暇之间的相对价格。

相对价格理论是供给学派的一个重要理论支柱。罗伯茨指出："供应经济学的精髓在于把税率的变动看成相对价格的变动，这些变动影响劳动、储蓄、投资以及看得见的经济活动的供给和形式。"最重要的相对价格有两种：一种"支配着人们决定其收入在消费和储蓄之间如何分配"，决定了人们投资的积极性的大小和资本的形成率的高低；另一种"支配着人们决定他在工作和闲暇之间或在闲暇和通过提高技术而增加人力资本之间如何分配时间"[2]，决定了人们劳动的积极性的大小和劳动的供给数量的多少。这两种相对价格的变化都主要受税率水平的影响。

消费-储蓄之间的相对价格相当于消费的机会成本，而且等于一个人把一单位收入用于现期消费所放弃的将这一单位收入用于储蓄和投资而获得的未来收益。这种相对价格支配着人们决定其收入在消费、储蓄和投资之间如何分配。当相对价格高即消费的机会成本大时，人们就会减少现期消费而将收入更多地用来进行储蓄和投资，这样就会刺激生产与供给的扩大；反之，当相对价格低即消费的机会成本小时，人们就会把收入更多地用于现期消费而不愿意储蓄和投资。相对价格的高低取决于边际税率，即边际税率越高，相对价格就越低；反之，边际税率越低，相对价格就越高。因此，相对价格与边际税率是反向变动的关系。高税率降低了消费的机会成本，使得人们愿意增加消费而不愿意多储蓄和投资。

假定某人手中有50 000美元，此时政府规定对投资收入课征的税率为70%。他有两种选择：一是把这50 000美元用于投资，若收益率为10%，他每年可获

① 乔治·吉尔德.1985.财富与贫困.储玉坤译.上海：上海译文出版社：19.
② 保罗·克雷·罗伯茨.1987.供应学派革命：华盛顿决策内幕.杨鲁军等译.上海：上海译文出版社：39，62.

取额外的 5 000 美元纳税前的收入，扣除赋税，实际所得为 1 500 美元；二是他用这 50 000 美元购买一辆高级轿车，尽情享乐一番。这样，第一种选择（投资）得到的是微不足道的 1 500 美元，失去的却是一辆高级轿车；第二种选择（消费）得到的是一辆高级轿车，放弃的却只是 1 500 美元。显然，消费相对于投资或储蓄的价格要低得多，且合算得多。所以，在高税率下，人们当然愿意选择消费，而不愿意选择投资。罗伯茨以英国为例作了说明，比如前些年到英国旅游的人发现，罗尔斯-罗伊斯轿车充斥街道，因为那时英国对投资征收的最高税率为98%，像上述手中有 50 000 美元的人，如用于投资只能得到 100 美元，于是人们当然都去购买轿车了。他认为，罗尔斯-罗伊斯轿车遍地皆是，并不表明英国的繁荣，而恰恰反映了英国经济的弊病。供给学派从这种解释中得出结论：过高的边际税率提高了储蓄和投资的价格，降低了消费的价格，从而鼓励人们多消费、少储蓄和投资。他们认为这是美国近年来储蓄率和投资率下降的重要原因之一。

闲暇-工作的相对价格相当于闲暇的机会成本，等于一个人放弃工作（或学习技术）而休息所损失的现期收入（或未来收入）。这种相对价格决定着人们在工作、学习与闲暇之间如何分配时间。这种相对价格的高低也取决于边际税率：边际税率越高，则靠多劳动所多得的收入需按越高的税率纳税，到手的收入却很少，而休闲变得相对有利，休闲的价格降低了，较低的相对价格就会使人们少工作而多休息，因为他损失的不过是微薄的收入，而得到的却是大量的时间；反之，边际税率越低，闲暇的机会成本就越高，较高的相对价格就会鼓励人们多工作而少休息。供给学派认为，过高的边际税率使美国人近年来沉迷于消遣、享乐或提前退休，谁也不愿去工作、钻研业务或多学习一种技能。他们认为这是美国工厂出勤率下降、纪律松弛和劳动生产率下降的重要原因之一。

然而，极端的供给学派的相对价格理论并没有得到里根总统在其第一任期大幅度削减边际税率的经验验证，美国很多经济学家因此把供给学派的"减税会带来储蓄率提高、投资额增加、劳动供给量增加并最终促进经济增长"的抽象论证斥为"巫术"。

首先，减税没有引起储蓄的增加。实施减税以来，美国的储蓄率只是在1982 年的第三季度上涨到了 6.9%，此后便开始下降，1982 年以后各年几乎都处于 5% 左右。即便是在 1981～1982 年出现了储蓄率的上升，在很大程度上也是与当时的经济危机有关，因为人们为了防止失业，且担心政府削减社会福利，所以需要存钱自保。美国历次危机期间，储蓄率都是上升的。

其次，减税没有引起投资的增长。1982 年美国私人企业的固定资本投资的实际数额（扣除通货膨胀因素）比起 1981 年不但没有增加，反而减少了 4.8%。供给主义者对此辩解道，减税是在一个较长的经济衰退时期开始实行的，美国企业的开工率一直在下降，而开工率低则说明大批机器设备闲置，生产能力大量过剩，企业如果要增加产量，只需恢复原来停止运转的机器设备即可，而没有必要进行新的投资。因此，这次衰退削弱了减税在供给方面的效果，尤其是掩盖了对投资的刺激作用。另外，减税是在有巨额预算赤字的情况下开始实行的，这些赤字使利率上升，从而抵消了税收对私人投资的刺激作用。

最后，减税也未带来劳动供给的增加。1981 年第四季度，美国的失业率为 8.3%，到 1982 年夏季，这个数字达到 10%。其实，减税不仅有替代效应，而且也有收入效应，二者经常是互相冲突的。减税带来的实际收入的增加既可以诱使人们更多的工作，同时也可以鼓励人们更多地休息。而供给学派的理论往往片面地突出地强调替代效应，而忽略了收入效用。实际上，替代效应并非如供给学派所认为的那样永远大于收入效应：从劳动力构成上来看，一部分人可能以收入效应为主，另一部分人则可能以替代效应为主。根据布朗和罗森的统计，男性成年人对边际税率的替代效应和收入效应都近乎为 0，而对妇女和青年人来说，边际税率的替代效应则比较大。从时间上看，劳动者在某一时期可能以收入效应为主，在另一时期则可能以替代效应为主。例如，在劳动者经济宽裕的时候，收入效应大于替代效应，而在其经济困难的时候，替代效应大于收入效应。从收入等级上看，某一收入等级的人以收入效应为主，另一收入等级的人则可能以替代效应为主。据统计，高收入阶层的人一般不会因税率变动而改变工作时间，即替代效应较小；而低收入阶层的人的替代效应则比较大。正是由于这两种效应的同时存在，导致了减税后人们的行为是不确定的。

四、"拉弗曲线"

减税当然可以刺激人们劳动、储蓄和投资的积极性，从而使生产扩大和供给增加。但问题是减税是否会导致政府的税收收入相应的减少？经济学家们已经认识到，政府财政赤字的增加，一方面会产生通货膨胀的压力，另一方面会使利率居高不下，并且导致外贸赤字。由单纯的减税政策而引发的负面效应，将会抵消其刺激供给的正面作用。因此，减税未必就是包治百病的灵丹妙药。极端的供给主义者对这个问题的回答是乐观的，他们认为，减税未必会使政府的税收收入锐减，所以政府不必担心会出现他们所不愿看到的政策效应。因为减税在刺激供给增加和生产规模扩大的同时，也扩大了税收面，从而能够使政府在较低的税率下征收到较多的税收，使税收总收入增加并超过高税率下的税收收入。"拉弗曲线"就是供给学派在这方面最为典型的理论。

拉弗曲线是以拉弗的名字命名的一条反映税率与政府税收收入之间关系的曲线（见图 6-3）。图中纵轴表示税率，横轴表示政府税收收入。当税率为 0 时，政府税收收入也为 0，如税率提高到 100%，就意味着人们要把全部收入用来纳税，则无人再愿意工作或投资，政府税收收入将降为 0。随着税率的下降，政府税收收入开

税率
100%

A
C

禁区

E

B
D

O
税收收入

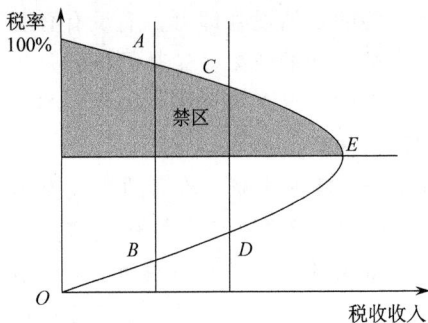

图 6-3　拉弗曲线

始增加，如从 100% 到 A 或 C。同样，税率从 0 升到 B 或 D 也将使政府税收收入增加。

在拉弗曲线上，总是存在产生同样税收收入的两种税率，如图 6-3 的 A 和 B、C 和 D。不过，虽然 A 点和 B 点为政府提供同等的税收收入，但 B 点代表着很低的税率和很高的产量，而 A 点却代表着很高的税率和很低的产量。C 点和 D 点也是如此。显然，A 点对一国的经济来说是不利的。

这其中孕含着深刻的寓意：较低的税率非但不会使政府的税收减少反而会使国家藏富于民，从而实现富国裕民的双赢局面。或者用万尼斯基的话说，在税率的税收效应问题上，"你用糖浆比用醋能捉到更多的苍蝇"这句谚语表达了拉弗曲线的本质。

拉弗曲线一定存在一个转折点，即 E 点。这是因为，当税率从 100% 变化到 0 时，税收收入也随着税率的变化而变化，而且是从 0 开始到 0 结束，这就说明拉弗曲线一定存在一个转折点。E 点是政府税收收入最大化点。在 E 点之下，税收收入随着税率的提高而增加；在 E 点之上，税收收入随着税率的提高而减少。任何超出 E 点之上的边际税率对国家来说都应该是"禁区"，因为落在该区域内的任何税率都意味着较低水平的税收和产量的组合，只有减税才能摆脱国破民穷这种不合理的双输境地。因此，合理的税率应当在 E 点及 E 点之下的非禁区域。拉弗并没有告诉人们这个 E 点究竟是多高，不过从他画的那条平滑的、对称性的曲线及他心目中的最高边际税率来看，E 点应该是 50%。拉弗认为，美国的税率早已处在"禁区"之内，而这正是引起生产率下降和供给不足的主要原因。因此，必须实行减税，将政府税率降到禁区以外。

然而，拉弗曲线同样没有得到经验验证，因为里根政府的大幅度减税政策并没有为"政府创造瀑布般的额外税收收入"。相反，里根政府时期美国联邦财政连年出现巨额赤字：1981 年财政年度的联邦赤字为 57 亿美元，1982 年为 1 107 亿美元，1983 年和 1984 年均达近 2 000 亿美元。里根第一任期的 4 个财政年度（1981～1984）的财政赤字总计达 5 741.3 亿美元，比卡特总统任期的 4 个财政年度的财政赤字（2 564.53 亿美元）高出一倍以上。

拉弗曲线确实展现了一个具有重大意义的问题，即税率、税收和政府的预算赤字之间的关系，这些关系涉及人民和国家之间的收入及他们之间的债务，而这些问题又涉及经济理论的核心问题。应该指出，拉弗曲线所表述的思想并不是新的内容。几个世纪以来，许多思想家已经表达过这种关系。里根说："早在 14 世纪，一位名叫伊本·哈勒敦的穆斯林哲学家曾经这样描写古埃及的税收：'在王朝初期，少征税带来了多收入，在王朝后期，多征税带来了少收入。'换句话说，税率低时，税收就多；税率高时，税收就少。"①凯恩斯本人 1933 年在《繁荣之路》一文中也阐述了这一观点："税收也许太高了，以至于它不能达到它所要达到的目标；如果有足够的时间把减税后的收益集聚起来，则减税比平衡预算的增加会提供更好的机会。这种论点看来并不奇怪。"② 拉弗曲线的形状也毫无神秘可言，因为从数学上讲，如果一个变量等于两个变量的乘积，并且其中一个变量是另一个变量的减函数，那么，任何一条曲线都有如拉弗曲线的形状。在经济学中，类似的曲线比比皆是，如微观经济学中的总收益曲线、总效用曲线和短期总产量曲线，等等。但拉弗曲线的魅力在于，它以简洁明了而又通俗易懂的形式表达了极其复杂的经济理论和深邃无比的经济思想，而且看上去极具说服力；同时，它许诺了一种皆大欢喜的政策效应，所有这些都足以打动外行人特别是政治家的心。

　　拉弗的观点完全正确，或几乎完全正确，但是并不切合实际，因为它将复杂的事情简单化了，并且呈现的是一种近乎完美的理想主义状态。拉弗曲线是一条完全平滑的、完全对称的美妙曲线，只有假定税率、税收和产量水平之间存在一一对应的关系，并且抽象掉现实的许多因素，才能得出这条近乎完美的曲线。一旦这些假设不存在，拉弗曲线的政策效应也就不复存在了。图 6-4 是一条平滑的但非对称的拉弗曲线，一旦拉弗曲线呈现这样一种形状，那么，通过减税增加财政收入的机会就会很少。图 6-5 是美国经济学家马丁·加德纳根据 50 年来美国的经济资料做统计分析之后画出的"新拉弗曲线"。他认为，拉弗曲线虽然平滑美妙，但很不精确。因为，税收收入和税率的关系极其复杂，同一税率，可以对应地出现许多不同的税收收入值。因为经济现象是众多复杂因素的综合反映，以至于"经常处于不可预见的变化之中"，很难用一条曲线确切地描述。即使这条复杂但精确到像乱麻似的"新曲线"，也只有象征的意思，它不可能预测什么。

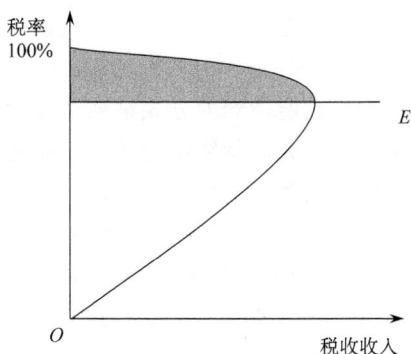

图 6-4　非对称的拉弗曲线　　　　图 6-5　新拉弗曲线

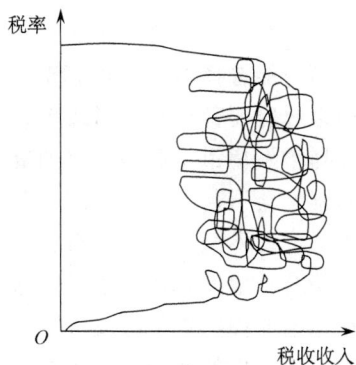

①　罗纳德·里根.1991.里根自传.翻译组译，北京：东方出版社：206.
②　转引自：保罗·克雷·罗伯茨.1987.供应学派革命：华盛顿决策内幕.杨鲁军等译.上海：上海译文出版社：31.

第三节　温和的供给经济学

温和的供给学派也认为美国经济的供给方面出现了问题，而凯恩斯主义经济学不能解决这些问题，因为这些问题恰恰是执行凯恩斯主义的需求管理政策的结果。极端的供给学派认为，供给方面的主要问题是边际税率过高，因此减税是解决美国经济问题可行的甚至是唯一的政策。而温和的供给学派则认为，美国经济供给方面的问题主要是由过高的税率、财政赤字、通货膨胀等综合因素引起的，要解决美国的经济问题就必须对上述因素都给予充分的重视。而且，它更强调财政赤字产生的通货膨胀压力和高利率对美国经济的供给能力所产生的负面影响。为了消除财政赤字和达到预算平衡，它甚至主张征税。温和的供给学派的主要代表人物是美国著名经济学家马丁·费尔德斯坦，他的主要理论建树是一条以他的名字命名的曲线和对"孪生赤字"即财政赤字和贸易赤字并存现象的分析。

一、"费尔德斯坦曲线"

"费尔德斯坦曲线"是关于财政赤字和通货膨胀率与资本形成率之间关系的一条曲线，其基本含义是：在通货膨胀率不变的条件下，财政赤字的增加会引起资本形成率下降，即财政赤字与资本形成率之间存在替换关系；在保证资本形成率不变的前提下，财政赤字的增加将导致通货膨胀，即财政赤字与通货膨胀率呈正相关关系，这意味着只要存在较高水平的财政赤字，提高资本形成率和抑制通货膨胀就是政府不可兼得的事情。

费尔德斯坦的分析建立在充分就业的假设前提下。他指出，在财政赤字增加的情况下，如果政府要防止通货膨胀加剧，就不能靠增发货币的方式来弥补财政赤字，而只能选择增发政府债券。这必将引起利率的升高，进而降低资本形成率。如果政府要稳定资本形成率，就不能靠发行政府债券的方式来弥补赤字，而只能选择增发货币。但是，增加货币供给显然会加大通货膨胀的压力，而通货膨胀的加剧又会引起名义利率的上升，进而就会降低资本的实际净收益。于是，为使资本形成率不至于降低，政府就要降低边际税率。但这会进一步扩大财政赤字，而倘若再增发货币，通货膨胀水平就会再度上升。因此，当存在财政赤字时，在稳定或提高资本形成率水平的同时，必然伴随着通货膨胀率的上升。

将上面分析的通货膨胀率与资本形成率之间的关系置于以资本形成率 k 为横轴、以通货膨胀率 π 为纵轴的直角坐标系中，就可以得到向右上方倾斜的"费尔德斯坦曲线"（见图 6-6）。

曲线 I 表示在一定的财政赤字水平下，要使资本形成率从 K_1 提高到 K_2，就必然使得通货膨胀率从 π_1 上升到 π_2；反之，要使通货膨胀率从 π_2 降低到 π_1，就一定会导致资本形成率从 K_2 下降到 K_1。曲线 II 表示在更高的财政赤字水平条件下的通货膨胀率与资本形成率之间的关系。因为当财政赤字扩大时，政府为了保持原有的资本形成率 K_1，必然增发货币，这就使得通货膨胀率从 π_1 上升到 π_3；而如果要保持 π_1 的通货膨胀率水平，则资本形成率就会从 K_1 下降到 K_3。曲线 III 表示的是相对较低的财政赤字水平下的情况，这是因为当财政赤字缩小时，在保持原来的资本形成率水平的基础上，

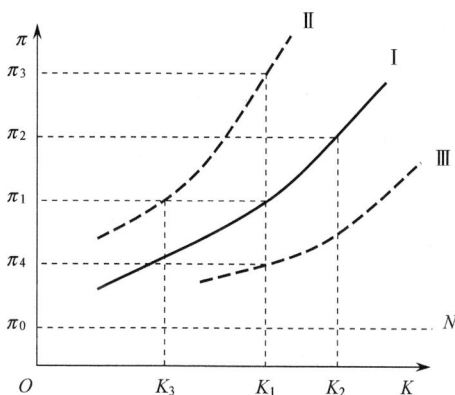

图 6-6 费尔德斯坦曲线

政府可以少发行货币，进而缓解通货膨胀，于是，通货膨胀率将从 π_1 下降到 π_4。此外，费尔德斯坦还指出，经济中存在着一个自然通货膨胀率，它对资本形成没有什么影响。自然通货膨胀率可以与任何一个资本形成率水平相对应，而表现在坐标系中，自然通货膨胀率是一条平行于横轴的直线，即图 6-6 中的直线 N。当财政赤字为 0 时，"费尔德斯坦曲线"就下移至与这条自然通货膨胀率曲线 N 重合。

费尔德斯坦认为，菲利普斯曲线已经不能解释当时的美国经济状况，它所反映的通货膨胀率和失业率之间的替代关系是在非充分就业的条件下和短期内存在的，而当经济达到充分就业时，菲利普斯曲线的替代关系就消失了，并为费尔德斯坦曲线的替代关系所取代。这时，经济问题就主要表现在供给方面，所以，如果政府继续推行赤字政策，就会使"费尔德斯坦曲线"上移，这一方面会加大通货膨胀的压力，另一方面还会导致资本形成率的降低，进而使供给能力进一步下降。因此，凯恩斯主义的经济政策已经失效，宏观经济管理应该从需求转到供给上来，主要的政策任务是平衡预算，推行紧缩性的货币政策和刺激性的财政政策，逐步降低或消除财政赤字，使"费尔德斯坦曲线"向下移动而转化为一条水平线，最终达到自然通货膨胀率的水平。虽然费尔德斯坦也认为美国经济"滞胀"的症结在供给方面，但他的主张要比拉弗等人所持的那种直接通过减税来促进储蓄、投资和工作的积极性的主张要温和得多。甚至，他还提出了几乎与极端的供给学派相反的观点。例如，他主张当存在财政赤字时，为了平衡预算和降低严重的通货膨胀，可以牺牲一定的资本形成率和经济增长率；或者可以增加税收，如征收备用税、消费税或增值税等，因为这既可以减少财政赤字和抑制需求过度增长，也可以减轻利率上升的压力，进而维持一定的资本形成率水平。

二、财政赤字与它的"孪生赤字"：贸易赤字

费尔德斯坦认为，财政赤字最引人注目的结果之一是美国对外贸易的不平

衡。在以防止高通货膨胀复发为目的的货币环境下，政府财政赤字的大量增加必然导致美国实际利率的上升。美国长期实际利率的上升，提高了美国利率相对于国外利率的水平。例如，美国公司债券的利率比前联邦德国的几乎高出 6 个百分点，从而吸引世界各地的资金向美元证券投资，而这又抬高了美元汇率。美元升值使美国产品的价格相对高于外国产品的价格，造成了美国出口减少而进口增加，形成贸易逆差。因此，财政赤字必然会产生它的"孪生赤字"——贸易赤字。贸易赤字不仅增加了美国国内的失业，而且使美国由一个债权国变成债务国，从而严重地削弱了整个美国经济的实力。

费尔德斯坦认为，因财政赤字而产生的"孪生赤字"问题，不仅会对美国的国内经济造成巨大影响，而且也影响着世界经济，特别是西欧各国经济。美国的"孪生赤字"，一方面使这些国家的出口增加，贸易收支状况得到改善；另一方面，由美国财政赤字形成的高利率使这些国家的资本净流向美国，从而阻碍了欧洲经济更有力的回升。同时，由美国财政赤字引起的美元升值而导致的欧洲货币的贬值，使欧洲各国产生了通货膨胀的压力，从而迫使它们采取紧缩性的货币政策来缓解这种压力，这又是欧洲国家持续高失业的最主要原因。

总之，在费尔德斯坦看来，美国的巨额财政赤字对美国经济和世界经济造成了很大的负面影响，其带来的最大危险是可能助长采纳保护主义的政策，这将既损害美国经济，又损害世界经济。因此，他主张必须大幅度地减少财政赤字。而要做到这一点，主要不是依靠财政支出的有限削减，而是靠增税。

➤本章主要参考书目

保罗·克雷·罗伯茨. 1987. 供应学派革命：华盛顿决策内幕. 杨鲁军等译. 上海：上海译文出版社.
赫伯特·斯坦. 1997. 美国总统经济史：从罗斯福到克林顿. 金清等译. 长春：吉林人民出版社.
罗纳德·里根. 1991. 里根自传. 翻译组译. 北京：东方出版社.
乔治·吉尔德. 1985. 财富与贫困. 储玉坤译. 上海：上海译文出版社.
外国经济学说研究会. 1984. 现代国外经济学论文选. 第五辑. 北京：商务印书馆.

➤复习思考题

1. 供给经济学与凯恩斯主义经济学的减税政策有何不同？
2. 简要评述供给经济学关于减税的理论基础和政策效果。
3. 极端的供给学派与温和的供给学派有何区别和联系？
4. 什么是"拉弗曲线"？简要评述拉弗曲线的政策效应。
5. 什么是"费尔德斯坦曲线"？其理论基础和政策含义是什么？

第七章

新古典宏观经济学

新古典宏观经济学（New Classical Macroeconomics），早期叫做"理性预期学派"（Rational Expectation School），是 20 世纪 70 年代凯恩斯主义经济学陷入危机之后在美国兴起的一个新自由主义经济学流派。它是从货币主义中分化出来的，所以又被称为"货币主义Ⅱ"，是比货币主义更彻底的经济自由主义。新古典宏观经济学将货币主义的适应性预期理论改造成为理性预期理论，并且以此为核心重新改造了宏观经济学，从而引发了宏观经济理论的革命。尽管是以革命的形式出现，但就其实质来说，新古典宏观经济学仍然是早期新古典主义的宏观经济理论的某种复归，前者只不过是将理性预期假说融入后者的理论分析框架之中，并重新解释了新古典主义的市场出清假说、货币中性假说和货币主义的自然率假说，因而被认为是新古典经济学第二代，即以动态分析及理性预期假说为主要特征而与第一代相区分。从这个意义上说，"新古典宏观经济学"这一术语比"理性预期经济学"更准确地概括了这一流派的核心构成。20 世纪 70 年代之后，新古典宏观经济学成为资产阶级的主流经济学，其主要代表人物卢卡斯和普雷斯科特与基德兰德分别获得了 1995 年和 2004 年的诺贝尔经济学奖。然而，正如"大萧条"使新古典经济学破产一样，新古典宏观经济学在 2008 年并发的金融危机和经济危机事实面前受到了严峻的挑战。

第一节 "理性预期革命"

理性预期假说是新古典宏观经济学理论基础的核心构成部分，它的产生是经济学的预期理论进一步发展的结果。一旦预期以理性的形式出现，就会引发经济理论的真正革命。为此，整个宏观经济学必须重新改写，而传统的经济理论必须被重新审视，或者遭到彻底清算，或者得到重新解释，甚至宏观经济学家所用的语言都与从前殊异。

一、从非理性预期到理性预期的演变

所谓"预期"（expectation），是指行为当事人在进行某项活动之前，对未来的情况及变化进行估计和判断，以便采取必要的行动或策略，实现预想的目标。因为所有的决策都是在现在做出的关于未来的行动，所以预期在决策理论中是至关重要的，预期正确与否，将决定目标能否实现。在经济学上，经济主体为了谋求利益最大化，就必须对与决策有关的经济变量的未来值进行预测并采取相应的对策，以避免可能造成的经济损失或错过赢利的机会。例如，如果生产者预期其商品价格将要上涨，就会减少其现在的供给量，而增加其未来的供给量；对该商品的需求者而言，其行为则恰恰相反。再如，在决定工资的谈判中，劳资双方都要对物价水平的未来变动趋势进行预期，这种预期最终决定了货币工资的变动。预期是解释经济行为、结果及经济变量数值的关键，所有的经济理论，实质上都包含预期形成理论。预期理论必须回答这样两个有关的问题：①为了形成重要经济变量的预期值，人们是如何获得、评价和使用相关信息的？②在经济理论模型中，应该使用什么样的预期假说？理性预期假说是在 20 世纪 60 年代形成的，在此之前，经济学家曾使用各种形式的预期假说，而理性预期假说就是经济学的预期理论进一步发展的必然结果。

1. 静态预期

静态预期是在蛛网理论的基础上发展起来的。蛛网理论是在 20 世纪 30 年代出现的关于对均衡价格进行动态分析的理论，其核心内容是考察当期价格波动对下一期产量的影响及由此产生的均衡变化。该模型的数学表达是

$$Q_t^d = a - bP_t \qquad \text{（需求函数）}$$

$$Q_t^s = c + dP_t^{*} \qquad \text{（供给函数）}$$

$$P_t^{*} = P_{t-1} \qquad \text{（预期价格）}$$

式中，Q_t^d 和 Q_t^s 分别表示 t 期产品的市场需求量和供给量；P_t 和 P_{t-1} 分别表示 t 期和 $t-1$ 期产品的市场价格；P_t^{*} 表示厂商在 $t-1$ 期对 t 期产品价格的预期。其中，a、b、c、d 均为不变参数。上述模型内含三点假设：①市场供给量对价格变动的反应是滞后的，第 t 期的供给量 Q_t^s 取决于厂商在 $t-1$ 期对 t 期市场价格的预期；②市场需求量 Q_t^d 对价格变动的反应是瞬时的，第 t 期的需求量取决于当期市场价格 P_t；③第 t 期的价格预期等于前一期的市场价格 P_{t-1}。由于上述的价格预期没有考虑到市场价格的动态变化，而只是简单地把前一期的市场价格

作为本期的市场价格，因而这种价格预期被称为静态预期。静态预期是相当粗糙的预期形成机制理论，它要么假定经济主体对价格变动的趋势是完全无知的，或者对有关信息是完全无法得到的；要么假定经济主体对预期的错误及由此导致的经济损失是完全无动于衷的。

2. 非理性预期

非理性预期是凯恩斯在《通论》中提出来的。他认为，未来是不确定的，我们生活在由历史的偶然性构成的世界里，在这个世界里，我们不仅对关于未来的知识了解甚少，而且也不可能根据现在去推断未来。因此，对未来的预期是非理性的，决定于某种本能、猜想、狂想、情绪和动物精神。非理性预期的特点是：①预期的形成缺乏可靠的基础，因而易受情绪的支配；②预期被作为一个外生变量来对待，从而被排除在模型的分析范围之外；③不受有关的经济变量与政策变量的影响。

3. 外推型预期

静态预期理论的解释力是有限的，因为市场价格是动态变化的，厂商在遭受多次挫折之后必然会总结经验教训，修正以前对市场价格的预期。1941 年，经济学家梅茨勒（L. Metzler）提出了外推型预期模型，从而发展了静态预期。他认为，对未来的预期不仅应以经济变量的过去水平为基础，而且还应考虑经济变量过去的变化趋势。他将 t 期的价格的外推型预期定义为

$$P_t^* = P_{t-1} + \beta(P_{t-1} - P_{t-2})$$

这一公式表明，经济变量的预期值不仅与最近的过去相联系，而且与其最近的过去的变动趋势相联系。其中，$P_{t-1} - P_{t-2}$ 表示价格从 $t-2$ 期到 $t-1$ 期的变动趋势；β 为预期系数，表示人们根据过去价格变动趋势对未来价格变动影响的预测。当 $\beta = 0$ 时，外推型预期变为静态预期；当 $\beta > 0$ 时，以前的价格变动趋势将继续下去；当 $\beta < 0$ 时，以前的价格变动趋势将逆转。因而，预期系数 β 对外推型预期的变化起很大的作用。图 7-1 表示预期系数 β 对价格预期的影响。毫无疑问，历史数据的变化

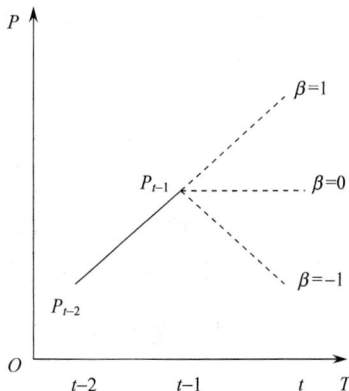

图 7-1 外推型预期

趋势对于形成未来预期是重要的，这也是外推型预期方法的实质。然而，过去的趋势虽然考虑了，但过去的预期错误并没有被考虑进去。

4. 适应性预期

外推型预期理论的一个重大缺陷是没有表示出人们在进行预期时会对过去预期的错误加以修正。而适应性预期方法强调，经济主体在形成他们的预期时，不

仅依据实际的历史数据，而且还考虑他们先前的预期被证明错误的程度。适应性预期是由菲利普·卡甘（Phillip Cagan）首先引入经济学的。卡甘认为，经济主体会根据前期预期的误差来校正当期预期值。因而，适应性预期是一种反馈型预期。当前期的预期价格高于实际市场价格时，现期的预期价格应当降低；否则应提高。如果我们仍然考虑对未来价格水平的预期，就可以将其表示如下：

$$P_t^* = P_{t-1}^* + \beta(P_{t-1} - P_{t-1}^*) \quad (0 \leqslant \beta \leqslant 1)$$

这就是说，我们预期的下一期价格等于我们预期的现期价格加上我们对现期价格预期的错误。假如 $\beta = 0.5$，P_{t-1} 为 100，我们以前预期的 P_{t-1}^* 为 90，那么我们预期的下一期价格 P_t^* 为 95。只要对价格的预期出现错误，对预期的修正和调整过程就将继续下去，直至预期值与实际值相等为止。例如，假定价格和 β 不变，P_{t+1}^* 为 97.5，P_{t+2}^* 为 98.75，P_{t+3}^* 为 99.375……如果 $\beta = 1$，那么预期值就直接等于实际值。这正是理性预期的概念。

适应性预期的方法假设经济主体会根据已被证实的过去预期的错误程度来调整他们的预期，这意味着追求利益最大化的理性经济当事人会从由预期的错误造成的经济损失中吸取教训，并一步一步地纠正预期的错误。该假说从个人行为最大化假说来解释预期的形成，从而克服了以往预期理论的一个根本性缺陷，即预期被作为外生变量来对待，以致预期的形成缺乏可靠的基础。适应性预期假说具有较强的解释力，是货币学派的理论基础，很好地说明了为什么货币在短期内是非中性的，而在长期内是中性的。虽然适应性预期假说用经济方法合理地解释了预期的形成过程，但是，它并没有将这一方法彻底贯彻下去，以致在适应性预期假说和个人行为最大化假说之间存在一个明显的漏洞。该假说始终将人们置于被动的地位，认为只有当预期错误造成相当的经济损失之后，人们才会进行适应性调整。难道追求利益最大化的理性经济当事人一旦发现错误不能立即加以纠正，而非要等到他们的收入下降以后才采取正确的行动么？难道追求利益最大化的理性经济当事人不能利用并理智地处理一切可以得到的信息，从而做出正确的预期么？正是这些对适应性预期假说的批评，导致了理性预期假说的出现。

二、理性预期假说

所谓理性预期，"它假定单个经济单位在形成预期时使用了一切有关的、可以获得的信息，并且对这些信息进行理智的整理"。[①] 理性预期假说的含义是：

第一，经济主体会充分利用在他看来值得收集的所有能够得到的公开信息，这些信息不仅包括过去的，而且包括当前的。这意味着，预期的形成不能仅靠以

---

① 贝尔特·麦卡勒姆.1983. 合理预期理论的意义//外国经济学说研究会. 现代国外经济学论文选.第七辑. 北京：商务印书馆：40.

往的经验，如果认为现实值得考虑的话，他还要考虑当前现实的情况。因此，理性预期是信息有效利用的预期。以往的预期理论只是依据对被预期的变量的历史数据进行预测，却不能充分利用一切与预期变量相关的有用信息。当然，搜集和获得信息是有成本的（时间、努力和金钱），经济当事人不可能得到所有的信息。理性预期不是完美预期，它不是完全信息假设下的预期。完全信息假设不需要预期理论。理性预期假说特别是弱理性预期假说①并不要求完全信息假设，它强调"理性"经济当事人在形成他们的预期时会去利用所有可得到的公开信息，并且把这些信息运用到这样一点，在这一点上边际收益等于边际成本。在许多情形下，取得当前信息的成本是 0 或者极小。例如，政府宣布提高税率；中央银行宣布提高利率；经济当事人还可以从新闻媒体发表的预测和评论中获得信息；等等。

第二，经济主体在形成预期时，会用有效率的方式对他们认为值得考虑的信息进行处理，直至使主观形成的预期值与客观的实际值完全一致。这个假设暗含的意思是：经济主体必须拥有高深的经济理论和经济模型相关知识，才能用以得出有效的预期。强理性预期假说认为，理性形成的预期与有关的经济理论的预测在本质上是一样的。问题是：连经济学家们自己就什么是正确模型都存在巨大分歧，而那些当事人实际上是如何获得"正确"的经济模型的知识的？对这个问题，理性预期学派的解释是：鸟并不懂空气动力学，但它们飞得很好。强理性预期假说形式并不要求经济当事人实际上知道正确的经济模型。当然，他们也可以将此类问题委托给经济专家来做。它也并不排除现实经济中存在不确定因素和干扰因素，因而人们的预期必然会出现错误。然而，与适应性预期假说认为只有经过相当长的时间之后人们才会纠正预期的错误不同，理性预期假说强调，一旦人们发现错误，就会立即纠正，从而把他们的预期很快调整到与有关变量的实际值相一致的水平。因此，人们在预期未来时绝不会犯系统性的错误，这就好像经济当事人在形成预期时确实掌握了高深的经济理论和经济模型相关知识。例如，如果企业总是按照错误的预期行事，就会在市场上不断地失败，到头来必然被淘汰掉。因此，存留下来的企业都是能够进行正确预期的企业。

理性预期的概念首先是由美国经济学家约翰·穆斯在 1961 年发表的《理性预期和价格运动理论》一文中提出来的。他指出，对实际预期数据的研究表明，企业在现实中所做的预期平均说来比一些简单模型所做的预测要准确，就像是出自更精致的方程系统。由此，他对人们的预期行为提出一个新的假说：人们的预期本质上同相关理论的预期一致，因为它们都是对未来事件的有根据的预期。他称这种预期为理性预期。穆斯在原有蛛网模型的变形中引入一个包含理性预期假

---

① 一般认为，理性预期假说有强弱两种形式。在理性预期形成所需要的信息和专门的经济理论模型知识等方面，弱理性预期假说并不像强理性预期假说那样要求更加严格的条件。

设的附加方程，并在供给函数中增加了一个随机变量 μ_t，表示由于不可测因素带来的产量变化，即

$$Q_t^d = a - bP^t$$

$$Q_t^s = C + dP_t^* + \mu_t$$

$$P_t^* = E(P_t/I_{t-1})$$

在这个模型中，I_{t-1} 是前一期经济过程所反映的信息集合，$E(P_t/I_{t-1})$ 表示在 t 时期可获得的信息的价格的期望值。预期误差等于 0。穆斯的理性预期假说的经济学含义是：①理性预期是经济主体追求利益最大化的自然结果，是最准确的预期；②经济当事人的主观概率分布等于经济系统的客观概率分布。理性预期并不保证每个人都有同样的预期，也不要求每个人的预期都正确无误，但理性预期的误差平均为 0。

理性预期假说的强化形式如下：

$$P_t^* = P_t + \varepsilon_t$$

上式中，P_t^* 表示变量的预期值；P_t 表示变量的真实值；ε_t 表示随机扰动误差项。ε_t 被认为具有零均值，而且与预期形成时的有效信息无关，因为如果它与有效信息有关，就说明经济主体在形成预期时并未对信息加以充分利用，而这是与理性原则相违背的。总之，理性形成的预期的特质是：①预测误差本质上是一个均值为 0 的随机量；②它与前段时期形成的预期没有联系，即在整个时间段里没有序列相关性；③它与其他任何预测方法相比，方差最小。也就是说，理性预期是最准确、最有效的预期形成形式。

对理性预期假说最致命的批评来自后凯恩斯主义经济学家，而且这种批评涉及在一个根本上是不确定的世界里如何形成理性预期的问题。对后凯恩斯主义者来说，这个世界是非遍历性的。在一个不确定性的世界里，概论规则根本就不适用，所以严格合乎理性的行为是不可能有的。对于后凯恩斯主义者的批评，理性预期学派的代表人物罗伯特·卢卡斯曾借用美国经济学家奈特（1921）关于不确定性的分类说来明确该假说适用的环境。奈特将人们统称为不确定性的随机事件区分为两类：凡是可以用概率分布描述，且其不确定性可以用方差加以衡量的随机事件，被定义为"风险"（risk）；那些不服从任何概率分布，不能为人们所预测的随机事件，被定义为真正的"不确定性"（uncertainty）。卢卡斯指出，理性预期只是在有"风险"但不涉及"不确定性"的场合才有效。在前一个场合，如经济周期，随机事件有规律地重复发生，经济当事人收集和处理其信息的过程比较稳定，因而能够形成理性的预期；而在"不确定性"的场合，经济分析毫无价值。

三、新古典宏观经济学的产生与发展

穆斯的理性预期假说理论在当时曾被用于对金融市场动态行为的分析，但从

未被作为宏观经济动态分析的前提，所以对一般经济思想并未产生广泛的影响。直到十多年之后的 1972 年，美国经济学家、芝加哥大学经济学系教授罗伯特·卢卡斯（Robert Emerson Lucas 1937—）发表了《预期与货币中性》一文，首先把穆斯的理性预期假说同货币主义模型结合起来分析。之后，卢卡斯又和明尼苏达大学经济学家托马斯·萨金特（Thomas J. Sargent 1943—）、尼尔·华莱士（Neil Wallace 1938—）等人一起发表了一系列论文，对理性预期假说做了进一步阐发，同时把理性预期引入宏观经济模型，分析了诸如工资、就业、失业、货币、通货膨胀、经济周期、政府行为、经济政策的作用等一系列理论问题，并猛烈地批评凯恩斯主义的理论和政策，从而形成了以卢卡斯为首的理性预期学派。

理性预期理论及其在经济学中的应用，是 20 世纪 70 年代以后宏观经济学领域最重要的突破性成果之一，使西方宏观经济学在理论结构和分析方法上发生了重大的变化。但就其实质来说，它仍然是新古典经济学的某种变种或进一步发展。这是因为：

首先，理性预期假说实际上是对新古典经济学关于经济当事人的理性行为分析的扩展与补充，仍然以个人行为最大化假说为基础。不过，新古典经济学的预期理论是完全信息假设下的完美预期或完全理性预期，这意味着经济当事人在追求利益最大化的行动中永远不会犯错误。正是因为这一不现实的假设，导致新古典经济学完全忽视了预期的作用。理性预期假说放宽了完美预期形成所必需的严格条件，它强调不完全信息、预期的成本及由此导致的预期的错误，重视预期对产量、就业量与价格总水平的决定及变动产生的重要的影响作用。但结论没有实质性的改变：经济当事人在追求利益最大化的行动中绝不会犯系统的错误，因为一旦发现犯错误就会立即改正。理性预期假说是在新古典经济学的完全理性假说之下所做出的关于人的经济行为的新的理论分析。

其次，理性预期学派是沿着新古典经济学的分析思路进一步展开其理论分析的，始终坚持新古典主义的市场出清假说、货币中性假说和货币主义的自然率假说，而这些假说是新古典经济学范式的核心构成部分，并且在“凯恩斯革命”中被彻底地摧毁。理性预期学派将理性预期假说融入新古典主义的理论分析框架之中，重新解释了总产量、总就业和价格总水平的波动原因，并且说明了宏观总量水平的波动并不违背新古典经济学关于市场竞争机制会自动实现充分就业的均衡这一根本命题，从而将新古典经济学范式的核心构成加以补救，并且完成了对凯恩斯革命的“反革命”。

理性预期学派的出现引起了经济理论的一场真正意义上的“革命”。

首先，它是由弗里德曼发起的“货币主义反革命”的深入。以理性预期代替适应性预期，意味着菲利普斯曲线所表示的通货膨胀率与失业率之间的交替关系在短期内也不能成立；由理性预期假说引申出来的"政策无效论"是对凯恩斯主义经济学相机抉择的经济政策更加彻底的打击。

其次，它意味着宏观经济学的微观化，或以微观经济学取代宏观经济学。在理性预期学派看来，宏观经济的各种变量是由具体的微观经济变量加总而成的。因此，要了解宏观经济变量的变动情况和变动规律，首先必须探讨微观经济变量的变动情况和变动规律。从理性预期假说、货币中性假说和自然率假说发挥作用的情况看，理性预期学派也必然以微观的经济分析取代宏观的经济分析。就理性预期假说而言，进行理性预期的主体是一个个具体经济活动的当事人，正是他们的理性预期，以及其在理性预期基础上所做的经济决策，构成了整个社会最优化经济活动的基础。因此，要探讨整个社会最优化经济活动，便须首先探讨具体经济活动当事人的理性预期行为和决策，也就必须进行微观经济分析。再就货币中性假说而言，货币之所以仅仅起到作为交换的媒介和经济计量工具的名义变量的作用，关键在于具体的经济活动当事人按照理性预期进行实际的经济活动；换言之，正是由于经济活动当事人的理性预期及其活动，才使货币起到名义变量的作用，使之具有中性，这也意味着对具体经济活动当事人的经济活动的微观经济分析。至于自然率假说，它把各种经济变量的自然率水平规定为各种市场实现均衡时所达到的水平。显然，自然率假说要求分析各种市场实现均衡的情形，而对各种市场均衡的分析，则属于微观经济学的范畴。总之，传统的宏观经济学用总量分析方法所建立的宏观经济模型没有考虑"个人决策"的作用，是一幢没有根基的空中楼阁。所以，宏观经济学的出路在于它必须使自己适应微观理论，而这实际意味着"宏观经济学的安乐死"。

最后，它也意味着经济学的数学化和计量化。在理性预期学派出现以前，理论经济学家和计量经济学家基本上分工明确，互不牵涉，各司其职。新古典宏观经济学家有意识地将一般经济理论的表述与计量经济学的工具紧密结合在一起，所设计的经济模型都是经过经济计量的充分论证，调动了包括微积分、线性代数、概率论、微分方程、差分方程等几乎一切数学工具。于是，理论经济学家和计量经济学家之间的分工被彻底打乱了，以至于不懂得数学，特别是不懂得经济计量方法，就不懂得经济学。按照卢卡斯的观点，一个经济模型越是"现实的"，其可以用于说明实际经济的有用性就越少；而一个抽象而简洁的计量经济学模型提供的有充分说服力的假想的经济体系，可以以其虚拟的、非现实的特征来说明实际的经济现象。通过把决定某种政策在实际经济中将发挥作用的各种参数和约束条件以一个经济模型显示出来，观察政策在这些参数的作用下和有关的约束条件之下所能得到的结果，也就等同于其在实际经济中的检验，并且利用这种方法可以使那些在实际经济中须以惊人的花费才能检验的政策，能够以低得多的代价得以试验。这实际上就是自然科学中的科学实验的方法，只不过以往的经济学尚未应用过这种方法。理性预期学派的分析方法对西方经济学产生了重大的影响，促使西方经济学日益朝着形式化、数学化和技术化方向加速发展。

新古典宏观经济学的发展经历了两个阶段：20 世纪 70 年代初至 80 年代初，占主导地位的是以卢卡斯为代表的货币意外冲击的经济周期理论。由于这一理论未能得到 1980～1982 年期间美国和英国经济衰退的事实的验证，所以被以芬恩·E. 基德兰德（Finn E. Kydland 1943—）和爱德华·C. 普雷斯科特（Edward C. Prescott 1940—）为代表的实际经济周期理论，即以货币以外的实际经济因素为冲击源的经济周期理论所取代。这两位经济学家由此分享了 2004 年的诺贝尔经济学奖。他们的获奖理由是：第一，通过对宏观经济政策中的"时间一致性问题"进行分析，为经济政策特别是货币政策的实际有效运用提供了新的思路；第二，在对经济周期的研究中，通过对引起经济周期波动的各种因素及它们之间的相互关系的分析，深化了人们对这一现象的认识和理解。新古典宏观经济学的第二代代表人物还包括哈佛大学经济学教授罗伯特·J. 巴罗（Robert J. Barro 1944—）、查尔斯·普洛瑟、约翰·朗、罗伯特·金、艾伦·斯托克曼、塞尔焦·雷贝洛等。

第二节 货币经济周期理论

对新古典宏观经济学来说，理性预期意味着最优决策，而在竞争的市场经济条件下，个人的最优决策将导致新古典经济学意义上的一般均衡。但问题在于，市场往往处于一种非均衡状态，表现为总产量水平周期性的上下波动，以及失业和通货膨胀的交替或同时出现。凯恩斯认为，经济周期现象是市场非均衡或市场失灵的表现。他奠定了市场非出清或市场失衡的理论分析框架，用以指导国家干预主义的宏观经济政策。在新古典宏观经济学出现以前，凯恩斯主义的市场非出清理论模型占统治地位，即使货币主义对其发动了强有力的挑战。新古典宏观经济学家面临的一个最大的理论挑战也许就是如何用理性预期假说解释经济周期现象，这正像胡佛所指出的那样："无须借助于非均衡概念来解释宏观经济总量以及价格运动，这是新古典的经济周期理论研究所迫切需要的东西。"①

新古典宏观经济学批判了凯恩斯主义的经济周期理论，认为这一理论只着眼于某一时点上的总产量水平，而不是经济随着时间的动态演进。据此，它将均衡方法融入经济周期理论模型之中，提出了一种关于均衡的经济周期理论。这一理论把总产量和价格水平的波动归结为在不完全信息的情况下某种外部干扰因素以

---

① 布赖恩·斯诺登，霍华德·文，彼得·温纳齐克 .1998. 现代宏观经济学指南——各思想流派比较研究引论 . 苏剑等译 . 北京：商务印书馆：235.

出乎意料的方式使人们的预期出现暂时性的错误，但在理性预期条件下，错误将立刻得到纠正，总产量和价格又将回到均衡水平。因此，产出波动、失业和通货膨胀都是理性经济人最优决策的结果和对均衡水平的暂时偏离，而不是市场失衡的表现。新古典宏观经济学的最初经济周期理论是卢卡斯的货币意外冲击模型，该模型将穆斯的理性预期假说、弗里德曼的自然率假说、卢卡斯的总供给假说与传统微观经济学的市场出清假说和跨期替代假说结合在一起，以货币作为冲击源来解释产出围绕着自然率水平上下波动。

一、市场出清假说

持续市场出清假说是新古典宏观经济学的第二个核心假说，与瓦尔拉斯传统是一脉相承的。这一假说是指，在每一个时点上存在着这样一种均衡价格，它使所有市场供求相等，既没有超额供给，也没有超额需求，经济因此处于一种持续均衡状态（无论是短期还是长期）。市场出清假说是以价格和工资的充分弹性假定为基础的。如果价格和工资具有充分的弹性，一旦产品市场（或劳动市场）出现超额供给，价格（或工资）就会下降，对该产品（或劳动）的需求量就会增加，直至供求相抵为止；反之亦然。当市场上所有商品的价格恰好使供求量达到均衡时，全部市场就同时呈现出清状态，这种均衡即为一般均衡。如果说斯密和萨伊还仅限于对市场出清做含糊的猜想，那么受过工程师训练的瓦尔拉斯则用数学工具把这一思想精确化了。他把包含一个价格变量的供求相等均衡条件推广到包含多个价格变量的供求相等均衡条件的一组方程式体系，同时求得所有产品和要素的均衡价格及均衡数量。

理性预期学派的持续市场出清假说比理性预期假说招致更多的批评，同时，它也是最有争议的假说，因为它隐含着的观点是：价格可以自由地迅速调整以使市场出清。凯恩斯主义提出了一大堆理由来解释为什么在失衡后价格和工资调整到市场出清的过程将是十分缓慢的，所以市场可能不会出清，经济可能处于一种持续的非均衡状态。与此相对照，正统货币主义模型包含的假设是，价格会以相当快的速度调整以出清市场，但是由于存在货币的幻觉使人们的预期产生错误，所以在短期内经济可能是非均衡的，人们纠正预期错误需要较长的时间，因此，只有在长期内经济才会调整到自然率水平，即回到宏观经济的均衡状态。

二、劳动–闲暇跨期替代假说

劳动–闲暇跨期替代假说是新古典宏观经济学用以解释总产量水平波动的另一个核心假说。它建立在两个正统的微观经济学假设基础上，即：①工人和厂商做出的理性决策反映他们的最优化行为；②工人（厂商）的劳动（产量）的供给取决于相对价格。该假说认为，产品和劳动的供给者主要根据相对价格和相对工资的变化情况来决定产出水平和劳动-闲暇之间的替代。由于市场是充分竞争的，所以价格和工资均具有充分的弹性，它们的短期微小变化就能引起产量和就业量的显著波动。

跨期替代假说的中心在于劳动供给。由于劳动供给取决于个人劳动者如何将其时间在劳动和闲暇之间进行分配的决策，所以需要考虑影响这种分配的主要因素。劳动者当前就业的好处主要与赚取的收入有关，它使劳动者能够消费商品和劳务。为此，劳动者分配给闲暇的时间应当少一些。"闲暇"一词用来概括所有的不取得收入的活动，如休息、娱乐、消费等，这些活动都会产生效用。因此，在做出他们的劳动供给决策时，劳动者既考虑未来的闲暇，也考虑当前的闲暇，以使效用达到最大化。收入和闲暇之间的相对价格的变化，将会改变劳动者的效用最大化之临界点，从而使他们重新进行时间配置。假设工人对正常或预期的平均真实工资水平有一种主观的标准，那么如果当前的真实工资在这一标准之上，工人就会受到激励从而倾向于在当期工作更多的时间；相反，如果当前的真实工资低于这一标准，工人就会倾向于缩短当期的工作时间，而延长当期的闲暇时间。由此，劳动供给被看做是对当时真实工资水平变化做出的反应。这种用目前闲暇替代未来闲暇或相反的替代行为反应被称为跨期替代。新古典模型用工人的自愿选择来解释就业的变化，从而彻底摒弃了凯恩斯主义的"非自愿"失业概念。

三、货币意外冲击模型

结合上面提到的各种假说，卢卡斯提出了自己的货币意外冲击模型。这一模型以卢卡斯的总供给函数作为基础，即

$$Y - Y_N = \alpha(P - P^*)$$

式中，Y 表示实际产量；Y_N 表示产量的自然率水平（或潜在产量）；P 表示实际价格水平；P^* 表示预期价格水平；α 表示系数。它表明产量对其正常水平的偏离仅仅是价格水平对其预期值的偏离（可以称为价格水平意外）的反应。比如说，当发生价格水平意外变动时，即当实际价格水平高于预期值时，厂商和工人会把它当成是自己产品和劳动的相对价格的上升，从而导致经济中产品供给量和就业量的上升；在没有发生价格水平意外变动的情况下，经济将保持在它的自然水平上。

卢卡斯认为，经济中一般有两类干扰：一类是由货币数量变化引起的一般物价水平的波动，另一类是由生产技术条件和消费者偏好的变化引起的相对价格水平的波动。很显然，在决定增加或减少产量和劳动供给量时，只有相对价格的变动才是至关重要的。在人们预期到的情况下，一般物价水平的变动不会影响实际产出和就业，而只会影响其名义量，这就是"货币中性"的含义。问题在于，无论是哪一类干扰，都会首先表现在商品和工资的名义价格的变动上。在不完全信

息的条件下，人们面临着"信号筛选"问题，即他们必须判断价格和工资的变动是局部性的还是全局性的，因为这对经济当事人决策的影响是不同的。卢卡斯假定厂商只对自己产品的市场价格或相近的产品的市场价格敏感，而对其他产品的市场价格的了解在时间上滞后。那么，当厂商发现自己产品的市场价格发生变化时，他需要判断这一变化是仅仅发生在自己产品的市场价格上，还是所有产品的市场价格都发生了同方向、同幅度的变化，也就是须对价格是相对变化还是绝对变化加以判断。这一判断过程很重要，因为它决定了厂商的下一步行为：如果厂商判定是相对价格的变化，那么他将对产品供给量进行相应的调整；如果判定是所有产品的市场价格的同方向、同幅度变化，即名义价格的变化，那么对产品供

给量的调整将是无利可图的，也是没有必要的。事实上，在不完全信息的条件下，经济当事人要提取正确的信号是非常困难的，他们的判断很可能出错，从而把一般物价水平的变动与相对价格的变动相混淆，结果往往使产出量和就业量偏离了自然率水平。但由于人们形成了理性预期，这种偏离很快就会被纠正，即使在短期内经济也处于其均衡水平上。图 7-2 是对卢卡斯货币意外冲击模型的图形说明。

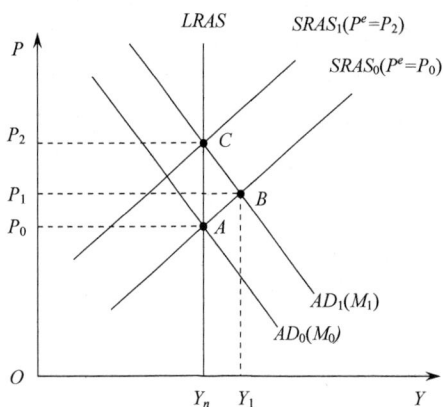

图 7-2　货币意外冲击模型

假定经济最初处于 A 点。如果货币当局增加了货币供给量，但是事先并未向公众解释其意图，结果将导致总需求意外增加（总需求曲线从 AD_0 移动到 AD_1），于是，由于商品市场和劳动力市场的过度需求，必然会造成货币工资和价格的上升。这种情况将对拥有不完全信息的工人和厂商造成预期误差，工人会错误地将货币工资的增长看成实际工资增长并相应地提高劳动供给量；而厂商将把一般价格水平的上升当成是他们的产品的相对价格的上升并相应地增加商品供给量。随着总需求的意外增加，经济将沿着短期总供给曲线从 A 点移动到 B 点。但是这种变动（即经济总量对自然率水平的偏离）仅仅是暂时的，当经济当事人意识到他们的产品的相对价格并未发生变化时，产量和就业水平将迅速恢复到其长期均衡（即自然率）水平。当经济当事人完全调整了他们的价格预期，短期总供给曲线将从 $SRAS_0$ 移至 $SRAS_1$，经济将从 B 点移动到 C 点。

虽然从货币主义那里引入了自然率假说，但是理性预期学派对经济波动的解释与货币主义是不同的。在货币主义那里，随着总需求的变动，在短期内经济总量将偏离其自然水平；而在理性预期学派的新古典模型中，只有意外的冲击才能

在短期内影响产量和就业量。如果经济当事人事先能够知道货币当局将要增加货币供给量——要么因为当局公开了他们的意图，要么因为货币供给量是由某种规则确定的，在对这些信息加以充分考虑之后，经济当事人将对价格变动形成理性预期。在这种情况下，货币供给的变动将对产量和就业量没有影响。当总需求曲线从 AD_0 移动到 AD_1 时，这种移动的效果将很快被短期总供给曲线 $SRAS_0$ 移动到 $SRAS_1$ 的调整所抵消。这样，经济直接从 A 点移动到 C 点，仍然保持在自然率水平上，即使在短期也不会发生变化。

　　总之，意外的总需求冲击（主要是由货币供给的意外变动造成）将引起市场价格的意外变化，这将使理性的经济当事人产生价格预期误差（不完全信息假说），从而引起厂商和工人对产品和劳动供给的调整（跨期替代假说），最终将造成经济总量的波动，即产量和就业量偏离其长期均衡水平（自然率假说）。一旦经济当事人意识到自己的预期误差，他将迅速地调整产品与劳动的供给（理性预期假说），而由于价格与工资具有完全弹性（市场持续出清假说），产量与就业量将会迅速恢复到其长期均衡水平。在这种经济周期理论中，经济总量受到的需求冲击被认为主要源于没有预见到的货币供给的变化，因此它也被称为货币经济周期理论。这一理论所包含的政策含义是政策无效论。

　　卢卡斯根据货币周期模型对 20 世纪 70 年代西方国家出现的滞涨现象做出了解释。按照货币经济周期理论，如果冲击完全是意料之外的，将会观察到价格和产量的协同运动；如果冲击完全是意料之内的，价格仍然会变，但产量不会变动。假设冲击既有意料之外的成分又有意料之内的成分，那么价格和产量都会上升，只不过价格上升的幅度会小于冲击完全是意料之内的情况下的幅度，而失业率下降的幅度则小于冲击完全是意料之外的情况下的幅度。这意味着菲利普斯曲线的斜率是不稳定的，它的大小取决于货币供给量增加后预期到的和未预期到的成分的比例。现在考虑这样一种情况：假设预期的货币增长率高于实际的货币增长率——这在一个经历持续通货膨胀的国家里是非常有可能出现的情况，在这种情况下，通货膨胀率会超乎寻常地上升，而产出水平将会下降，因为人们会按照估计过高的通货膨胀率要求得到补偿，从而导致生产成本提高，失业率攀升。当然，滞涨也是由人们的预期错误造成的，一旦人们使用了正确的预期，经济就会走出滞涨。

　　卢卡斯还根据实际情况来验证自己的理论。根据货币经济周期理论，在通货膨胀率长期以来较高且多变的国家，由于人们预期了货币供应量的变化，所以价格对总需求变动的反应将非常敏感，而产出的反应则相对迟钝；相反，在通货膨胀率历来较低且价格稳定的国家，由于人们更容易把总需求变化视为相对需求的变化，所以产出对价格变化的反应十分敏感。基于上述推理，卢卡斯比较了近 20 个总需求和通货膨胀率各不相同的国家，得到了一些有利于支撑货币经济周期理论的证据。萨金特、巴罗等人也以实际数据验证过货币周期模型，所得出的结论也表明：货币周期模型在解释极端情况时是很不错的，但对于其他情况的解释却不甚理想。还有一些证据对验证该模型是不利的，其中比较严重的是里根执政时期的实际情况。里根上台时宣布，为了降低通货膨胀率，他将实行减缓货币增长率的政策。按照货币周期模型，这种事先公布的政策属于被预期到的事件，不应该引起衰退，结果衰退还是发生了。这一事实给货币周期理论以很大的打击。

　　理性预期学派经济学家如卢卡斯、萨金特、华莱士等人的开创性贡献主宰着 20 世纪 70 年代的宏观经济学研究。然而，到了 20 世纪 70 年代末，理性预期学派宏观经济理论的一些弱点就暴露出来了。与经济学思想史上的许多学说有着同样的命运，批评者对理性预期学派的持续市场出清和不完全信息这两个假设提出了质疑。而对于持续市场出清这个传统古典假设的争议由来已久，因为持续市场出清就意味着工资与价格极度灵活、市场总是处于均衡状态等一系列前提条件，而现实常常并非如此。尽管理性预期经济学家构建了一个严谨的理论体系并将这一假说纳入其中，但是仍然难以说服那些秉承工资与价格刚性和市场非均衡信念的经济学家。时至今日，这仍是新古典宏观经济学与新凯恩斯主义经济学争论的焦点所在。另外，理性预期学派的批评者们注意到，在现实中经济当事人能以相当低的成本获得总价格水平和货币供给量的信息，于是就对理性预期学派的货币意外理论中经济当事人的价格错觉提出了质疑。同时，理性预期学派的核心政策结论——货币中性命题，也受到了现实经验的严峻挑战。在里根和撒切尔政府实行紧缩性货币政策之后，美英两国先后经历了严重的经济衰退，这是与所谓的"货币中性"命题不相符的。正如著名经济学家詹姆斯·托宾所说："大的事件及其解释往往使原来的思想失去信誉，而由新的思想取而代之。"[①]理性预期学派在反凯恩斯革命中起家，但是到了 20 世纪 80 年代初，它和当年的凯恩斯学派一样面临着尴尬局面。也正是在这个时候，一批新古典宏观经济学家提出了更具革命性的新古典二号模型，对经济总量不稳定的新古典解释从货币冲击转向了实际冲击，进而形成了实际经济周期理论。

第三节　实际经济周期理论

　　实际经济周期理论是受 20 世纪 70 年代的供给冲击，特别是石油危机和农业欠收冲击的影响而形成的，是新古典宏观经济学恢复市场出清假说和构造均衡周期的另一个尝试。与货币经济周期理论一样，实际经济周期理论也把经济总量的波动看成经济当事人在资源约束条件下追求个人效用最大化的自然结果。两者的主要分歧在于，究竟什么是经济中需要人们经常做出理性反应的变数——货币因素还是非货币因素？实际经济周期理论是在对理性预期学派经济理论的继承和批判的基础上发展起来的。一方面，它继承了理性预期学派的一些重要假说，包括理性预期假说、持续市场出清假说及劳动-闲暇的跨期替代假说等；另一方面，它又对理性预期学派的经济学说进行了批判性的发展。

这主要表现在：第一，以供给冲击特别是技术冲击代替货币冲击作为主导冲击的因素，进而得出"货币超中性"的命题。货币中性是新古典宏观经济学的一个重要结论，也是上述提及的各种假说演绎的必然结果。根据这一命题，如果货币冲击不会对产量造成持久的影响，那么造成经济总量波动的主要力量就一定来自实际因素。货币经济周期理论忽视了实际因素，而把货币量的意外变动视为总产出波动的主要冲击源泉，这是对货币中性命题的某种背离及向凯恩斯主义经济学的"货币非中性"理论的妥协。实际经济周期理论家们强调来自供给方面对经济总量的冲击，代替了货币经济周期理论的来自需求方面对经济总量的冲击，从而对货币中性这一命题做了进一步的强化。第二，不再关注有关一般价格水平的不完全信息，这就等于抽掉了形成货币经济周期理论传导机制中的一个重要组件，因为这一假设在卢卡斯的早期货币幻觉模型中起了至关重要的作用。实际经济周期理论家们认为，理性预期的形成可能会受到不完全信息的影响，经济当事人仍然会面临着"信号筛选"问题。例如，当一种技术冲击出现时，经济当事人必须根据自己的经验从噪音中选择信号，以判断冲击是暂时性的还是永久性的，进而做出相应的决策。但卢卡斯的货币意外模型的重要假设前提——经济当事人对价格变动会形成预期错误——是不真实的，因为有关一般价格水平的信息是可以公开得到的。实际经济周期理论实质上放弃了货币经济周期理论，提出了一个全新的经济周期理论。

一、技术冲击

总产出水平的波动可能来自总需求的冲击，也可能来自总供给的冲击。经济学家已经充分讨论了经济周期中来自总需求方面的冲击，如凯恩斯主义的总支出模型、货币主义的货币幻觉模型、卢卡斯的货币意外冲击模型等。而长期以来，来自供给方面的冲击却被忽视了。实际上，我们可以列举出一系列由生产率的重大变化引起的冲击，它们主要有：①物质环境的一些变化对农业产量形成的不利影响，这类冲击包括自然灾害，如地震、干旱、洪水等；②能源价格的显著变化，如石油价格在1973年和1978年的急剧抬高和随后1986年的下降；③战争、政治大动荡或劳动者的骚动，常常会打乱经济的运行和现存的结构；④政府调控措施，如实行进口配额——它破坏了激励，使企业家的才能转向寻租活动；⑤由资本和劳动投入的质量变化造成的生产率冲击，如新的管理手段、新产品的开发及新的生产技术的引进，我们可以把这类冲击广义地定义为由技术变迁引起的"技术冲击"。虽然来自供给方面的冲击可以列出很长的单子，但实际经济周期理论认为，最常见、最值得分析的是技术冲击，因为它是先进工业化经济中在长期内导致供给变动的主要推动力量。因此，该理论把技术冲击作为波动源。

实际经济周期理论把经济波动归于实际因素或供给方面的冲击。典型的是全要素生产率的冲击或技术冲击。这种冲击造成总供给曲线的移动及劳动市场上的劳动需求曲线和劳动供给曲线均衡位置的改变，从而引起总产量和就业量的变化。冲击的具体过程是这样的：假定经济初始处于均衡状态，没有随机的技术冲击。如果出现一种正的技术冲击，如采取一种新的生产技术，那么就会出现如下的结果：劳动生产率提高 ⟳ 产出水平进一步增加 ⟳ 对劳动的需求增加 ⟳ 实际工资提高 ⟳ 劳动供给增加 ⟳ 就业增加。图 7-3 描述了这种情况。而如果出现了负的技术冲击，相反过程的链条就会出现。

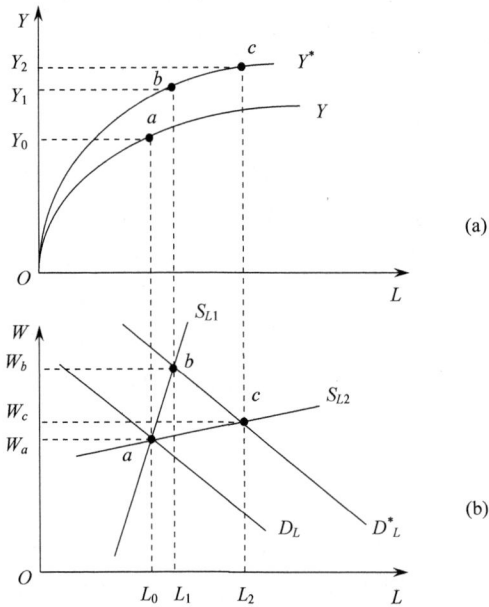

图 7-3　技术冲击引起的产量和就业波动

图 7-3（a）表示的是使生产函数从 Y 移动到 Y^* 的有利的技术冲击，这种冲击对劳动市场的供求关系的影响由图 7-3（b）说明。在技术冲击发生之前，劳动的需求曲线 D_L 和劳动的供给曲线 S_L 的交点 a 决定了劳动市场的均衡就业量为 L_0，L_0 与（a）图的总产量曲线 Y 的交点 a 决定了总产量水平为 Y_0。一个正的技术冲击使总产量曲线由 Y 移动到 Y^*。劳动生产率的提高使（b）图的劳动需求曲线由 D_L 提高到 D_L^*，这导致工资的提高和劳动供给量的增加。然而，就

业扩大的程度及均衡产出增加的程度取决于劳动供给的工资弹性。（b）图给出两种弹性不同的劳动供给曲线：S_{L1}表示相对缺乏弹性的劳动供给曲线，表明由技术冲击引起的生产率的提高需要工资较大幅度的提高才能引致出产量和就业量的较小幅度的增加，如（a）图和（b）图中的交点 b 所对应的 Y_1 和 L_1。S_{L2}是一条富于弹性的劳动供给曲线，表明较小幅度的工资提高就足以引致出较大的产量和就业量。很明显，第一种情况不足以说明经济总量的波动。实际经济周期理论以劳动-闲暇的跨期替代假说来解释为什么劳动的供给曲线是有弹性的。

二、总产量的随机游走

传统的经济周期理论普遍认为，经济总量是沿着一个长期趋势发展的，即便在这一过程中会对长期趋势暂时偏离，但是终将恢复到原有趋势上来。直到 20世纪 80 年代早期，这几乎是各个流派宏观经济学家的共识。但是，1982 年，纳尔逊和普洛瑟共同发表了一篇重要的论文，对这一传统观点提出了严峻的挑战。纳尔逊和普洛瑟的研究方法涉及复杂的经济计量检验，我们将用一个简化的方程来说明他们的研究结论。传统的解释真实 GNP 的短期波动观点可以用下面的简化方程来表示：

$$Y_t = a + bY_{t-1} + \varepsilon_t$$

式中，t 表示时间；a 和 b 是常数，a 表示潜在 GNP 的平均增长率，描述经济总量的平稳增长趋势，ε_t 表示一个均值为 0 的随机扰动。传统观点认为，如果发生随机扰动 ε_t，由于 Y_t 依赖于 Y_{t-1}，冲击将在时间上向后传播，形成相关序列，但是由于 b 的取值在 0 和 1 之间，即 $0 < b < 1$，扰动对产量的影响将最终消失，同时产量最终将回到它的趋势增长率上（见图 7-4），我们通常称这种情形为产量的"趋势复归"或"稳定的趋势"。在这种情形下，产量的偏离被认为是暂时的，在实际经济周期理论出现之前，宏观经济学普遍信奉这一结论。

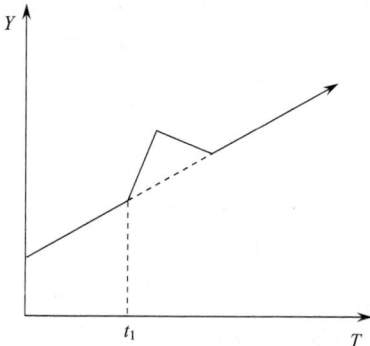

图 7-4　"趋势复归"下的产量波动轨迹　　　图 7-5　持久性冲击下的产量波动轨迹

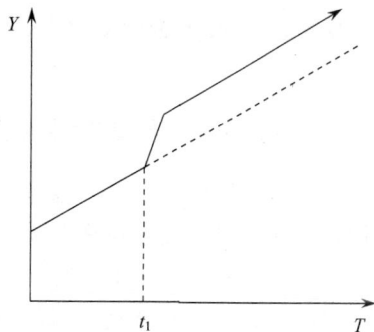

与上述观点不同，纳尔逊和普洛瑟认为我们所观察到的 GNP 的多数变化是持久的，因为在一次冲击之后，不存在产量复归到以前稳定趋势的倾向。他们称自己的发现为 GNP 以随机游走的统计过程演进。GNP 的随机游走可以用下面的简化方程表示：

$$Y_t = a + Y_{t-1} + \varepsilon_t$$

在这个方程中，系数 a 被赋值为 1，这样，如果一次随机扰动改变了产量水平，那么由于下一期的产量由上一期的产量决定，所以这次冲击对产量的影响将会持续到以后的任何一个时期（见图 7-5）。

纳尔逊和普洛瑟的研究对经济周期理论产生了深刻的影响。他们通过研究发现，技术变迁对生产函数的冲击是经常性并且是随机的，由此而造成的随机游走的产量轨迹将表现出类似经济周期的特征。而在这种情况下，波动是产量的自然率的永久性波动，而不是对其长期潜在趋势的暂时偏离。这一研究成果为"经济波动由供给冲击造成"这一观点提供了重要的支持，并且证明了均衡模型与总量不稳定并不是矛盾的。更重要的是，他们的研究是对传统宏观经济理论和研究方法的挑战。传统的宏观经济学把经济波动视为由临时性的冲击而导致的总产量对自然率的暂时偏离，由此导致它将经济增长和经济周期视为不同的现象，因而需要不同的工具进行研究。经济增长作为一种均衡趋势是长期现象，而经济周期是对这一均衡趋势的短期偏离。这种长期和短期的两分法是传统宏观经济理论的核心，同时也意味着凯恩斯主义、货币主义和理性预期学派之间的某种妥协。他们的研究表明，推动经济增长与经济波动的经济力量是没有区别的，经济周期在很大程度上表现为经济基本趋势本身的波动，而不是经济围绕基本趋势的波动，即周期不是对均衡的偏离，而是均衡本身的波动。因此，经济增长与经济周期之间并没有严格的区分，它们指向同一个问题。这就彻底地推翻了宏观经济学家经常使用的将波动与增长相分离的分析方法，同时也抛弃了关于短期循环与长期趋势的常规区分。通过消除趋势和周期之间的区别，实际经济周期开始整合增长理论和周期理论。这意味着宏观经济学的研究内容、研究方法和整个体系的根本转变。

三、基德兰德-普雷斯科特模型

在实际经济周期理论中，最著名的是基德兰德-普雷斯科特模型。该模型将长期增长和短期经济波动结合起来研究，认为消费、投资、就业乃至产出的波动都是行为人对于真实冲击的最优反应，从而把经济周期的动态波动解释为对全要素生产率的实际冲击和劳动-闲暇跨期替代之间交互作用的结果。基德兰德和普雷斯科特提出了这样一个问题：能否找到一个具体描述偏好和技术的参数，使得模型中那些由外生冲击引起的产出、消费、就业和其他经济变量与战后观察到的美国经济变量时间序列拟合？为了回答这个问题，该模型假设了一个高度简化的完全竞争经济体系：只有一种产品，它由资本和劳动两种投入生产出来的，生产函数规模报酬不变。经济体系受到的唯一的冲击是外生的生产技术随机波动。基德兰德和普雷斯科特研究的是一个充分竞争和市场出清的、封闭经济的动态随机一般均衡模型。该模型分析了投入增长和产出增长之间的关系，剩余部分即"索洛剩余"被看成是技术进步的结果。索洛把技术变化定义为总产量的变化减去劳动和资本投入的加权贡献之和。由于"索洛剩余"可以测度总产量中不能用资本和劳动投入的可测度的数量变化来解释的那部分变化，所以，它可以作为技术冲击的衡量指标。基德兰德和普雷斯科特发现，战后美国产量方差的大约 70% 可以用索洛剩余的方差来解释，"索洛剩余"的度量意味着一段时间内较大的技术变化，而大部分的技术变化正好出现在商业周期波动频繁时期。那么，技术冲击是如何转变成产出和就业变动的呢？

　　基德兰德-普雷斯科特模型包括技术冲击初始推动力和传导机制。初始的推动力来自实际因素或供给方的冲击，如技术进步速度的改变或全要素生产率的变化。这种冲击导致总供给曲线移动，从而形成经济周期。问题在于，一次性的较大或较小的单方面技术冲击是如何传导到整个经济中去，从而引起整个宏观经济的产出和就业受到持续的扩张或收缩的压力呢？实际经济周期理论包括这样两个传导机制：劳动-闲暇的跨期替代和资本形成的时滞。

　　传导机制之一是劳动-闲暇的跨期替代。如果存在正向技术冲击，则会提高劳动生产率和实际工资。劳动者必须判断这一技术进步有多大的可能是暂时性的，有多大的可能是永久性的，他们面临着从噪音中筛选信号的问题。由于劳动者不可能获得有关供给冲击的完全信息，他们不能正确地筛选信号，所以会引发经济周期波动。如果劳动者预期冲击是暂时性的，而现行实际工资相对于未来较高，他们就会选择增加目前的劳动供给量，而在实际工资较低的未来减少工作。这种以目前的工作代替未来的闲暇效应足以说明为什么劳动供给曲线是富于弹性的，从而实际工资的微小变化就会引起就业量和总产量的较大变动。如果劳动者预期冲击是永久性的，那么劳动供给量不会增加，但消费可能会增加，这样，消费支出的增加就会把最初只对一小部分企业有意义的冲击传导到整个宏观经济的波动上。

　　传导机制之二是从投资到资本形成的时间间隔。如果生产者预期冲击是持久性的，他们将增加资本投资。而资本扩大需要一段时间，因此在初始冲击过后的一段时间里，产量增加，并且在一系列相关的冲击后的相当长时间内，产量将会持续增加。当不再有新的冲击出现时，生产者才会发现，同保持稳定增长所需要的资本相比，他们持有太多的资本。这将使他们放慢投资的速度，直到资本折旧使经济恢复到稳定的路径上。

　　在这两个传导机制的作用下，宏观经济变量表现出高度的自相关。但是，一且技术进步回归正常的趋势路径，则产量、投资、就业等也都将回到趋势路径，经济也就处于下降阶段。这样，技术进步加速或减速成为经济繁荣或衰退的初始驱动力量，而传导机制的作用使得经济繁荣或衰退发生逆转，从而使得经济波动呈现出周期性。

实际经济周期理论提出之后，也受到了来自理论和经验验证两方面的批评。理论上的批评主要集中在该理论的冲击源和传导机制上。按照实际经济周期理论，大的产量波动要求对于技术进步率的重大扰动，但许多经济学家怀疑，形成经济波动所需要的技术冲击是否足够大或者足够频繁。在货币经济周期理论中，由于货币是全社会性的冲击源，所以这个问题回答起来比较简单。实际经济周期理论用技术冲击来说明波动从一个行业波及全社会的过程，于是产生了一个疑问：现实中的技术冲击是否大得足够引起这样的连锁反应？这个问题对实际经济周期理论是否成立十分关键。许多西方学者对劳动-闲暇的跨期替代弹性是否高到足以引起大规模的产量和就业量反应进行了验证，结果并未发现劳动力供给有显著的跨期替代弹性。一些经济学家的研究表明，工人分为两类：一类认为其劳动力供给决策受工作或工作时间的约束；另一类则认为自己不受约束。而第一类工人不会按跨期替代假说行事，不受约束的工人则会进行跨期替代决策，但是他们的劳动力供给对暂时的工资变动的弹性是微小的。也有西方学者指出，备置资本所需要的时间是一个经济变量，它应该随经济周期内生地变化，而不是一个技术常数。同货币经济周期理论一样，实际经济周期理论也缺乏有力的经验验证。20 世纪 80 年代初，实际经济周期理论日益兴盛的时候，正值美国的里根和英国的撒切尔夫人实施货币性反通胀政策在两国造成严重衰退的时候。该理论对此未能给出一个令人满意的解释。实际经济周期理论家指出，20 世纪 80 年代早期经历的衰退是受 1979 年第二次石油危机的影响。然而，大多数经济学家仍然不相信在短期内货币是中性的。同时，就典型事实而言，它的主要竞争者——新凯恩斯主义——同样能够解释许多时间序列的共同运动形式，在这一点上，人们看不到实际经济周期理论的优势所在。虽然面临来自各方面的批评，实际经济周期理论仍然为现代宏观经济学做出了一些重要而持久的贡献。其中最重要的贡献可能在于促使人们重新考虑总供给的作用，因为宏观经济学在考虑需求方面走得太远了。

第四节　新古典宏观经济学的政策含义："规则胜于相机抉择"

新自由主义经济学与凯恩斯主义经济学在经济理论和经济政策上的根本分歧在于：究竟什么原因是产生经济不稳定的根源？是市场经济本身所固有的缺陷，

还是政府本身就构成经济波动的重大干扰？由此引出的稳定经济的政策核心问题是：固定规则还是相机抉择？凯恩斯主义经济学把产出和就业的波动归结于市场的不完全性、不确定性及面对名义需求冲击时工资和价格的缓慢调整，因而主张政府采取积极主义的相机抉择的宏观经济政策来稳定经济。而新自由主义经济学则认为：市场比任何模型都更聪明，除非政府实施对经济的干扰政策，经济会自动地趋向稳定的均衡。因此，只有以公开的、固定的和单一的规则来束缚政府的行为，才能避免政府成为经济不稳定的因素。以规则代替相机抉择这一政策思想，最初是由货币主义提出来的，但新古典宏观经济学提供了更强大的反对积极行动主义的政策纲领的理由，并且迫使经济学家们重新考虑宏观经济稳定政策的作用和实施。

一、"政策无效论"

从新古典宏观经济学中引申出来的第一个政策含义是政策无效论。理性预期学派的一个主要原则是：经济如果不反复遭受政府的冲击，则基本上是稳定的。从理性预期假说引申出来的政策含义是：系统的货币政策无效，随机的货币政策有害。按照货币经济周期理论，产出和就业波动的根源在于以出乎意料的货币政策对经济进行干扰。如果政府在人们没有预期到的情况下突然增加货币供应量，对于随之而来的物价上涨，人们被迫判断它是局部性的还是全局性的。在一个物价水平基本稳定的国家里，人们往往将一般价格水平的变化与相对价格水平的变化相混淆，从而进行产出和就业的调整。只有在这种情况下，通货膨胀政策才可以制造暂时的经济繁荣。但是政府不可能连续不断地通过采取出乎意料的行动来达到期望的政策效果，因为人们一旦认识到错误就会立即纠正，经济总量将会回到自然率水平。如果货币当局的政策变动是公开的，那么理性经济当事人很快就会掌握货币当局的行为规律，并根据这种规律形成理性预期，一旦货币供应量增加，人们就会对这一信息加以充分考虑并完全预见到它对一般价格水平的影响，结果产出和就业将会停留在自然率水平上不发生变动。也就是说，货币当局的货币政策对实际经济变量不会产生实质的影响，这就是所谓的货币中性命题（也叫货币无效性命题）。

政府只有通过欺骗公众或以人们意料之外的方式执行经济政策才有可能暂时地影响经济，这意味着政府比公众更高明。但在理性预期的条件下，人们对政府经济政策及其实施的后果早已充分预计到了，并有了相应的预防措施和对策，从而使政府的经济政策不会有任何效果，这意味着公众未必不高明。所以，政府不可能永远地欺骗公众，这正像萨金特所说的："人们认识到真理，就不再犯同样的错误。当他们这样做时，他们取消了政策所期望的效果。"理性预期经济学家还经常引用林肯的一句名言来说明相机抉择政策后果的不可靠性："你只能一次欺骗一部分人，而不能永远欺骗所有的人。"为了保持经济稳定，应当尽量减少政府对经济的干预，充分发挥市场的调节作用。因此，公众需要的是稳定的政策，而不是积极行动主义政策。

实际经济周期理论的出现，使得相机抉择的宏观经济政策主张面临着更为严峻的挑战。实际经济周期理论家提出这样的问题："存在着经济周期吗?"他们感到使用"经济周期"一词是一种不幸，因为它意味着需要解释一种与决定经济增长因素无关的现象。他们认为："在经济中实际观测到的产量波动或其很大一部分并不是对某种假设的、乌托邦式的充分就业的产量水平的偏离，而是对生产可能性变化的最优反应。"[①]因此，产量和就业量在相对较短的时期内的大的波动正是"标准的新古典理论所预言的"：如果经济没有表现产量和就业量的大的波动，那倒是个谜。在实际经济周期理论家的世界里，经济始终处于充分就业状态，它不断地从一个均衡走向另一个均衡，所观察到的产量波动的轨迹也不过是持续移动的充分就业均衡，因此，政府稳定经济的政策是不必要的，至少以熨平经济周期为目标的反周期政策是不必要的。如果经济总是处在均衡状态，那么所谓的"充分就业"宏观目标将没有意义，因为经济已经到了那里了。如果经济波动是对技术变迁引起的生产函数的冲击的最优反应，那么，以需求管理为主要内容的相机抉择政策不可能有任何真实效应，因为它根本不起作用。对于实际经济周期的理论家而言，传统的宏观经济理论对于稳定问题的重视是一个代价高昂的错误，在他们的动态世界里，不稳定是人们所期望的，正如它是不可避免的一样。

二、"卢卡斯批评"和最优目标的"动态时间不一致性"

新古典宏观经济学家不仅对政府干预经济表示基本不信任，而且还运用理性预期假说来分析和批判凯恩斯主义相机抉择经济政策的计量经济学基础，并对该政策的效果和信誉表示严重的怀疑。他们重新表述了反对相机抉择经济政策的论点，进一步强化了弗里德曼对相机抉择经济政策的攻击。在这方面，具有典型意义的是卢卡斯针对凯恩斯主义经济学使用宏观计量经济模型来评价不同政策方案的效果而提出的著名的批评，以及基德兰德和普雷斯科特提出的关于最优目标的动态时间不一致问题。

相机抉择的计量经济模型是在20世纪五六十年代由丁伯根等人发展起来的，包括三个关键的步骤：首先，政策制定者确定经济政策的目标或目的（如低失业率和低通货膨胀率）；其次，政策制定者在确定最大化的社会福利函数之后，选择用于达到这些目标的一套工具（货币政策和财政政策）；最后，政策制定者利

---

① 西瑞安·瑞安，安德鲁·马利纽克斯.2000.现代经济周期理论的盛衰//布赖恩·斯诺登，霍华德·文.现代宏观经济学发展的反思.黄险峰等译.北京：商务印书馆：198.

用经济模型，运用最优控制理论找出最优政策以达到最优效果。相机抉择的经济政策理论将经济当事人放在被动地位，从而将他们的偏好僵化，而完全忽视了经济政策的变化几乎肯定会影响预期（这反过来将影响经济当事人的行为）这一理性预期的深刻含义。尽管最优控制理论在自然科学中的运用是成功的，但是在经济运行中，它面对的是具有理性的当事人。而一旦引入理性预期假说，那种认为政府运用经济政策调控经济像控制一部机器那样简单的想法就是完全错误的。人并不是一部机器，他会对引起自身福利状况改变的经济政策变化做出理性预期，并采取相应的对策。这自然就引出关于经济政策效果的评价问题和经济政策最优目标在时间上的不一致问题。

1976 年，卢卡斯发表了《经济计量政策评估：一种批评》一文。在这篇文章中，他批评了使用大规模宏观经济计量模型来评价不同政策方案的效果的一贯做法，所谓的"卢卡斯批评"因此而得名。卢卡斯认为，传统政策分析没有充分考虑到政策变动对人们预期形成的影响。人们在对将来的事态做出预期时，不但要考虑过去，还要估计现在的事件对将来的影响，并且根据他们所得到的结果而改变他们的行为。这就是说，他们要估计当前的经济政策对将来事态的影响，并且按照估计的影响来改变他们的行为，以便获取最大的利益。当经济政策发生变动时，经济当事人将会按照新的政策约束调整其行为，这将导致经济计量模型的结构参数发生改变，也就会使原有的经济计量模型失效。由于政策制定者无法预见到新的经济政策对模型结构参数的影响，所以利用经济模型很难评价经济政策的效果。

1977 年，基德兰德和普雷斯科特发表了《规则胜于相机抉择：最优计划的不一致性》一文。在该文章中，他们创立了一个基于政策制定者与具有理性预期的经济当事人之间动态博弈的新古典模型。他们认为，如果经济当事人具有理性预期，那么经济政策问题将会体现为政策制定者与经济当事人之间的动态博弈。基德兰德和普雷斯科特模型的一个基本观点是：对于政策制定者而言，最优政策具有动态时间不一致性。如果政策当局将他们认为的最优政策公布于众，且该项政策被相信，那么在以后的时期，对于政策制定者而言，它将不再是最优选择，这缘于政策制定者会在新的情况下发现背弃以前的政策承诺将会更好。如果政策制定者在 t 期得出的最优政策到了 t_{+1} 期不再是最优而将被另一最优政策取代，那么 t 期所估计的最优政策就是时间不一致的。这种事先和事后最优之间的差异，就是所谓的最优目标的动态时间不一致。

基德兰德和普雷斯科特举例说明了这个问题。第一个例子是防洪问题。假设社会最优结果是不要在洪水泛滥的平原上建造房屋，但是假定房屋已经建好，则最好采取昂贵的防洪措施。如果政府的政策是不建防洪所需的大坝和防洪堤，并且当事人知道了这个情况，那么即使房屋已经建好，当事人也不会在那里居住。但是，如果理性的当事人知道，房屋已经建好，而且政府将会采取必要的防洪措施，那么，在没有法律禁止在受洪水泛滥影响的平原上建造房屋的情况下，人们将会在平原上建造房屋，而随后政府就会修建防洪堤坝。第二个例子是专利政策。为了鼓励创新发明，政府制定保护专利的政策是合理的。因为保护专利就等于在一段时间内保护发明者对新产品的垄断，从而使其可以获得相应的垄断利润，所以新产品发明以后，政策当局会发现取消对新发明的垄断保护将是有利的。基德兰德和普雷斯科特还具体分析了高通货膨胀率和高失业率并存的现象。假设政策制定者的目标是低通货膨胀率并且宣布了一种政策，进一步假设该政策导致了低通货膨胀率预期，进而导致了工资小幅度地增长。在给定低通货膨胀率预期的条件下，政策制定者将会受推行高通胀货币政策的诱惑，因为这样可在短期内减少失业。但如果雇主和雇员都了解政策制定者的动机，则低通货膨胀政策就会失去其可信性；自我实现的高通货膨胀导致了工资的充分提高，却没有降低失业率。他们据此解释了 20 世纪 70 年代末和 80 年代初英美两国抑制通货膨胀失败的原因，认为是由两国政府的政策缺乏信誉支持造成的。类似的问题也出现在其他许多经济政策领域。例如，政府宣布对特定的经济领域（比如投资）实施减税，但是在该领域的投资一旦付诸实施，政府便可以撤销减税措施，从而增加收入。经济当事人之所以会判断政策当局会有这种背弃承诺的动机，是出于对政府政策的不信任。不信任的原因可能有许多，但在现实中集中体现为相机抉择的政策原则。正是在这种认识基础上，基德兰德和普雷斯科特提出了固定规则优于相机抉择的政策主张。

　　如果说卢卡斯的批评只是从模型参数变化的角度对传统的政策理论提出疑问，那么，基德兰德和普雷斯科特的研究更明确地表明，社会系统完全不同于物理系统，因而对后者有效的最优控制理论并不一定对前者有效，经济政策问题在本质上不是一个控制问题，而是一个对策问题。如果政府能改变它的政策（即规则没有约束力），那么规则本身也会成为"时间不一致"，因而建立对规则的信誉比具体的规则本身更重要。

➤ 本章主要参考书目

布莱登·斯诺登，霍华德·文. 2009. 现代宏观经济学：起源、发展和现状. 余江涛等译. 南京：江苏人民出版社.

布赖恩·斯诺登，霍华德·文，彼得·温纳齐克. 1998. 现代宏观经济学指南：各思想流派比较研究引论. 苏剑等译. 北京：商务印书馆.

国外经济学说研究会. 1983. 现代国外经济学论文选. 第七辑. 北京：商务印书馆.

托马斯·丁·萨金特. 1998. 宏观经济理论. 王小明，黄险峰，张亚红译. 北京：中国经济出版社.

吴易风，王建，方松英. 1998. 政府干预和市场经济：新古典宏观经济学和新凯恩斯主义经济学研究. 北京：商务印书馆.

➢复习思考题

1. 什么是理性预期？如何理解理性预期革命？
2. 分析新古典宏观经济学与货币主义宏观经济学之间的区别和联系。
3. 简要评述新古典宏观经济学的货币经济周期理论。
4. 什么是总产量的随机游走？请说明其理论意义。
5. 简要评述新古典宏观经济学的实际经济周期理论。
6. 简要评述新古典宏观经济学的政策含义。

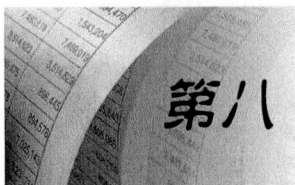

第八章

新制度经济学

"新制度经济学"（new institutional economics）是 20 世纪 60 年代在西方兴起的一个比较有影响的经济自由主义学派。它主要运用新古典微观经济学的逻辑和方法进行制度分析，并把自身的理论视为对新古典经济学的发展。奥利弗·威廉森将这样一种经济学称为"新的"制度经济学，为的是将它与西方经济学中的凡勃伦传统区分开来①。新制度经济学的主要代表人物有罗纳德·科斯（Ronald Harry Coase 1910—）、道格拉斯·诺斯（Douglass C. North 1920—）、阿曼·阿尔钦（Armen Albert Alchian 1914—）、哈罗德·德姆塞茨（Harold Demsetz 1930—）、奥利弗·威廉森（Oliver Williamson 1932—）、理查德·波斯纳（Richard A. Posner 1939—）、约拉姆·巴泽尔（Yoram Barzel）、张五常等。其中，科斯被公认为该学派的领袖人物。1991 年，科斯因"发现并澄清了交易成本和财产权对经济制度结构和经济运行的意义"而获得诺贝尔经济学奖。1993 年，诺斯因"建立了包括产权理论、国家理论和意识形态理论在内的制度变迁理论"而获得诺贝尔经济学奖。随着这两位代表人物相继获诺贝尔奖，新制度经济学的影响达到顶峰。2009 年，威廉森又因"在经济治理方面的分析、

---

① 在西方经济学中，存在着另一种不同范式的新制度经济学（Neo-Institutional Economics），它以加尔布雷思、谬尔达尔、海尔布罗纳等人为代表，继承了凡勃伦和康芒斯以来的制度学派重视制度的传统，研究制度对社会生活的决定作用及制度进化过程。但是，由于新制度主义采取反资本主义的激进立场，遭到主流经济学家的指责。科斯就曾尖锐地指出，美国的制度主义是一个沉闷的话题，是反理论性的，它除了一堆需要理论来整理不然就只能一把火烧掉的描述性材料外，没有任何东西流传下来。斯蒂格勒也认为美国的制度经济学是失败的，并把其失败的原因归纳为两点：一是对正统经济理论采取仇视态度；二是缺乏实证研究。关于新制度主义，详见本书第十章。

特别是对公司边界问题的分析"而获得诺贝尔经济学奖。这是新制度经济学家第三次问鼎诺贝尔经济学奖。

第一节　新制度经济学"新"在哪里？

所谓新制度经济学，正如科斯所说，是用主流经济学的方法来分析制度的经济学。它并没有否定正统经济学，科斯所做的工作只是增加了一个新的成本分类，这一分类曾经被忽视而现在被证明具有战略价值——它为分析社会经济问题提供了一个全新的视角，并从经济学研究对象、研究方法、基本经济范畴等方面促成了新古典经济学的发展，从而大大拓展了新古典经济学的应用领域，增强了其对现实问题的解释能力。从这个意义上说，新制度经济学是正统经济学特别是微观经济学的修正、拓展和延伸。它的出现表明：制度是如此之重要，以至于正统经济学不可能再忽视它了。同时，由于增添了新的研究内容和范畴，所以有经济学家把科斯的理论称做"新微观经济学"，这意味着经济学上的革命。

一、将制度及其功能作为研究对象

长期以来，对于经济制度的分析，一直是非主流经济学家或"异端的"经济学家的专利。这些经济学家虽然强调制度的重要性，并且对社会结构进行了制度分析，但是未能将制度因素本身纳入经济学的理论分析框架之中：在他们看来，制度或者是技术和人的本能及心理综合作用演进的结果，或者是由自然的和历史的因素决定。而正统主流经济学则把经济学当做关于人与物之间的技术问题来处理，并在制度既定的前提下（这不仅意味着制度是一种外生变量，而且意味着当前的制度是最好的制度），集中研究稀缺资源的配置问题。于是，影响经济行为的制度被高度简化了。例如，市场制度被简化为一种供求曲线，企业制度被简化为一种生产函数，而分配制度被简化为生产要素的边际生产力。这样，制度因素对人们的行为和经济活动的作用及影响也就不复存在了，而正统主流经济学则由于远离现实而变得苍白无力。新制度经济学的一个主要理论贡献就是运用经济学方法研究制度和制度的起源及其功能。

那么，什么是制度？按照诺斯的观点，"制度是一个社会的游戏规则，更规范地说，它是为决定人们的相互关系而人为设定的一些制约"①。他还指出："制度是一系列被制定出来的规则、守法程序和行为的道德伦理规范，它旨在约束追

---

① 道格拉斯·诺斯.1994.制度、制度变迁与经济绩效.刘守英译.上海：上海三联书店：3.

求主体福利或效用最大化利益的个人行为。"① 舒尔茨将制度定义为"一种行为规则,这些规则涉及社会、政治及经济行为"。可见,制度是规范社会政治经济秩序、协调人们之间的相互社会关系及约束人们在社会交往和交易活动中的行为的一整套规则。制度由以下三部分构成:

第一,正式约束(formal constraints)。它是指人们有意识创造的、以法律形式规范和约束人们行为的一系列规则,其排列顺序是:从宪法到成文法和不成文法,再到明确的规则,最后到个别的契约,它们共同约束着人们的行为。

第二,非正式约束(informal constrains)。它包括习俗、风俗、禁忌、戒律、传统、道德观念、伦理规范、意识形态等,是人们在长期交往中无意识形成的,并构成世代相传的文化的一部分。非正式约束包含着大量经过精炼和检验的先人智慧,被视为"文化黏合剂"的组成部分,并保持着群体的整合。非正式约束同正式约束一样可以规范人们的行为,但前者是我们不能理解和不能在结构上加以改造的,因而不能设计和移植,也是不能在短期内加以改变的;而后者是由一个主体设计出来并强加于共同体的,这个主体高居于共同体之上,具有政治意志和强制实施的权力,它可以从一种文化移植到另一种文化,并且可以在一夜之间发生变化。

从历史上看,在正式约束设立之前,人们之间的关系主要靠非正式约束维系,即使在现代社会,正式约束也只占整个约束的很少一部分,人们生活的大部分空间仍然由非正式约束来规范。同正式约束相比,非正式约束具有节省信息成本和强制执行成本的明显优势,这是因为其实施主要依赖人们的自愿和自觉的遵守。但是,一方面,仅有非正式约束是远远不够的,因为习俗和习惯很可能因为意义含糊,从而未得到足够清晰的阐述,也未被足够广泛地了解;非正式约束的约束力主要依靠人们的道德观念和羞耻心来体现,因而缺乏强制力和承诺的可信赖性,对违反约束行为的惩罚力度也很难令人满意,可能带有很大的随意性和偏向性,发自极端愤怒的情绪化行为可能会导致暴力和过度的惩罚,而不会导致公正的判决,等等。另一方面,仅靠正式约束也是远远不够的。熊彼特认为,若没有习惯的帮助,无人能应付得了每日必须干的工作,无人能生产,哪怕是一天。正式约束只有在社会认可即与非正式约束相容的情况下才能发挥作用。如果以正式制度取代非正式制度,就会出现问题——就像20世纪的各种专制政体的情况一样,它们推行越来越多损害市民社会的内在运行的正式制度,使监督和执行成本急剧上升,人们的自发动力萎靡不振。总之,这两种约束是不可分割、相互依存和相互补充的。

---

① 道格拉斯·诺斯.1994.经济史中的结构与变迁.陈郁等译.上海:上海三联书店,上海人民出版社:225~226.

第三，实施机制。制度的有效性，不仅取决于正式约束和非正式约束的完善程度，而且取决于制度的实施机制是否健全。离开了实施机制，制度就形同虚设。在国家出现之前，实施机制的主体是宗族家长和宗教组织，而当代社会则是国家。实施机制的基本原理是通过对违规行为的惩罚，使违规者的违规成本大于违规收益，从而起到惩戒的作用。实施机制本身需要支付成本，下面将要指出的是，它构成了交易成本的一个主要部分。实施机制需要有权威的组织来执行，但有些制度是自我执行的。例如，对于不礼貌的客人，主人会拒之门外，声誉机制也将使其他人对他敬而远之；即使警察不在场，大多数驾车者也会遵守交通规则，因为不这样做，可能连自己的生命都赔进去。

需要指出的是，制度不同于组织。制度作为约束人们相互关系的规则，没有自己的特殊要求或特殊目标，因此普遍适用于所有的人和所有的组织，而不管这些人和这些组织的具体目的是什么；而组织是为了实现特定目标而结合到一起的群体，特定的和不同的目标使组织与组织之间相互区别。制度决定了组织的目标乃至形式，而组织只有通过执行一定的规则才能实现目标。如果说制度是社会的游戏规则，那么组织就是玩社会游戏的角色，或者说制度是比赛规则，而组织是运动队和运动员。有什么样的规则，就有什么样的组织。足球和篮球比赛规则的不同决定了足球队和篮球队的不同玩法，乃至决定了队员的人数和选拔队员的标准。不同经济体制下的资源配置规则决定了具有不同性质和行为的微观组织和宏观组织。当然，组织内部也需要有正式约束和非正式约束，因为制度可以控制组织中有限成员的重复行为，这将有利于组织目标的实现。

制度是至关重要的，因为它影响着人们的经济行为，并决定着经济绩效。倘若没有任何的约束，个人将恣意追求利益最大化行为，我们将生存在霍布斯丛林中①。在一个具有稀缺性的经济世界里，人们之间可能发生互惠性合作关系，也

---

① "霍布斯丛林"是指英国哲学家和政治学家托马斯·霍布斯（Thomas Hobbes，1588—1679）在其名著《利维坦》中所描述的在国家出现以前人们处在无政府的"自然状态"。霍布斯认为，在进入文明社会前，人类处于一种自然状态。人类最初处于一种没有国家，没有法律，没有惯例，没有"你的"、"我的"之分的自然状态中，自然状态是一种"一切人反对一切人的战争"状态，"人对人像狼一样"。每个人都是其他个人的敌人，他想尽办法偷抢人家的财产，也想尽办法不被别人偷抢，每一个人能得到手的东西，在他能保住的时期便是他的。每个人的生活都是"贫穷、孤独、肮脏、残忍和短命的"。人们在相互冲突的利益驱动之下进行无序竞争，结果是所有人的利益都严重受损。产生这种互相为敌的混乱状态的原因有两个：第一，因为人类是自私自利的，在人类的天性中便存在着导致人们互相争斗的种种因素。第二，因为人类是生而平等的，任何两人想取得同一东西而又不能共同享有时，彼此就会成为仇敌。在没有一个共同权力使大家摄服的时候，人们便处在所谓的战争状态之下。为了克服自然状态下的人类生存困境，人们自愿放弃了个人的权利，将每个人手中的绝对权力交至一个人或一个机构手中，并这样一种社会契约的方式建立了国家。国家就像"圣经"上说的力量巨大无比的海兽"利维坦"（Leviathan），它力量巨大，可以使契约获得有效性，从而使社会得到安宁，和平得到保证。国家只是一种保护每一个个体以消除人自身存在的血腥野蛮习性的工具，是一种遏制"人性恶"的"必要的恶"。

可能发生竞争乃至利益的冲突。一方面，要合作，就需要有一套解决合作过程中可能会出现或必然会出现的利益冲突机制，而制度正是一种实现合作的规则，是一套一旦遇到矛盾和冲突就可以遵循的调解矛盾的规则；另一方面，要竞争，就需要定输赢，制度就是决定竞争输赢和资源归属的规则。有什么样的规则，就会有什么样的结果。有一则笑话：墨西哥在进行土地改革时，根据家庭有多少孩子来分配土地，结果导致墨西哥人口剧增。改变了游戏规则，人的行为就会改变，收入分配的形式就会改变，资源的分配也会改变。

在西方国家，流传着这样一个可以说明制度重要性的著名的分粥故事：有个由七个人组成的小团体，其中每个人都是平凡而且平等的。他们没有凶险祸害之心，但不免自私自利。他们想用非暴力的方式，通过制定制度来解决每天的吃饭问题——要分食一锅粥，但没有称量用具或有刻度的容器。大家试验了不同的方法，发挥了聪明才智，并通过多次博弈形成了日益完善的制度。大体说来主要有以下几种分粥方式：①指定一个人负责分粥事宜。很快大家便发现，这个人为自己分的粥最多。于是又换了一个人，结果总是主持分粥的人碗里的粥最多。②大家轮流主持分粥，每人一天。这样等于承认了个人为自己分粥的权力，同时给予了每个人为自己多分粥的机会。虽然看起来平等了，但是每个人在一周中只有一天吃得饱，其余六天都饥饿难挨。③大家选举一个信得过的人主持分粥。这位品德尚属上乘的人开始还能公平分粥，但不久便开始为自己和向他溜须拍马的人多分粥。④选举一个分粥委员会和一个监督委员会，形成监督和制约。公平基本做到了，但是由于监督委员会经常提出各种议案，分粥委员会又据理力争，等分完粥时，粥早就凉了。⑤每个人轮流值日分粥，但是分粥的那个人要最后一个领粥。令人惊奇的是，在这种方式下，七只碗里的粥每次都是一样多，就像用科学仪器量过一样。

这个故事说明一个好的制度具有以下功能：①降低交易成本；②抑制人的机会主义行为；③为合作创造条件；④提供激励；⑤将外部性内在化；⑥为经济提供服务。制度的这些功能将在本章的有关部分详加阐述。总之，正如诺斯所说，"制度提供了人类相互影响的框架，它们建立了构成一个社会，或更确切地说一种经济秩序的合作与竞争关系"[1]，"制度在一个社会中的主要作用是通过建立一个人们相互作用的稳定的结构来减少不确定性"[2]。它明确地规定了什么是可以做的而什么是不能做的，以及遵守这些规定可以得到的奖赏和违反这些规定所受到的惩罚，帮助一个人形成他与其他人进行交易时的合理预期，从而将阻碍合作

[1] 道格拉斯·诺斯.1994.经济史中的结构与变迁.陈郁等译.上海：上海三联书店，上海人民出版社：225.

[2] 道格拉斯·诺斯.1994.制度、制度变迁与经济绩效.刘守英译.上海：上海三联书店：7.

的因素减少到最低限度。

二、对"经济人模式"的修正

自亚当·斯密以来，西方经济学形成了用以解释人们的经济行为的一种分析模式——"经济人模式"。为了方便研究，经济学家假定人只关心自己，只在乎得失，并且精于计算，这就是所谓的"经济人"。"经济人"当然是经济学家对人的本质的过分简单和片面的一种抽象，许多经济学家对此都不满意，但它被证明是有用的分析工具，而且还没有更好的模式可以取代它。"经济人模式"在方法论上具有极其重要的意义：一方面，它试图寻找引起人们的经济行为的经济动机，认为只有从一个统一的原因或动机出发去说明和解释人们的经济活动，才能确定人们杂乱无章的经济活动确实是遵循某种规律进行的，从而才有可能把研究经济规律作为经济学研究的任务。经济学家们正是借助这一模式来解释经济现象和揭示经济规律的，他们中间也包括马克思。另一方面，"经济人模式"可以说较准确地概括了在稀缺条件下和目前的经济制度约束下人们进行经济活动的本质。新制度经济学家并不是要摧毁"经济人模式"，而是要对这一模式的某些重要的但又过于严格的假定——它们是以往的经济学家为了使分析的任务简单化或使分析的结论更加优美而设定的——进行拓展或修正，使之更加贴近现实，目的是将制度因素导入经济学的研究对象之中。

"经济人模型"有两个核心的假设：自利假设和理性假设。前者意味着人的本性是利己的。但是在人与人的关系上，个人追求自身的利益应以不损害他人利益为先决条件，这是因为，损人利己是一种非理性行为。你只是别人的别人，如果你损害了别人的利益，别人也会损害你的利益，因而损人并不利己。特别是由于后一个假设，也不可能存在只对自己有利而对别人不利的机会。这就是说，利己之心人皆有之，但他们是完全可以信赖的，所以用不着制定规则以约束人们在交易中可能出现的而且也必然会出现的种种损人利己的行为。

理性假设涉及经济人在进行经济决策时的行为。所谓经济决策，是指在资源稀缺的约束条件下进行选择，而合理的选择意味着成本和收益的比较。一个追求自利的人，在进行经济决策时，总是会倾向理性的选择，即通过比较该决策的成本和收益，从而选择那些能给他带来较大满足的方案，而不是较少满足的方案；当他面临一系列可供选择的方案时，总是力图以最小的经济代价获得自身最大的经济利益。因此，理性的行为意味着既定约束条件下的最优行为或效用最大化行为，或者是投入最小化行为。当然，为了用数学公式精确地描述利益最大化行为的结果，还必须有完全理性的假设条件。这一假设条件的主要含义是指，市场上每一个从事经济活动的主体都能不花费任何费用就能掌握决策所需的完全信息和具备处理信息的完备能力。这是最优化行为产生的充分必要条件。例如，消费者对每一种商品都充分地了解了其有关的所有情况，且知道市场价格变动规律，从而能够做出最优消费决策。生产者对生产要素和产品的价格变化也有充分的了解，掌握了投入和产出之间的技术数量关系，并准确了解市场对其产品的需求等，从而能够做出最优化的生产决策。总之，这是一个具有完全信息的确定性的世界，在这个世界里，人是全知全能的，他具有无限的精力和最大型的计算机处理信息的能力。如此一来，制度也就不重要了。

新制度经济学家认为，正统经济学所称的"经济人"是一种脱离现实的仅存在于理念中的人，建立在这种关于人的经济行为假定基础上的经济学说缺乏对现实世界的解释能力。他们主张"应该从人的实际出发来研究人，实际的人在由现实制度所赋予的制约条件中活动"（科斯语）。为此，他们对经济人模式做了以下两个方面的修正：

第一，采取有限理性假定。有限理性（bounded rationality）的概念最初是阿罗提出的，后经西蒙加以发展。其含义是：环境是复杂的，人们面临的是一个复杂的、不确定的世界。信息是有成本的和不完全的，人的计算能力和认识能力是有限的，因此没有完全理性那回事。1978年的诺贝尔经济学奖得主赫伯特·西蒙（Herbert Simon 1916—2001）反对主流经济学的最优决策模型，认为这个模型有两个致命的弱点：①假定目前状况与未来变化具有必然的一致性；②假定全部可供选择的"备选方案"和"策略"的可能结果都是已知的。而事实上这些都是不可能的。他提出以有限理性的管理人代替完全理性的经济人，并以从稻草堆中寻针为例，提出了他的"次优理论"和"令人满意原则"。假如一大包针散落在稻草堆中，现在要寻找其中的一根针来缝衣服。所谓最优，就是要寻找到最锋利的针，这就要求把所有的针都找出来——这无疑是"大海捞针"——然后加以逐一比较。而实际上，只要找到一根尖锐到足以缝衣服的针就满足要求了。西蒙的有限理性和满意准则这两个命题纠正了传统的理性选择理论的偏激倾向，拉近了理性选择的预设条件与现实生活的距离。新制度经济学家接受了西蒙的有限理性假定，并且就是以有限理性为前提来分析制度的功能、构成和运行的。由于存在有限理性，对未来的不确定因素是不可能完全了解的，所以在交易过程中，人们不可能在合约中对所有未来可能发生的事件给交易当事人带来的收益或风险做出详细的规定。这样，当事人就必须承担未来不确定风险及因不完全的合同或契约引起纠纷所可能带来的损失。在这种情况下，通过设立制度或进行制度创新降低交易过程中的不确定性及协调因不完全合同或契约引起的冲突就是非常重要的。

第二，采取机会主义行为倾向假定。虽然有限理性阻止完全合同的订立，但是，如果经济主体完全值得信赖，那么，一般情况下还有不完全合同可以依赖。但事实上，一些人可能是不诚实的，他们可能掩盖偏好，歪曲数据，故意混淆是非，并采用非常微妙和隐蔽的手段和使用狡猾的伎俩，如说谎、欺骗、偷窃、毁约等，欺诈性地追求自我利益并出现损人利己的行为。威廉森把这种行为概括为人的机会主义倾向（opportunism）。他认为，在不具有完全理性和对称信息的情况下，具有自利动机的个体会产生机会主义行为倾向。所谓人的机会主义倾向，是指在非均衡市场上，人们追求收益内在和成本外化的逃避经济责任的行为。人们在经济活动中总是尽最大能力谋求增加自己的利益，自私且不惜损人，只要有机会，就会损人利己。虽然这不意味着所有的人在所有的时间或场合都以机会主义方式行事，但总有那么一些人在某些时间或某种场合会采用这种行为方式。当然，机会主义行为倾向假定是以有限理性假定为前提的。如果人具有完全理性，能够洞察现在和未来，机会主义行为将无从得逞。正是因为机会主义行为倾向是人的本性之一，所以需要设定各种制度安排来约束人的行为，从而抑制人的机会主义行为倾向。威廉森认为，人的这种本性直接影响了市场的效率，市场上交易的双方不但要保护自己的利益，还要随时提防机会主义行为，这意味着利用市场交易机制必将付出高昂的代价。

德国经济学家柯武刚和史漫飞把制度定义为各种禁止不可预见行为和机会主义行为的规则，并举了这样一个生动的例子说明制度的重要性："在我们的日常生活中，我们要与许多陌生人和组织打交道，但我们却对他们的可预见行为寄予了很大的信任。在一家银行里，我们对其储备和管理一无所知，却将辛辛苦苦挣来的钱交给出纳员，并可能在数秒钟之后便将他的面容忘得一干二净。在我们以前从未进过的医院里，我们却答应由医院中未曾谋面的医生给我们做手术……为什么？因为这些人都具备提供服务和商品的专业知识和技能，因为他们都受制于制度——对其不交货或蒙骗我们的机会主义动机施加的限制。我们完全可以设想，自私地违背与我们签订的合同将招致这样或那样的惩罚。可见，现代经济生活相当不可靠，它以大量成文的和不成文的规则为基础。如果这些规则得不到普遍的遵守——就像一次战败或内乱后社会陷于崩溃时的情形——那么我们的良好生活所赖以维系的大量人际交往活动就再也不可能展开；于是，我们的生活水平和生活质量将骤然下降。"[①]

三、引入交易成本概念

在正统微观经济学的教科书中，没有交易成本，而只有生产成本。因此，主流经济学的成本-收益分析缺失了一大块，从而导致它丧失了对现实问题的解释能力。新制度经济学最重要的贡献就是将交易成本的概念引入经济分析之中，使现代经济学的分析方法同样适用于研究制度问题。所谓交易成本（transaction

---

① 柯武刚，史漫飞 . 2002. 制度经济学：社会秩序与公共政策 . 韩朝华译 . 北京：商务印书馆：3~4.

cost），泛指为了完成交易活动所必须付出的代价或费用。从本质上说，有人类交往互换活动，就会有交易成本。交易成本是与一般的生产成本——它主要是关于人与自然界打交道时发生的费用——相对应的概念，是关于人与人之间打交道的费用，也就是那些在鲁滨孙·克鲁索的世界中不存在的成本。在一个人的世界里，没有产权，没有交易，也没有任何形式的组织制度，自然也就没有与其他人打交道的"交易成本"了。在较为狭窄的定义上，交易成本是指私人部门达成契约和保证契约执行的费用，主要包括搜寻或得到信息的成本、协商谈判的成本、进行相关决策与签订契约的成本、监督交易过程的成本、违约或索赔的成本等。威廉森进一步将交易成本加以整理，区分为事前成本与事后成本两大类：事前成本（ex ante costs），是指交易前发生的成本，如搜寻信息、讨价还价和签约所付出的成本等；事后成本（post costs），是指在交易达成后为保证合同履行所发生的成本，包括监督、执行和保证契约中的各种承诺得以兑现所付出的成本及对不合适的契约事后加以调整所付出的成本等。广义的交易成本还包括维持一定的经济、政治和社会秩序所需要的各方面的支出及组织运营成本，除了那些与物质生产过程和运输生产过程直接有关的成本外，社会中所有可想象的成本都是交易成本。可以想象的这方面的支出有：监工、经理、企业家、领导、中间人（经纪人）、律师、交易所、金融机构、警察、立法、司法、行政、国防、教育等。此种广义的交易成本大得惊人。

在实际中，交易成本占全部成本的比重很大，而且随着社会分工的深化和细化及交易总量的不断增加，交易成本本身及其所占的比重也会不断攀升。在瓦利斯和诺斯（Wallis, North 1988）所做的一个研究中，估计美国经济整体的交易成本在 1970 年占到 GNP 的 46.66%～54.71%。但他们的估计值还没有考虑到政府增加到 GNP 中的价值是 100% 的交易成本。他们还估计了交易成本在经济发展中的变化情况，发现交易成本占 GNP 的比重从 1870 年到 1970 年上升了 1 倍，即从占 GNP 的 26.09% 上升到 54.71%。根据这种发现，瓦利斯和诺斯批评了现在的国民收入核算体系。张五常甚至估计交易成本占香港 GNP 的 80%。

然而，对于这样一种重要的成本，在科斯之前，主流经济学却将其置于脑后。从古典经济学的分工理论可以推出交易理论。人们的这种互通有无的倾向可以增进共同的福利。正统的微观经济学将交易置于舞台的中心，然而却设想了一个交易成本为 0 的世界，在这个世界不需要旨在协调人们相互之间的利益冲突和减少人们相互作用时的不确定性的制度安排。的确，在一个完全理性和无摩擦的世界里，所有的经济合同问题皆不成为问题，也没必要对经济制度进行研究。新古典经济学因此更注重生产成本。实际上，交易成本不可能为 0。相反，如果没有制度来减少交易中的不确定性和抑制人的机会主义行为，交易成本可以高到足以使交易无法进行的程度。

交易成本是新制度经济学解释制度存在和制度运行的关键概念，也是新制度经济学整个理论大厦的基石。新制度经济学家认为，交易成本往往比生产成本更重要。威廉森把交易成本比喻为物理学的摩擦力，阿罗则认为交易成本是经济制度的运行成本。交易成本产生的原因在于人的有限理性、信息非对称性、未来的不确定性和人的机会主义行为倾向。当交易成本为正时，制度是重要的。因为在这种情况下，一种制度安排与另一种制度安排的资源配置效率是不同的。制度的起源在于交易成本的存在，而制度的作用在于降低交易成本。而一旦引入交易成本概念，微观经济学的结构和结论都需要改写。科斯用交易成本解释企业的存在和外部性问题，开创了企业理论和现代产权经济学；威廉森用交易成本研究企业的组织形式和边界问题，创立了交易成本经济学；诺斯把产权和交易成本概念引入经济史研究，开创了新经济史学；等等。但也有人批评说，交易成本的概念现在被滥用了，以至于凡是解释不了的问题，都被归结为交易成本。有人说，交易成本是一个筐，什么都可以往里装。甚至有人戏言，猴子不上树，是因为存在交易成本。之所以出现这种情况，是因为交易成本是一个相当含糊的概念，它包含的内容过于庞杂，难以精确地度量。

第二节　交易成本经济学

交易成本经济学的出现应该归功于科斯在 1937 年发表的那篇经典论文《企业的性质》。但是，直到科斯在 1960 年发表第二篇经典论文《社会成本问题》之后，它才引起经济学家的关注。沿着科斯开拓的路线，威廉森建立了完善的交易成本理论，使之成为新制度经济学的一个重要组成部分。交易成本经济学主要研究市场和企业之间的关系。它提出并论证了市场和企业是两种不同的交易体制，市场交易成本的存在是组织结构和组织行为产生和变化的决定因素，企业存在的原因是为了降低交易成本和提高资源的配置效率，而交易成本与企业管理费用之间的边际比较决定了市场和企业的边界。

一、科斯的企业理论

新古典经济学把企业视为一个生产函数，认为企业的职能就是根据这个生产函数将原料转换成产品，企业的存在本身成了经济理论假设的前提。但它未曾考虑这样一些问题：为什么企业要存在？存在的企业为什么要扩大或缩小？用什么来决定企业和市场之间的边界？所有这些问题不但在新古典经济学中没有答案，甚至都没有作为命题而被提出来。特别不能原谅的是，许多以前的经济学家已经认识到并明确指出了企业和市场的性质根本不同这一问题，但新古典经济学对这些问题仍然熟视无睹。这样一来，企业变成了一具空壳，企业理论变成了著名的

"黑箱"。新古典经济学之所以忽视企业的存在,有两个原因:一是把价格置于微观经济学的中心,强调价格体系的自动调节可以实现资源配置的最优化,消费者和厂商成为价格协调的两极,认为企业唯一的功能就是接受价格的调节;二是没有认识到市场交易成本的存在,或是为避免经济模型复杂化而有意假设交易成本为0。

　　早在20世纪30年代初,还在伦敦经济学院读商业本科、20岁刚出头的科斯就对这样的问题产生了疑惑:既然市场是人们在生产活动中进行合作最有效的形式,为什么还会有企业存在?他认为,企业和市场是资源配置的两种完全不同的方式,而新古典经济学的企业理论和产业组织理论却对企业存在的理由以及企业和市场的关系语焉不详。科斯由此开始置疑新古典经济学的理论,并以巨大的理论勇气向新古典经济学发起挑战。他指出,经济学家在建立一种理论时常常忽略对其赖以成立的基础的考察,故经济学理论一直饱受不能清晰阐明其假设之苦。在他看来,经济学是一门经验科学,不仅其研究对象必须是现实世界的真实经济问题,而且经济理论的前提和假设条件也必须是真实的。他引用了罗宾逊夫人的这样一段话来说明这一点,即"对于经济学中的一系列假设,需要提出的两个问题是:它们易于处理吗?它们与现实世界相吻合吗?"对于企业为什么会存在的问题的思索,使科斯发现了交易成本的概念并将其纳入经济学分析框架之中。这就是科斯于1937年在《经济学》杂志上发表的那篇著名的论文《企业的性质》中所做的工作。而此文的基本思想早在1932年就形成了[①]。

　　科斯提出了这样一个命题:"假如生产是由价格机制调节的,生产就能在根本不存在任何组织的情况下进行,面对这一事实,我们要问:组织为什么存在?"[②]科斯的回答是:"建立企业有利可图的主要原因似乎是,利用价格机制是有成本的。通过价格机制'组织'生产的最明显的成本就是所有发现相对价格的工作……市场上发生的每一笔交易的谈判和签约的费用也必须考虑在内。"[③]而在组织内,以行政命令代替价格机制的好处恰恰是可以节省这些交易成本。以亚当·斯密所举的关于生产"针"的著名的例子为例来说,如果不通过组织,抽铁线的工人就必须在市场上购买铁,然后抽出铁线。在购买的过程中,他必须和拥有铁的人签订契约。接下来,拉直的工人必须和拥有铁线的工人签订购买铁线的契约,而切截的工人必须和拉直的工人签订购买切断后的铁线的契约。以后的每

---

　　①　在1991年12月9日的诺贝尔经济学奖颁奖典礼上,科斯这样讲道:"从我在1932年写的一封被保留的信中可以得知,我在1932年10月初邓迪的课堂上已经表明了此种观点的全部要旨。那时,我21岁,阳光从未停止照耀。我从未想到这些思想会成为60年后获得诺贝尔奖的一个主要理由。年届八旬,因二十多岁时所做的工作获奖,对我来说实在是奇特的经历。"

　　②　科斯.1990.企业、市场与法律.盛洪等译.上海:上海三联书店:3.

　　③　科斯.1990.企业、市场与法律.盛洪等译.上海:上海三联书店:5~6.

一步分工，都会签订一个契约，直到最终产品生产出来为止。可见，以市场来协调的社会分工体系必然会发生一定的交易成本，交易越频繁，交易成本就越大。最终产品的生产者会发现，有一种生产方式可以降低交易成本，那就是最终产品的生产者雇佣在市场上有明确分工的工人，然后组成企业在一起生产，在发给他们固定工资或计件工资的前提下，以行政命令协调各种工人的生产，然后拥有最终产品。科斯指出，市场的运行是有成本的，而通过形成一个组织，并允许某个权威来支配资源，就能节约某些市场运行成本；企业（也包括任何组织）的存在正是为了节约交易成本，即以费用较低的企业内交易代替费用较高的市场交易；企业的显著特征就是作为价格机制的替代物，而企业的本质在于"以签订一个较长期的契约以替代若干个较短期的契约"。

　　与此相关的一个问题是："既然通过组织能消除一定的成本，而且事实上减少了生产成本，那么为什么市场交易仍然存在呢？"[①]科斯认为，管理企业也是有成本的，这种成本叫做管理成本或组织成本。当企业内部的管理成本低于市场的交易成本时，就有关一笔交易而言，企业就是比市场更有效率的交易管理体制。然而，当企业规模扩大时，组织成本也随之上升，直至完全抵消由于组织产生而节省下来的交易成本。因此，科斯的结论是企业规模的不断扩大将最终达到这样一点：就一笔额外交易而言，以扩大企业所节省的交易成本刚好被企业管理费用的增长所抵消，企业因此不能靠继续扩大自己的规模而赢利了，这时候，企业就会停止增长。企业和市场的边界就在这里。

二、威廉森的交易成本理论

　　科斯提出了交易成本的概念，而系统化的工作是 2009 年的诺贝尔经济学奖得主威廉森做的。他被誉为重新发现"科斯定理"的人，至少是由于他的宣传，才使科斯的交易成本学说广泛受到重视。威廉森对交易成本学说做了重要的补充和发展，并且把这种学说定义为"新制度经济学"，使其成为当代经济学的一个新的分支。他开创性地把交易成本的概念应用到对各种经济制度的比较和分析中，建立了一个全新的分析体系。具体来说，他对交易成本经济学的主要贡献表现在以下三个方面：

　　第一，关于交易成本发生和增加的原因分析。

　　科斯虽然提出了交易成本的概念，并建立了交易成本经济学的理论分析框架，但他对交易成本何以发生的原因却语焉不详。在这方面，威廉森做了重要的补充。他指出，交易成本之所以发生，是因为人性因素与交易环境因素的交互影响。其中，来自人性方面的因素主要是有限理性和机会主义行为倾向；属于交易

---

　　① 科斯 .1990. 企业、市场与法律 . 盛洪等译 . 上海：上海三联书店：9.

环境的因素主要有交易的不确定性和复杂性、资产专用性，以及交易的人数和交易的频率，等等。这些人性因素和交易环境因素的交互影响不仅决定了交易成本的产生，而且决定了其水平的高低。

首先，未来的不确定性、交易的复杂性及人的有限理性和机会主义行为倾向影响并决定交易成本的高低。现实经济中有一个现象叫不确定性，即所谓的"天有不测风云"。在市场中，一项交易从发生到完成要持续一段时间，在该时间中可能会发生很多影响交易双方权利和责任的事件，从而影响交易契约的执行。由于未来的不确定性和签约人的机会主义行为倾向，交易双方将尽可能地把契约写得十分复杂，把一切可以预想发生的事情及双方在不同条件下的责任都详细地罗列下来，以备不时之需。可见，制定一个较完全的契约本身就需要较高的成本，更不要说长期的监督成本了。合同越复杂，交易成本也就越高。但是，由于人的有限理性，任何契约都不可能是完全的，总会给机会主义行为留下可乘之机。因此，交易本身越复杂，交易谈判及其所达成的契约就越趋于复杂化，交易费用就越高，市场作为一种交易的管理机制的效率就越低，甚至不能完成交易。

其次，资产专用性和人的机会主义行为倾向影响并决定交易成本的高低。资产专用性（asset specificity）是指用于特定用途后被锁定的资产。此种资产一旦投资形成，就很难转移到其他用途上，其机会成本为0或非常小，若改作他用则价值会大大降低，甚至可能变成毫无价值的资产。专用性资产本身不具有市场流通性，一旦契约终止，投资于该资产上的成本难以回收或转换其使用用途。例如，在油田和炼油厂之间铺设的输油管道就是专用性资产，一旦油田废弃，它就毫无用途可言。总的来说，资产有三种专用性：第一，资产本身的专用性，如特殊设计只能加工某种原料的设备。第二，资产选址的专用性，如为了节省运输费用，设备一般坐落在原料产地附近，一旦建成，迁移的费用就会很高，甚至使迁移成为不可能的事。第三，人力资本的专用性。对于一家企业而言，它的雇员就是它的资产。如果工作的性质需要低技术劳动力，不需专门训练，这些人力资本就无专用性可言。但如果一个雇员在这个企业工作并且积累了对企业运行的丰富经验，他的人力资本的专用性就会很高。对于企业，重新训练这样一个雇员要花很多时间和费用，同时，由于他的经验和技术是特定用于这家企业的，他在本企业的经验也不大适合于其他企业。所以，维持长期的雇佣关系对于企业和雇员均有好处。为什么会存在专用性资产？答案是专用性越高，设计越简单，制造费用就越低，资产的生产效率就越高。

专用性资产的出现，大大提高了厂商对交易伙伴的依赖性。资产的专用性程度越高，专用性资产价值越大，拥有专用性资产的厂商对交易伙伴的依赖性就越大，也越有可能被其交易伙伴的机会主义行为所损害。只要交易伙伴不再保持与该厂商的交易关系，甚至中断交易关系，就会使该厂商专用性资产蒙受重大损失。例如，一方面，一座炼油厂如果设计成只能加工墨西哥原油，而不能加工其他来源的石油——因为它们含硫含蜡的成分不同，那么这座炼油厂就对墨西哥原油有很大的依赖性，或者说这座炼油厂是专门为加工墨西哥原油而设计的。一旦墨西哥原油供应商"敲竹杠"，要高价供应原油，炼油厂的老板要么只能忍气吞声，接受高价；要么必须重新设计炼油设备，以使其能加工其他来源的石油；要么关闭炼油厂。后两个选择会给炼油厂造成重大的经济损失。换言之，炼油厂随时处于被讹诈的地位，这就是潜在的交易成本。另一方面，如果炼油设备被设计成可以加工各种来源的石油，如中东的、北美的、中国的等，炼油厂的资产专用性就很低，依赖市场的风险或潜在交易成本就很小，炼油厂可以按竞争价格购买任何来源的石油，而任何供应商都无法"卡脖子"。可见，资产的专用性程度越高，一方面，产生机会主义行为倾向的可能性就越大，有利的一方会趁机讹诈对方以增进自己的利益；另一方面，因机会主义行为倾向造成的经济损失也越大。因此，在专用性资产的交易中，为了防止出现机会主义行为倾向，需要在契约中详尽地规定交易双方的权利和责任，并加大对毁约行为的惩处。但这样就会使交易成本增加。

最后，交易双方的人数和交易的频率决定了交易成本的高低。如果市场是充分竞争的，那么，市场上买卖双方的人数就会很多，交易的一方对另一方的依赖性就很小，这会抑制机会主义行为倾向，因为机会主义行为在这种情况下会丢掉生意或失去交易伙伴，久而久之会被市场淘汰；当市场上交易的人数很少时，交易的一方对另一方的依赖性就会增大，出于经济利益的考虑就会更多地诱发机会主义行为；当市场是寡头、甚至是垄断时，依赖寡头和垄断的另一方就要付出很高的代价。交易的频率是指交易双方交易的次数。交易双方的多次重复性交易将比偶然的非重复性交易更有助于抑制机会主义行为倾向，从而降低交易成本。

总之，威廉森提出了在交易成本为正时出现的市场失灵，这与正统微观经济学所谓的市场失灵是完全不同的。后者假定交易成本为0，意味着使用价格机制是无代价的，因而市场失灵是由于垄断、公共产品和外部性的存在致使价格既不反映边际（生产）成本也不反映边际效用而导致的。由此得出的结论是：在政府提供公共物品和采取规制垄断与解决外部性的微观政策之后，价格机制可以达到帕累托最优。的确，若交易成本为0，可以通过市场交易达到资源的最佳配置，而无需制度和组织的安排。科斯明确地阐述了这一思想，并被概括为"科斯定理"。然而，现实世界中的交易费用不可能为0。在存在交易费用的情况下，市场就不一定是最有效的资源配置方式了。科斯指出，利用价格机制必将付出高昂的代价。威廉森的重要贡献在于具体分析了在什么情况下会使市场交易成本提高到使它失效的程度。他指出，机会主义行为、不确定性、小数目条件和专用性资产这四个因素在市场交易中会互相影响，并表现为大幅度地提高交易成本。解决市场失灵问题，必须考虑交易成本的影响。在市场作为交易管理机制失灵的情况下，为降低交易成本而产生的制度安排和组织安排就应运而生了。

第二，关于组织优越性的分析。

为了降低交易成本，科斯主张以组织代替市场。当组织的管理费用低于市场上的交易成本时，这样的制度安排就有利于稀缺资源的优化配置。但是，组织也是由人结合在一起的一种群体，在组织中的人与在市场中的人没有任何本质的不同，如有可能，一样会发生机会主义行为，人与人之间也会发生矛盾乃至冲突，只不过由于制度安排不同因而表现形式不同罢了。因此，管理企业同样需要付出信息成本、监督成本、执行成本等，组织的管理费用只不过是另一种形式的交易成本。问题在于为什么组织的交易成本一定会低于市场的交易成本？科斯对此语焉不详。他只看到了企业内的行政命令可以节省市场上讨价还价的成本，但他显然忽视了企业内部的不平等交易将会产生比市场上的机会主义行为更为可怕的暴力的结果——对机器的破坏、对权威的反抗及怠工、罢工和反罢工，等等。为了治愈市场失效，威廉森提出，以经济组织取代市场来进行资源配置将是更好的解决方法。他所面临的问题是，必须论证内部组织的交易机制优越于市场交易机制。他认为主要表现在三个方面：激励、控制和所谓的"内在结构的优势"。

首先，市场的价格激励是非常有效的，但由于交易人的机会主义行为倾向，价格的激励效应会被扭曲或破坏。在内部组织中，成员之间非常熟悉和了解，这就节省了交易所需要的信息成本。特别是他们之间的交易关系是一种稳定的合作关系，任何人的一次机会主义行为都将使其所受的损失远远大于收益。而在市场上，交易双方彼此并不熟悉和了解，许多交易行为是短期的，甚至是一次性的，这就给机会主义行为以很大的自由。因此，人的自私本性将会在组织内集体力量的威慑下遭到遏制，从而克服人的机会主义行为倾向。另外，组织所提供的激励手段也比市场的价格激励更丰富、更有效。在单纯依靠市场的经济制度之下，唯一的激励手段是金钱，唯一的惩罚手段是法律。而组织内部可以有多种多样的、力度各不相同的、表现各异的激励手段，有的激励可以用货币来表示，而更多的却并不以货币为媒介。例如，组织内部可以有选择地采用雇佣和解聘、提职和降职、报酬的增加和减少及分配更吸引人的或更不吸引人的工作等来进行激励和反激励。它将远比胡萝卜加大棒的市场手段更有效。

其次，组织相对于市场最具特色的优点是控制手段具有更丰富的多样性和较多的灵敏度。当发生纠纷和冲突时，内部组织具有比较高效的解决机制，因而可以大大降低监督成本和执行成本。这是因为组织内部拥有合法的进行控制的权威，并且形成了一整套管理的规则和程序，可以采取行政命令、协调、调节等方式来解决组织内部的问题。而一旦市场上的交易双方发生冲突，如果双方都不具备调节矛盾的权威，结果要么陷入无休止的争论，要么打官司。无论结果如何，他们为此都必然要付出高昂的交易成本。

最后，是内在的结构优势。内部组织在运行过程中，逐步实现了功能化，并形成了内在的结构。一定的结构形态有利于提高组织内信息传输的效率和降低信息的传输成本。各部门输出的信息已被专门化了，传递的途径也经过了优选。如果在这个进程中发展出简洁的代码，那么，关于复杂事件的通讯就会便捷得多。而且，人与人之间相互作用的积累，甚至可能发展出更进一步的通讯中的经济：在熟悉的环境中，微小的变化就能够产生明显的影响，而在不熟悉的环境中，则需要付出很大的努力才能得到同样的效果。比如，熟悉的上下级之间只要稍做抬手、眨眼等动作，就可以传递微妙的信息。

以上三种有利因素的综合作用，是使企业组织内部的资源配置方式有利于市场机制的原因。

第三，关于交易成本与组织边界问题的分析。

威廉森不仅运用交易费用概念揭示了市场和企业的资源配置效率，而且还运用这一概念建立了一个关于交易的技术结构与组织之间的最优匹配模型，从而把科斯关于市场和企业边界问题的分析推广到了适用于分析广义的各种组织——市场、"中间体组织"、企业和政府的边界问题。

所谓交易的技术结构，是由交易本身的技术特性引起的、并决定交易成本水平的因素构成的，主要包括资产专用性和交易频率。威廉森根据专用性程度将资产分为三类，即通用性资产、专业性资产（或特质性资产）及介于两类之间的混合性资产。他同时假定交换频率有两类：一类是交易只发生数次；另一类是交易经常重复发生。资产专用性和交易频率的不同组合构成了具体的交易技术结构。不同的交易技术结构与不同组织形式的结合会导致不同的交易成本，从而导致不同的资源配置效率。那么，不同的交易技术结构怎样与不同的经济组织相匹配才能降低交易成本呢？

首先，市场交易组织适合于从事资产专用性弱或交易频率低的交易。在这类交易过程中，交易双方的数目很大，相互依赖性很小，经济当事人的人格化身份特征并不重要，交易完成后各方形同路人，因此交易各方并不关心契约关系的长期维持，只关心违约的惩罚和索赔，交易的契约可以明确地界定和准确地度量交易双方的各种权利、责任和义务，若发生纠纷，可直接诉诸法院进行裁决。由于资产专用性的程度很低，即使交易中断，经济当事人因此而遭受的损失也较轻微。这些都意味着人的机会主义行为倾向会受到有效的抑制。在这种情况下，由于机会主义行为很难得逞，所以使用价格机制的运行成本较低，市场是有效率的。

其次，中间体组织适合于从事资产专用性较强或交易频率较高的交易。"中间体组织"是一种介于市场与企业之间的组织，既有市场的特点，又有企业的特征。其成员拥有独立的利益，并且可以进入和退出，此种关系如同市场关系。但成员之间的相互依赖性很大，都希望保持持续、稳定的关系以实现共同利益的最大化，这种契约关系是长期的，它保证成员一般不能轻易地进入和退出，这又类似于企业内部组织之间的关系。一家大型企业与众多稳定的零配件承包小企业之间组成的企业集团，就是一种中间体组织。中间体组织按其成员关系特征，又可区分为两种：由交易双方及仲裁者构成的三方规则结构的中间体组织和仅由交易者本身组成的双方规则结构的中间体组织。所谓三方规则结构是指由交易双方和受邀仲裁者共同组成的一种解决交易纠纷的规则结构，适用于资产专用性较高但交易频率较低的交易。一方面，由于资产专用性的提高，机会主义行为将产生较高的交易费用，使得交易双方不再通过市场进行交易；另一方面，交易频率不高时，企业内的管理成本比较高，通过企业合并进行交易同样不适宜。由于交易双方的数目少，资产专用性强，一方对另一方的依赖性比较大，所以都希望交易关系持久而稳定。一旦发生纠纷，重新谈判的交易成本比较大，与其决然地诉诸法律，断绝关系，不如借助第三方（仲裁者）来解决争端。双方规则结构是指交易双方共同组成的对交易进行组织管理的规则结构，适用于交易双方的资产专用性程度较低但交易频率较高的交易。由于双方经常进行交易，相互依赖程度较高，都有保持合作关系的激励，而不会任其流产。但由于每一方均有各自的利润流，所以也不会轻易提出对契约进行修改的提议。当契约需要调整时，双方往往不愿意言及法律权利或威胁要运用法律，因此最后达成的契约一般是双方协商的结果。

再次，对具有高强度资产专用性或频率很高的交易，适用于组织内部的交易。威廉森认为，企业间的合并或纵向一体化的关键在于资产的专业性。资产专业性越高，潜在的交易成本越大，纵向联合的可能性就越大。当资产专业性达到一定程度时，市场交易的潜在费用就会阻止企业继续依赖市场，这时纵向联合就会出现。当投资具有高度特质性时，在经常性的交易中，频繁的谈判会增加交易成本，机会主义的行为损失巨大，因此，为了避免经常性摩擦带来损失和实现长期合作的稳定性，双方最后的方式往往是纵向一体化，即以行政命令代替市场上的谈判来协调利益和解决争端。这就是科斯所研究的企业出现的原因。

最后，对具有高度专用性资产但纳入企业体制后明显出现规模经济的交易，适合采取政府组织。这类交易具有一方独占的特征，一般是由一个卖者向许多买者提供产品，而对每个买者而言，该产品都具有高度专用性，寻找替代交易伙伴或者不可能，或者要求必须承担过高的成本。例如，城市供水、煤气供应、公交公司及处于自然垄断地位的矿山开采公司与其用户之间的交易等。对此如果采取市场机制，买者被卖者要挟而遭受损失的概率较高。在这种情况下，这类企业由政府直接经营或由政府进行控制就是合理的。政府从社会利益出发，与卖者签订价格合理、保障供应的合约。在保持规模经济的同时，使买者免受机会主义行为的损害。

三、基于管理成本的企业理论

科斯开创性地把交易成本的思想融入企业理论的研究之中，然而，他没有过多地研究企业内部的经济行为。他给后来的研究者留下一个空洞的"管理成本"的名词，用以代替企业内部的"权威活动"。在科斯之后，率先开始研究企业内部"管理成本"的是阿尔钦和德姆赛茨，他们于1972年在《美国经济评论》上发表了著名的论文《生产、信息成本和组织》，对科斯论文的有关管理成本的论述进行了独创性的分析，从而开启了企业内部活动的研究领域。

他们指出，企业并不拥有自己的所有投入，它也没有比普通的市场更为优越的强制性指令或惩戒权力。企业内部的合约与普通的市场合约没有丝毫差异。例如，雇主叫雇员打印这份信件而不是那份文件，就像他告诉食品商要这块金枪鱼而不是要那块面包一样；他解雇雇员也就像他不再到那个食品商那里买东西一样。无论是雇主还是雇员，都不会被那种必须继续他们之间关系的合约义务所束缚。因此，雇主与雇员之间的长期合约不是企业组织的实质，企业的基本特征是团队生产及有一种资源投入者作为中心签约者处于一种集权的位置。

团队生产是这样一种生产：①使用几种类型的资源，生产所使用的所有资源不属于一个人；②其产品不是每一类参与合作的资源的分产出之和；③进行合作的团队成员的边际产品不能直接地和分别地被观察出来。团队生产的这些特点使得任何经济组织都面临两个至关重要的问题：对投入的生产率和报酬的测量问题，以及对团队成员的监督问题。由于团队产出的行为不可分解，所以以团队成员有可能偷懒。当然，如果偷懒者的行为被发现，他将被解雇。但问题是，通过观察团体的产出来监督偷懒行为是有费用的，这些费用包括侦察、检测、监督、衡量和计量的成本。如果偷懒行为不能完全在零成本的情况下被检测到，那么团队成员就有可能会偷懒，而偷懒行为的一部分后果将由这一团队中的其他人承担，这就使得偷懒者的实际成本要少于这一团队的真实总成本，而努力程度的下降将使团队的产出减少。在激烈的竞争中，团队的竞争力因此必然下降，企业将不复存在。

团队减少偷懒行为的一种方法是设专职监督者，以检查团队成员的偷懒行为。但是，下一个问题是：谁来监督监督者？阿尔钦和德姆塞茨给出的方法是进行合作的投入所有者赞同监督者应该获得规定数量以上的任何剩余产品，则监督者就会有额外的激励来履行其监督偷懒行为的责任。这些责任包括：观察要素的投入、衡量产出绩效和分配报酬，并给出做什么和如何做的任务或指令。为使团队成员有纪律和减少偷懒行为，拥有剩余索取权的人有权力修改个体成员的契约条款与激励，包括强制性地终止或改变所有其他投入的契约。因此，寻求提高生产力的其他团队成员不仅赋予了监督者剩余索取权，而且赋予了他改变该团队的个体成员资格和行为的权力。管理或检查是计量团队产出中的个体边际生产力最好的方法，而监督的专门化加之对拥有剩余索取权的激励，将会减少偷懒行为。因此，管理者既是监督者，同时也是剩余索取权的拥有者，最重要的还是中心签约者。阿尔钦和德姆塞茨在科斯企业理论的基础之上，具体地研究了以团队生产为特征的企业产生的原因。在个体团队成员的绩效不能明显地被检测出来时，拥有剩余索取权的监督者，因拥有中心签约权和专业化的检测能力，能防止影响团队生产的偷懒行为的发生，从而能降低管理成本（此管理费用包括团队生产的测量费用）。如果团体生产的产出大于各投入资源分产出之和加上组织约束团队成员的成本（即市场交易成本加上监督成本，后者是企业内部的交易成本），就会使用团队生产。

　　阿尔钦和德姆塞茨的"团队理论"对所有权和控制权合一的所谓"古典企业"具有解释力，但无法解释所谓的"现代企业制度"的股份制企业。古典企业的剩余索取权的拥有者同时又是企业的监督者。监督者没有代理人或只有监督成本比较小的代理人，代理费用也比较低，可以忽略不计。因此，阿尔钦和德姆塞茨只强调企业的监督成本，而忽视了企业的代理成本。团队企业理论还暗含这样一个条件，即由于是团队生产，个人的边界产出不可测量，这就需要监督者的监督费用最小，需要他对此团队生产非常熟悉，而且能以最小的成本来测度团队中的成员是否偷懒或积极工作。否则，即使监督者拥有最后的剩余索取权，也会因为过高的测量成本而增加管理费用。由于监督者的精力是有限的，监督者的监督效果是递减的，所以企业的规模不宜太大。而股份制企业的规模很大，企业所有者人数增多，如果他们都在企业内部进行管理，势必导致不负责任和混乱。解决这一问题最好的方法是实行所有权与控制权相分离，这就在企业所有者和企业监督者之间产生了一种新型的关系——委托-代理关系和一种新的监督成本——代理成本。在阿尔钦和德姆塞茨之后，又有许多经济学家，如米歇尔·詹森和威廉姆·梅克林、威廉姆·梅克林、尤金·法玛等，从代理理论和代理成本的角度研究了企业的存在和边界问题。

　　只有解决了代理成本问题，以所有权与控制权相分离为特征的现代公司制企业的规模才能扩大。企业欲扩大规模，必须进行融资，从而企业拥有剩余索取权的人数必然增加。这意味着企业所有者必须放弃部分所有权。一旦这么做，他就会招致代理成本，而且他的所有权部分所占比例越小，所招致的代理成本就越大。代理成本包括：①签订契约的费用；②监督费用；③剩余损失。剩余损失是指代理人的决策与追求委托人利益最大化的决策之间将存在一些偏差，由于这些偏差，委托人将遭受与福利减少相等的货币损失，这也是代理关系的一种成本。

企业存在和边界扩大的原因在于，拥有企业剩余索取权的人在聘请代理人之后，其获得的收入减去代理成本而取得的净收益大于企业在古典企业模式下的剩余。可见，代理成本也是一种企业的监督成本，但它比阿尔钦和德姆塞茨原来意义上的要大得多。只有说明了如何降低代理成本，才能解释企业存在的意义。资本主义发明了许多降低代理成本的办法，如从外部约束经理偷懒的资本市场和经理人市场，从企业内部防止经理偷懒的各种激励和奖励办法，等等。这正是资本主义大公司在激烈的竞争中经久不衰的原因。

第三节　产权经济学

新制度经济学的产权理论来源于科斯在 1960 年写的另一篇著名论文《社会成本问题》中提出的关于产权与外部性之间关系的思想。后人把他的基本思想概括为"科斯定理"，即只要交易成本为 0，不管财产权利的初始安排如何，市场机制就会自动使资源配置达到帕累托最优。这意味着如果市场交易成本为 0，那么产权是不重要的。然而，交易成本无论如何也不可能为 0，科斯的真正目的是要我们面对正的交易成本。在交易成本大于 0 的世界里，产权制度或合法权利的初始界定及经济组织形式的选择将会对资源配置的效率产生影响。"科斯定理"的精华在于发现了交易费用及其与产权安排的关系，并提出了产权制度对资源配置的影响方式。新制度经济学家沿着科斯开拓的路线继续前行，形成了独具特色的产权经济学。产权理论主要研究的是在资源稀缺的条件下，如何通过界定、变更和确定产权结构来协调人与人之间的利益冲突，以达到降低交易成本、提高经济效率和实现资源配置最优的目的。

一、什么是产权？

财产权利或产权（property rights），是指使用财产或资源的权利，或者指由对财产或资源进行占有、使用、处置、收益分配等各种权利组成的一组"权利束"。这种权利或者是由法律认可的和由社会强制推行的，或者是约定俗成的。对这些权利的不同安排，构成了一个社会的产权结构和产权制度亦即该社会的财产制度，而它决定了使用生产性财产或资源的基本规则，并调节人们在合作或竞争中使用这些资源的收益，以及可能产生也必然会产生的利益冲突。在一个具有稀缺性的世界里，财产关系及由使用财产而产生的人与人之间的关系构成了社会关系特别是经济关系的主要基础。财产制度和使用财产权利的安排是社会最主要的制度，因为它规定了一系列用以建立社会组织的生产、交换和分配基础的一整套政治、社会和法的基本性规则，提供了社会分配权力、资源、权利、义务和责任的基础，决定由社会合作所产生的利益和负担的分配方式。人们之间的财产关系是如此重要，以至于洛克把财产（它是人类劳动的自然权利的产物）等同于免除人身的、政治的和经济的不安全和不自由的重要手段，它涵盖了人类的利益和渴望的广阔领域。这意味着财产权包括人权。马克思把财产权视为决定社会上层建筑的经济基础。应该指出，虽然新制度经济学的产权概念也包括使用消费品的权利及由此产生的利益冲突，如某个人养的狗半夜狂吠而干扰了邻居的睡眠，或某个人抽烟造成了对他人的污染。然而，从社会的生产和再生产过程来看，更重要的是使用生产性财产或资源的权利及由此产生的人与人之间的经济关系。因此，财产的概念必须明确。生产性财产或资源正是马克思所使用的"生产资料"的概念，它对资源配置的效率具有决定意义。

法学意义上的财产权概念不能完全涵盖经济学上的产权概念所包含的内容，尽管二者有密切的联系。前者是指以所有权为核心对财产所享有的占有、使用、收益和处分的权利；而后者不仅仅包括了法学意义上的"物权"概念，还包括了因使用财产的这些权利而引起的外部性问题，即由此引起的使他人的利益受益或受损的权利。因此，经济学上的产权概念是以外部性为核心，而不是以所有权为核心。相反，为了解决由于使用财产权利而引起的外部性纠纷，经济学要求对所有权施加限制。例如，我对我自己的汽车具有所有权及使用它的一组法律所许可的权利束（我可以自己用、卖掉、赠给朋友或是毁掉），但是我没有权利去用车践踏别人的草坪；即使我有法律赋予我的使用我自己的汽车的权利，我也不能为所欲为，如我必须按交通规则驾驶，以及我不能超速行驶；在特殊情况下（如被征用或被扣留），即使我拥有明晰的排他性的所有权，我也没有使用自己汽车的权利。法律所有权本身也需要界定。例如，我对我所拥有的一块土地有什么权利？我可以用它来种植大麻吗？地表层以下的资源归我所有吗？飞机从我的土地上飞过是对我土地所有权的侵犯吗？从来就没有绝对性、排他性和永续性的所有权。德姆塞茨用"所有权残缺"这一概念来表示其他权利对所有权的限制：所有权的残缺可以被理解为是对那些用来确定"完整的"所有制的权利束中的一些私有权的删除。即使没有所有权，人们也有使用财产或资源的权利。例如，对于无主的大自然，人们可以有也可以没有污染它的权利；人们有使用公共马路的权利；等等。从所有权派生出来的产权固然十分重要，但是经济学上的产权概念还提醒人们，许多产权并不是来自所有权。例如，在所有权还没有产生的时候，人们是依据习俗来使用资源的。再如，政府不是根据所有权而是根据其掌握具有"暴力潜能"的政治特权来制定使用财产规则的。

经济学家并没有给出令人满意的、具有经济学意义的产权定义，不过从下面引述的几个著名的定义中，我们可以了解到经济学家使用产权概念的含义。阿尔钦的定义是："产权是一个社会所强制实施的选择一种经济品的使用的权利。"[1]
德姆塞茨认为："产权是界定人们如何受益及如何受损，因而谁必须向谁提供补
偿以使他修正人们所采取的行动。"他还指出："在鲁滨孙的世界里，产权是不起
作用的。产权是一种社会工具，其重要性就在于事实上它们能帮助一个人形成他
与其他人进行交易时的合理预期。这些预期通过社会的法律、习俗和道德表
达。"[2]菲吕博腾和佩杰威齐则认为："产权不是指人与物之间的关系，而是指由
于物的存在及关于它们的使用所引起的人们之间相互认可的行为关系。产权安排
确定了每个人相应于物时的行为规范，每个人都必须遵守他与其他人之间的相互
关系，或承担不遵守这种关系的成本……它是一系列用来确定每个人相对于稀缺
资源使用时的地位的经济和社会关系。"[3]

　　产权是社会强制实施的使用资源的一组权利束，不过在行动中，某些权利可
能显得比其他权利更为重要。研究产权结构和产权制度安排对资源配置效率的影
响的经济学家更强调排他性、可让渡性和收益性。排他性是指谁具有或者谁不具
有使用资源的权利，以及能不能将其他人排斥在使用这种权利之外。从排他性来
看，可以将产权分为三类：一是私有产权，即将资源的使用、转让和收益的权利
界定给一个特定的人；二是公有产权，即任何人都具有使用资源并获得收益的同
等权利；三是介于私有产权和公有产权之间的集体产权，即集体内的每一个成员
都有同样的权利，但排斥了集体外部成员使用资源的权利。产权的可让渡性或可
交易性是以产权的可分解性和排他性为前提的。我们可以把使用资源的权利分解
为使用权、收益权、转让权等。例如，一块土地可以自己种植，也可以通过租借
或交易而将产权转让给别人。使用生产性资产或资源通常会在成本之上产生一种
余额，这个余额又被经济学家称为"租"或"租金"。产权的转让实质上就是其
收益权的让渡。产权的可让渡性提高了稀缺资源的配置效率，因为它可以让使用
效率最高的人来使用资源。但它必须以产权的排他性为充分必要的条件。如果不
能排除其他人享有使用同样资源并从中获得收益的权利，或者排除的成本太高，
甚至大大超过了从中获得的收益，那么产权的可让渡性就无从谈起。从这个意义
上说，"产权本质上是一种排他性权利"（诺斯语）。排他性、可让渡性和收益性
这三种权利构成了产权制度的核心，同时也是决定资源配置效率的关键。

————————————

　　[1]　阿尔钦.1994.产权：一个经典注释//科斯，阿尔钦，诺斯.财产权利与制度变迁：产权学派与
新制度学派译文集.刘守英等译.上海：上海三联书店，上海人民出版社：166.
　　[2]　德姆塞茨.1994.关于产权的理论//科斯，阿尔钦，诺斯.财产权利与制度变迁：产权学派与新
制度学派译文集.刘守英等译.上海：上海三联书店，上海人民出版社：97.
　　[3]　菲吕博腾，佩杰威齐.1994.产权与经济理论：近期文献的一个综述//科斯，阿尔钦，诺斯.财
产权利与制度变迁：产权学派与新制度学派译文集.刘守英等译.上海：上海三联书店，上海人民出版
社：204.

二、产权与外部性：租值耗散理论

在鲁滨孙的世界里，产权是不起作用的。同样的，在一个资源丰富的世界里，也不需要建立产权关系。空气、阳光等资源的重要性尽人皆知，但由于它们的数量是如此丰富，以至于每个人对它们的使用并不影响其他人的使用[①]。一旦人类社会面临的一个资源稀缺的世界，如果不对人们获得资源的使用做出某种强制性的规定，即设定排他性的产权安排，那么即使不发生人们为争夺稀缺资源而导致的暴力行为，每个人的自利行为也将最终导致稀缺资源的枯竭。而这种情况一旦出现，所有人的境遇都将变坏，社会和组织将会分崩离析。这便是稀缺资源使用中的外部性问题。但通过设立产权，就可以避免出现这种情况，所有人的境遇都会变好。因此，产权经济学认为，产权起源于稀缺资源使用中存在的外部性问题，而"产权的一个主要功能是引导人们实现将外部性较大地内在化的激励"（德姆塞茨语）。

外部性是经济学的基本概念。当一个人的行为对社会和其他人的利益产生影响，而这个人又无需对自己的行为后果负责时，外部性便产生了。简单地说，外部性行为就是搭便车，即不支付成本而坐享其成。成本总是存在的，搭便车者只不过将成本转嫁到社会和其他人头上。而一旦可以免费乘车，消费者肯定会通过尽量增加使用次数而使自己的效用最大化。外部性产生于消费的非排他性。对于具有消费的非排他性和非竞争性的公共物品来说，外部性问题的解决主要靠政府以向使用者征税的方式来分摊成本；而对于具有非排他性但同时具有竞争性的公共物品来说，在没有排他性的产权关系约束时，每个人将最大化地追求个人利益，由此产生的成本有可能让共同体内的其他成员来承担，其结果将会导致资源的价值减少乃至枯竭。产权经济学的"租值耗散理论"说明了这种情况。

租值消散理论或租值耗散理论（The Theory of Rent Dissipation）是当代产权经济学的重要理论之一。它的核心是：本来有价值的资源或财产，由于产权安排方面的原因，其价值（或租金）将下降，乃至完全消失。该理论源于人们对实际经济现象的观察。1920 年，福利经济学的奠基者庇古在《福利经济学》一书中首先提出了两条道路的例子。他发现，在通往同一目的地的两条道路中，优良

[①]　当然，如果能建立起对空气和阳光的垄断权，让所有的人都来购买它们，岂不是最有利可图的赚钱办法？为什么垄断者不去试图垄断空气和阳光呢？问题并不在于能不能建立空气和阳光的排他性产权，而在于建立这种产权关系的成本高不可攀，因而是不经济的。1840 年，法国自由主义经济学家巴斯夏写了一篇著名的讽刺性论文《制蜡者的请求》，他"代表"蜡烛及一切与照明有关的制造商向政府请愿，要求政府阻止窗户的制造，因为通过窗户，阳光的邪恶竞争使得光亮完全免费了。有一部科幻片描述了这样一个故事：生活在地球之外的某个星球的垄断者盖了一个玻璃罩，将居民与外部的空气隔绝开，并通过制造外面的空气有毒的谎言来将空气欺骗性地出售出去，最后谎言被拆穿了。

的道路总是过分拥挤，而较劣等的道路总是人烟稀少。这就使得优良道路上的驾车成本大大提高。当拥挤达到一定程度后，优良道路和较劣等道路对驾车者来说已经没有什么差别。这种无差别意味着优良道路高于较劣等道路的价值完全消失。1954年，加拿大学者斯科特·戈登在《公共财产资源的经济理论：渔业》一文中以海洋渔场为例，考察了因渔民的过度捕捞而导致的租值耗散问题。1967年，德姆塞茨在《关于产权的理论》一文中考察了18世纪初加拿大东部印第安人因皮毛价值提高而过度捕杀海狸从而使公共产权变为私人产权的例子。1968年，美国学者加勒特·哈丁在《科学》杂志上发表《公地的悲剧》一文，考察了公共牧场的租值消散问题。后经张五常、约拉姆·巴泽尔等人的进一步研究，形成了较为系统的租值耗散理论。经济学家常常以哈丁所讲的"公地的悲剧"为例说明租值是怎样耗散的及产权的设立为什么可以解决稀缺资源使用中的外部性问题。下面的例子引自曼昆的《经济学》教科书：

在一个中世纪的小镇里，养羊是最重要的经济活动。许多家庭都有自己的羊群，并靠出卖用来制作衣裳的羊毛养家糊口。镇里的所有草地为全镇居民共同所有，每一个家庭的羊都可以自由地在共有的草地上吃草。开始时，草地是丰裕的，居民在草地上免费放羊并没有引起什么问题，这个镇上的每个人都很幸福。但随着时光流逝，人口在增长，每个家庭的羊群数量也不断增加。羊群数量日益增加，而土地的面积固定不变，于是草地逐渐失去自我养护的能力，最终变得寸草不生。一旦公有地上没有了草，就养不成羊了，羊毛也就没有了，该镇繁荣的羊毛业消失了，许多家庭也因此失去了生活的来源。是什么原因引起了公地的悲剧？为什么牧羊人让羊繁殖得如此之多，以至于毁坏了该镇的共有草地？实际上，公地的悲剧产生的原因在于外部性。当一个家庭的羊群到草地上吃草时，就会降低其他家庭可获草地的质量。这就是说，在共有草地上养羊产生了负外部性。由于每一个家庭在决定自己养多少只羊时并不考虑外部成本，而只考虑自己那部分私人成本，所以养羊家庭的私人成本低于社会成本，从而导致羊的数量过多。全镇所有养羊家庭都这样做，则羊群数量不断增加，直至超过草地的承受能力。

公地的悲剧说明：当一个人使用公共资源时，就减少了其他人对这种资源的享用机会。由于这种负外部性，公共资源往往被过度使用，乃至其边际价值降为0。要避免这种悲剧的发生，有两种解决办法：一种方法是由小镇的权威机构或政府规定每个家庭养羊的数量，对超过这个数量的每只羊征税（庇古税）；另一种办法更为简单和经济，即该镇可以将公共资源变为私人物品，即把土地分给各个家庭，每个家庭都可以把自己的一块草地用栅栏圈起来。这样，每个家庭就承担了羊吃草的全部成本，从而可以避免过度放牧。这两种办法都是通过规定和限制产权来将外部性内在化。实践证明，它们都能够较好地解决租值耗散问题。人类每年都要消费大量的牛肉、猪肉、羊肉和鸡肉，但为什么没有人担心家畜会绝种？为什么与人类日常生活关系不大的大海里的鲸和非洲的野生大象却成为濒危动物？原因在于前者是私人物品，而后者是公共资源。早在数千年前，亚里士多德就已懂得这个道理。他说："众人拥有的东西很少受到精心照料，因为所有人对自己的东西都比对他与其他人共同拥有的东西更关心。"现实中的许多公共资源，如清洁的空气和水、石油矿藏、大海中的鱼类、许多野生动植物等，都面临与公地的悲剧一样的问题。其根本原因也在于未能很好地设置产权。问题是：为什么不能将所有的公共资源都变成私人物品呢？产权经济学认为，这是因为传统习惯或者由于交易成本的存在。例如，海洋的游鱼、天空的飞鸟、地下的石油、地面的走兽等这些"会走动"的资源，要么权利不容易界定，要么界定以后执行成本高不可攀。当私有产权关系由于交易成本太高而无法建立起来的时候，可以通过权威机构来限制使用者的权利——这当然也是设置产权的一种方式——解决公共资源使用中的外部性问题。例如，国际捕鲸协会规定每年捕鲸的数量，并有能力很好地监督和约束各国（特别是日本）的捕鲸行为，则可以解决鲸的数量日益减少的问题。

三、产权制度、国家与经济增长：新经济史学

生活在现代社会的人们都得益于经济增长。由于经济增长，人们的生活水平和质量较之前有实质性的改善。经济增长主要不是指社会生产的财富的绝对量的增加，而是人口平均生产量的增加，即人均 GDP 的增加。财富总量的增加并不意味着人均财富一定就会增加，只有当财富的增长率超过了人口的增长率时，才会有经济增长。自人类社会诞生以来，经济增长的历史相当短暂，只是 17 世纪西方世界工业社会兴起之后的现象。在此之前的漫长岁月里，除了个别短暂和不稳定的时期，著名的马尔萨斯循环规律一直在起支配作用，即人口增加超过了财富的增加，因而人类社会处于长期停滞的悲惨状态之中。为什么会出现经济增长？正统的经济学忽视了产权制度而仅仅着眼于引起增长的诸种物质生产要素的变化，如投资、储蓄、规模经济、技术创新、教育、人力资本等，并据以解释经济增长，而把经济增长说成是产业革命的结果。在诺斯看来，这些都不是经济增长的原因，它们乃是增长本身。产业革命不是现代经济增长的原因，而恰恰是其结果。诺斯认为，对经济增长起决定性作用的是制度因素而非技术性因素。诺斯拒绝了从物质和技术因素来说明经济增长的传统观点，试图从现代产权制度的历史漫长的孕育过程中寻找经济增长的真正原因。这样，对经济增长的历史动因的解释便从生产技术转到了人。

诺斯指出："有效率的经济组织是经济增长的关键；一个有效率的经济组织在西欧的发展正是西方兴起的原因所在。有效率的组织需要在制度上做出安排和

确立所有权以便造成一种刺激，将个人的经济努力变成私人收益率接近社会收益率的活动。"① 那么，什么样的产权制度和经济组织才是有效率的呢？

第一，有效率的产权制度能够使每个社会成员从事生产性活动的成果得到有效的保护，从而使他们获得一种努力从事创新活动的激励。经济增长意味着生产率的提高，而生产率的提高又意味着出现了熊彼特所说的创新活动。然而，除非形成一整套保护人们从事创新活动的积极性的产权制度，否则创新不可能出现。事实上，每一项创新活动都有两个方面：①它通过提高生产率而使个人获得收益；②生产率的提高节省了有限的稀缺资源，意味着社会今后能够生产更多的产品。前者相当于该项创新活动的私人收益率，等于从事经济活动的个人或组织付出努力和扣除成本之后所获得的利得；后者相当于该项创新活动的社会收益率，等于私人收益率加上这项活动使社会其他每个成员获得的净收益。很显然，只有当私人收益率接近或等于社会收益率时，经济增长才会出现；而只有出现了有效率的产权制度和经济组织，这两种收益率才会接近一致。也就是说，个人或组织通过创新活动自己获得了利益，同时也增加了社会的净收益。个人和社会从创新活动中得到的利益有可能是相等的，但实际情况并非总是如此。如果一个社会并不鼓励人们从事创新活动，或者不能使每个社会成员从事生产性活动的成果得到有效的保护，或者以强制的力量将进行创新活动所增加的大部分个人收益拿走，或者不能有效地制止搭便车行为，即第三方可以不付成本就能享受创新者的创新活动的好处，那么，人们就没有积极性去进行创新努力，这样一来，社会便失去了本来可以得到的利益。产权的重要性就在于：通过使其清晰化的安排，确定了每个人在使用资源时可能获得的利益及必须承担的成本，从而形成了相应的行为规范。如果一个社会能够建立起一种明晰的、排他性的和可让渡的产权制度，并且对这种产权制度提供有力的保护，那么这个社会将为从事生产和交换的个人提供一种足够的激励，将人们的聪明才智和辛勤努力引导到从事有益于经济增长的发明和创造、创新和模仿、应用和推广等一系列活动中去。由此，积极从事创新活动的人会越来越多，这将相应地提高社会收益率，并最终导致个人收益和社会收益趋于一致。这意味着私有产权制度是最有效率的制度，私有产权制度的确立是经济增长和西方世界兴起的真正原因。

第二，建立这样一种产权制度本身是有成本的，产权的界定、产权制度的运行、对违规行为的处罚及产权制度提供的其他服务（如统一计量标准、提供交易媒介和公共物品等）都需要投入。交易成本就是产权制度的成本。如果交易成本高不可攀，那么有效率的产权制度就无从建立。因此，有效率的产权结

---

① 道格拉斯·诺斯，罗伯特·托马斯.1989.西方世界的兴起：新经济史.厉以平，蔡磊译.北京：华夏出版社：1.

构和产权制度安排,一方面是指它提供了一种激励,从而提高了稀缺资源的配置效率;另一方面是指它大大地降低了交易成本。只有当从这种产权制度安排中获得的收益超过了其维护成本时,人们才有积极性去维护它,并愿意为其支付必要的成本。

第三,一旦出现这样一种产权制度,就会出现有效率的经济组织。这种经济组织通过组织创新和技术创新来实现规模经济,并从事技术革新和发明创造,以提高稀缺资源配置效率,减少生产经营活动的不完善性、不确定性和风险。这不仅使从事生产性经营活动的个人收益率和社会收益率趋于一致,而且使这两种收益率不断提高,最后必然导致普遍的经济增长。

有效率的产权制度是经济增长的关键,而无效率的产权制度则必须为经济停滞负责。与前者相比,后者的基本特征是:①不能为从事生产和创新活动的每个社会成员提供有效的激励;②维护成本太高,从而导致了较高的交易成本。产权理论不仅要说明有效率的产权制度是如何产生的,而且还要说明无效率的产权制度是如何出现的。诺斯在应用产权理论分析有效率的经济组织时,假设国家是"中立"的。但在现实世界里,国家并不是中立的。国家可视为在暴力方面具有比较优势的组织,而在暴力方面具有优势的组合处于界定和行使产权的地位。国家是界定和实施产权的主体,它最终决定了产权制度和产权结构的安排,因此,国家最终要对造成经济增长、停滞和衰退的产权制度负责。产权理论需要有一个国家理论来进行解释。为此,诺斯建立了一个新古典国家理论,该理论与产权理论一起构成了制度变迁理论的两大基石。他通过对历史上国家的兴衰的观察得出这样的结论,即国家的存在是经济增长的关键,但是国家又是人为经济衰退的根源。

国家理论首先要说明国家的性质。对国家的存在主要有两种解释:掠夺论或剥削论和契约论。马克思主义的国家理论认为,国家是统治阶级的总代理,是统治阶级掠夺和剥削被统治阶级的工具,掠夺性国家将界定一套权利,使统治阶级收益最大化而无视它对社会整体福利的影响。而由启蒙学者建立起来的社会契约论则认为,国家是统治者和公民自愿结缔契约的结果,它为公民的财产、人身和生命安全及解决人们之间的利益冲突提供保护和公正,并以提供这些服务来换取收入。诺斯综合了这两种国家理论,他认为,国家带有掠夺或剥削和契约两重性。具有双重性质的国家有两个目的:它既要使统治者的租金最大化,又要降低交易成本以使全社会总产出最大化,从而增加国家税收。诺斯指出,国家的上述两个目的存在持久性的冲突:第一个目的将产生一种无效率的产权制度安排;第二个目的包含一套能使社会产出最大化而完全有效率的产权。正是因为国家的行为存在着相互矛盾和相互冲突的目标,决定了经济的停长及由此决定的国家的兴衰。那么，是什么因素决定了所谓的"诺斯悖论"①？诺斯教授倡导有关国家的"暴力潜能"（violence potential）分配论；若暴力潜能在公民之间进行平等分配，便产生契约性国家；若这样的分配是不平等的，便产生掠夺性或剥削性国家。

是什么因素决定了国家的暴力潜能的分配？诺斯运用新古典经济学的企业理论分析了这个问题。国家不是全心全意为人民服务的组织，它与普通的经济组织没有实质性的区别，其目的是追求自身的福利或效用最大化，亦即租金最大化。既然国家可视为一种组织，那么关于企业的理论也就可以用来分析国家问题了。同追求利润最大化的企业一样，国家的行为是使自身收入和成本之间的差额最大化。特别是国家试图像一个带有歧视性的完全垄断者一样，要尽量地利用垄断势力抬高租金（价格）和压低成本。而国家是否能实施有效率的产权制度，则取决于国家面临的竞争约束和成本约束。这就如同追求私利的个人和组织是否能对社会利益和公共福利作出贡献取决于其面临的市场结构和成本结构一样。

国家或统治者的收入主要来源于公民或臣民的税收。为了获得收入，国家要界定形成产权结构的竞争与合作的基本规则，并以一组服务与"选民"做交换。国家与选民的交换过程服从博弈的基本规则。就选民而言，他们之所以选择国家，是因为国家提供的服务存在着规模经济，由国家这一专门从事产权保护的组织所提供的服务的成本，要远远低于每一个社会个体自己保护自己拥有的产权所必须支付的成本，这意味着国家的出现大大降低了交易成本，使社会剩余增加，从而能把蛋糕做得更大。诺斯指出："虽然自定居性农业出现以来的 1 万年中，出现在人们眼里的历史是无穷无尽的战争、屠杀、剥削、奴役以及大量谋杀的记录，而这些绝大多数是由国家的统治者或其代理人所制造的，但仍需要强调国家对经济进步的必要性。在整个历史上，当人们需要在国家——但可能具有剥削性——与无政府之间做出选择时，人们均选择了前者。几乎任何一套规则都好于无规则。"②

专制君主们则把国家视为自己的私有财产，并且要与臣民争夺由交易成本降低而产生的剩余。为了使租金最大化，君主们面临的问题和任何一个经济人或任何一个现代企业家面临的问题极为相似：他们必须最大限度地增加自己的收入，同时要考虑他们为此所必须支付的成本，并使其最小化。要达到最大利益的目的，君主们可以从许多办法中进行选择：首先，可以从对臣民纯粹掠夺、强制借款、增加原有捐税或建立新税、甚至直接出售头衔、特权、产权等办法中进行选

---

① 诺斯关于"国家的存在是经济增长的关键，然而国家又是人为经济衰退的根源"的观点被国内学者总结为"诺斯悖论"，但诺斯本人来华演讲时却不曾承认有这样的悖论，这大概是因为诺斯是在决定产权而不是在抽象意义上谈论国家的作用。一把刀既可以用做有用的工具，也可以用做凶器，这里并不存在着什么"悖论"。按照诺斯的观点，决定国家是干好事还是干坏事的关键是国家或统治者面临的两种约束，即竞争约束和交易成本约束。

② 诺斯.1994.经济史中的结构与变迁.陈郁等译.上海：上海三联书店，上海人民出版社：24.

择；其次，可以在不同的课税方法之间做出选择，如对土地课税，对人头课税，或征收贸易和交易税；最后，还有战争，它是通过控制新疆土以增加税收的一种手段。无论采取何种方法，君主们都必须考虑每一种课税方法所包含的成本。这些成本主要有政治成本（选民或代理人的暴动、叛变、起义、革命及移居国外）和经济成本（征收税收需要有官僚机构和官僚队伍）。这些成本就好比企业内部的管理成本，它们与君主为维持产权制度所必须支付的交易成本（军队、警察、法院等）一起构成了国家的总成本。总收入与总成本之间的比较决定了君主们以何种方法向何种生产要素课何种税，这正如同企业所有者根据市场需求曲线和成本曲线决定生产什么、生产多少和如何生产一样。

作为完全垄断者，君主们在与臣民争夺社会剩余的过程中占有明显的优势。然而，统治者仍然面临着竞争约束，就像市场上的完全垄断者面临着市场需求曲线的制约和潜在的竞争对手一样。君主们面临的潜在竞争对手主要有：他们的代理人、与之竞争的国家和他们的后继者。而选民的态度和行为构成了对统治者行为的预算线。首先，统治者必须依靠其代理人来完成其对国家的统治和收缴赋税，因此统治者要设立一套规则并借以迫使他的代理人与他自己的利益保持一致。但代理人的效用函数往往与统治者的并不一致，由于信息的不对称和代理成本的存在，前者在一定程度上往往并不完全受制于后者。代理人队伍的存在不仅增加了国家的运行成本，而且分散了统治者的权力，降低了统治者的垄断租金。特别是由于效用函数的不同，代理人与委托人之间可能存在争取垄断租金的斗争。甚至在某些情形下，代理人与选民在瓜分某些垄断租金时存在着共谋的可能性。其次，对该国产权结构的形成和改变产生的政治压力来自与之竞争的国家，特别是来自地理位置相邻的一个好斗国家。它可以通过联姻与继承、阴谋与暗杀、恐吓与战争、贸易与往来等方式改变产权制度乃至统治者。再次，统治者终有一死，其后继者可能寻求改变，并执行不同的政策。最后，专制国家的臣民虽然毫无政治权利可言，但面对暴政仍然没有丧失反抗的能力。他们也许会以脚投票转向与之相竞争的国家（通过移民，这是最初的逃税方式），或支持在现存国家中某个统治者的竞争者；他们也可能以暴力对暴力（通过抗税和造反）进行反抗。选民固然是一盘散沙，但通过列宁主义者式的少数精英集团的领导，他们可以克服搭便车行为，进行大规模的有组织的反抗活动。由统治者的代理人或由相互竞争的统治者发动的宫廷式政变和战争也会改变产权结构。特别是由于选民是分层的，他们之间的经济利益是不一致的，不同的选民有不同的机会成本，机会成本越大，意味着维持或改变现存产权制度的收入就越大。于是，有势力的选民将会组成强势利益集团或分利集团，要求国家实施的产权制度体现他们的利益，以使其自身利益最大化。由于承担了国家税收的主要部分，这些集团提高了与国家讨价还价的能力。对于有势力的选民，统治者是得罪不起的。因为如果强势利益集团的财富或收入受到产权制度安排的不利影响，他们就会转向支持统治者的潜在竞争对手，从而威胁到统治者。统治者为避免触犯有势力的选民，往往会同意一个有利于这些集团的产权结构而无视它对效率的影响。至于哪部分选民构成了强势利益集团，则取决于由人口与稀缺资源之间的紧张程度而引起的相对价格的变化，以及相应的主要经济活动方式和经济组织形式。它可以是土地所有者（在农业社会）、劳动者（当劳动相对于土地是稀缺资源的时候），或者是工商资产阶级。正如诺斯所说："哪里不存在势均力敌的替代者，哪里现存的统治者就好似一个暴君、一个独裁者或一个专制君主。替代者越是势均力敌，统治者所拥有的自由度就越低。选民所保留的收入增长的份额也越大。"[1]如果国家肆意地追求租金最大化而无视公民或臣民降低交易成本的要求，统治者和被统治者之间就会产生激烈的冲突乃至对抗，于是将导致国家内在的不稳定甚至解体。反之，如果国家提供的产权保护和公正降低了交易成本，公民或臣民从事创新活动的所得（私人收益率）大于所付（税率），他们就愿意维护这个国家（通过纳税），而有效率的经济组织就会出现。

总之，总收入与总成本之间的比较、统治者面临的竞争约束，以及各种各样的地理环境（面积、人口密度、交通线）和不同的经济结构（贸易发展状况、城市现象、是否有比较活跃的商人阶层存在、农业形势）等因素一起决定了君主们界定实施产权结构的性质，而不管这种产权制度是否有利于经济增长。一种经济上低效率的产权制度安排在政治上可能是合理的，而有效率的产权制度的出现却可能完全是偶然的。

这样，诺斯便运用产权理论、国家理论、交易成本理论和意识形态理论（作为一种非正式制度安排，意识形态可以节省交易成本）完成了关于制度变迁理论的分析框架，并以此解释了从人类定居并从事农业一直到17世纪的大约1万年的西欧经济史的结构和变迁，说明了经济增长所必需的有效率的产权制度和经济组织是如何产生的，以及为什么一些国家兴起，而另一些国家衰败，从而建立了新制度经济学的新经济史学理论[2]。由于篇幅所限，我们不得不略去诺斯关于经

① 诺斯.1994.经济史中的结构与变迁.陈郁等译.上海：上海三联书店，上海人民出版社：27.

② 新经济史学（New Economic History）是20世纪五六十年代在美国兴起的经济史学，其主要特点是强调在经济史的研究中把经济理论当做综合的分析工具来使用，以实现经济理论和经济史的统一。以往的经济史著作不论是采取编年史法还是采取主题叙述法，都不过是材料的堆砌和罗列，史学家更多地根据自己的价值观及其偏好叙述经济史，而新经济史学家则认为经济史研究不仅仅是搜集、考证和分析史料及叙述史实，更重要的是能解释史实，并说明其中彼此有相互关系。因此，新经济史学更注重经济理论对经济史的指导作用。它主要有两大分支：以福格尔为代表的计量经济史学和以诺斯为代表的制度变迁理论。前者将经济学理论和计量、统计的方法应用于历史分析，使得对历史现象的解释获得了新的定量分析的工具；而后者将新制度经济学的基本理论和方法应用于经济史的分析，寻求构建更为复杂、更为全面的理论框架来解释制度的产生、演进和消亡。

济史的具体分析。这里只简略地指出，有效率的产权制度和经济组织不是一蹴而就的，它是在历史的长河中人们为寻求自身利益而导致的财产关系、权利、结构和制度变迁的结果。人口增长的压力与不同资源稀缺程度之间的相对价格的变化以及由这种变化而引起的不同产权制度安排的机会成本的不同，知识存量的增长，劳动分工和专业化的发展，国家的政体及"暴力潜能"的分配方式的不同，军事技术水平的改进，一个地区的地理环境和资源状况及人对环境的认知能力等，这些因素都对产权制度的演进和变迁起决定性的作用。只是到了近代出现资本主义关系之后，伴随着暴力和战争、征服和被征服及统治和被统治，有效率的产权制度和经济组织才建立起来，它们是经济人进行合理选择的结果。而其后出现的工业革命和技术革命是其必然而又自然的产物。

在西方世界兴起的过程中，一些曾经繁荣的创造过东方古老文明的国家却衰败下去了。例如，中国从汉代一直到明代在科学技术领域曾有极大的创造力，一直居于世界领先水平，而经济却处于长期的停滞状态。这一切不是因为中国人缺乏睿智的头脑，而是因为中国没有产生一种有效率的产权制度和经济组织。造纸术、印刷术、指南针和火药作为中国古代的四大发明到中世纪后期才传入欧洲，但在欧洲人的手里，它们的用途却完全不同了。它们不是被用来发布皇帝的诏书，不是被用来寻找风水宝地，或是驱除邪神，而是被用来传播知识和文化，寻找新航线，或是改进军事技术。相反，一些落后的制度阻碍了中国经济的发展和进步。例如，科举制度使人们把主要精力放到背诵四书五经和做毫无意义的八股文章上，这是对社会最稀缺的人才资源的最大浪费。15～17世纪，在欧洲的一些国家首先出现了有效率的经济组织和经济制度，从那以后，欧洲超过了中国，夺得了全世界技术上的领导地位。这便是新制度经济学对"李约瑟之谜"的解答[①]。

➢ 本章主要参考书目

奥利弗·威廉姆森. 2002. 资本主义经济制度：论企业签约与市场签约. 段毅才，王伟译. 北京：商务印书馆.

道格拉斯·诺斯，罗伯特·托马斯. 1989. 西方世界的兴起：新经济史. 厉以平，蔡磊译. 北京：华夏出版社.

道格拉斯·诺斯. 1994. 经济史中的结构与变迁. 陈郁等译. 上海：上海三联书店，上海人民出版社.

---

① 英国著名科学史专家李约瑟博士在其巨著《中国科学技术史》中介绍了中国古代的发明和发现后认为，"可以毫不费力地证明，中国的这些发明和发现远远超过同时代的欧洲，特别是15世纪之前更是如此"。"李约瑟之谜"通常表述为：尽管中国古代对人类科技发展做出了很多重要贡献，但为什么科学和工业革命没有在近代的中国发生？

道格拉斯·诺斯. 1994. 制度、制度变迁与经济绩效. 刘守英译. 上海：上海三联书店.

亨利·勒帕日. 1985. 美国新自由主义经济学. 李燕生译. 北京：北京大学出版社.

柯武刚, 史漫飞. 2002. 制度经济学：社会秩序与公共政策. 韩朝华译. 北京：商务印书馆.

科斯, 阿尔钦, 诺斯. 1994. 财产权利与制度变迁：产权学派与新制度学派译文集. 刘守英等译. 上海：
    上海三联书店, 上海人民出版社.

科斯. 1990. 企业、市场与法律. 盛洪等译. 上海：上海三联书店.

张军. 1994. 现代产权经济学. 上海：上海三联书店, 上海人民出版社.

➤ 复习思考题

1. 简要评述新制度经济学关于"制度"的概念, 并说明为什么制度是最重要的。

2. 简要评述新制度经济学对"经济人模式"的修正。

3. 什么是交易成本？为什么说交易成本是新制度经济学解释制度存在和制度运行的关键？

4. 简要评述科斯的企业理论。

5. 简要评述威廉森对交易成本经济学的主要贡献。

6. 简要评述基于管理成本的企业理论。

7. 什么是产权？不同的产权制度和结构安排对交易成本和稀缺资源配置有何影响？

8. 运用产权理论解释"公地的悲剧"。

9. 为什么说"有效率的经济组织是经济增长的关键"？有效率的经济组织与有效率的产权制度是什么关系？

10. 简要评述诺斯的国家理论。

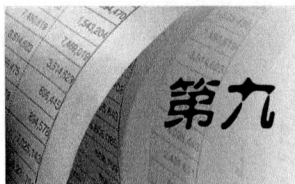

第九章

公共选择理论

公共选择理论（public choice theory），又称"政治的经济学"（economics of politics）或新政治经济学（the new political economy），是 20 世纪 50 年代以来在美国兴起的新自由主义经济学。公共选择理论将适用于市场制度的个人选择决策模式运用于非市场或集体选择的政治过程，其目的不是为了建立一套规范理论来说明政治体系应该如何运作，而是试图创立一套统一的实证理论，用于解释政治体系的各个组成部分实际如何运作。公共选择理论的出现，一方面意味着"经济学帝国主义"对政治学领域的"入侵"[①]；另一方面则在个人行为和集体选择之间重新架起了一座"桥梁"。公共选择理论破除了国家干预主义经济学所制造的"政府幻觉"，即国家或政府是解决一切经济问题的最后手段。它的一个重要结论是：企图通过政治和行政手段来校正"市场失败"的尝试可能反而会引发新的、后果可能同样严重的"政府失败"。公共选择理论的主要代表人物布坎南因"弥补了传统经济理论缺乏独立的政治决策分析的缺陷，有助于解释政府预算赤

[①] 经济学帝国主义（economic imperialism）一词，主要是指经济学家们使用经济学分析工具来研究传统经济学领域之外的问题，从而使经济学超出了自己的传统领域（至少是 19 世纪末期它给自己划定的领域），不断向其他社会科学领域扩展这一现象。从 20 世纪 50 年代起，以 1992 年的诺贝尔经济学奖得主加里·贝克尔为主要代表的经济学家运用经济学方法分析传统上属于社会学、政治学、法学、历史学等领域的问题，并且得出了非常新颖的结论。按照贝克尔的解释，经济学家之所以能够建立起一个庞大的经济学帝国主义框架，乃是因为经济学本质上是一种思维方式，其核心是由"最优化行为、市场均衡和偏好稳定的假设组合而成的"。凡是人类的决策，本质上都是在稀缺条件约束下的最优化选择，所以"凡是在以互相对立的目的为特征的资源稀缺情况下提出的资源配置和选择问题，都属于经济学的研究范畴，均可用经济分析的方法来研究"。在贝克尔等人的推动下，经济学变成了名副其实的如米塞斯所说的"人类行为学"，经济研究的领域扩大到研究人类的全部行为及与之有关的全部决定。

字为何难以消除的原因"而获得了 1986 年的诺贝尔经济学奖。这意味着公共选择理论已经融入主流经济学之中，从此以后，那些主张靠国家干预来纠正市场缺陷的经济学家在提出政策药方之前无法再忽视公共选择理论的观点。

第一节 公共选择理论概述

布坎南指出："公共选择是政治上的观点，它从经济学家的工具和方法大量运用于集体或非市场决策而产生。"[①]美国经济学家丹尼斯·缪勒（Dennis Mueller）为公共选择理论下的定义常被西方学者引用："公共选择理论可以定义为非市场决策的经济研究，或者简单地定义为把经济学应用于政治科学。公共选择的主题与政治科学的主题是一样的：国家理论，投票规则，投票者行为，政党政治学，官员政治，等等。公共选择的方法仍然是经济学的方法。像经济学一样，公共选择理论的基本行为假设是，人是一个自利的、理性的、追求效用最大化的人。"[②]

一、公共选择理论的产生和发展

公共选择理论最早可以追溯到 18 世纪法国思想家孔多赛提出的"投票悖论"，以及 19 世纪末与 20 世纪初的瑞典经济学家克努特·维克塞尔（Knut Wicksell 1851—1926）和埃里克·林达尔（Erik Lindahl 1891—1960）及意大利公共财政学派的经济思想。他们这方面的论著在很长时间内都没有引起人们的注意。当时在经济学领域占统治地位的思想是把政府的行为视为一种"非生产"的活动，要求政府尽量减少对经济的干预，让十全十美的市场自发地去运行。

自从英国经济学家阿瑟·庇古（Arthur Pigou 1877—1959）建立了福利经济学、凯恩斯建立了宏观经济学之后，市场完美无缺的信念开始崩溃，并在经济学界引起了一场揭露市场自发力量的局限性的运动，强调自发的市场经济必然会导致外部性、收入分配的不公、失业等问题。对此，他们要求政府干预经济，以弥补市场失灵或市场失败。但这实际上隐含了一个不真实的假定前提，即政府能够代表社会，并能够按照社会的利益去纠正市场所带来的过错，同时政府纠正市场过错的行为又不会造成新的恶果。在公共选择学派出现以前，对政府经济行为的研究一直是西方经济学的空白。这是因为国家干预主义经济学家把政府视为一种中介物，一种超凡入圣的、无时无刻不在代表着公共和社会利益的机器，因此，每当出现"市场失灵"时，他们都寄希望于国家机器予以纠正。这些经济学家的所作所为，就好像他们根据所分析的问题来自私营经济还是公共经济而相应

① 布坎南. 1988. 自由、市场和国家. 吴良键等译. 北京：北京经济学院出版社：18.
② 转引自：方福前. 2000. 公共选择理论：政治的经济学. 北京：中国人民大学出版社：1~2.

地采用两套衡量标准：一方面，在市场活动的是由利己主义和狭隘的个人利益所驱使的个人；另一方面，政府被一些除了肯定代表和遵守公共利益外别无他求的官吏所掌控。公共选择理论经济学家则认为，国家只不是神的创造物，它并没有无所不在和准确无误的天赋，国家只是一种人类组织，其行动本身也要受到一些规则和结构的影响，而这些规则和结构是人类"制造的"，它们不一定比其他任何社会组织的规则和结构更加准确无误。在国家中做出决策的人和其他人没有区别，既不更好，也不更坏，这些人一样会犯错误。只要国家在经济中的作用相当有限，国家的问题就是无关紧要的；一旦国家干预在现代经济运行中占据支配地位，国家的问题就变得至关重要了。

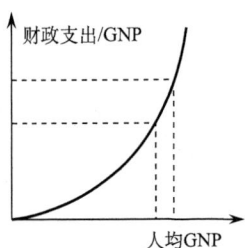

图 9-1　瓦格纳法则

在 19 世纪，国家在经济中的作用是相当有限的。绝大多数国家的政府支出不到国民收入的 10%。而在一个世纪后，这个数字却攀升到 35%～50%，从而意味着在这些国家里，其国民收入的 $\frac{1}{3}$～$\frac{1}{2}$ 正以某种方式从公共部门被消费掉。政府规模的扩张给经济学家和政治学家提出了严肃的问题：为什么被形容为"利维坦"的国家怪物的力量会如此膨胀？国家权力的膨胀究竟是好事还是坏事？在 19 世纪 80 年代，德国经济学家阿道夫·瓦格纳（Adolf Wagner 1835—1917）最先研究了这些问题。他认为，随着经济的增长和社会的发展，人们对公共物品的需求及相应的政府公共支出会不断提高。他在对许多国家的公共支出进行实证分析的基础上提出了"公共支出不断增长法则"，或称"政府活动扩张法则"，后人称之为"瓦格纳法则"。其基本含义是：随着人均收入水平的提高，政府支出占 GNP 的比重将会提高（见图 9-1）。瓦格纳对此的解释是：首先，随着工业化的发展，市场中的当事人之间的关系愈加复杂，由此引起对商业法律和契约的需要，因而要求建立司法体系和管理制度，以规范行为主体的社会经济活动。此外，城市化及高居住密度导致的拥挤现象也需要政府出面进行干预和管制。这些都需要增加政府公共支出。其次，由于国防、环保、教育、娱乐、文化、保健及福利服务等这类公共物品和准公共物品的需求有较大的收入弹性，也要求政府在这些方面增加支出。瓦格纳仅仅从公共产品的需求方面探讨了政府规模扩张的原因，并没有从供给方面分析政府扩张的必然性，因而不能建立起一个关于政府行为分析的理论框架。同时，他也没有生活在一个政府权力急剧膨胀的时代，因而并不了解政府失败的种种现象。

自第二次世界大战以来，国家对经济的干预越来越多，政府部门与公共经济活动逐渐扩大，这自然促进了对公共经济活动的理论分析。同时，国家干预经济所引发的各种弊病，促使人们通过分析非市场的集体决策过程来探讨国家干预失误的原因。公共选择经济学家们对传统经济学中政府行为理论的缺失、特别是对凯恩斯主义经济学对政府作用的美化感到不满。他们认为，如果说市场是一个极不完善的财富分配机构，那么国家也并非没有缺点，因此应当把用以调查市场经济的缺陷和过失的方法同样应用于调查国家和公共经济的一切部门，只有当事实很明显或得到证明，市场解决办法的确比公共干预解决办法代价更高时，才选择国家。

　　公共选择理论产生于 20 世纪 40 年代末，并于五六十年代形成了公共选择理论的基本原理和理论框架。肯尼斯 J.·阿罗（Kenneth J. Arrow　1921—）的经典著作《社会选择与个人价值》（1951）影响了该理论的形成。英国经济学家邓肯·布莱克（Duncan Black　1908—1991）于 1948 年发表"论集体决策原理"一文，并于 1958 年出版《委员会和选举理论》一书，为解决孔多赛的"投票悖论"和阿罗不可能定理而提出中间投票人定理，因而被尊为"公共选择理论之父"。詹姆斯·M. 布坎南（James M. Buchanan　1919—）和戈登·图洛克（Gordon Tullock　1922—）于 1962 年合著的《同意的计算——立宪民主的逻辑基础》一书，将政治决策的分析同经济理论结合起来，使经济分析扩大和应用到社会-政治法规的选择，为公共选择理论奠定了基础。该书标志着公共选择作为一门独立的学科的诞生，布坎南则是公共选择理论的创始人和公认的领袖。此外，安东尼·唐斯（Anthony Downs　1930—）在《民主的经济理论》（1957）、曼瑟尔·L. 奥尔森（Mancur L. Olson　1932—1998）在《集体行动的逻辑》（1965）、威廉姆·A. 尼斯坎南（William A. Niskanen　1933—）在《官僚与代议制政府》（1971）等著作中都为公共选择理论的建立做出了开拓性的贡献。特别是布坎南和图洛克在 20 世纪 60 年代建立了"公共选择学会"，成立了"公共选择研究中心"，并出版了《公共选择》杂志，使公共选择理论的影响迅速扩大。

　　公共选择理论兴起之时，正值凯恩斯主义经济学大行其道之际，所以它一开始自然受到学术界的质疑和官方的冷遇。一直到 20 世纪 80 年代初期，公共选择理论在西方还被视为一种别出心裁的理论，处于受排挤的地位。布坎南曾经回忆道：1957 年，他打算在弗吉尼亚大学筹建托马斯·杰斐逊政治经济学研究中心（这个中心是公共选择理论的最初根据地）。如果他公开说明建立中心的目的是反击经济学界和政治学界占支配地位的力量，几乎可以肯定会立即遭到美国大多数主要大学的反对。虽然弗吉尼亚大学校方同意建立中心，中心也一度汇集了罗纳德·科斯、戈登·图洛克、弗兰克·奈特、哈耶克、邓肯·布莱克等一大批著名经济学家，在学术研究方面也热闹过一阵子，但是，由于中心的研究计划"与这所大学本身的主流学术态度，特别是与该校外部经济学所持的态度严重分歧"，校方开始怀疑中心存在的价值。1963 年，弗吉尼亚大学专门成立了一个委员会，秘密审查中心的研究计划。这个委员会得出的结论是：中心持有"19 世纪极端保守主义的僵硬的单一观点"。随后，中心及中心所在的经济学系的负责人都被撤换，改由正统经济学家担任。学校当局有意默许甚至主动鼓励布坎南、图洛克等人离开弗吉尼亚大学。1968 年，中心宣告解体，布坎南、图洛克、科斯等人离开了弗吉尼亚大学。

在洛杉矶的加利福尼亚州立大学待了一年以后，布坎南和图洛克于 1969 年下半年重返弗吉尼亚州，试图东山再起。这一次他们不是重返弗吉尼亚大学，而是去了弗吉尼亚理工学院，因为这所大学允许他们创办一个公共选择研究中心。公共选择理论在这里逐渐发展起来，在学术界的影响也越来越大。但好景不长，由于公共选择理论与当时学术界的正统观点严重对立，弗吉尼亚理工学院无法容忍公共选择中心继续存在下去。1982 年，学院当局做出决定，中心必须撤走。公共选择学派再次被扫地出门，沦为流浪汉。1983 年，公共选择研究中心来了一个整体大搬家，迁到乔治·梅森大学。自此之后，乔治·梅森大学成为公共选择理论的大本营。由于乔治·梅森大学也在弗吉尼亚州，而公共选择理论先后建立的三个根据地都在弗吉尼亚州，所以以布坎南为首的公共选择学派又被称为弗吉尼亚学派。随着凯恩斯主义经济学的衰落，自由主义经济学重回经济学舞台的中心。1986 年，布坎南获得诺贝尔经济学奖，公共选择理论的命运随之改观。

二、什么是"公共选择"?

所谓公共选择，又叫"集体选择"（collective choice）或"社会选择"（social choice），是指与个人选择既相区别又相联系的一种决策。公共选择主要是指在民主制度下通过政治程序把每一个人对公共物品的选择转化为集体选择以决定公共物品的需求、供给和产量的一种过程或机制。因此，公共选择实际上是一种政治过程，是对资源配置的非市场决策。公共选择的存在，既与对公共物品的需求和供给有关，又与西方的民主政治制度有关。

我们知道，私人物品具有消费的排他性和竞争性，这意味着，由市场竞争形成的私人物品的价格，一方面反映了不同的消费者对消费该产品的效用的真实评价，另一方面反映了不同的生产者对生产该产品的成本的真实情况。因此，私人物品的资源配置问题可以通过市场上的个人选择来解决。由于其消费的非排他性和非竞争性及由此产生的"搭便车"行为，公共物品（及它的变种——准公共物品）不能按照市场的原则生产出来，而只能由政府提供。因此，公共物品的生产和消费是资源配置的一个特殊问题，这个问题不能用市场的个人决策方法解决，而必须通过某种非市场的选择——政治决策过程——来解决。

即使必须通过政治程序，也不一定是"公共选择"或"集体选择"。设想在专制制度下的一个独裁者，他的权力不是来自公民的选举，而是来自某种功绩或血统，那么他完全可以凭着个人的喜好任意决定某种公共物品的供给及其数量。例如，多生产大炮，而提供较少的黄油、教育、医疗和福利。如果他是一个仁慈的独裁者，如果肯从全社会的利益出发考虑公共物品的供给，他也完全没有必要动用昂贵而又耗时的集体选择程序，因为"朕即国家"，他确信他比社会更了解社会的愿望、利益和思想。在一个民主制国家里，政党、政府和官员被选举出来代表全体选民的利益行事，生产什么和生产多少公共物品全凭选民的意愿，他们不得擅自替选民做主，这意味着必须通过集体行动来决定公共物品的供给。图9-2 表明在民主政体下决定公共物品供求的政治过程。

　　投票和选举是在民主制度下将单个公民的不同偏好和选择进行加总以确定社会选择偏好和次序的主要政治程序。民主政治制度又分为两种：直接民主制和代议民主制。直接民主制是指选民个人通过直接投票表明自己的偏好——对某一提案表示赞同或反对——而参与政治决策和集体决策的制度。在这里，对公共物品的偏好和次序是根据多数人胜出的原则确定的。在代议民主制下，首先由选民通过投票选举他们的代表，如政党和政治家（议员、州长、总统等），然后由这些代表民意的政治家投票决定公共物品的需求和供给数量。无论是直接民主制，还是代议民主制，投票都是民主形式和民主观念的核心，也是公共选择理论的核心。但是，在代议民主制下，问题要复杂得多。在这里，政党和政治家要提出自己的政治纲领和公共政策，从而争取选民更多的选票，以达到赢得竞选或连任的目的。有关公共物品的集体选择要在议会中通过讨论和表决的立法程序并最终确定。选民、利益集团、政党和政治家之间的多方博弈最终决定了公共物品的需求和供给数量。因此，公共选择理论研究的另一个主要内容是关于这些主要政治角色的行为理论。一旦公共选择的决策确定之后，则由官僚制度加以执行。官僚制度是指由政府官员组成的、按照职能和职位分工、依据分层管理原则建立起来的行政权力体系。官僚机构决定了公共物品的产出及其效率。问题在于：官僚的行为动机是什么？他们能否按照全社会的利益行事？官僚制度的效率如何？这些问题自然成为公共选择理论关注的对象。对官僚行为的分析则构成了公共选择的官僚经济理论。

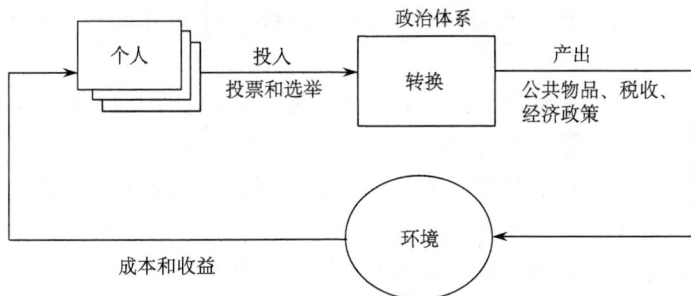

图 9-2　在民主政体下决定公共物品供求的政治过程①

　　① 图9-2改编自：汉斯·范登·德尔，本·范·韦尔瑟芬. 1999. 民主与福利经济学. 陈刚等译. 北京：中国社会科学出版社：13.

　　总之，公共选择理论应用传统的微观经济理论来分析选民、利益集团、政党、政客和官僚的理性行为，研究他们在不同的投票和选举制度约束下如何通过政治决策过程的相互作用来决定公共物品的需求和供给数量，解释了许多为传统的经济学、财政学和政治学所忽视的问题，如政府的公共支出、财政赤字和规模的不断扩大；投票的悖论；寻租、政治分肥和政治经济周期；官僚体制的低效率；政府的失败；等等。

　　尽管集体选择与个人选择有着千丝万缕的联系，因而公共选择理论将适用于个人选择的经济学方法运用于分析集体选择，但是与市场上的个人选择相比，集体选择具有以下不同的性质：

　　第一，个人选择主要通过市场来进行，使用的是货币选票，交易的是私人物品；而集体选择主要通过政治程序来进行，使用的交换媒介是以手投票、以足投票、发言、游说、请愿、抗议乃至反叛，交易的是规章、制度、法案、法规、税收、补贴、政府支出、政策等公共物品。由于选择的内容和方式不同，二者的社会组织形式也有所不同。在个人选择中，每个家庭组成需求一方，而每个厂商组成供给一方，他们通过市场交易相互作用，最终决定了私人物品的资源配置，并且在完全竞争的条件下有可能达到一种合意的结果（帕累托最优）；而在集体选择中，选民和利益集团组成需求一方，而政党、政府、政治家和官僚组成供给一方，他们通过政治体制和政治体系（投票制、直接民主制和代议民主制，它们决定了政治市场的垄断和竞争结构），最终决定了公共物品的资源配置。

　　第二，市场上的个人选择具有确定性，而集体决策中的个人选择具有不确定性。在市场选择中，每一个个人既是进行选择的单位，又是做出最终决策的单位。个人可以确切地预见到他的行动所带来的直接后果，选择的行为与后果之间存在着一一对应的关系。而在集体选择中，单个选择者虽然是行动或进行选择的单位，但做出最终决策的单位是集体而不是个人。个人的投票行为不会对集体选择的结果产生影响，而只有与他人一起共同行动时才有可能实现自己的个人目标。

　　第三，个人选择具有自愿性和平等性，而集体选择具有强制性和不平等性。在市场选择中，每一张货币选票在提供给单个选择者的单位商品和劳务方面是有效的，每一张选票从来不会被否决，单个选择者也不会处于少数派之列。而且，个人为得到商品和劳务所投入的货币选票是可分割的，这意味着单个选择者希望多选择某种特定的产品和劳务，但并不完全排斥他对另一种产品和劳务的选择。因此，在市场上的个人选择是自愿的，不带有任何强制的力量。而在集体选择中，通行的是少数服从多数的原则，也就是说，集体决策的最终结果有可能与少数派的利益截然相反。而少数派也可以组成利益集团，并且通过游说使议会颁布有利于自己的立法，从而将少数派的利益强加给全社会。此外，政治上的选票是完全不可分割的。单个人既无法将他的选票分成若干份投放在不同的获选人上，又无法在多选择某种特定的公共物品和劳务的同时又少选择另一种公共物品和劳务。因此，集体选择的对象之间通常是互相排斥的。例如，选择了获选人 A 就否定了获选人 B 和 C。因此，个人选择带有或是全部占有或是一无所有的特性。在集体选择中，尽管选择者之间在进入政治市场选择过程之前在地位上是平等的，但是每一个选择者在政治选择过程中最终所处的地位却是不平等的，即在政治市场上的个人选择带有比较明显的强制因素。

三、公共选择理论的研究方法

正是由于政治上的个人选择与经济上的个人选择存在差异，因而产生了以集体选择为研究对象的公共选择理论。但是，无论是经济上的选择还是政治上的选择，都适合于用一种统一的模式和方法进行研究。在市场经济和民主政治中，这两类决策都是以个人选择为基础的，没有理由认为进行政治决策和进行经济决策的是不同的人，并且按照不同的原则行事。但这在逻辑上是自相矛盾和不可理喻的。按照贝克尔的观点，凡是有关人类事务的决策均可以用经济学方法进行分析，因为它们都是在稀缺资源约束条件下的追求利益最大化行为。公共选择理论将经济学方法运用于分析集体行动和集体选择，并且完成了对政治学领域的"帝国主义"入侵。布坎南的观点把公共选择理论的研究方法归结为三个方面：方法论上的个人主义、经济人行为的理性原则和具有交易性质的政治过程。这三个要素被称为研究政治问题的公共选择方法或公共选择思路。

关于方法论上的个人主义，我们已经在第四章讨论现代奥地利学派经济学的方法论时做过论述。公共选择理论同样把它作为集体行为的出发点，进而分析个人的偏好、决策、选择和行动如何在既定的制度结构和组织结构中产生某种复杂的、特定的总体结果。这是因为，集体行动是由许多独立的个人行动组成的，许多独立的个人选择由集体来完成，同时个人又是集体行动的承受者。因此，个人作为决策的基本单位，无论对于集体行为还是个人行为都适用。在公共选择理论产生之前，传统的政治理论忽视了个人主义的方法论，而把集体当做一个不可分割的有机整体，以集体、群体、集团、阶级或国家作为公共选择的基本分析单位，倾向于从整体的角度分析集体目的、集体选择和集体行动，就好像这些团体有自己独立的生命和利益。公共选择理论改变了传统政治理论的观点，并在政治学中融入了经济学的个人主义方法论。在布坎南看来，集体行动被看成是个人通过集体而不是经由个人来实现目的时的个人活动。市场过程与政治过程有着相似性：在市场中，个人行动通过市场发生相互交换和相互作用，并由此产生了宏观经济结果；在政治活动中，同样是众多个人行动导致了一系列政治结果。二者的区别只在于：市场中的个人既直接承担个人行动的后果又承担宏观后果；政治活动中的个人则不用承担单独个人行动的后果而只承担集体行动的后果。因此，在政治决策与经济运行中同样可以采用个人主义分析方法。

公共选择理论把经济分析的基本假设即"经济人"假设扩大到了分析个人面临"非商品"选择时所采取的行为和动机，从而在个人选择和集体选择之间搭起了一座桥梁，并且破除了国家干预主义者根据所分析的问题来自私营经济还是公共经济而建立的两套衡量标准，即所谓的"善恶二元论"。公共选择理论认为，许多因素使政治制度很像一个普通的市场，在这里，政治家追求权力、地位与声誉，官员渴望获得提升；在这里，人们建立起契约交换关系，一切活动都以起码的个人成本-收益计算为基础。正像布坎南指出的，在苹果和橘子之间进行选择的人与在投票亭选择标有"候选人 A"与"候选人 B"的摇杆的仍是同一个人。没有理由认为他在秘密投票室中的行为与其在超级市场中的行为有本质的不同。他一般宁愿投票赞成这样的政治家——这个政治家提出的方案将给他个人带来更多的东西——而不愿投票赞成另一个政治家，后者的纲领将使他付出的费用高于给他带来的利益。人就是人，不会因为他占有一个总经理的位置，或拥有一个部长的头衔，"人性"就会有一点点的改变。不管人在什么地方，不管他是在私营企业里领薪水，还是由政府机关发工资，他还是他，只要有可能，他宁可选择能为自己带来更大个人满足的决定（物质上的和纯粹心理上的满足，如威信、职业成就、社会表扬等）。经济人假设并不意味着把所有的人都刻板地视为极端自私自利的人，它并没有把利己主义这一邪恶视为美德，它仅仅提供了这样一个原则：当人们必须在若干取舍之间做出选择时，人们将更愿意选择那种能为自己带来"较多好处"的解决办法，而不是相反。因此，人类所做的任何决定始终包含着人们对该决定的成本与收益的计算与比较过程。

公共选择理论把政治看做是个人之间相互进行政治交换并达成政治协议的一种复杂的交易结构和过程，并分析不同的政治交易结构和过程所产生的各种可能的结果。布坎南认为，经济学的核心命题不应该是资源的稀缺性及资源的配置效率问题，而应是交换的起源、性质和制度。做到了这一点，人们的注意力就会自然而然地转向有效率的市场调节秩序。按照奥地利学派的观点，不同经济个体之间通过市场交换，各自将得到自己所需要的东西，从而促进了双方利益乃至社会利益的增加。市场本身没有自己的目的，但交易产生了自发的秩序。布坎南把这种观点运用于公共选择理论中，把以交换为核心的分析扩展到政治活动与政治决策过程之中。在政治活动领域，重要的命题不是社团、党派与国家，而是这些集团之间与组成集团的个体之间基于自利动机而进行的一系列交易过程，政府被视为不过是一种允许上述活动产生的机构。政治过程本身没有自己的目的，它只是在解决利益冲突时进行交换并达成协议的一种过程。同市场交易过程产生自发秩序一样，政治交易过程因其不同的制度结构安排而具有不同的特点，并产生不同的总体结果。这正是公共选择理论所要研究的对象。就像市场的不完全性导致了市场的失败一样，公共选择理论也指出，民主制度的政治过程同样是有缺陷的。

第二节 投票理论

无论是直接民主制，还是代议民主制，投票都是民主形式和民主观念的核心，也是公共选择理论的核心。因为只有通过投票，才能从许多各不相同的个人偏好和选择中确定社会选择的偏好和次序，并证明这种社会选择具有民主的性质。然而，由于投票规则不同，投票的结果和投票的成本也不相同，于是很可能出现投票的悖论，即无法确定社会偏好的次序。因此，公共选择理论研究的一个主要内容是如何确定最优的投票规则和解决投票悖论问题。

一、一致同意规则

投票规则是指通过投票进行决策的一种公共选择程序。在民主制度下的投票规则主要有一致同意规则和多数同意规则两种。一致同意规则是指集体行动方案必须在经全体当事人一致通过，或者至少没有任何一个人反对的前提下才能实施的一种民主表决方式。公共选择学派的先驱维克塞尔极力推崇这一原则，认为它是最符合公共利益要求的投票规则，故一致同意原则又被称为维克塞尔准则。

该规则的优点是：首先，每一个投票人都拥有一票否决权，个人在公共决策上的作用是至关重要的，同时每个人都有很强的激励来表达个人的真实意愿并进行选择，任何个人都不能把自己的意愿强加给别人，因而在表决方式上每个人都是绝对平等的。其次，在一致同意规则下，每一个个体的行为都会直接关系到集体的选择是否通过。某项集体决策如果能够使部分成员不付出任何成本就可以获得收益，那么该决策也将因为损害了其他成员的利益而最终被否决，因此一致同意规则可以有效地防止"搭便车"行为的发生。最后，由于每一项提供公共物品的议案的实施都会给当事人带来利益，又会因为征税筹资而给当事人带来成本，所以每位当事人都会慎重地比较各项议案给自己带来的可能收益与成本的大小，从而选择对自己最有利的方案。若某些决策实施的结果只能使一部分人受益，而使另一部分人受损，该决策则不能被通过。因此，一致同意规则会达到帕累托最优。

尽管一致同意规则有许多优点，但是由于以下原因，它很难被普遍采用。首先，该规则的决策成本太高。所谓集体选择的决策成本，是指单个参与者为了获得集体行动所需要同意的人数而耗费的时间和努力。当集体中成员很多而且各自偏好各异时，由于每个人都拥有否决权，要把众多的相互不同的个人偏好整合为一个全体同意的集体偏好，需要花费大量的时间成本。要想使某一方案获得全体一致的赞同，需要参与者一而再、再而三地修改和调整方案，并进行多轮讨价还价和协商，才能使该方案兼顾所有人的利益并且获得通过。这一过程会产生高额的交易费用，最终可能使达成集体决策的代价超过其实施所带来的好处。

其次，该规则会引起策略性行为。一致同意规则假定每一个参与者都会诚实投票，但实际上参与者可能会因为某种特殊的目的而隐瞒自己的偏好，并且通过采取策略性行为使自己获益。所谓策略性行为，是指在一种相互依存和相互作用的环境下，每个人在决策时必须把其他人可能对该决策的反应考虑在内。纳什均衡是分析策略性行为的基础概念，其含义是：在给定其他人策略的条件下，每个人选择自己的最优策略，从而使自己的利益最大化。投票的策略性行为主要有投票交易（vote-trading）、战术投票或世故投票（tactical voting or strategic voting or sophisticated voting）等。投票交易有两种形式：一种是买卖选票，即投票者在得到足够的补偿之后投票赞成于己不利的议案，或接受贿赂投票赞成与自己利益无关的议案；另一种是互投赞成票或相互捧场，即投票者在投票赞成自己强烈偏好的议案的同时，也投票赞成于己无关紧要甚至略有伤害而对另一投票者至关重要的议案，以换取他对自己强烈偏好的议案的支持。互投赞成票经常发生在立法机构。例如，议员 A 投票赞成在议员 B 所在的地区修建一座水坝，以换取议员 B 投票同意在议员 A 所在的地区对农业的补贴。世故投票是指在有两个候选人以上的选举中，为了防止不希望的结果出现，投票者宁愿把票投给自己不中意的候选人。例如，在英国的大选中，议会中有三个大党：工党、保守党和自由民主党。其中，工党和自由民主党的政治主张非常相近。为了防止保守党获胜，许多偏好自由民主党的选民把票投给了工党的候选人。世故投票使选举更像是一场技巧大赛，投票者充分利用自己的选票，并且尝试预测可能出现的意外情况，也就是说，猜测别人如何投票。

再次，投票人的策略性行为还可以造成"少数压迫多数"的不公平现象。决策所需的规则越是接近于全体一致同意，个体谈判者的权力就越大。少数人可能利用否决权最大限度地增强其讨价还价地位，从而将自己的意志强加给多数人。

最后，此项规则往往导致策略行为人以各种不正当的手段乃至非法手段为自己谋求利益。例如，一些人为了使某些有利于自己的议案得到通过，很可能采取贿赂、利诱、威胁、恫吓乃至暴力的方式迫使不赞成者投赞成票；或者某些人一旦认识到某项议案可以被他否决，可能会以此敲诈和胁迫想要议案获得通过的人并从中牟利。

事实上，一方面，政治决策上的全体一致同意规则虽然有诸多好处，但投票者的策略性行为却完全有可能使表决的结果达不到帕累托最优；另一方面，由于决策成本太高，它往往不具备可操作性。维克塞尔意识到这一点之后，就以"实践的原因"降低了全体一致同意的要求标准。例如，有 75％ 或 90％ 的人同意即可视为全体一致，他将其称为"相对的全体一致"，这便是多数表决制下的投票规则。一致同意规则虽然很难实行，但它具有与完全竞争假设同样的意义：它提供了一个理想的标准。越是具有重大社会意义的政治决策，越应该采取全体一致同意规则。例如，美国著名的政治哲学家约翰·罗尔斯（John Rawls　1921—2002）就是根据这一规则推出衡量社会基本制度和社会基本结构的正义原则。在他看来，正义不是先验的东西，而是自由而平等的人们全体一致选择的结果。为了使人们说真话和防止出现策略性行为，罗尔斯假设人们处在一种"无知之幕"的"原初状态"，以便在一种纯粹的环境下建立一种公平的程序，使人们就"作为公平的正义"原则达成一致的意见。罗尔斯把在这种状态下全体一致选择的正义观表述为："所有社会价值——自由和机会、收入和财富、自尊的基础——都要平等地分配，除非对其中的一种价值或所有价值的一种不平等分配合乎每一个人的利益。"①作为一种社会契约论的正义理论，"罗尔斯标准"提供了判断社会基本制度和基本结构合理与否的价值尺度。

二、多数同意规则

多数同意规则就是得票多者当选，体现了"少数服从多数"的民主原则。该规则又分为简单多数规则和比例多数规则两种。前者是指只要赞成票超过半数，议案或决策就可以被通过；后者是指赞成票必须高于半数以上的某一比例，如 2/3、3/4 或 4/5，议案或决策方可被通过。多数同意规则的一个主要优点是大大降低了集体决策的成本，使民主表决程序变得简单易行，因而成为民主制度下一种常见的投票方法。然而，公共选择理论认为，多数同意规则并不令人非常满意，因为它仍然存在许多缺陷：

首先，多数同意规则特别是简单多数规则具有强制性，并且容易导致多数人暴政。该规则仅仅体现了多数派的利益，而无视乃至践踏了少数派的利益，等于多数派把自己的意愿强加给少数派，迫使他们接受对自己不利的方案。事实上，真理有时候掌握在少数人手中，而且道德上没有充分的理由可以证明为什么少数派的利益应该可以被忽视。因此，在该规则下集体决策的结果通常不符合帕累托最优状态。

其次，简单多数规则往往引起过高的外部成本和决策成本，从而产生可以称为"民主悖论"的结局。所谓集体决策的外部成本，是指由于无法控制其他人的行动而使单个参与者预期个人将要承担的损失或负效应。与一致同意规则相比，单个参与者的选择行为不再具有决定性作用，这意味着投票者的个人选择不会影响也无法改变集体选择的结果。当集体选择的结果与该投票者的偏好相违背时，

---

① 约翰·罗尔斯. 1988. 正义论. 何怀宏等译. 北京：中国社会科学出版社：58.

他将承担集体强加给他的外部成本。要想改变这一不利的情况，他必须组织起来组成多数派，但这将使得他的决策成本剧增。简单多数规则所产生的这种高昂的成本，将使民主参与者意识到他个人的行为是无足轻重的，从而导致投票人的投票冷淡和政治冷淡。许多投票人可能会"扔掉选票"，即放弃自己的民主权利，或者违背自己的偏好进行投票，或者只是被动地接受由少数人做出的决策。投票人对投票表决的冷漠态度和忽视投票权的行为，往往使得一些人组成小组织或利益集团来控制和操纵民主成为可能。通过采取策略性行为及各种合法的和非法的手段，这些小团体将小圈子的利益冒充为多数人的利益，并且设法获得足够多的选票以使有利于自己利益的议案获得通过，而他们从中获得的收益要远远大于其组织成本或决策成本。民主意味着多数人统治，然而，高昂的决策成本却完全可能使民主变成集体沉默或集体失声的伪"多数人统治"。这就是民主的悖论。

民主的悖论被德裔意大利籍著名政治社会学家罗伯特·米歇尔斯（Robert Michels 1876—1936）表述为"寡头统治铁律"（1911，1915），即寡头统治是任何试图实现集体行动的组织的必然结果，是任何有着良好愿望的人们无法改变的"铁律"。米歇尔斯描述的是这样一种情景：一小群独立的、踌躇满志的政治领袖驾驭着民主运动的浪潮，总是能把他们的意志强加给多数人集团。他的逻辑是：民主意味着多数人的意志→多数人的意志意味着一种组织，即显示力量的多数人联合→组织需要领导，以使力量准确击中要害→领导意味着多数人的服从→多数人对少数人的服从即为寡头统治→寡头统治意味着不民主。米歇尔斯是从社会学的角度来阐述这一过程的。而公共选择理论则从高昂的民主决策成本的角度说明这一过程，得出的结论也有所不同：寡头统治形成的原因并非是领导者僭越了权力，而是多数人的自动弃权。

最后，正如下面将要详细分析的那样，该规则产生了"投票悖论"。"民主悖论"和"投票悖论"反映的是民主失效和民主无能，并且导致反民主的结论。这正像史蒂文斯所说的："要么有效率，但有独裁；要么有民主，但无效率，我们必须做出选择。"或者像赖克所说的："是什么让所有这些看起来都这么不合民主的口味，很显然，答案就是这样一个事实：唯一能让'社会'做出条理清晰的决策的方式是引入一个独裁者。"公共选择理论发展出了一整套理论和方法来试图解决这些问题。

三、最优多数原则

多数同意规则要求按超过半数以上的某一个比例来通过集体选择，但问题也随之而来：为什么这个比例是51％而不是75％？集体选择的人数确定问题反映了民主悖论所面临的一种困境，即缪勒所说的："这个百分比越高，小规模集团滥用其权力使协商陷入困境的可能性就越大；反之，这个百分比越小，多数人集团使小规模集团承担所有公共物品成本而自己享受所有公共物品带来的利益的可能性越大。"布坎南和图洛克试图通过降低集体决策的成本解决这种困境。

前面已经指出，集体决策的成本包括两部分：外部成本和决策成本。外部成本等于个人因集体决策而导致的福利损失。集体决策要求的人数百分比越高，个人因此而招致的损失的可能性越小。布坎南和图洛克用外部成本函数表示外部成本与采取集体行动所需要的人数之间的关系，即 $E_i = f(N_a)$。其中，$i = 1, 2, 3, \cdots, N$，E_i 表示由于其他人的行动而使第 i 个人所承担的预期外在成本的现值；N_a 表示采取最终的集体行动之前需要同意的人数；N_0 表示参与集体活动的总人数，且 $N_a \leqslant N_0$。外在成本函数是一个减函数，即随着需要同意的人数的增加，第 i 个人预期的外在成本将不断下降。例如，当所需要同意的人数为 1，即当集体决策权被某一特定成员所独揽时，由于独裁者将按自己的意愿做出抉择，而这种意愿将很可能与其他参与者的爱好相异，所以其余参与者将预期到他们所面临的外部成本最高。反之，当所需要同意的人数等于总的参与人数，即当集体决策按全体一致规则制定时，任何参与个体都不需要承担由于他人行动而强加给自己的成本负担，即外部成本为 0。

决策成本是指单个参与者为了获得集体行动所需要同意的人数而耗费的时间和努力。决策成本函数表示决策成本与采取集体行动所需要同意的人数之间的关系，即 $D_i = f(N_a)$。它是一个递增函数，即随着所需要同意的人数的增加，第 i 个人所承担的预期决策成本的现值将不断上升。例如，当集体决策只需一个人做出时，此时的集体决策等于他的个人决策，因而决策成本极小，近似于 0；反之，当集体决策需要全体一致同意时，由于每个参与者的偏好对最终的集体决策结果都起着决定性的作用，因而决策成本最高。

任何集体选择都要招致这两种成本，这两种成本之和构成了社会相互依赖成本，其大小与投票规则所决定的同意人数有关。若是一致同意规则，那么决策成本最大而外部成本为 0；若是个人独裁，则决策成本最小至 0 而外部成本最大。因此，集体选择所需要的同意人数不能太少而使外部成本过大，也不能太多而使决策成本过高。解决这一困境的办法是确定一个合适的关于集体选择同意人数的比例，这个比例将使决策成本与外部成本之和最小，这便是最优多数原则。图 9-3 表明了如何确定最优多数原则。

在图 9-3 中，纵轴代表成本，横轴代表通过一个方案所需要的最低人

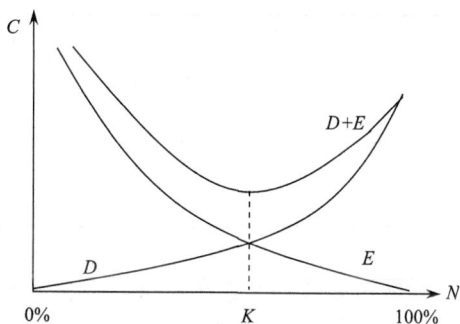

图 9-3　最优投票规则的选择

数的比例，E 是外部成本函数，D 是决策成本函数，$E+D$ 为相互依赖成本。该成本的最低点 K 正好是 D 与 E 两条曲线的焦点。K 点所对应的通过人数比例（如 55%）便是多数票制度下的最佳比例，该比例将导致最低的公共选择成本。

　　尽管 K 点的位置难以凭经验来确定，但布坎南和图洛克的模型仍然具有积极的意义。首先，简单多数规则是武断的，例如选择 51% 而非 55% 并无道理，除非能证明总成本曲线在 51% 时达到最小。其次，最优投票原则将随着集体决策的性质不同而变化。当涉及根本性的决策时，正如罗尔斯所说的有关社会基本的善和基本价值（如权利、自由、机会、收入、财富、自尊等）的分配，人们将更倾向于采取全体一致同意规则，即宁愿接受相对较高的决策成本以避免由于较少人的决策对他们的基本权利造成的更大伤害，从而导致总成本曲线的最低点右移。相反，如果决策是非根本性的，外部成本实际上很低，导致总成本曲线的最低点左移，这意味着节省决策成本的简单多数规则是最优的投票规则。

四、投票悖论

　　当备选议案超过两项时，简单多数规则将会产生"投票悖论"（the voting paradox）。所谓投票的悖论，是指按照简单多数规则做出的集体决策不能产生唯一的结果，于是意味着每个备选方案都有可能胜出，而这取决于投票表决程序的不同安排，因为投票程序的确定往往决定了集体选择的结果。早在 18 世纪 80 年代，法国社会学家孔多赛就描述了简单多数规则的一个重要特征——它不能在多个备选方案中达成均衡而在各种选择之间循环。因此，投票悖论又被称为"孔多赛悖论"（Condorcet's paradox）。

　　假定有一个由甲、乙、丙三人组成的委员会对三种备选方案 A、B、C 进行投票表决，其中，每个人对这三个备选方案都有各自不同的偏好次序。如表 9-1 所示，大于号 ">" 表示个人对其前的方案的偏好优于对其后的方案的偏好：

表 9-1　投票悖论

投票人	偏好次序
甲	A＞B＞C＜A
乙	A＜B＞C＞A
丙	A＞B＜C＞A
全体	A＞B＞C＞A

　　按简单多数规则依次对这三个备选方案进行投票表决，投票结果是这样：如果对 A 和 B 两个方案进行投票，A 胜出（A 得甲和丙 2 票，而 B 得乙 1 票）；如果对 B 和 C 两个方案进行投票，B 胜出（B 得甲和乙 2 票，而 C 得丙 1 票）；如

果对 A 和 C 两个方案进行投票，C 胜出（乙和丙投赞成 C，而甲赞成 A）。这就是说，按多数规则从一致的和确定的个人选择推出的社会选择具有不一致性和不确定性，社会偏好次序表现为 A>B>C>A……的无限循环过程。投票表决的结果是，哪一种议案都可能胜出，也可能没有一个能够获得多数票而通过。这就是"投票悖论"。孔多赛对此的解决办法是：按照预先设计好的投票程序，对各种备选方案进行两两比较，选出多数票支持的方案，获胜的方案再同剩下的方案进行角逐，最终获胜的那个方案被称为"孔多赛获胜者"。然而，只要操纵投票程序就可以控制表决结果，换一种程序就有另一种结果，这意味着民主可以被控制和被操纵，并且为具有特殊目标的小团体服务。投票悖论说明集体选择具有不一致性和不确定性，要么产生一种得不出明确结果的循环决策，要么由操纵行为、策略行为和幕后交易行为来产生决策。投票悖论在现实中发生的可能性有多大？如果这种可能性等于或近似于 0，那么，投票悖论就可以被视为不值得进一步加以关注的纯理论问题。一些学者曾试图估算投票悖论发生的概率，研究的结果表明，投票人数越多或备选方案越多，投票悖论发生的概率就越大。

投票悖论现象令许多研究民主政体的政治经济学家感到困惑。传统的民主政治理论假设，"集体中的所有人将作出一致的决定"。这一假设意味着每一个人都能够对不同的政策做出比较并取得一个一致的偏好次序，进而按照逻辑上的连贯性和传递性，把各个人的一致偏好顺序加总成为一个社会的一致偏好顺序。然而，投票悖论的存在证明，在个人选择到集体选择的转换过程中，存在着非连续性和非传递性，于是意味着集体中的每个人都追求一致的目标并不一定表明集体就会有一个一致的目标。美国著名经济学家肯尼斯·约瑟夫·阿罗（Kenneth J. Arrow　1921—）在 1951 年出版的著作《社会选择与个人价值》中以更为精巧的形式重新表述了孔多赛悖论，并且得出结论认为：当社会所有成员的偏好为已知时，不可能通过一定的方法从个人偏好次序中得出社会偏好次序，不可能通过一定的程序准确地表达社会全体成员的个人偏好或者达到合意的公共决策，这一结论后来被称为"阿罗不可能定理"（Arrow's impossibility theorem）。

五、布莱克的"中间投票人定理"

"孔多赛悖论"和强化版的"阿罗不可能定理"使公共选择理论家致力于研究投票理论，寻找解决投票悖论的办法。其中成绩显著的当属邓肯·布莱克提出的著名的"中间投票人定理"（the median voter theorem，又称"布莱克定理"）。该定理证明：只要投票者的偏好是单峰的，那么在多数票的规则下，必定会出现唯一的均衡结果，而且这个均衡结果与中间投票人的第一偏好正好相等。

布莱克并未否认阿罗不可能定理在逻辑上成立，但在现实中否定了它的可行性。阿罗不可能定理中有一个很强的假设条件：偏好的无限制域，即不能限制个人选择的自由，应允许集体成员持有任何可想象到的偏好次序。布莱克认为，这一假设在很大程度上不符合现实情况，现实情况是人们的偏好显示具有单峰值而非双峰值的性质。所谓单峰偏好，是指选民在一组按某种标准排列的备选方案中，有一个最高偏好的选择，而从这个方案向任何方向的偏离，选民的偏好程度或效用都是递减的。这种偏好排列的次序就好像只有一个峰顶的高山，或者从山底沿着上坡到山顶，或者从山顶沿着下坡到山底，如果同时有上坡又有下坡，也只能是先上坡后下坡，就像爬山一样，而且最多只能有一个上坡面和一个下坡面，不能像群山那样上下起伏。所谓双峰偏好，是指选民在一组按某种标准排列的备选方案中，有一个最低偏好的选择，而从这个方案向任何方向的偏离，选民的偏好程度或效用都是递增的。这种偏好排列次序就好像是先下后上的盆地。

布莱克认为，若每个当事人的偏好排列呈现单峰现象，则简单多数规则可以导致唯一的选择方案。假设由分别代表鸽派、中间派和鹰派的甲、乙和丙组成的议会就分别代表 100 亿元、500 亿元和 1 000 亿元国防开支的 A、B 和 C 三个议案进行投票表决。其中，甲认为国防开支越少越好，丙认为越多越好，而乙作为中间投票人认为国防开支要适度，太多或太少都不好。三派的偏好都是单峰排列，在这种排列状态下，A、B、C 三种方案中无论首先挑出哪两个来进行比较，最终的中选方案都一定是 B 方案，而该方案正好与处于中间状态的中间派的偏好一致。表 9-2 和图 9-4 说明了这种情况。

表 9-2   投票人的单峰偏好次序

投票人	偏好次序
甲	A > B > C < A
乙	A < B > C > A
丙	A < B < C > A
全体	A < B > C > A

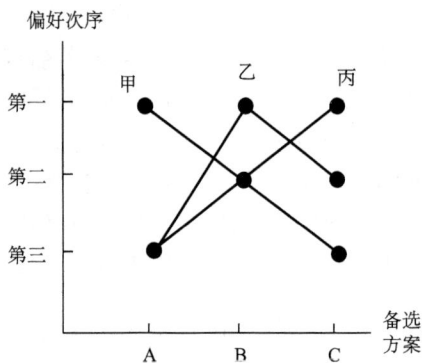

图 9-4   投票人的单峰偏好次序

如果首先在 A 和 B 之间取舍，甲赞成 A，而乙和丙赞成 B；在 B 和 C 之间取舍，丙赞成 C，而甲和乙赞成 B；最终 B 方案获得通过。当然，如果把 A、B、C 放在一起来投票，哪一种方案都不能获得过半数的票。

一般而言，只要所有成员的偏好都是单峰值的，则过半数规则必能决定出一个唯一的结果，该结果恰好反映了中间投票人的第一偏好，即中间投票人偏好的议案或公共物品量被通过，这就是中间投票人定理。该定理表明，每个人都必须消费与中间投票人需求相同的公共物品量，尽管有人希望多一些而有人希望少一些。该定理存在的原因在于：当把每一对议案放在一起来决定取舍时，每一个成员都宁愿支持最接近自己第一偏好的议案。如果把中间议案与公共物品量多于它的议案放在一起表决，希望公共物品量少一些的投票人宁愿支持中间议案，他们与中间投票人组成多数派；反之，如果把中间议案与公共物品量少于它的议案放在一起取舍，则希望数量多一些的投票人也宁愿支持中间议案。

出现投票悖论的原因在于投票人的偏好出现多峰现象。例如，在表 9-3 和图 9-5 中，丙偏好出现了双峰值，他认为，国防开支要么越多越好，要么越少越好，除此之外没有中间的立场。这样的偏好次序并不正常，也不常见。这说明丙可能是一个极端主义者，或者是一个机会主义者。此时，双峰值偏好情况下的过半数规则的投票结果就会产生投票悖论。

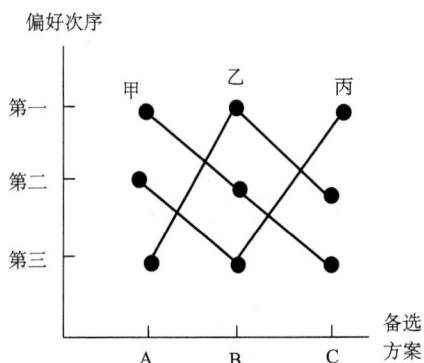

图 9-5　投票人丙的双峰偏好次序

表 9-3　投票人丙的双峰偏好次序

投票人	偏好次序
甲	A＞B＞C＜A
乙	A＜B＞C＞A
丙	A＞B＜C＞A
全体	A＞B＞C＞A

后来的研究表明，布莱克定理仅仅是解决投票悖论的充分条件而不是必要条件。1998 年的诺贝尔经济学奖得主、印度籍经济学家、英国剑桥大学教授阿马蒂亚·森（Amartya Sen　1933—）尝试运用"价值约束"理论（value restriction）推导出一些必要条件。他认为，当投票人数为奇数时，如果投票者的选择具备价值约束的条件，则可以避免投票悖论。所谓"价值约束"，是指全体投票人对备选方案中的任何一个方案达成一致意见，或者他们都同意该方案不是最优的，或者他们都同意该方案不是次优的，或者他们都同意该方案不是最差的。在表 9-3 和图 9-5 中表示的个人偏好次序就不具有价值约束的性质。其中，甲认为 A 是最优的，乙认为 B 是最优的，而丙认为 C 是最优的。个人的这种偏好排列不符合价值约束的条件，其表决的结果必然是投票的循环。阿马蒂亚·森

认为，要解决投票悖论问题，就必须改变甲、乙、丙其中一个人的偏好次序，以使所有个人偏好次序呈现出价值的约束。例如，将甲的偏好选择中的 A 和 B 的次序互换一下，变成 B＞A＞C，这样，所有投票者都会认为 A 方案不是最优的。在这种偏好排列次序下，即使丙的偏好次序仍然是双峰的，集体投票也将产生一个唯一的、确定的均衡结果：布莱克的中间投票人定理成立（见表 9-4 和图 9-6）。阿马蒂亚·森将这种论证伸展至符合以下三种条件中任何一种的选择模式：①所有人都同意其中一种选择不是最佳；②所有人都同意某一项选择不是次佳；③所有人都同意某一项选择不是最差。上述结论可以被一般化为：在任意三个备选方案中，只要全体投票人对其中的一个方案达成一致意见，投票悖论就可以消除。这就是阿马蒂亚·森著名的价值约束理论，它产生的结果是大多数投票者获胜的规则总是能达成唯一的决定。

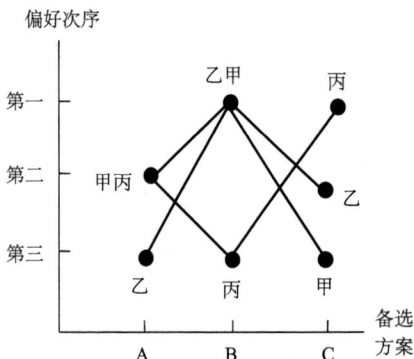

图 9-6　偏好次序的价值约束

表 9-4　偏好次序的价值约束

投票人	偏好次序
甲	A＜B＞C＜A
乙	A＜B＞C＞A
丙	A＞B＜C＞A
全体	A＜B＞C＞A

　　无论是中间投票人定理，还是价值约束理论，都与中间阶级或中产阶级有关。如果中产阶级居于社会多数地位，那么整个社会就不可能出现极端的选择，政治和社会秩序就会稳定。当社会偏好向中产阶级的意愿靠拢时，任何一个政党或政治家要想在选举中获胜，就必须使自己的竞选方案和纲领符合中间投票人的意愿。也就是说，他必须保持中庸。美国两党竞争对此做出了绝好的注脚。更为重要的是，单峰偏好和价值约束揭示了民主制度有效运转的充分必要条件——理念上的一致性。如果没有这种一致性，民主制度将不起作用。

第三节　代议民主制度中的公共选择经济学

　　所谓代议制民主，又称为间接民主制，是指人民通过投票选举出自己的代表来进行政治事务的决策的民主形式。代议制民主一方面可以避免多数人表决时的高决策成本，另一方面也可以消除独裁或寡头决策时的外部成本。因此，在现实世界里，大多数民主国家通行的主要是代议制民主，而只有在决定少数极为重要的政策时才举行全民公决。代议制民主表现为各公共选择者如选民、利益集团、政治家和官僚发生相互关系的复杂政治过程。其中，选民如同经济市场上的消费者，他们或者利用手中的选票对政治市场上的政党、政纲、候选人和议案进行选择，以实现其效用的最大化，或者组成利益集团以各种手段向在职的政治家和政府官员施加压力，以谋求得到更多的公共物品；政治家如同企业家，他们根据选民的需求提供公共物品，目的是获得更多的选票以达到执政目标；官僚如同企业经理与雇员，他们从事已确定产量的具体生产，目的是实现权力、规模或个人效用的最大化。公共选择理论分析了各公共选择参与者的理性行为及其行为的后果，并得出了"政府失败"的重要结论。

一、选民

投票人或选民是政治市场上对公共物品的需求者。然而，与经济市场上的消费者用货币直接购买各种私人物品的组合以实现效用最大化不同的是，选民只能间接地购买公共物品，并且必须选举政治代表来代理他们的利益。政治家的个人魅力固然是能否当选的一个重要因素，但选民被认为是理性的，他们会通过比较参与政治活动的收益和成本来决定是否投票及投谁的票。他们希望政府提供的公共物品最大限度地满足自己的愿望，自己承担的税收尽量地低。因此他们总是投票给能给自己带来最大的预期效用的那个政党或政治代表。

唐斯等人基于成本-收益分析建立了一个投票人行为模型，即 $R = BP + D - C$。其中，R 表示投票或弃权；B 表示选民从他喜欢的候选人的获胜中获得的预期收益或效用；P 表示选民的个人投票起决定作用的概率；D 表示选民因参与竞选而得到的个人满足；C 表示选民投票的成本。如果 $R > 0$，选民就会去投票；反之，如果 $R < 0$，选民就会选择弃权。

从该公式可以得出如下结论：第一，选民越多，投票率越低。在一个大的集体中，P 值总是很小的，选民认为他个人的一票难定结果。第二，选民越一边倒，投票率越低。C 包括选民收集信息的成本和出门投票要耗费的时间，它总是为正，而且可能很大。当选民认识到他的一票难以改变选举的结果，并且考虑到投票的成本时，他可能会选择弃权。第三，选举越不重要，投票率越低。这种性质的选举，B 值很小，C 值可能很大。第四，候选人观点越相近，投票率越低。当所有政党都倡导同一政策时，即产生了投票的无差别性，此时，对选民的个人福利而言，哪个政党当选已经不重要了，从而 B 值等于 0。第五，D 值是个不确定的因素，它代表的是选民的政治理念、参与意识、责任感和对义务行使民主权利的态度。当 B、P 值很小而 C 值很大时，D 值的大小足以解释为什么有相当一部分选民在明知投票结果完全难以被个人左右的情况下还去投票。1994 年，全世界的媒体都刊登了许多人认为他们永远也不可能见证的照片：上百万南非人，不论种族和信仰，耐心地排队行使他们最基本的民主权利——投票权。然而，在世界各地的民主国家中，越来越多的公民选择不参与投票。尤其是那些强烈感到自己在政治制度中没有得到代表的人，或者玩世不恭，或者感到寒心和无助，对这个看似合法的政治制度彻底丧失了信心，D 值变成了 0，所以他们参与投票的可能性很小。许多选民放弃投票权利的行为给特殊利益集团的存在提供了广阔的生存空间，这些组织严密、利益一致的小团体正是利用许多选民的政治冷淡和脱离政治的疏远化行为而对政治决策产生了巨大的影响。所以，世界上的许多民主国家将投票作为一种法律规定的义务，而不仅仅是一项社会责任，使行为准则从一人能投一票变成一人必须投一票。总之，公民的这两种行为——投票和自愿放弃投票权——都是理性行为。

如果公民选择投票，他们将如何在不同的政党或政治家之间进行选择？唐斯等人建立了"投票空间理论"，说明选民如何进行投票。该理论将选民与政党或候选人的政策主张模拟为物体在空间中的分布。位置越接近表示理念越接近，理念越接近的候选人当选则带给选民的效用越高，因此理性选民会支持位置较接近的候选人。假设每次投票只对单个重大事项进行表决，如要表决的事项是政府可在多大程度上限制个人的自由。假设对该事项的所有可能的政策偏好，即政治空间，可用由左到右的一维连续变量的图形表示出来（见图 9-7）。政治空间涵盖了从最左端 0% 的个人自由到最右端 100% 的个人自由之间的整个范围，每个选民都能在该政治空间内找到自己的政策偏好。

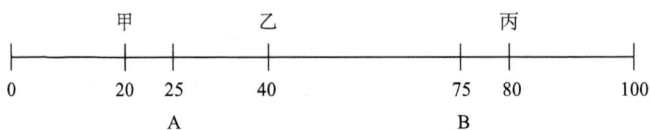

图 9-7　政治空间

在图 9-7 中，甲、乙和丙三人的政策偏好分别为 20%、40% 和 80% 的个人自由。两个党派 A 和 B 为争取选民的支持而互相争论，他们倡导的政策分别是 25% 和 75% 的个人自由。选民将比较他们与所有政党的政策偏好，并最终决定把票投给政策偏好与他们最相近的政党。这意味着，一旦选民弄清楚各政党的空间位置，就能确定这些位置与他的政策偏好之间的距离，并将投票给与自己的政策偏好距离最近的政党。甲投票给 A，丙投票给 B，而由于 A 的政策主张与乙的偏好距离较近，所以乙也投票给 A。

当要表决的不仅是一项重大事项时，政治空间就不能再以一维的一条直线来表示了，政治空间于是变成了多维的。尽管分析变得更复杂了，但方法是一样的。图 9-8 描绘的是一个二维的政治空间。其中，横轴表示个人自由程度的政策方案；纵轴表示给发展中国家的政府援助占国民收入多大比例的各种可能观点。为了表示选民的偏好，我们可以在其最优决策周围画无差异曲线。如果选民对每一事项偏好的最优决策点是对称的，且两个事项对他来讲是同等重要的，那么他的无差异曲线就是圆形的。对于越远离选民最优决策点的圆，选民对该政策方案的偏好程度越低。由图 9-8 可以看出，甲和乙偏向 A 党，而丙偏向 B 党。

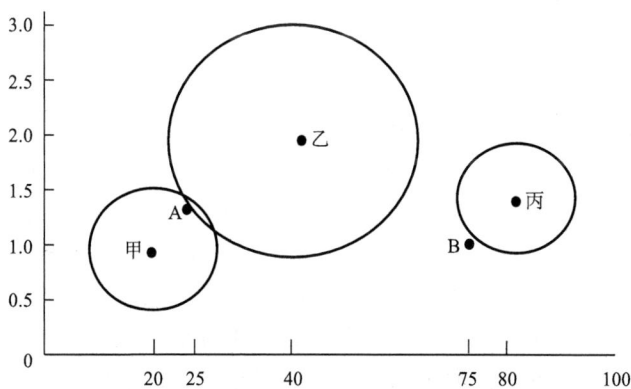

图 9-8　二维政治空间

二、政治家和政党

在代议民主制度下，选民将以选举出来的"政治家"为代表，并由他们来决定需要采取的集体行动。政治家是指综合全体选民的愿望并将其转化为具体的议案、权衡不同选民的利益并选择多数选民赞同的议案的那些人。在西方国家，这些人主要包括各政党的领袖和代表，如议会议员、州长、总统、首相、内阁成员等。

政治家或政党的行为受何种动机支配？传统的社会学理论假定，政治家或政党的活动目标是使"社会利益"（social good）最大化。公共选择理论不同意这种关于政治家的行为假定，理由是：第一，很难给"社会利益"下定义。社会中的每一个成员不可能对所有的事情都持有相同的观点。通常的实际情况是，不同个人或不同集体的利益是相互冲突的。第二，这一假定与个人行为动机假定在逻辑上不一致。前面讲过，公共选择理论认为，在经济市场上和政治市场上活动的是同一个人，没有理由认为他在这两个市场上会按不同的标准行事。

唐斯在《民主的经济理论》一书中提出了关于政治家或政党行为动机的假说——唐斯假说，即政治家或政党也是理性的经济人，和消费者、生产者具有同样的行为动机。"民主政治中的政党与经济中追求利润的企业家是类似的。为了达到他们的个人目的，他们制定他们相信将能获得最多选票的政策，正像企业家生产将能获得最多利润的产品一样"，这就是说，政治家或政党所追求的目的不是某种真理，而是为了当选执政，具体表现为获得选票最大化。"政党是为了赢得选举而制定政策，而不是为了制定政策而赢得选举"[1]。唐斯的结论是：政党在政治决策中一般将遵循多数原则，所追求的只是能给他赢得更多选票而不是失去更多选票的那些政策。而且，他推行这些政策将直至达到这样一点，该点使从推行该政策而获益的那些人所获得选票的边际收益恰好等于因推行该政策而受损的那些人所失去选票的边际损失。政治支持最大化和利润最大化服从同样的原则。

那些为了赢得选举而制定政策而不是为了制定政策而赢得选举的政治家又被称为"逐权者"。他们没有根本的理想与信念，只是追求权势、地位与声誉，喜好从政。一旦当选，他们一般会尽力反映拥护者的偏好。他们和企业主一样，从个人利益出发，最终却增加了社会利益。除此之外，还有两类政治家：理想者和逐利者。有理想的政治家追求的是某一种政治信念，他们是为了制定政策来实现理想而参与政治活动的，因而他们政纲中的公共物品是他们所理解的公众希望得到的和应该得到的。不过这类人较少，并且较难当选。逐利者从政的目的则是为了个人从中得到货币利益，如佣金、政治捐款和薪水，因而他们提供的公共物品只反映了个人利益，并不能很好地满足投票人意愿。当然，他们会把追求个人利益限制在选民尚不能做出反应的限度内。逐权者和逐利者的区别在于：前者把选民支持视为目标而把政策作为一种手段；而后者把政策视为目标而把选民支持作为一种手段。在某种条件下，二者的结果是相同的。只要一个政治家不处于垄断地位，要实现他最偏好的政策，赢得选民的支持对他来说就是非常关键的。如果一个逐利者忽略这一点，必将被他的竞争对手击败。公共选择理论认为，不一定存在某种纯粹类型的政治家，大多数政治家可能同时不同程度地兼具上述三类特点。

政治家的动机和行为与他所代表的那个政党的动机和行为是一致的。这意味着，政党的目标是使政治支持最大化。执政党的目标是再次当选或连任，而在野党的目标是在选举中击败执政党从而上台执政。为此，政党的具体目标是赢得执政所必需的多数选民的票数。而政党能否达到执政的目的取决于以下三个因素：①政治纲领（竞选纲领和施政纲领），即政治家或政党许诺给选民的一揽子公共物品；②选民的偏好；③竞争对手的战略。唐斯把这三个因素之间的关系概括为以下几个方面：第一，执政党制定何种政纲（A）取决于执政党的预期得票数

① 转引自：方福前. 2000. 公共选择理论：政治的经济学. 北京：中国人民大学出版社：77.

（V）和在野党的战略（P），即 $A = f(V, P)$；第二，在选举期间，执政党的预期得票数取决于选民的效用函数（U）和在野党的战略，即 $V = f(U, P)$；第三，选民的效用函数取决于执政党在执政期间推行的政纲和政策，即 $U = f(A)$；最后，在野党的战略取决于执政党的政纲和选民的效用函数，即 $P = f(A, U)$。由此可以看出，一个政党在竞选中能否获胜，既取决于广大选民的态度，也取决于竞争对手的战略。其中，多数选民的偏好是最重要的，不仅决定了执政党和在野党的政纲，也决定了它们的战略。

唐斯等人根据多数选民的偏好和选举规则提出了政党模式，用以解释代议制民主下存在的政党数目和各政党政纲之间的差异。唐斯模型包括两党竞争模型和多党竞争模型。

两党制是西方民主政治的典型特征，如美国的民主党和共和党、英国的工党和保守党等。两党制的产生与多数制的选举规则有关。多数制的原则是"胜者全取"，如甲党于某选区得票 10 000，乙党得票 9 999，甲党将取得选区的所有议席。选区可以只有单一议席也可以有多个议席。多数制规则易于产生两党制，或促成党派合作而形成两个政党联盟。这是因为，在这种选举规则下，每个政党都会争取过半数赞成票以确保当选。如果除某一大党之外，至少存在两个以上的政党，则党派的规模一定很小，从而难以获得足够的支持，时间一长，它们或者自行消亡，或者联合成一个大党，以获得过半数赞成票的支持。而多数制使党派的规模过大成为不必要，因为只要获得 51% 的选票就可全胜。威廉·赖克在 1962 年的《政治联盟的理论》一书中运用博弈论和成本-收益分析方法研究政党或党派联盟的最优规模问题，提出了"最小获胜联盟假说"（minimum-winning-coalition-hypothesis）。他认为，政党竞争是一种零和博弈，即一方所得是另一方所失。在零和游戏中，政治联合会自动生成能够确保获胜的最小规模，因为规模越大，每个成员获得的利益份额就越小，而维持政党联盟的成本就越高。另一方面，联盟的规模越大，即便减少一部分成员也不会降低选举获胜的概率。这样产生的便是最小化获胜的政治联盟。每个政党的最优策略是让对手的规模尽可能地大，而自己只需保持一票的优势就足以击败对手而获胜。赖克的规模原则是对唐斯理论的一个主要的假定前提的批驳：唐斯假定政党总是试图追求选票数量最大化，即寻求最大获胜联盟，而赖克却认为政党追求的是以一票之差击败对手的最小获胜规模。

在两党制下，两大政党的政纲和政策的性质及它们之间的差异取决于选民偏好的分布情况和党派的政治观点。在唐斯模型中，选民的偏好又分为是单峰的、双峰的还是多峰的；而党派的政治观点表现为沿着一维的自由-保守或"左派-右派"维度进行分布。所谓一维的，是指政党或候选人只对某一个问题表明观点。

首先，假定选民的偏好是单峰的而且是对称的（呈正态分布），则中间投票人定理成立。两党将尽量向中间人的立场靠近，它们之间的政纲和政策差别不大。图 9-9 说明了这种情况。

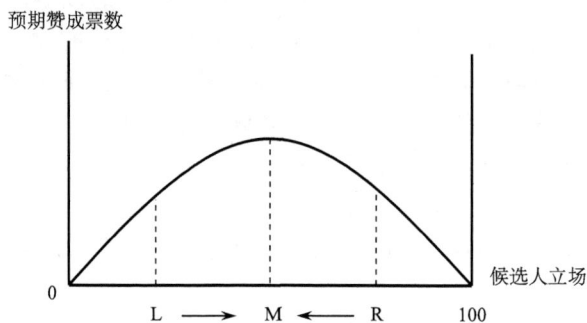

预期赞成票数

候选人立场

0   L →   M ← R   100

图 9-9 单峰值下的两党竞争

在图 9-9 中，L 表示"左派"政党，R 表示右派政党，它们各自拥有"左派"（横轴左端）和右派（横轴右端）的群众基础。然而，这两个政党都不足以赢得竞选，因为大多数选民的偏好不是趋于极端的，中间投票人的立场也就是大多数人的立场。也就是说，中数（表示中间投票人的立场）和众数（表示多数投票人的立场）重合。所以，为了赢得多数选票，两个针锋相对的政党必须改变各自的极端立场而向中间投票人的立场靠拢，两党竞争的结果必然是两党把政纲和政策都调整到 M 点。这时，虽然两党各自失去了横轴两端的那部分选民的选票，却从中间立场的选民那里得到了更多的选票。由此得出的结论是：当选民对政党政策的偏好是单峰值时，两党为了实现选票最大化，都会提出极为类似的、具有中间路线性质的政策和政纲。在这种情况下，选民选择哪个政党都无所谓，因为无论哪个政党上台执政，都不会引起较大的政策变化。这时，竞选胜利的决定性因素就往往是政党候选人个人的气质、魅力和背景。单峰偏好下的两党制使社会政治得以稳定，但这种政治稳定是建立在两党政策和政纲一致的基础上的。对中间选民来说，这会导致政治冷淡；对极端选民来说，这会导致政治的疏远化。无论哪种情况，都会导致许多选民放弃自己投票的权利。

其次，假定选民的偏好是单峰的和非对称的。这时，中数和众数不一致了，靠近众数而不是中数意味着将会赢得更多的选票。两大政党因此将调整政纲、政策和战略直至符合大多数人的立场。在这种情况下，中间投票人定理不再成立，但中间阶级的立场和观点仍旧会对选举的结果产生至关重要的影响。如果他们的立场向左转变，他们就会与"左派"群众结成多数派，使左翼政党上台执政；反之，如果他们向右转变，他们就会与右派群众一起将票投给右翼政党并促使其上台。例如，同是大萧条最为黑暗的 1933 年，大多数美国人把票投给了民主党和罗斯福，而大多数德国人则选择了纳粹党和希特勒。

最后，如果议题仍然是一维的，而选民偏好是双峰的和对称的，则只有在疏远化极弱的时候，靠近中间投票人的立场才能赢得更多的选票。假定最初 L 和 R 两党位于图 9-10 所表示的位置，那么此时它们各自获得最多的选民支持。假定 R 的政治立场不变，而 L 想获得更多的选票，则会将其政治立场向右靠拢。L 党能否得到更多的选票取决于选民的反应，即选民对政党政策的需求弹性。如果选民发现该党政治立场的改变偏离了自己的期望峰值，就会认为该党的性质已经发生了变化，不能再代表自己的利益了，他们可能在选举中弃权或投反对票。这便是由于政党政治立场的改变而导致的原来政治支持者的疏远化行为，它会使政党在得到一部分选票的同时失去更多的选票。这如同在双寡头市场上率先降价的寡头不一定获得更多的市场份额一样。由于政党改变政治立场的结果具有不确定性，所以在选民的偏好是双峰的情况下，两党竞争的结果是两党都不改变其政治立场。在这种情况下，两党的政治立场和主张有明显的分歧，哪个政党上台都会推行完全不同的政策。

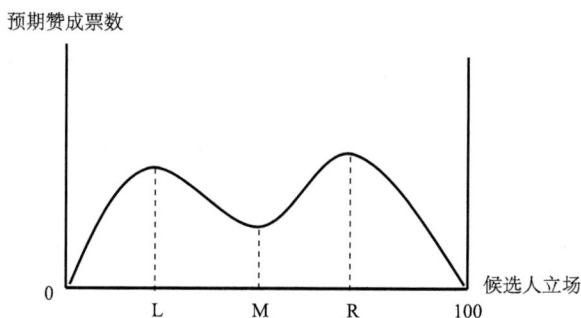

图 9-10　双峰值下的两党竞争

多党制也是西方民主国家政治格局的基本特征。这些国家可能同时存在三个、四个或更多的政党。唐斯等人认为，多党制的产生，既与选举制度有关，也与选民的偏好分布有关。在实行多数票获胜的选举制度下，容易产生两党制。而如果实行的是比例代表制，则容易产生多党制。比例代表制是相对于多数制的一种选举制度，它不是按照胜者全取或一票之差败北的原则选出政治代表，而是按照各政党所获选票数在总票数中所占的比例分配议员席位。比例代表制分配议席的方法很复杂，其基本特点是：首先统计各政党所得选票总数；然后确定产生一个席位所需要的票数，即当选基数（又称当选商数）；最后用当选基数去除各政党所得的票数，得出各政党应得的议席分配数。在比例代表制下，虽然议会（国会）和政府往往控制在大党手中，但没有获得过半数票的政党也可以在议会中获得席位，这就为小党的存在提供了基础。

政党的数目还与选民的偏好分布有关。如果选民的偏好分布是双峰的，则容易形成两党制；如果选民的偏好是多峰的，则容易形成多党制。唐斯认为，当选民的偏好分布发生变化时，容易导致新政党的产生。这又分为两种情况。一种情况是：当选民的偏好分布曲线的峰值超过了政党数目时，就为新政党产生提供了机遇。在图 9-11 中，选民的偏好有三个峰值。如果最初只有两个政党（L 和 R），任何一个政党改变其政治立场都是得不偿失的，它们将不轻易改变政纲，于是适应另一部分选民偏好的需求的第三党便形成了。每一个政党都能获得与其政治立场和政策主张相一致的选民的支持。

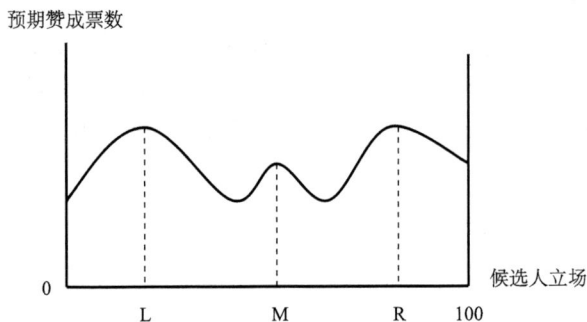

图 9-11　选民偏好多峰值与新政党产生

另一种情况是：由于政治体制的改革或法律调整，新选民加入政治生活。例如，原来没有选举权和被选举权的妇女和少数民族现在有了选举权和被选举权。再如，将选民的法定年龄由 20 岁降低到 18 岁。新选民的偏好分布有可能不同于原有选民的偏好分布，从而改变了整个社会选民的偏好分布曲线，这就为新政党登上政治舞台提供了契机（见图 9-12）。唐斯分析说，在 1900 年以前，英国只有自由党（A）和保守党（B）。后来选举权扩大了，新的选民加入政治生活，随之出现了新的偏好分布曲线，于是劳动党（工党 C）便应运而生，两党制变成了三党制。

公共选择理论认为，两党制下政府的稳定性要高于多党制。因为政府只有获得议会中多数议员的支持才能存在。在多数制下，执政党本身就是多数党，它只要保持本党成员的支持就可以使政府存在下去。对比例代表制的批评使这种制度往往导致政府不稳定。因为不同的政党代表不同的利益集团，有不同的意识形态、政治立场和政策主张，所以执政党不一定在议会中占多数，而当各党的得票数不足以达到法定的得票数时，往往由几个政党组成联合政府。一旦出现意见的严重分歧，反对党就会提出对政府的不信任案，议会如果通过不信任案，政府（内阁）就必须总辞职，或者依法提请国家元首解散议会，重新改选。一些经济

预期赞成票数

新选民 原有选民

0

候选人立场

C A B 100

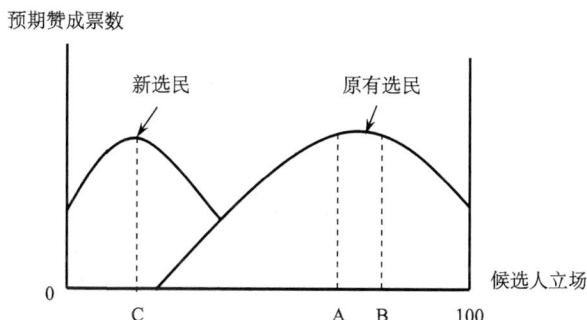

图 9-12 新选民的加入与新政党的产生

学家利用统计资料对党派制度与政府稳定性之间的关系进行了实证分析（见图 9-12），结论是：政府的稳定性（用政府存续的日期长短来衡量）既与议会中政党的数目负相关，也与联合政府中的党派数目负相关。但是，公共选择理论家缪勒认为，政府的稳定性不是衡量政治制度绩效的唯一标准，疏远化也应当成为衡量政治制度绩效的标准。在两党制下，疏远化的程度可能更高，因为一些选民感到这个政党的立场与他们的期望值相去甚远。疏远化导致一些选民表现出政治冷淡，使他们放弃投票权利；疏远化也会导致选民寻求其他的、更激烈的政治表达方式。在两党制中，由于政治暴力而导致公民死亡和暴乱的次数显著高于在比例代表制中所发生的次数。因此，缪勒的观点是，在不同的政治制度中存在着稳定性的替代（trade-off）。多数制有利于两党制，并将不相称的权力提供给最大的政党。这种制度虽然更稳定，但是在公民中造成更大的疏远化和更高层次的政治暴力。比例代表制使少数党有更多的机会对政治结果投否决票，却把大街上的抗议和示威活动转移到了国会中。

三、利益集团

在西方国家，利益集团（interest groups）是一支不可忽视的、重要的政治力量。所谓利益集团，又称压力集团（pressure groups）、游说集团（Advocacy groups）、院外活动集团（lobby groups）或特殊利益集团（special interest groups），是指一部分人组织起来为追求共同利益而对政治过程施加压力的团体。每一个利益集团都有特定的共同目标或共同利益，而且这种共同目标或共同利益通常是以共同的经济利益为基础而形成的。它将那些认同本集团的目标或利益但靠个人行为无法实现这些目标或利益的个人聚合起来，组成松散的或严密的团体，并通过集体行为促进本集团的目标或利益的实现。利益集团为达到自己的目的，可以采取多种多样的方法和通过各种途径向政府施加影响，促进或阻止某方面公共政策的改变，以影响或制约政府的决策。利益集团影响政府决策的方法主要有两种：一是通过政治捐款，支持国会议员和总统当选，进而影响政府决策（扶植代理人）；二是组成院外活动集团对国会议员和政府官员进行游说，其至采取行贿、色情等非法手段收买议员，以影响立法，使之提出有益于自己的议案。当政府的政策不符合自身的利益时，他们会发动强大的攻势进行阻挠，并向政府和国会请愿和游行示威，对议员实行地毯式的轰炸：发出大量竭力主张他们的观点的电话、电报、信函和电子邮件，或打发一批批的选民到国会大厦向他们的议员面陈意见，对议员施加压力。此外，利益集团还经常为自己的成员提供各种服务和信息，以谋取集团利益；为政府有关部门提供情报和专业知识，充当智囊，以影响政府制定政策；利用传播媒介向社会宣传自身的价值观、利益目标和对政策情况的分析等，以扩大组织影响，从而获取公众的支持。在美国，利益集团的影响无处不在，且已经深深地渗入美国的行政、国会和司法系统之中，其至与政党、政府共同成为美国政治的三大支柱，在很大程度上左右着议会立法过程和结果，故又被称为国会两院之外的第三院。一份研究报告表明，90％的美国公民都与某一利益集团有关。

利益集团理论一直是政治学和社会学研究领域的一个重大课题。直到 20 世纪 60 年代公共选择理论出现之后，经济学家才开始运用理性经济人假设和经济分析方法研究利益集团问题。其中，最著名的是美国已故经济学家、马里兰大学教授曼瑟尔·奥尔森。他在《集体行动的逻辑》、《国家兴衰探源》（1982）等专著中系统地分析了利益集团的形成及其内部运作规律，提出了"特殊利益集团"或"分利集团"理论，从而将对利益集团的研究推进了一大步。诺斯认为，公共选择理论起源于布坎南和图洛克的《同意的计算》、唐斯的《民主的经济理论》和奥尔森的《集体行动的逻辑》这三部公共选择文献的经典著作。

奥尔森对利益集团理论的一个突出贡献是：运用经济理论和经济分析方法阐明了利益集团存在及其成功运作所必备的条件。在奥尔森之前，传统的政治学、社会学和社会心理学关于利益集团理论的一个普遍观点是：由具有相同利益的个人所组成的集团均会为实现该集团的共同利益而奋斗。例如，如果一群工人会从集体谈判中获得好处，他们就会组织工会；如果一个阶级通过有组织的联合行动可以控制或获得国家政权，那么这个阶级的所有成员都会自发地或自为地这样去做。在这方面，小集团和大集团除了规模不同外，没有根本性质的不同。因此，对小集团研究的结果，只要乘上规模系数就可以直接运用于较大的集团。奥尔森的独到之处在于他借助集体行动的逻辑，证明上述论断的错误。

奥尔森的集体行动的逻辑构建在两个前提之上：①理性经济人假设；②集体目标的公共性。奥尔森指出，集体行动是建立在集团中的个人的行动都是为了自身利益这一假设之上的。如果与组织相比，个人的、没有组织的行动能够同样地、甚至更好地服务于个人利益，例如个体消费者通过市场购买获得满足，那么建立组织显然就毫无意义了。但是，当一些人拥有共同的或集体的利益或者分享一个共同的目标时，个人的、没有组织的行动要么根本无力增进那一个共同利益，要么不能充分地增进那一个共同利益，于是，组织的建立就成为必要的了。例如，当消费者的个人权益受到了侵害，但他个人无力进行争辩时，消费者就会组成消费者协会。奥尔森同意传统政治学关于组织的存在是为了增进集团成员的共同利益这一假设，尽管组织经常也能服务于纯粹的私人和个人利益，但他不同意它的结论，即认为一群具有共同利益的个人常常会采取行动，以促进其共同利益，就像人们可以预期个人会为了推进自己的利益而采取行动一样。奥尔森的结论是："除非一个集团中人数很少，或者除非存在强制或其他某些特殊手段以使个人按照他们的共同利益行事，有理性的、寻求自我利益的个人不会采取行动以实现他们共同的或集团的利益。换句话说，即使一个大集团中的所有个人都是有理性的和寻求自我利益的，而且作为一个集团，他们采取行动实现他们共同的利益或目标后能获益，他们仍然不会自愿地采取行动以实现共同的或集团的利益。"①

奥尔森的集体行动的逻辑是这样的：第一，实现了任一公共目标或满足了任一公共利益就意味着已经向那一集团提供了一件公共的或集体的物品。也就是说，集体行动所产生的集体物品对这一集体成员而言具有非排他性和非竞争性（如果不存在拥挤效应），一旦集体物品提供出来了，集团成员即使不付出任何代价，也不会被排除在集体物品的使用之外，而且每一个成员都能共同且均等地分享它。第二，集体目标的实现有赖于所有集体成员的努力及他们愿意承担组织的成本。而对集团中的个体成员而言，他个人的努力不会对组织产生显著的影响，而且他个人为集体行动所付出的成本与其从中得到的收益也不成比例。第三，作为理性的经济人，集团成员在决定是否采取集体行动时都要进行成本-收益分析。集体公共物品的收益性质和产出所需要的成本，使集团的每个成员都想"搭便车"而坐享其成。"所以尽管集团的全体成员对获得这一集团利益有着共同的兴趣，但他们对承担为获得这一集体利益而要付出的成本却没有共同兴趣。每个人都希望别人付出全部成本，而且不管他自己是否分担了成本，一般总能得到提供的利益。"②因此，在严格坚持经济学关于人及其行为的假设条件下，理性的经济人不会为集团的共同利益采取行动。第四，集团的规模越大，就越不可能采取集体行动。这是因为，集团越大，有利于集团的行动所得到的报酬就越少，每个人

---

① 曼瑟尔·奥尔森. 1995. 集体行动的逻辑. 陈郁等译. 上海：上海人民出版社，上海三联书店：2.
② 曼瑟尔·奥尔森. 1995. 集体行动的逻辑. 陈郁等译. 上海：上海人民出版社，上海三联书店：18.

得到的总收益的份额就越小，从而组织成本就越高。奥尔森得出的结论是："大集团或'潜在集团'不会受到激励为获取集体物品而采取行动，因为不管集体物品对集团整体来说是多么珍贵，它不能给个体成员任何激励，使他们承担实现潜在集团利益所需的成本，或以任何其他方式承担必要的集体行动的成本。"①

奥尔森指出，有效的集体行动必须具有"选择性激励"手段。首先，激励必须是选择性的，即针对集团中每个成员的具体情况采取个体的激励方法，并根据其成员对集体物品有无贡献来决定是否向他提供集体利益及提供的份额是多少，而不是对整个集团不加区别。其次，激励既可以是积极的，也可以是消极的。也就是说，它们既可以通过惩罚那些没有承担集体行动的成本的人来进行强制，也可以通过奖励那些为集体利益而出力的人来进行诱导。例如，国家不能靠自愿的集资或捐款而生存下去，必须靠强制手段即征税来提供最基本的服务。奥尔森的结论是：有选择性激励的集团比没有这种激励的集团更容易采取集体行动，而大集团或潜在集团一般都不是依靠它所提供的集体利益来获得其成员的支持的，而是通过选择性激励驱使其成员采取有利于集团的行动。最后，就集体行动的可能性、成功性和效果而言，小集团比大集团更有效。集团人数较少则意味着采取集体行动的总收益及个人所得的份额很大，而集体行动的成本大大降低。当采取集体行动的收益超过了成本时，即使不存在有效的选择性激励，小集团的成员也会采取集体行动。不仅如此，当集团人数很少时，由于成员之间彼此熟悉，有面对面接触的机会，而且了解和掌握彼此的行动和结果，所以成员之间采取策略性行为或机会主义行为的可能性就很小。因此，小集团存在着有效的迫使或诱使个人努力为集体行动作出贡献的激励机制，而在人数众多的大集团中，要实施有效的监督远非轻而易举。

奥尔森对利益集团研究的另一个贡献是提出了"特殊利益集团"或"分利集团"理论。传统政治学和社会学的一个被普遍接受的观点是：多元利益集团的存在对民主政治是件好事。这种观点认为，宪法规定公民有结社和请愿的权利，因此利益集团的存在本身就是民主的一种形式和固有的特征。多元利益集团的存在，既充当了政党、议会、政府和行政司法之间的中介，又实现了各个特殊利益集团之间的相互制约和制衡，因此利益集团在民主过程中推动了公众利益的实现。奥尔森驳斥了这种观点。按照他的集体行动的逻辑，利益集团存在的前提条件是成功地运用"选择性刺激"和"人数控制"的方法克服集体行动中的"搭便车"行为。由此可以断定：利益集团通常只代表整个社会中的极小部分人的特殊利益或既得利益，而这极小部分人是由少数精英分子组成的，因为他们人数本来

---

① 曼瑟尔·奥尔森. 1995. 集体行动的逻辑. 陈郁等译. 上海：上海人民出版社，上海三联书店：41.

就很少，而且拥有社会上别的群体所不拥有的"选择性激励"资源与手段。而正是因为人数多和缺乏选择性刺激的资源与手段，我们很少看到由为数众多的低收入者组成的、为其共同利益奋斗的弱势群体利益集团。奥尔森由此得出的结论是：第一，利益集团的存在实际上造成了一种看来是不可思议的"少数人'剥削'多数人"的现象，即达成了小集团的少数人能够"剥削"未达成集团的多数人；第二，政治过程仍然受到由少数精英组成的强势集团的影响或控制。不仅如此，在《国家兴衰探源》一书中，奥尔森还指出，这些特权集团或特殊利益集团无一例外地都具有"分利集团"的性质。

所谓分利集团，是指在社会总利益中为本集团争取更多、更大利益份额而采取集体行动的利益集团。奥尔森指出，任何集团或组织在原则上都可以通过两条途径为其成员谋取福利：一是使全社会的生产总量增加，从而使其成员按原有份额取得更多的产品；二是在原有的总量内，为其成员争取更大的份额。前一种做法是把蛋糕做大，而后一种做法是在蛋糕大小不变的情况下分（或切）到更多的蛋糕。利益集团很少愿意把蛋糕做大，他们宁愿在原来的盘中切一个更大的份额。奥尔森举例说，假设一个小集团中所有成员的收入占国民收入的1%，如果这个小集团使国民收入提高，则它必须承担起全部费用，而它却只能获得增加收入中的1%。只有当国民收入的增加超过该集团为此承担的成本的100倍时，其成员才能获得净收益。也就是说，当社会有很多集团时，单个集团如果促进社会利益的增加，那么它必须承担这种行动的全部代价，而自身只能获得其成果的一小部分。因此，小集团更有效、更普遍的做法是通过扩大它在国民收入中所占的份额为其成员谋取福利。为此，它往往通过院外游说活动来争取有利于本集团成员利益的立法，如抬高关税以提高国内价格、设置进入壁垒以减少竞争对手、获得政府特许以扩大市场份额等。奥尔森由此得出的结论是："各种社会组织采取集体行动的目标几乎无一例外地都是争取重新分配则富，而不是为了增加总的产出——换句话说，他们都是'分利集团'（或者，用一句比较文雅的话说，都希望'坐享其成'）。因此，各利益集团都会在各自的势力基础上展开分利竞争，通过各种'院外活动'影响政府官员决策，为本集团争取最大利益。"①

奥尔森指出，分利集团的坏处是：第一，阻碍了经济增长，也阻碍了技术进步和资源的流动及其合理配置，提高了社会交易成本，降低了社会经济效益。由于不会关心社会总收益的下降或公共损失，因而分利集团的活动不是增加而是减少社会总收入。经济学家喜欢用分（或切）"蛋糕"的例子来比喻财富的分配，其含义是你多占的就是我损失的。然而，在奥尔森看来，更恰当的比喻应该是：

---

① 曼瑟尔·奥尔森. 1993. 国家兴衰探源：经济增长、滞涨和社会僵化. 吕应中等译. 北京：商务印书馆：48.

许多人一齐冲进瓷器商店争抢瓷器，结果一部分人虽然争抢到一些瓷器，但会同时打碎一些本来大家可以分到手的瓷器。第二，将使政治生活中的分歧加剧。由于社会上大部分特殊利益集团的目的都是重新分配国民收入而不是创造更多的总收入，这必然导致社会对再分配问题的过多重视；与此同时，一部分人收益的增加必然伴随另一部分人收益的减少，甚至减少的比增加的还多，因此人民之间就产生了怨恨。当特殊利益集团的地位越来越重要，且分配问题显得格外突出时，政治上的分歧将愈演愈烈，进而导致政治选择的反复无常、政局的多变和社会的失控。第三，另外一个坏处是造成"制度僵化"。分利集团一旦从某种制度安排中得利，为了保住自身利益，就不再愿意推动制度创新。他们拒绝对迅速变化了的环境做出反应，决策或行动迟缓，对凡是可能威胁到自己既得利益的创新一概排斥，并且为了特殊利益而不惜牺牲全社会的利益。最后，分利集团的活动不仅耗费了大量的资源，而且使财富的重新分配变成了一种非生产性的"寻租"活动。

四、官僚

有关公共物品的生产和供给是由政府的行政机构及在政府行政机构中工作的官员来完成的。由于政府是以等级制的权力为基础而建立的行政组织体系，所以政府的行政机构统称为官僚机构（Bureaucracy），而官员又被称为官僚（Bureaucrats）。官僚是由当选政治家任命而不是由投票人选举产生的。"官僚"一词在这里不是作为贬义词来使用的，即它不是指那些高高在上、脱离群众、当官做老爷的社会主人，而是指在马克斯·韦伯理想的官僚组织模式中恪尽职守的专门化的职业管理人员。传统的政治学和社会学的官僚制理论以韦伯的理论为代表。韦伯把由经过训练的专业人员所组成的、以权力的高度集中、分层和分工为基本特征、以地位的高低规定成员的权利和责任并以命令与服从进行控制的官僚体制视为完善的、理想的组织形式，认为它精确、快速、明确、谨慎和统一，具有高度的理性化及高效的、高度的稳定性。在相当长的时间内，韦伯的观点具有相当的统治力，以至于早期的公共选择文献主要关注公共选择的需求方面，而很少关注公共物品的供给方面。这意味着，政府变成了外生变量，仿佛公共物品的需求如果确定下来，其供给就会自动地适量产生；仿佛官僚们都是被动的政治代理人，他们就像韦伯笔下所描绘的那样——忠于职守，专注高效，没有私心、野心甚至没有激情地、不折不扣地执行上司的命令。这样一种关于官僚行为的假定既与现实不符，又与经济学关于人及其行为的假设相矛盾。很显然，公共选择理论需要创建自己的官僚经济理论，而只有运用统一的方法把公共物品的供给过程纳入理论分析框架之中，公共选择经济学的拼图才算完整。20世纪60年代之后，官僚制的古典理论开始遭受批判和抛弃，随后出现了公共选择学派的官僚经济理论。在这方面，图洛克（1965）、唐斯（1971）和尼斯坎南（1971）做了开拓性的工作。其中，最被认可的是尼斯坎南模型。

在尼斯坎南看来，官僚的目标既不是公共利益，也不是最大效率，而是个人效用的最大化。他列举了列入官僚效用函数的主要因素：薪金、职务、津贴、公共声誉、权力任免权、机构的产出及易于更迭和易于管理等。他认为，除了最后两项外，所有因素都与政府的预算规模有关。因此，追求预算最大化是官僚的动机。官僚的动机类似于私人企业的经理，后者由于不能从效率和盈利中获得更多的好处，所以会追求规模、产量和市场份额的最大化。

政治家和官僚机构之间既是委托-代理关系，又是供求关系。前者根据选民的意愿提出对公共物品的需求量，并且根据需求和成本向后者支付需求价格——一次性的财政预算拨款，而官僚机构从政治家那里获得资金，并承诺提供一定量的公共物品来交换政府的财政预算。由于公共物品具有不可分割性，而且不存在可替代的其他单位生产同样的公共物品，所以政治家和官僚机构之间的交换不是按照产出的单位价格来进行的，双方关注的只是总产出、总成本和总预算拨款。在这里，边际分析只具有理论上的意义。正是因为不存在可替代的竞争对手，官僚机构成为公共物品市场上的卖方垄断者。同时，它又是买方垄断者，因为在垄断公共物品供给的过程中，它又是在市场上向私人生产者购买各自投入和劳务的唯一买家。官僚机构越大，政治家被赋予的进行决策的权力就越显得不重要。因此，在尼斯坎南模型中，政府和官僚机构之间的关系被视为一种双边垄断。这意味着，官僚绝不是韦伯模型中的"执行官"，而是具有很大的自主权和讨价还价的能力。

官僚的目标是预算最大化，预算最大化时的产出即为官僚机构的均衡产出。尼斯坎南运用新古典经济学的厂商理论分析官僚机构的均衡产量是如何决定的。他指出，决定官僚机构均衡产量的两个主要因素是预算拨款和成本支出。官僚机构的预算是由政治家确定的，而政治家批准给官僚机构的预算额（B）是官僚机构预期产出量（Q）的函数。他提出的政治家的预算-产出函数为

$$B = aQ - bQ^2 \quad (0 \leqslant Q < a/2b; a,b \text{ 为正的参数})$$

增加一个单位产出所增加的预算称为政治家对产出价值的"边际评价"（V），它表示政治家愿意为这额外一单位产品付出多少钱是由这额外一单位产品带给他的边际福利决定的，即

$$V = \frac{\mathrm{d}B}{\mathrm{d}Q} = a - 2bQ$$

随着产量的增加，预算拨款总额也相应增加，但增加的比例是递减的。这是因为在公共物品的消费中，也存在边际效用递减规律。图 9-13 和图 9-14 是尼斯坎南所表示的政治家的预算-产出曲线和边际评价曲线，后者又是政治家对公共物品的需求曲线或政治需求曲线，它决定了政治家在一个给定的产出上愿意支付的价格即公共物品的需求价格。这两条曲线的关系如同微观经济学效用理论中的

总效用曲线和边际效用曲线的关系：由于额外增加一单位产出所产生的边际福利递减，总预算拨款 B 的增长将比产出水平的增长要慢，它在额外一单位的产出边际价值降至 0 时达到最大。

政府的预算拨款是官僚机构的总收益，而政治需求曲线相当于官僚机构的平均收益曲线。由于官僚机构追求的是预算最大化，特别是官僚不能将预算拨款扣除各项费用支出后的余额装入自己的腰包（这是贪污行为），所以并不特别关心每一单位公共物品产出的边际收益。这意味着追求预算最大化的官僚机构不像追求利润最大化的厂商那样按边际成本等于边际收益的原则确定均衡产出水平；相反的，它更关注预算总额与总成本之间的关系。决定官僚机构均衡产出的原则是：成本必须等于或小于预算，即 $B \geq C$。一般说来，由于存在边际收益递减规律，随着产量的增加，边际成本将递增。为了方便分析，这里假定边际成本为大于 0 的常数。图 9-15 分析了官僚机构均衡产出的决定过程以及同政治家的最优产出相比较的情况。

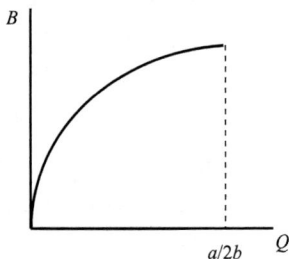

图 9-13　预算–产出曲线

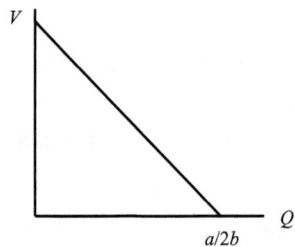

图 9-14　政治需求曲线

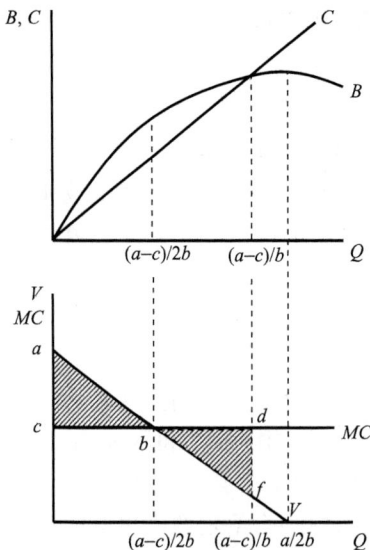

图 9-15　政治家和官僚最优产出

尼斯坎南模型的本质在于说明了政治家所期望的最优产出与官僚的最优产出并不一致，因为他们的目标函数不一样：政治家追求产出最大化，而官僚追求预算最大化。从政治家的角度来看，一项公共物品的项目，当产出与成本之间的差额最大时才最具吸引力。这表现在图 9-15 下图的边际价值曲线与边际成本曲线相交之处，即政治家的最优产出为 $(a-c)/2b$。与政治家不同，对于官僚而言，他们的福利亦即薪金、津贴、地位、权力等更多地与产出规模有关，而与成本无关。官僚无需自己垫付成本，因为公共物品的成本是由选民以纳税的形式承担的，所以官僚的最优产出是在预算与成本相等时实现的（图 9-15 上图中的预算–产出曲线 B 和总

成本曲线 C 的交点）。在那一点上，官僚使其预算最大化。在尼斯坎南模型中，官僚的最优产出为 $(a-c)/b$，它恰好是政治家所期望的 $(a-c)/2b$ 的两倍。产出翻了一番的结果使政治家的剩余（三角形 abc 的面积）完全消失，而三角形 bdf 的面积表示由于生产太多而造成的社会福利的浪费。

官僚的均衡产出又分为两种情况：一种情况为 $C>a/2b$，意味着边际成本如此之高，以至于总成本曲线 C 与预算曲线 B 顶点的左边相交（图 9-15 表示的就是这种情况）。这种情况被称为"成本限制解"。它是指，考虑到成本因素，官僚将不追求由 B 曲线顶点所表示的产出水平即 $a/2b$，官僚的预算最大化由 $Q=(a-c)/b$ 决定。另一种情况是 $C<a/2b$，意味着边际成本很低，以至于总成本曲线 C 与预算-产出曲线 B 顶点的右边相交。这种情况称为"需求限制解"。这时，官僚的最优产出与 B 曲线的顶点所表示的产出水平 $a/2b$ 相一致，但生产该水平产出的总成本低于政治家为获得该产出所愿意支付的预算拨款。也就是说，官僚现在能够自由地支配一部分预算。"官僚油水"当然也包括在他的目标函数之中，虽然他不能把这一部分预算结余私分。

基于以上的分析，尼斯坎南的结论是：最终的产出水平将与官僚最优一致。这就产生了一个关键性的问题：为什么公共物品的实际产出水平总是与官僚所期望的相一致，而不是与政治家和选民所期望的相一致？既然政治家可以任命、罢免和控制使用官僚，特别是政治家对预算的批准有最终的决定权，为什么官僚还对政治决策的过程有决定性的影响？即使政治家与官僚之间是一种双边垄断关系，那么，实际产出也将是不确定的，这取决于双方的权力关系和讨价还价的能力。如果双方势均力敌，那么实际产出应该处于政治家和官僚最优之间，而不是朝一边倒。尼斯坎南对此的解释是：由于获取信息的昂贵成本和信息分布的不对称性，使官僚机构处于有利地位。预算拨款要以了解官僚机构的生产成本情况为前提，但政治家往往不清楚真正的成本函数，他一般以官僚提供的信息为依据，而官僚完全有理由向政治家提供不真实的成本信息，而公共物品的卖方垄断也常常使政治家无从辨别官僚提供的信息是否真实可靠。这正是斯蒂格勒提出的"政府俘获理论"。另一方面，只要选民不反对——这或者因为选民的信息也是非对称性的，或者因为他们对预算没有最终控制权，政治家将乐意看到公共物品产出的增加，因为这将使他们获得更多的选票。尼斯坎南模型虽然存在诸多缺陷，而且后来的经济学家在此基础上做了很大的改进，但它奠定了分析官僚经济行为的理论基础，并提供了分析方法。

第四节　政府失败

"政府失败"（government failure）是公共选择理论关于市场经济条件下政

府干预经济行为及其后果的一个结论性概括。政府失败主要不是指政府在纠正市场失灵时——这是传统经济理论特别是凯恩斯主义经济学赋予政府的使命——未能很好地履行其职责，也主要不是指政府未能以较低的成本（或高效率）生产出合意的公共物品，而主要是指政府的干预行为将产生许多新的问题并导致更为严重的后果。政府失败的原因主要不在于某个公共选择者的非理性行为，如贪赃枉法、胆大妄为等。它是代议制民主制度下各公共选择行为人的理性行为——选民们的短视、政治家们的急功近利、各利益集团的贪婪或官僚们的野心——相互作用的必然结果。公共选择理论主张通过建立一套根本性的宪政规则体系对公共选择者的行为进行约束，以解决政府失败的问题。

一、政府扩张

政府扩张是指政府的权力、规模和活动范围不断扩大，机构和官员数量越来越臃肿、庞大，预算规模越来越大，公共物品数量越来越多，政府的活动渗透到社会生产和生活的各个领域等。它主要表现为政府开支在国民收入所占的比例持续攀升。政府扩张是现代西方社会中一个引人关注的现象。对古典政治经济学来说，政府是只消费无产出的不生产组织，所以政府规模扩大将减少国民财富；对古典自由主义来说，政府权力扩大是对个人自由的最大威胁；对新自由主义经济学来说，政府不是解决问题的办法，政府本身就是问题；公共选择理论则说明，政府扩张是公共选择过程中各种力量相互影响、相互作用的结果。

首先，政府扩张与政府的官僚制度有关。关于这一点，尼斯坎南模型已经做了很好的理论说明。然而，更通俗、更生动的解释却来自英国历史学家诺斯古德·帕金森（Cyril Northcote Parkinson）于1955年在《经济学家》杂志上发表的那篇脍炙人口的政治讽刺性小品文——《帕金森定律》（*Parkinson's Law*）。帕金森定律是关于官员增长规律的定律，它是建立在两个不言自明的命题之上：第一，当官的想要增加的是下属而不是竞争对手；第二，当官的彼此之间会制造出工作来。为了说明此规律是如何发生作用的，帕金森设想有一个当官的 A 君，他觉得劳累过度了。对于这个问题有三种解决办法：第一，他辞职不干了；第二，他请同事 B 君分担他一半的工作；第三，他要求增加 C 先生和 D 先生来当助手。

"按照历史上一贯做法，A 君恐怕毫无例外地要选择第三个办法。因为如果辞职，他就失去了领取养老金的权利。请来级别和自己相当的 B 君，等到日后上一级的 W 君（终于）退了休，岂不是在自己晋升的道路上树立了对手？因此，A 君宁可要级别比自己低的 C 先生和 D 先生来归他领导，何况二位的到来等于提高了他的地位。他可以把工作分作两份分别交给 C 先生和 D 先生掌管，自己成了唯一掌握全面的人。说到这儿，有必要强调一下，C 先生和 D 先生二位是缺一不可的。单单补充一个 C 先生那可不行。为什么呢？因为如果只让一个 C 先生分担 A 君的工作，C 先生就几乎充当了原本就不想要的 B 君的角色，也就是说成了唯一可以顶替 A 君的人，所以，要找助手非找两个或者两个以上不可。这样他们才可以相互制约，牵制对方的提升。有朝一日 C 先生也抱怨工作疲劳过度时（毫无疑问他是会走到这一步的），A 君会跟他商量再给他也配上两名助手——E 先生和 F 先生。鉴于 D 先生的地位和 C 先生相当，为了避免矛盾，A 君只得建议给 D 先生同样增配两名助手——G 先生和 H 先生。于是，在补充了 E、F、G 和 H 四位先生之后，A 君自己的晋升就十拿九稳了。

如今，七个人在做 A 君过去一个人做的工作。造成这一现象的原因是上面说过的第二个因素（即命题二——引者注）。换句话说，七个人会给彼此制造许多工作，使每个人都似乎忙得不可开交，连 A 君实际上也比过去辛苦。每收一个文件都要大家传看。E 兄认为某个文件是 F 兄管辖范围内的事，于是 F 兄就起草一个复文。复文送到 C 先生那儿，C 先生大加修改后送 D 先生会签。D 先生本来要把文送给 G 兄去办，不巧 G 兄请假不在。文件于是转到 H 兄手里。H 兄写上自己的意见，经 D 先生同意后送还给 C 先生。C 先生采纳了意见，修改了草稿，把修改稿送呈 A 君审阅。

A 君怎么办呢？本来他可以不加审查，签发了事。这样做倒也无可非议，可是谁让他脑袋里装了好多其他问题呢。他想到明年自己该接 W 君的班了，所以必须在 C 先生和 D 先生之间物色一位来接替自己。严格说来，G 兄够不上休假条件，可是又不得不批准放他走了。H 兄的健康状况不佳，脸色苍白，部分原因是闹家庭纠纷，也许本来应该让 H 兄休假才对。此外，A 君要考虑 F 兄参加会议期间增发工资的事，还有 E 兄申请调往养老金部去工作的问题。A 君还听说 D 先生爱上了一个女打字员，那是个有夫之妇；C 兄和 F 兄闹翻了，已经到了互不理睬的地步——谁也不知道是为了什么。

因此，C 先生的复文送来了，A 君本想签个字发了完事。同事们相互制造了矛盾，也给他制造了矛盾，重重矛盾扰得他心烦意乱。而起因无非就是因为有这么多大大小小的官儿们存在。可是 A 君呢，又是一个办事认真的人，他决不敷衍塞责，于是仔细阅读复文稿，删去 C 先生和 H 兄加上的啰嗦话，把稿子恢复到精明能干的（可惜爱吵架）F 兄最初起草的样子，改了改文字——这些年轻人简直全不注意语法——最后搞出了定稿。这份定稿，假定说从 C 先生到 H 兄这一系列的官儿们根本没有出生到这个世界上，A 君自己同样是可以弄出来的。人多了，办同样的事花费的时间反而比过去多了。问题是：谁也没闲着，人人都尽了最大努力。等到 A 君离开办公室动身回家，天色已晚。暮色沉沉中办公楼最后一盏灯熄灭了。这标志着一天辛勤劳动至此告一段落。最后有几个人离开办公室，A 君是其中之一。他两肩下垂，脸上泛起一丝苦笑，思忖着；长时间的工作和白头发一样，是为争取功名而受到的一份惩罚。"①

　　其次，政府扩张与利益集团的存在和行动有关。图洛克对此做了分析。他举了这样一个例子：由 100 个农民组成的社区就修路提议进行投票表决，而要修的路只能使一部分农民受益。在多数票规则下，必将产生一个 51 个农民组成的联盟。这个获胜联盟行动的政治后果是只有那些服务于这 51 个农民的道路才会被修筑。由于这 51 个农民只需支付修筑这些道路 51％的成本，所以他们总是投票赞成修建更多的道路。显然，多数票规则下的利益集团联盟必将导致更多的政府开支。根据缪勒、默雷尔和奥尔森的研究，20 世纪 70 年代以来，发达国家的利益集团数量对政府规模扩张有正的、显著的影响。也就是说，一个国家的利益集团越多，政府支出规模就越大。

　　最后，政府扩张也与选民和政治家的理性行为有关。选民希望从政府扩张中获得消费更多的公共物品的好处，但不愿意为此承担增加的成本（纳税）；而政治家可以通过复杂的预算和税收结构及财政赤字和通货膨胀制造出选民的"财政幻觉"，即让选民产生一种纳税负担没有增加的错觉。这样，政治家就有动机通过政府扩张获得更多的选票，以达到当选或连任的目的。关于这一方面，详见下面对选民和政治家行为的具体分析。

二、财政赤字和通货膨胀

　　财政赤字和通货膨胀是现代西方国家的顽症，二者之间也有必然的联系。公共选择理论家从代议民主制的政治过程中探讨了其产生的根源。他们认为，现代西方国家的财政赤字和通货膨胀是推行凯恩斯主义政策的结果，而凯恩斯主义的赤字政策和通货膨胀政策之所以能够推行，根源在于进行政策选择的政治过程及进行选择的政治家、货币当局和选民。

　　就选民来说，他们更赞成预算赤字而反对预算盈余。这是因为预算盈余长期内有益于个人利益而短期内损害了个人利益，它因增加税收而减少了人们可支配的收入，或因缩减开支减少了个人的预期收益。虽然预算盈余减少了人们在未来的税收，但选民往往注重于立即可见的直接利益而不是长远利益。财政赤字刚好相反，它能刺激就业，减少目前的税收，尽管它要以未来的通货膨胀和高税收为代价。就政治家而言，他们为了竞选获胜，自然会迎合选民的需要，而绝不会以政治前途为代价冒险平衡预算和增加目前的失业以换取未来的经济正常运转，何况他们也有扩大政府部门的倾向。这样就很容易造成财政赤字。

　　赤字的弥补只能借助于货币发行，因为增加征税不受欢迎，借债又往往产生

---

　　① 译文引自：诺斯古德·帕金森. 1982. 官场病（帕金森定律）：诺斯古德·帕金森小品集. 陈休征译. 北京：生活·读书·新知三联书店：3～5.

挤出效应。货币发行在货币当局的帮助下迅速成为事实。货币当局名义上独立，实际上受政治压力的影响，更何况他们也不愿为紧缩通货造成的低投资和高失业承担责任。选民看不清通货膨胀实际上是对自己的征税，因而把价格上涨归咎于厂商。于是，财政赤字在三方的共同参与下，借助于民主政治过程而转化为通货膨胀。

三、政治经济周期

政治经济周期（Political Business Cycle）指的是政治因素或者政治过程引发的经济周期性的波动。政治因素将影响经济政策的选择并由此影响经济表现；反过来，经济表现又决定着政治家的命运。在公共选择理论出现之前，占正统地位的凯恩斯主义经济学把政府或政治因素视为稳定经济而不是相反的一种力量，它认为，市场经济具有内在的不稳定性，这种不稳定性导致了总产出和就业方面的波动，因此，只有依靠政府的经济政策才能保持经济的稳定增长。这种把政府作为外生变量并且寄希望于政府来解救的观点暗含着一个不切实际的假设，即政府总是扮演着一个"仁慈的社会规划者"的角色，其唯一关注的就是使社会福利最大化。马克思早就对这种"政府幻觉"嗤之以鼻，因为在他看来，资产阶级政府只不过是资本家阶级的总代表。根据马克思的观点，波兰著名经济学家卡莱斯基在 1943 年首先提出了一个马克思主义的政治经济周期模型。在这个模型中，一个代表资本家利益的党派政府故意用政治手段制造衰退，为的是减少由于工人阶级力量增加对利润产生的威胁，而工人阶级力量增加的原因在于充分就业造成的对劳动需求的增加和劳动供给的短缺。

20 世纪七八十年代，一些经济学家，如威廉·诺德豪斯（William Nordhaus 1975）、道格拉斯·希布斯（Douglass Hibbs 1977）、肯尼思·罗格夫和安尼·希伯特（Kenneth Rogoff，Anne Sibert 1988）、阿尔贝托·阿莱斯那（Alberto Alesina 1987）等人建立了公共选择学派的政治经济周期模型。这些模型又被称为"新政治宏观经济学"（the new political macroeconomics），因为它们把政府作为内生变量引入宏观经济学模型之中，从经济人行为假定出发，分析了政治家和选民的最大化行为对宏观经济运行产生的影响，并且得出结论：追求选票最大化的政治家为了在竞选中获胜，会故意破坏经济的稳定从而产生一个由于政治原因而导致的经济周期。这一结论完全与凯恩斯的观点相对立，后者认为政府的一个主要目标是稳定经济。

图 9-16 是关于民主政体下政治和经济相互作用的一个图示。政治经济周期又叫"选举经济周期"，因为它与（美国）四年一次的大选有关。在大选中胜出是政治家的驱动力，而能否胜出则取决于选民的选票。至于选民把票投给哪一个党派，又取决于该党上台后执行的经济政策能否给他们带来更多的好处，这些好

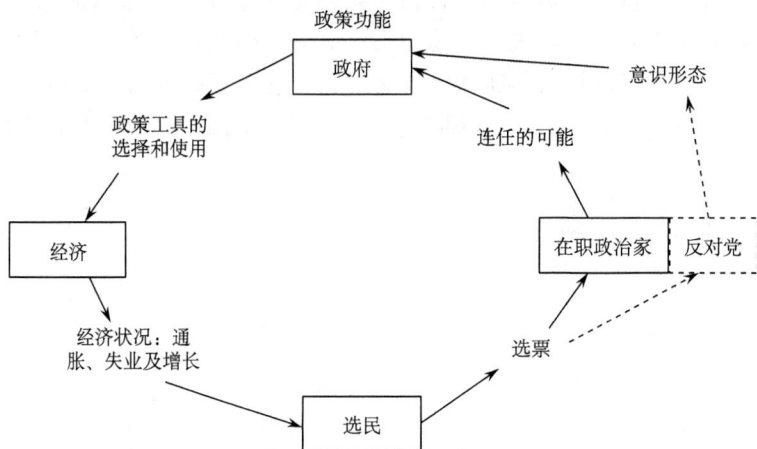

图 9-16　一个政治-经济的模型

处具体体现为选民所希望达到的宏观经济效果，如高就业、低膨胀、低税率、高福利支出，等等。这样的宏观经济目标根本不可能在长期中实现，因为它们之间存在着相互冲突。然而，在短期内，政府却可以利用失业率和通货膨胀率之间的交替关系采取扩张性的经济政策刺激就业和增长，并且通过制造财政赤字、"财政幻觉"和"货币幻觉"，巧妙地将其在长期中必然会产生的负效果掩盖起来，从而人为地制造出经济高涨的假象来。特别是在即将选举的前期，经济状况是至关重要的。在职政治家希望连任，最好的办法就是让经济处在上升状态。如果经济状况不好，选民就可能选择反对党。与此同时，反对党选举人许下诱人的诺言，如老布什在 1988 年大选前的那句著名的誓言："请读我的嘴唇，不会有新的税收了。"因此，经济形势必然影响选举的结果，而竞选获胜的动机直接影响政治家对经济政策的选择和使用。这意味着政治家会从事"为政治利益而进行的经济操纵行为"。为此，在职政治家会采取扩张性的经济政策以刺激产量与就业量，从而人为地制造竞选前期经济高涨的假象。同时为了争取更多的选票，他必然会迎合选民的心理，许诺减税和扩大社会福利支出，由此产生了竞选后期的财政赤字和通货膨胀。所以，连任后或新当选的政治家将会面临财政赤字和通货膨胀的压力，他们不得不采取紧缩性的经济政策来对付这些问题，结果就会导致经济衰退。这就是政治周期理论的基本内容。

四、寻租和直接非生产性寻利活动

寻租（rent-seeking）是指一种将稀缺资源投入到非生产性用途中的牟利活动，特别是指寻租者（rent seeker，它可以是个人、组织和企业）不是通过增加财富的生产和交易活动来赚取利润，而是以各种合法或非法的手段（如游说、行贿等），通过投入资源控制及影响立法者和政府行政官员以捕获由于政治因素或政府管制等人为制造的稀缺性而产生的永久性的经济租金。在这里，"租"（rent）或"经济租金"（economic rent）是经济学中一个古老的概念，是指支付给生产要素的报酬超出为获得该要素而必须支付的最低报酬的部分，相当于生产者剩余，或者价格超出供给者平均总成本的余额。经济租金的来源只有两个途径：一是个别生产者由于从事创新活动而使其产品的平均成本低于社会平均成本而产生的；二是垄断者利用市场势力在成本之上加价而产生的。在前一种场合，经济租金表现为暂时的超额利润，并且在竞争的市场环境中由于竞争者的模仿创新浪潮而会很快消失；而在后一种场合，不存在竞争者与其分享超额利润或垄断利润，所以只要存在进入壁垒并且消费者的需求不变，垄断者就可以相对永久地占有经济租金。造成进入壁垒的主要原因是政府的特许、对经济的管制及利用行政和法律手段阻碍生产要素在不同产业之间自由流动，因此总会有牟利者（他们主要是组织良好的、有强大的政治影响力和雄厚的资金做后盾的少数强势特殊利益集团或分利集团，由于其组织起来的成本很低，而一旦通过有利于他们的议案，他们将会获得丰厚的回报）不是将资源投入到创造财富的生产和交易活动中，而是投入到影响立法和行政决策的政治过程中，试图通过政治权力谋求或巩固其垄断地位，以获得一种永久性的经济租金。按照布坎南的观点，前一种活动是"寻利"（profit-seeking），表现为追求利益最大化的个人在市场上或通过市场进行的牟利活动，并且通过亚当·斯密所说的"看不见的手"转化为创新、增长及成本和价格的下降；后一种活动就是"寻租"。

寻租活动又可以分为以下几种：①为了获得垄断地位而进行的寻租，如争取政府的特许权、许可证、配额、执照、授权书、批文、公共工程等，即典型意义上的寻租活动；②为了维持已获得的垄断地位而进行的寻租，如要求政府进行管制，设置进入壁垒或提高进入门槛，以防止他人进入与其分享超额垄断利润，这种寻租又被称为"护租"（rent protection）；③为了防止他人寻租对自己造成损失而进行的寻租，如烟草行业想方设法防止政府在他人的游说下对本行业征税或增税，这种寻租又叫"避租"。以上的寻租者主要是指个人或特殊利益集团，他们作为经济租金的需求者竞相地向租金的供给者（政府）进行寻租。在这里，假定政治家和政府官员自身没有对经济租金的需求，而仅仅是被动地对私人的寻租活动做出反应。但这一假定是不真实的，因为作为经济人，政治家和政府官员也有对经济租金的需求。正所谓一个巴掌拍不响，如果没有政府的积极配合，寻租活动就不可能成功，甚至不可能出现。不仅如此，政治家和政府官员还会利用手中的公共权力主动寻租。这种权力寻租主要表现在：①创租（rent creation），即政治家和政府官员利用立法和行政权力人为地制造稀缺性，为寻租者创造租金并从中获取收益；②抽租（rent extraction），即政治家和政府官员故意以提出某种不利于某些利益集团的政策相威胁，从而迫使这些利益集团割舍一部分既得利益与之分享。无论是创租，还是抽租，都是政府利用民众赋予的公共权力通过故意"设租"来达到寻租的目的。

寻租活动在三个层次上进行。布坎南以城市出租车数量限制为例说明了这一点。假定市政府出于某种原因，决定通过发放一定数量的执照对出租车的数量进行限制，那么，执照本身就变成有价值的东西了，因为政府不允许没有执照的人进入该行业合法经营，并且通过这种制造的人为稀缺性而产生经济租金。这时，没有出租车执照数量限制时出租车的收入与有出租车执照数量限制时出租车的收入之间的差额就是寻租的空间。如果出租车执照是官员随意发放的，就立刻会产生上面所讨论过的各种各样的寻租活动，这就是第一个层次上的寻租。如果政府通过市场拍卖的方式出售执照，那么执照就变成了私有产权，寻租活动将不会发生。但拍卖制度是需要支付高额费用的，这一费用实际上就是非生产性的支出，即为了遏制寻租活动而额外支出的费用。第一层次寻租空间的消失，并不意味着寻租活动真的消失了。实际上，寻租活动会转向第二个层次——对政府肥缺的寻租。一旦出租车执照是有价值的，出租车管理部门就成了肥缺。潜在的政治企业家现在可能想法进入的，不是直接进入出租汽车行业，而是进入各种政治-官僚职位或能方便获得拍卖的东西的职业，当这些职位能够获得拍卖出租车牌照的收入时尤其如此。当然，如果严禁或严查官员的租金收入和灰色收入，这一领域的寻租活动也会减少，甚至消失。但是这样做的执行成本和监督成本高不可攀，因此寻租空间总是可能存在的，腐败空间也总是难以消除的。即使拍卖出租车执照的收入全部变成政府的财政收入，也不意味着寻租活动的消失。寻租活动会转向第三个层次，即为获取公共财政支出而进行的寻租活动。除非政府的财政预算以某种无差别的方式分配资金，否则财政支出给谁、用在哪里和用多少，里面都大有文章可做。

经济学家早已分析了寻利活动及由此产生的社会福利效果，然而对寻租活动的分析却是在20世纪60年代之后的事情。寻租理论的出现与当时西方国家的背景有关。由于执行凯恩斯主义政策，政府的权力、规模和活动范围日益扩张，越来越多地用立法和行政手段管制和干预经济活动，这就使寻租比寻利变得更加有利可图了。各种特殊利益集团或分利集团随之如雨后春笋般出现，并且以各种合法或非法的手段向政府寻租，正如一幅著名的政治漫画所描绘的那样：一个政治家拿着一种贴着"政府蛋糕"字样的东西，口中说着"让我们拥有和平（peace）"，一群衣着考究的人拉扯着他，喊着："我们来一块（piece）"。而正统经济学家却对由寻租活动导致的社会资源的巨大浪费和造成的社会福利的损失熟视无睹。1954年，美国经济学家阿诺德·哈伯格（Arnold Harberger 1924—）

在《美国经济评论》上发表了《垄断与资源配置》一文，试图运用计量经济学方法对垄断引起的社会福利损失进行测量。他用垄断价格减去竞争价格，用竞争产量减去垄断产量，来计算代表垄断造成的社会福利净损失的那块三角形的面积（此三角形因此被称为"哈伯格三角"，见图 9-18），然后他把各个部门的三角形面积加总，得出垄断造成的社会福利总损失。然而，他得出的结论却令人目瞪口呆：根据他的计算，垄断造成的社会福利总损失不到美国国民生产总值的0.1％。这个结论意味着经济学家和反垄断当局正在把大量的时间、精力和金钱浪费在一种得不偿失的鸡毛蒜皮的小事情上。有人甚至开玩笑说，如果我们接受了这种观点，那么经济学家们与其去限制垄断，还不如去消灭白蚁。而罗伯特·蒙代尔提出了一个更为严肃的问题："除非对作为这些研究（垄断造成的损失）基础的工具的有效性做全面的理论考察……有人会不可避免地得出结论说经济学已经不重要了。"①哈伯格的测算严重低估了垄断的社会成本，导致了蒙代尔所说的经济学家开始对垄断理论和分析工具的有效性问题进行全面的审视，由此产生了寻租理论。

图洛克被认为是寻租理论之父。他于1967 年发表了《关税、垄断和偷窃的福利成本》一文，对垄断造成的福利损失进行了重新测算。他指出，垄断的社会成本不应仅包括哈伯格三角形，还应包括企业用来寻求政府垄断权所耗费的资源、消费者为了避免政府垄断权所耗费的资源及其他企业试图挤入或打破垄断所耗费的资源、垄断企业为进一步维持垄断所耗费的资源等。在竞相寻租的条件下，每个人都认为花费与其所期望的收益相近的费用是值得的，因此垄断的社会成

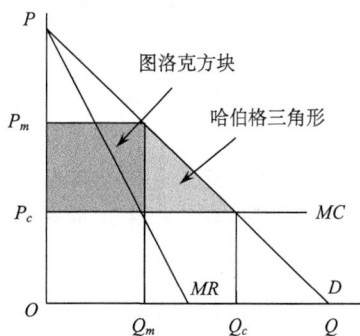

图 9-17 哈伯格三角和图洛克方块

本除了包括哈伯格三角形外，还应包括作为全部垄断利润来源的那块四边形的面积，此面积被称为"图洛克方块"（见图 9-17）。

由于种种原因，图洛克的论文一直没有受到大家的注意，直到安妮·克鲁格（Ann Krueger）于 1974 年在《美国经济评论》上发表《寻租社会的政治经济学》一文，正式提出"寻租"这个概念，并且从国际贸易中的进口配额和许可证角度给出测量寻租的福利损失的数学模型之后，对寻租的研究才引起了经济学家的重视和关注，并成为 20 世纪中叶以来西方经济学界最具挑战性的少数领先课

① 转引自：大卫·柯兰德. 2005. 新古典政治经济学：寻租和 DUP 行动分析. 马春文，宋春燕译. 长春：长春出版社：6.

题之一。在图洛克和克鲁格之后，许多公共选择理论家和国际贸易经济学家，如布坎南、奥尔森、波斯纳、托利森、缪勒、巴格瓦提等，都对寻租理论做出了贡献。

经济学家们对寻租下的定义五花八门，这些定义反映了寻租活动的性质及他们对寻租的看法。例如，图洛克将寻租定义为："利用资源通过政治过程获得特权从而构成对他人利益的损害大于租金获得者收益的行为。"① 布坎南的定义是："寻求租金一词是要描述这样一种制度背景中的行为，在那里，个人竭力使价值极大化造成社会浪费而不是社会剩余。"② 布坎南、托利森和图洛克在 1980 年编辑出版的一部文集《一种关于寻租社会的理论》中的定义是："它旨在描述个人通过国家的庇护寻求财富转移的浪费资源的活动。"③ 托利森的定义是："寻租是为了获得人为创造的收入转移支付而造成的稀缺资源的耗费。"④ 埃克兰德和托利森把寻租描述为垄断化活动或争取政府庇护，以逃避竞争，并取得垄断租金的努力。埃格特森认为寻租是 "个人为增加个人财富做出的对净财富发生不利影响的努力。"⑤ 特别是美籍印度经济学家贾格迪什·N. 巴格瓦蒂（Jagdish N. Bhagwati）在 1982 年提出了 "直接非生产性寻利活动"（directly unproductive profit-seeking activities，DUP）的概念，并试图用这一概念取代寻租概念，或者将寻租纳入到更广泛的概念之中。巴格瓦蒂为 DUP 下的定义是："通过从事直接（即就其立即产生的最初的影响而言）非生产性活动而获得利润的方法。非生产性活动的含义是，这些活动产生金钱收益，但并不生产包括在正常效用函数中的产品与劳务，也不生产投入这些产品与劳务的投入品。"⑥ 他认为，DUP 比 "寻租" 涵盖了更为广泛的领域。首先，寻租仅仅是 DUP 的一部分。在 DUP 中，仅有那些影响政府行为、寻求垄断特权或政府庇护的非生产性行为才叫做寻租。至于那些并非由政策引起的和避开政策的非生产性行为（如走私、广告、套利等），则只能纳入范围更广的 DUP 活动之内。其次，寻租作为一种虚耗资源的活动，无论从其直接的还是间接的影响看，都是对社会福利的损害。而有的 DUP 虽然在直接形式上看是非生产性行为，但其作用的效果却可能是对市场条件扭曲的纠正。

---

① 图洛克. 1999. 寻租——对寻租活动的经济学分析. 李政军译. 成都：西南财经大学出版社：27.

② 詹姆斯·布坎南. 1988. 寻求租金和寻求利润. 经济社会体制比较. (5)：17.

③ 大卫·柯兰德. 2005. 新古典政治经济学：寻租和 DUP 行动分析. 马春文，宋春燕译. 长春：长春出版社：46.

④ 方福前. 2000. 公共选择理论：政治的经济学. 北京：中国人民大学出版社：121.

⑤ 恩拉恩·埃格特森. 1996. 新制度经济. 吴经邦等译. 北京：商务印书馆：244.

⑥ 巴格达蒂. 1996. 直接非生产性寻利活动//约翰. 伊特韦尔，默里·米尔盖特，彼得·纽曼. 新帕尔格雷夫经济学大辞典. 第 1 卷. 北京：经济科学出版社：913.

从以上经济学家关于寻租的定义，我们可以得出以下两点结论：第一，寻租是政府权力干预市场经济活动的直接产物。布坎南认为，如果没有政府的干预，租金的存在就是暂时的，并且会在动态经济中消失，市场竞争自然使人们的寻利活动转化为有益于社会的结果。正是"政府的特许、配额、许可证、批准、同意、特许权分配——这些密切相关的词的每一个都意味着由政府造成的任意的或人为的稀缺"，引起了寻租活动。寻租和寻利之所以存在区别，不是因为人们的道德水准有所不同，而是因为制度结构发生了变化，从而做出个人选择的环境改变了。"当制度从有秩序的市场移向直接政治分配的几乎混乱的状态的时候，寻求租金就作为一种重要的社会现象出现"。所以，"寻求租金的活动直接同政府在经济中的活动的范围和区域有关，同公营部分的相对规模有关"①。第二，寻租是"一种引起社会讨厌的后果的行为"（布坎南语），它产生了高昂的社会成本、导致社会稀缺资源的巨大浪费、降低了经济效率、造成了资源配置的扭曲、形成了社会财富分配的不公和两极分化、导致了政治腐败、加剧了社会矛盾并引发了社会-政治-经济的不安定因素。

五、公共选择理论的对策主张

对政府失败的分析，使公共选择理论得出了这样一个具有逻辑必然性的结论：现代资本主义社会的主要经济问题产生的根源，主要不在于经济领域而在于政治领域，不是市场制度失败而是政治制度失败。因此，解决问题的根本出路在于进行"立宪革命"或"新的宪章运动"，即通过制宪和修宪建立起一个能够有效地制约公共选择者特别是政府行为的规则体系，而且这套规则体系必须是根本性的，因为只有这样的规则体系才能有效地约束政府的权力——这就是作为根本大法的宪法。公共选择学派强调只有通过宪法改革才能从根本上解决政府失败问题，它要求重建基本宪法规则，并通过新的宪法规则来约束政府的行为。

公共选择理论之所以强调对政府权力施加宪法约束，是基于这样一个认识：政治活动和经济活动都是在一定的规则下进行的，有什么样的规则，就会有什么样的结果。布坎南指出，一旦制度或基本规则确定之后，一些问题的结果往往在它还未表决之前事实上就已经预先被决定了。因此，重要的是选择产生结果的程序和规则，而不是结果本身。政府行为的非理想化，主要不是人的问题，而是约束政府行为的制度结构问题。图洛克也指出："资本主义企业和行政部门的区别不在于个人在其中的表现不一样，而在于他们追求个人目标时的自治程度的行为法则和制度束缚，在私人企业中要比在政府部门中严格得多。由此产生了一种反常的结果：在其他条件不变的情况下，私人企业的个人活动最有可能符合公共利

① 詹姆斯·布坎南. 1988. 寻求租金和寻求利润. 经济社会体制比较, (5).

益，在行政机构中，人们却最有可能肆意追求最大化个人利益，而不管这些个人利益是否符合公共利益。"①在民主的政治决策过程中，虽然政治代理人要受制于政治委托人，但是由于信息的非对称性和信息的成本、选举制度的缺陷和投票的成本、权力的不平等性和监督的成本等因素的存在，致使约束机制缺乏或者形同虚设，所以政治委托人不可能真正约束政治代理人。而一旦政治行为失去了约束，政治权力就可能被滥用，并且造成种种不良的社会-政治-经济后果。因此，必须通过立宪和修宪形成真正能约束政治权力和政治行为的规则体系。

对构造一种新的、关于政治次序和制定政治决策的宪法规则体系的研究，形成了公共选择理论的一个新的分支——"宪法经济学"或"宪政经济学"（constitutional economics）。在这里，只需简略地介绍一下布坎南提出的一套关于制定经济政策的新宪章。他认为，凯恩斯主义要求政府机能扩大，并赋予政府可以任意地制定和推行相机抉择的财政政策和货币政策的权力，这就从根本上摧毁了传统的政府职能并打破了对政府行为的约束，像持续的预算赤字和通货膨胀、日益扩张的公共部门和政府对经济的干预、周而复始的政治经济周期、不断膨胀的特殊利益集团和寻租活动等这些西方现代民主国家的摩登病是其必然产物。为此，布坎南要求：第一，财政政策立法。最根本的是将平衡预算原则作为一条宪章规则写进宪法。为此必须兼顾政府税收和开支两个方面。首先，用税法规定基本税收结构，约束税收的范围和数量；而政府税收结构与水平的决策要先于政府支出结构与水平的决策。其次，政府的开支水平与税收水平必须保持一定的比例，不能任意抬高。每一笔支出都必须有相应的税收为其筹资，否则不予表决，更谈不上通过。最后，设立调节支出和税收的规则，主要包括调节税率、调节支出和同时调节支出和税率。一旦支出和税收的变化超出了平衡的界限，这个规则就会自动地做出反应，促使失衡的预算恢复平衡。不过，布坎南认为，调节税率以适应支出的方法有利于公共经济但对私人经济不利，所以较为可取的方法是调节支出以适应既定的税收结构。第二，货币政策立法。布坎南认为，最好的政策是受宪法规则约束的政策，而这个规则应在制宪阶段经一致同意形成。货币政策同样如此。他指出，货币政策宪法的标准是货币单位价值的可预期性，亦即绝对价格水平的可预期性。货币供给量要按此标准来确定而不是随意确定，同时货币供给量要相对稳定，要按实际产出增长率大致相等的速度增加，而不是随意变动。

此外，一些公共选择经济学家主张在政府行政机构中建立激励机制和竞争机制，以解决权力集中、机构臃肿、效率低下等问题。例如，在最高行政领导层中恢复能发挥个人积极性的制度，使政府官员持有"利润最大化"的观念，即允许

---

① 亨利·勒帕日. 1985. 美国新自由主义经济学. 李燕生译. 北京：北京大学出版社：129.

政府行政部门负责人留有本部门节余下来的预算资金，并把晋级的可能性同每一位官员所负责部门的资金节约程度联系起来；在行政管理体制内部重新建立竞争结构，将过于庞大的公共机构分解为若干较小的、独立预算的机构，允许它们之间在职责和职权上相互竞争；强化地方政府之间的竞争；将一些能够承包给私人的公共部门直接承包出去；等等。

➤本章主要参考书目

布坎南. 1988. 自由、市场和国家. 吴良键等译. 北京：北京经济学院出版社.

布莱登·斯诺登，霍华德·文. 现代宏观经济学：起源、发展和现状. 佘江涛等译. 南京：江苏人民出版社.

大卫·柯兰德. 2005. 新古典政治经济学：寻租和 DUP 行动分析. 马春文，宋春燕译. 长春：长春出版社.

方福前. 2000. 公共选择理论：政治的经济学. 北京：中国人民大学出版社.

汉斯·范登·德尔，本·范·韦尔瑟芬. 1999. 民主与福利经济学. 陈刚等译. 北京：中国社会科学出版社.

亨利·勒帕日. 1985. 美国新自由主义经济学. 李燕生译. 北京：北京大学出版社.

曼瑟尔·奥尔森. 1995. 集体行动的逻辑. 陈郁等译. 上海：上海人民出版社，上海三联书店.

帕特里克·麦克纳特. 2008. 公共选择经济学. 梁海音译. 长春：长春出版社.

文建东. 1996. 公共选择学派. 武汉：武汉出版社.

➤复习思考题

1. 什么是公共选择？公共选择理论研究的主要内容是什么？

2. 公共选择理论是如何在个人行为和集体选择之间重新架起一座"桥梁"的？为什么经济研究方法可以运用于分析政治和社会学领域的问题？

3. 什么是"投票悖论"？公共选择理论是如何解决这一悖论的？

4. 什么是"寡头统治铁律"？请运用公共选择理论的观点加以说明。

5. 解释一致同意规则和多数同意规则的利弊，并说明最优投票规则的确定。

6. 解释唐斯的两党竞争模型和多党竞争模型。

7. 解释奥尔森的集体行动的逻辑，并说明分利集团的性质。

8. 解释尼斯坎南的官僚预算最大化模型。

9. 什么是政府失败？请说明政府失败产生的原因及其对策。

10. 什么是"帕金森定律"？请说明该定律背后的经济学道理。

11. 解释凯恩斯主义经济学与财政赤字、通货膨胀和政府扩张之间的必然联系。

12. 什么是"新政治宏观经济学"？请说明政治经济周期产生的原因。

13. 什么是"寻租"？请说明"寻租"与"寻利"的区别，并解释寻租的社会成本。

第三篇　激进主义经济学范式

现代西方经济学中的激进主义代表着尖锐地抨击现代资本主义制度及其主流经济学的经济学理论体系。激进主义经济学家以资本主义社会及其经济学批判者的姿态出现，认为现代资本主义社会存在的诸种弊端和问题根源于资本主义制度本身，而主流经济学对这些问题提不出正确的理论和有效的解决措施，因为这些问题不是资本主义制度病态运行的结果，而是从资本主义制度的正常运行中直接产生的，所以只有对这个社会进行彻底的改造，才能根本地解决问题。他们或是遵循马克思经济学传统，或是遵循凡勃伦经济学传统，或是遵循古典经济学传统，建立起了对现代资本主义进行分析和批判的理论框架，揭露了资产阶级主流经济学的种种缺陷，并提出了从对资本主义社会进行改良和改革到实现社会主义的各种政策主张。由于其理论观点和政策主张与西方主流经济学完全相对立，所以激进主义经济学又被称为"异见经济学"（economics of dissent）。同时，由于站在"左派"的立场上并且主张对资本主义社会进行根本性的变革，它又被称为"左派经济学"。

由于思想来源庞杂，政治立场和观点相左，以及理论观点和方法不同，所以现代西方激进主义经济学很难形成一个统一的、一致的理论分析框架。然而，就基本假设和基本方法及构建的理论模型和分析的基本框架而言，激进主义经济学各学派之间确有许多相似之处，这意味着激进主义经济学已经成为与主流经济学相抗衡的一种经济学范式。其主要特征是：

第一，整体观。该范式认为，只有把经济生活当做一个整体观察时，才能更清楚地了解它。整体论有这样几个特点：①它是一种质的分析，而不是单纯的量的分析；②它试图建立的模型是结构性的，而不是某些经济变量之间的一种假说；③它认为决定经济结果的关键是形成相互冲突关系人群或阶级所产生的集体力量，而不是个人主义的最优化行为；④它更注重社会、政治和文化对人们经济行为的影响，而不是个人的选择及人们的心理和预期对经济行为的影响。

第二，制度观。该范式认为，经济制度是决定一种社会的生产方式和生活方式整体特征的决定性因素，因此，经济学的主要研究对象应是经济制度的产生、发展及作用。无论经济制度是由一定社会生产力发展水平决定的社会生产关系的总和（马克思的观点），还是由人类本能和外界客观因素互相制约所形成的和广泛存在的习惯（凡勃伦的观点），制度都是最重要的，因为制度决定了人们之间最基本的社会关系，并支配着人们的行动、思想、习惯乃至经济行为的最终结果。

第三，演变观。该范式认为，制度处于不断演变或演化的历史过程之中，因此，人类社会不是静止的，而是不断变化发展的。它或将沿着某种确定的路线走向一种预知的结局（马克思的观点），或像生物的进化一样，是逐渐的、演进的和不确定的（凡勃伦的观点）。同时，经济学也是一门历史的科学（恩格斯语），是一门进化论的科学（凡勃伦语）。

第四，冲突观。稀缺性是经济学的基础性概念之一，但是，西方主流经济学家把经济学当做人与物之间的技术问题来处理，它的逻辑是：稀缺→经济抉择→市场协调→均衡和满足。西方主流经济学有意或无意地回避了资本主义的矛盾，无视或抹杀了资本主义社会一系列的经济、政治和社会问题。它们认为，这个世界没有阶级矛盾和对抗，没有罢工和反罢工，没有人对人的剥削和压迫，没有危机的爆发和股市的崩盘，没有贫富差距的扩大和权力在少数人手中的集中，没有种族歧视和性别歧视，没有帝国主义和战争，没有对人的本质的异化和物化……激进主义经济学范式则把经济学当做人与人之间的关系来处理，它的逻辑是：稀缺→人们之间的物质利益冲突→制度的产生及决定权力和权利的分配→经济结果的分配→物质利益再冲突→制度的演变或演化……直至稀缺问题压力得到减缓或根本解决。

第五，变革观。既然制度是在不断演变之中的，那么，没有什么东西是永恒不变的。也就是说，凡是现存的，不一定就是合理的。为了走向更符合人性的社会秩序，必须对社会进行根本的改造。这样的改造既包括塑造批评的武器，也包括运用武器进行批判。然而，对现存的一切进行无情的批判绝不是唯一的目的，必须指出问题的所在和解决问题的出路何在。马克思下面的这句名言是对这种变革观最经典的诠释："哲学家们只是用不同的方式解释世界，而问题在于改变世界。"这句名言作为墓志铭刻在了马克思墓的墓碑上。举一个不太恰当的例子：2008 年美国民主党总统候选人奥巴马提出的两句竞选口号也是这种变革观的生动体现，这两句口号是"change"和"yes，we can"。正是这两句竞选口号，帮助他赢得了美国总统大选。

在资本主义世界，意识形态上的对立使激进主义经济学注定无法成为主流经济学说，但它依然具有很高的学术价值和生命力，值得我们深入研究。2008 年以来，西方世界所遭受的金融风暴使资本主义制度的完美性及资产经济经济学的正统性遭到更为广泛的质疑。越来越多的经济学家开始探求替代性的研究视野，在这种情况下，源远流长的激进主义经济学传统获得了更为广阔的生存空间。

第十章

新制度主义

新制度主义（Neo-institutionalism）或新制度经济学（Neo-institutional Economics）是 20 世纪 60 年代中后期开始形成和发展起来，并延续凡勃伦和康芒斯制度经济学传统的西方主流经济学的反对派。它坚持技术-制度二分法，强调经济现象的过程特征，提出经济学研究必须进行价值判断，社会价值是判断的标准，把经济学定位于研究制度调整以改善经济功能为目标的、实用主义的、进化的和政策的科学。它还提出了如"二元体系"理论、"循环积累因果"理论等颇具影响的理论学说。如今，新制度主义已经形成了具有比较独立的研究方法、日益成熟的理论体系和学术观点及相对稳定的学术团体（举办学术会议、出版学术著作和期刊及颁发学会奖项）的经济学派。然而，由于它是西方主流经济学的反对派，因而受到排挤和打压，又由于国内学术界对以科斯为代表的新制度经济学（New-institutional economics）更为关注，使得新制度主义经济学没有受到足够的重视甚至被误解。

第一节 新制度主义的产生与发展

新制度主义源于凡勃伦-艾尔斯传统，美国是它最主要的发源地。虽然在凯恩斯革命后，它失去了在美国经济学界的主流地位，但经过一批制度主义经济学家的坚持和努力，这个传统薪火相传，维护和发展着自己的理论内核。

一、新制度主义经济学前史

新制度主义是制度经济学的直接后继者，在形成独立的经济学派之前已经有了半个多世纪的学术积淀。托尔斯坦·凡勃伦（Thorstein Veblen 1857—1929）和约翰·康芒斯（John Commons 1862—1944）是制度经济学理论的主要奠基者。在他们的影响下，两次世界大战之间的这一段时期，制度经济学成为美国经济学界一支活跃的学术力量，并形成了三大理论中心：①阿默斯特学院-布鲁金斯研究生院，成员包括沃顿·汉弥尔顿（Walton Hamilton 1881—1958）、克莱伦斯·艾尔斯（Clarence Ayres 1881—1972）等；②威斯康星大学，康芒斯是这个中心的领袖，其他的成员还包括维特（E. E. Witte）、哈若德·格罗夫斯（Harold Groves）等；③哥伦比亚大学是最大的中心，威斯利·密契尔（Wesley Clair Mitchell 1874—1948）、瑞克斯福德·图格维尔（Rexford Tugwell 1891—1979）等在此执教。制度经济学成为当时美国经济学界的主流学派，并且对国家政策的制定产生了重要的影响，在经济思想史上被称为"制度主义运动"（Institutionalist Movement）。

不过，伴随着20世纪30年代的西方世界经济大危机和"凯恩斯革命"，凯恩斯经济学成为西方主流经济学，制度经济学由盛转衰并濒临消亡。外部冲击固然是它没落的重要原因，但根本原因在于它没能发展和充实凡勃伦的纲领性理论，使学派的发展缺乏底蕴。在20世纪40～60年代这段困难时期，仍有一部分学者致力于推动制度经济学的前行。例如，艾尔斯为凡勃伦传统确定了哲学基础，突出强调技术是社会进步的根本动力，明确了工具价值是制度主义根本的判断标准，成为制度经济学与新制度主义之间承上启下的标杆性人物，学界称之为"凡勃伦-艾尔斯传统"（Veblen-Ayres Tradition）；阿兰·德格鲁奇（Allan G. Gruchy）将制度经济学的分析方法总结为"过程范式"，为日后的新制度主义者所接受；贡纳尔·缪尔达尔把凡勃伦的进化方法概括为"积累因果"（Cumulative Causation），在学术界享有盛誉。此外，还有阿道夫·贝利（Adolf Berle 1895—1971）和加德纳·米恩斯（Gardiner Means 1896—1988）的"两权分离"、詹姆斯·白恩汉（James Burnham 1905—1987）的"经理革命"等学术成果。这些努力使制度经济学薪火相传，预示着它的复兴之路。

二、新制度主义经济学的确立

或许是由于20世纪60年代的激进主义运动带来的新风气，或者由于制度经济学自身的积累、沉淀与不懈追求，1965年，制度主义者汇聚一堂，构建了自己的精神家园——"进化经济学学会"（association for evolutionary economics），两年后出版期刊《经济问题杂志》，并设立凡勃伦-康芒斯奖（Veblen-Commons Award）来表彰那些卓越的制度主义经济学家。随着形式上的完善和理论上的成熟，至20世纪60年代末期，新制度主义经济学正式（neo-institutionalism）出现，并开始崭露头角。1968年，路易斯·容克在《美国经济学和社会学杂志》

上发表了《新制度主义的理论基础》，首次公开使用"新制度主义"一词。但他在注释中指出，这个词来自图尔在 1953 年的博士论文《自主的经济：政治经济学的规范理论》（该论文直到 1979 年才发表）。

新制度主义经济学的代表人物包括加尔布雷思、纲纳·缪尔达尔、福斯特、图尔、布什、罗伯特·海尔布伦纳（Robert Heilbroner 1919—2005）、肯奈斯·鲍尔丁（Kenneth Boulding 1910—1993）等。新制度主义者在方法论上完善了"凡勃伦二分法"，形成了制度调整理论、社会价值原则、权力/势力理论等一系列丰富的理论学说。这意味着新制度主义经济学正走向成熟。

三、新制度主义经济学的代表人物

约翰·肯尼斯·加尔布雷思（John K. Galbraith，1908—2006）生于加拿大，1934 年获得博士学位，后在哈佛大学任教多年，并在第二次世界大战期间任美国价格管理局的副局长，负责战时价格控制工作。随后，他担任肯尼迪政府的总统经济顾问和美国驻印度大使，1972 年当选为美国经济学会主席。加尔布雷思未完全延续凡勃伦-艾尔斯传统，但汲取了它的知识营养，这对其作为制度主义者产生广泛的影响。加尔布雷思著述颇丰，在制度经济学领域，代表作包括《美国的资本主义：抗衡力量概念》（1952）、《丰裕社会》（1958）、《新工业国》（1967）和《经济学和公共目标》（1973）。

纲纳·缪尔达尔（Karl G. Myrdal 1898—1987）生于瑞典南部的古斯塔夫，1927 年获经济学博士学位，随后开始在斯德哥尔摩大学执教，1974 年与哈耶克一起荣获诺贝尔经济学奖。他既是瑞典学派的主要代表人物，也是新制度主义经济学不可或缺的重要学者。他将凡勃伦所使用的进化方法概括为"积累因果"。他在制度经济学领域写有《美国的困境：黑人问题与现代民主》（1944）、《亚洲的戏剧：南亚国家贫困问题研究》（1968）和《反潮流：经济学批评文集》（1972）。

接下来的另三位新制度主义经济学派的代表人物坚持和发展凡勃伦-艾尔斯传统的研究方法，更加关注纯粹经济理论的学理研究。作为始作俑者的法格·福斯特（John Fagg Foster 1907—1985）生于美国得克萨斯州的达拉斯，自 1931 年起在得克萨斯州立大学跟艾尔斯学习，其间曾因为批评美国众议院反对左翼运动特别委员会的行为而受到迫害。随后他自愿参军，战后返回学校并于 1946 年取得博士学位。翌年，他到丹佛大学任教，直到 1977 年退休。在丹佛，福斯特秉承经济学中的"口述传统"，著作不多，但培养了像图尔和布什这样的新制度主义者。1981 年，他获得凡勃伦-康芒斯奖。

马克·图尔（Marc R. Tool　1921—）生于美国内布拉斯加州的默多克，在第二次世界大战中因入伍而中断学业。1948～1951 年，图尔在丹佛大学跟随福斯特学习，并成为他的助教。1955～1991 年，他在萨克拉门托州立学院（Sacramento State College）任教。图尔的代表作是其博士论文《自主的经济：政治经济学的规范理论》（1953），经过对 1 700 多页手稿的大量删节后，于 1979 年出版。此外，他还发表了大量的学术论文，出版了《社会价值理论文集：新制度主义的贡献》（1986）和《定价、评价和体系：新制度经济学文集》（1995）两部论文集及专著《价值理论与经济进步：法格·福斯特的制度经济学》（2000）。他还是"制度思想学会"的首任主席、进化经济学学会董事会成员和《经济问题杂志》主编（1980～1990），两次将杂志的论文结集出版。他还致力于新制度主义在欧洲的传播，于 1989 年参与了"欧洲进化政治经济学学会"（European Association for Evolutionary Political Economy）的创立工作。5 年后，他被该学会授予终身会员的荣誉。1988 年，他获得凡勃伦-康芒斯奖。

保罗·戴尔·布什（Paul D. Bush　1933—）生于美国密苏里州的圣路易斯。1947 年，他进入丹佛大学，后跟随福斯特学习，并于 1964 年完成博士论文《劳动经济学中的边际主义和制度主义》，取得博士学位。1961～1996 年，他在加州大学弗雷斯诺（Fresno）分校任教。1982 年，任制度思想学会的主席。1981～1986 年，他任学会刊物《制度思想评论》主编；1990 年，当选为进化经济学学会的主席和《经济问题杂志》编委（1982～1985）。2009 年，获凡勃伦-康芒斯奖。其理论贡献在于：指出"进步的"与"退步的"制度变迁的差别及制度变迁的两阶段论，提出"仪式锁闭"和"仪式支配指数"两个概念，将凡勃伦-艾尔斯-福斯特阐述为一个公理化传统。

四、新制度主义的激进化发展

20 世纪 60 年代，西方世界发生了一系列反对资本主义意识形态及社会现状的群众运动。在这一背景下，新制度主义内部产生了一股更具激进色彩的学术思想——"激进制度主义"（radical institutionalism）。20 世纪 80 年代中后期，激进制度主义开始有组织地出现在学术界，威廉·杜格（William Dugger）是它的主要代表人物和普及者。激进制度主义是"以改变经济体系，使之转向更民主、有更多人参与的社会结构为目的，致力于准确地描述经济体系的运行的学说"[①]；它的"研究视角是权力对现代经济作用……现代经济是公司经济，其变迁的推动

---

① 　William Waller. 1989. Methodological Aspects of Radical Institutionalism. Radical Institutionalism：Contemporary Voices. Edited by W. M. Dugger. New York：Greenwood Press：39.

力来自于公司权力中的精英与推进民主的平等主义者之间的冲突"①。激进制度主义的反叛精神使它与马克思主义发生了某种联系。杜格和霍华德·谢尔曼编写的《回到进化——马克思主义和制度主义关于社会变迁的对话》②（2001）可视为激进制度主义的一个最新动向。不过，杜格强调，激进制度主义的理论根源在于凡勃伦，而不是马克思和恩格斯，其成长与美国社会的各种激进思想和社会运动密切相关。

激进制度主义学者主要包括威廉·杜格（William Dugger）、道格拉斯·多德（Douglas Dowd）、丹尼尔·富斯菲尔德（Daniel Fusfeld）、詹姆斯·斯坦菲尔德（James Stanfeild）、威廉·沃勒（William Waller）、瑞克·蒂尔曼（Rick Tilman）、弗洛德·麦克法兰（Floyd McFarland）等。他们中有不少人也是"激进政治经济学联盟"（Union for Radical Political Economy）的活跃分子。

第二节　新制度主义的研究方法

新制度主义以主流经济学的"异见者"的身份出现，并另辟蹊径，提出了社会经济研究的二分法和经济学研究要坚持价值判断标准的观点，从而确立了自己的独立学派地位。

一、"凡勃伦-艾尔斯传统"的二分法

在凡勃伦看来，现代资本主义社会有两个组成部分：金钱部门和工业部门。前者代表既得利益集团的利益，后者代表人民大众的利益；前者来自过去的习惯，意味着保守和阻碍性，后者着眼于未来，是进步的。整个社会因此分为两大体系：金钱部门及其维护者构成的制度体系，工业部门及其维护者构成的技术体系。社会是在这两大体系长期持续的冲突中进化的，这就是凡勃伦的技术-制度（工具）-仪式的二分法。

艾尔斯指出，经济系统由两类行为构成：仪式特征的行为和技术特征的行为。它们是社会经济的本质特征，处于对抗冲突状态，二者的相互关系及各自所反映的经济行为便是经济分析的核心。仪式行为具有两个特征：①"虚假的"特征，即由等级和身份来决定能力；②遗传的特征，即所有仪式模式都是从过去继承下来的。技术行为具有两个特征：①"真实的"特征，即所有的技术都是进步

---

①　William M. Dugger. 1984. A research agenda for institutional economics. Journal of Economic Issues, 22 (4)：984.

②　William M. Dugger, Howard J. Sherman. 2001. Reclaiming Evolution：Dialogue Between Marxism and Institutionalism on Social Change. London and New York：Routledge.

的；②技能与工具之间存在着一致的、不变的联系。认为技术在经济生活中发挥决定性作用的思维方式被艾尔斯称为"工具主义"。

将这种方法应用于现实资本主义研究时，美国经济便是"价格经济"和"工业经济"的混合：①价格经济关心货币、销售、契约等金融事务，最终在于"货币权力"。它是一种以"仪式行为"为基础的制度混合体，其行为准则是保护那些由习俗和道德观念所维系的权威和特权。这种制度混合体是一种以财产、身份和阶级差异为基础的权力体系。②工业经济关心在产品和服务的生产过程中所运用的科学知识、工具和技艺。它是一种以"工具行为"为基础的技术经济，是一个生产体系而不是权力体系，它使技术成为美国经济体系中唯一真实的创造性力量。工业经济中的技术行为是发展的，价格经济中的仪式行为是保守的。但在现实中，价格经济支配着技术经济。要改变这种现象，就必须构建一种将技术而不是价格视为经济体系核心的新思维。

艾尔斯把技术与制度完全割裂开来，技术被认为是自发进步的，是经济发展和社会进步的核心力量，而人的因素没有受到重视，作为由人所组成的制度降至次席。艾尔斯的贡献在于，他使制度经济学具有独立的哲学基础，即实用主义哲学。把"凡勃伦二分法"作为分析社会经济现实的基本方法，拓展了凡勃伦的理论体系，形成了新制度主义的"凡勃伦-艾尔斯传统"。

二、新制度主义的二分法

新制度主义修正了艾尔斯的不足，完善了二分法的理论体系。

1. 福斯特的二分法

福斯特认为，经济学就是研究实际收入的生产过程，而实际收入的生产是通过制度来组织的。具体的考察被分为两个范畴：①职能范畴，包含经济职能及其辅助职能，前者创造实际收入，后者是此职能的具体生产方式；②结构范畴，即制度。显然，职能的实现需要有效的制度组织。职能范畴在人类活动中无所不在，具有持续性和发展性，保证了人类生命与经验的延续；结构范畴则来自过去的习惯，具有非连续性和多变性，未必有助于人类生命与经验的延续。

福斯特将制度视为经济过程中的结构范畴，将技术视为功能范畴，这就纠正了艾尔斯关于技术与制度割裂对立的观点，体现了过程范式的基本精神。福斯特的二分法被新制度主义经济学家广泛接受。

2. 布什的二分法

布什认为，制度是行为模式的社会规定，行为模式有相应的价值标准，行为之间的相互关系随着价值体系的变化而变化。价值体系中包括工具价值和仪式价值：①仪式价值为相互关联的行为提供歧视性差别的判断标准，体现为依赖和维护传统，努力使传统的思想和行为模式正当化。人在仪式价值体系中发生相互关系时的行为模式称为"仪式正当的行为模式",其判断标准称为"仪式适当"。②工具价值是解决问题的过程中工具和技能运用情况的判断标准,它与科学研究和技术改良相联系,自身的合理性通过其在解决问题的具体运用来实现。人在工具价值体系中发生相互关系时的行为模式称为"工具正当的行为模式",其判断标准称为"工具效率"。

行为模式与价值结构之间存在一致关系和支配关系:①一致关系是仪式(工具)价值结构中的行为模式都表现为仪式(工具)正当行为模式;②支配关系意味着行为模式与价值结构不一致,表现为工具价值结构中工具正当行为模式支配了仪式正当行为模式,或者仪式价值结构中仪式正当行为模式支配了工具正当行为模式。布什重点关注后一种情况,并称其为"仪式支配"(ceremonial dominance),提出以"仪式支配指数"(index of ceremonial dominance)作为衡量尺度。这一指数反映了制度对技术革新的许可程度,指数越大,表明社会中技术革新的可能性就越小;反之,则表明可能性就越大。

三、坚持价值判断的标准

新制度主义认为,经济学研究要注重分析与判断经济活动利弊得失有关的价值标准。例如,鲍尔丁在《经济政策原理》(1958)中指出,一个产生着与自身的制度不相适应的理念和价值体系的社会,是不能长久地持续下去的。在他看来,不探讨价值准则,便不能使经济学成为有益于社会的科学。鲍尔丁的这一观点代表了新制度主义经济学派的态度。他们认为,经济学如果缺乏价值判断的伦理标准,便无从判别现实资本主义社会的利弊得失。加尔布雷思和缪尔达尔也都强调价值判断的重要性。加尔布雷思指出,经济不仅仅是"实证的",而且应当是"规范的",而规范分析是离不开价值判断的;缪尔达尔则批评传统经济学忽视了价值判断。

▌第三节 新制度主义的基本理论

本节将新制度主义的基本理论概括为以下四个方面:第一,加尔布雷思的"二元体系"理论;第二,缪尔达尔的"循环积累因果"理论或"整体经济学";第三,福斯特、图尔和布什的制度调整理论与社会价值原则;第四,激进制度主义的理论学说。

一、加尔布雷思的"二元体系"理论

加尔布雷思通过对现代资本主义社会制度结构的分析,提出了"二元体系"理论及相应的社会改革方案,为新制度主义经济学做出了重要的贡献。他将现代

资本主义经济看作"二元结构"模式——由计划体系和市场体系所组成的二元体系，两者既有联系又有区别。计划体系是有组织的经济，由一些大企业构成。由于大企业投资巨大、技术复杂且投产周期长，为规避风险，必须实行生产与销售的计划性，并控制价格，实行一种计划经济。市场体系则由大量的小企业和个体经营者组成。由于行为主体的投资较少、技术相对简单且投产周期较短，市场继续发挥着作用，它是一种分散的自由市场经济。基于以上思想，加尔布雷思对现代资本主义制度进行了如下分析：

（1）现代资本主义社会已经发生了本质的变化。不断发展的科学技术的作用愈发重要，从而取代了资本成为大企业生产的决定性要素。资产阶级成为"正在消失的形象"，不再作为掌权阶级，权力转移到拥有专业知识的"技术结构阶层"手中（如经理、科学家、经济学家、工程师、会计师、律师等）。这种所有权和管理权的分离，导致了资本主义大公司的经理在经济地位和法律地位上成为独立的、拥有实权的阶层，而原先控制企业的资本家丧失了领导权，演变为单纯的股息领取者。

（2）随着权力的转移，大型资本主义企业已不再将最大限度地追逐利润作为目标。原因在于"技术结构阶层"的收入主要是工资而非股息，如果大企业再以利润为目标，则"技术结构阶层"必然要为此承担风险，而资本所有者将享受更大的利益。因此，这个阶层只需保持"适度的利润"使企业稳定地发展。这就是加尔布雷思所讲的企业新目标。

（3）资本主义社会权力的转移和企业的新目标使企业和工人的关系不再反映为资本家和工人的关系，而是反映为"技术结构阶层"和工人的关系。以往由资本家控制的企业以利润最大化为目标，使资本家和雇佣工人之间存在着无法调和的矛盾。如今，由"技术结构阶层"掌权的企业把稳定发展作为目标，权力阶层对工人的态度与以往大不相同，工人有可能从权力阶层那里获得他们过去依靠工会争取到的好处。在这种情况下，现代资本主义社会已不再是资本家与工人之间的矛盾，而是"有知识者"与"无知识者"之间的对立；已不再是"货币造成差别"，而是"教育造成差别"。

（4）"技术结构阶层"为实现大企业的稳定发展和避免工人罢工，一般会同意工会关于提高工资的要求。但随后会通过提高售价，将增加的成本转嫁给消费者，从而引起物价上涨和生活费用提高，造成新一轮的工资-物价螺旋式上升。而小企业的工资受工会"公平原则"的影响也会更明显。面对这种成本推动型通货膨胀，政府所采取的政策是抑制需求和压缩产量，最终导致失业率随之上升，于是不可避免地出现失业与通货膨胀并存的"滞胀"局面。

（5）计划体系与市场体系进行着不平等交换，计划体系可以压低价格向市场体系购买产品，而又抬高价格向市场体系出售产品。并且，资本主义政府主要关心大企业的利益，而采取一系列有利于计划体系的政策，默许或纵容大企业把损失转嫁给小企业，造成了资本主义社会严重的收入分配不公现象。计划体系的产品被政府纳入优先发展战略，而公共民用事业则受到排挤，计划体系的生产很可能会造成环境污染和生态失衡。

二、缪尔达尔的"循环积累因果"理论

缪尔达尔借鉴了凡勃伦的进化方法和过程范式，在对经济、社会和制度现象进行综合分析与批判传统经济学的均衡论及和谐论的研究过程中，演化出他的"循环积累因果"（circular cumulative causation）理论，并对美国的种族主义和亚洲发展问题做出了解释，在制度主义者中享有很高的声誉。格鲁奇将这一理论概括为"整体经济学"。

缪尔达尔认为，主流经济学家割裂了生产与分配领域的联系，忽视社会平等问题，更不关心不发达国家的贫困问题，只是一般进行静态均衡分析，而避开价值判断。在他看来，价值判断是经济学中不可或缺的内容，其标准就是社会的平等和经济的进步。在一个动态的社会过程中，社会经济的各因素之间存在因果关系，即某一社会经济因素的变化，会引起另一社会经济因素的变化。而后一因素的变化，反过来又加强了前一个因素的变化，并导致社会经济过程沿着最初那个因素变化的方向发展，从而形成累积性的循环发展趋势。缪尔达尔将其概括为"循环积累因果"，并认为这是一条具有普遍意义的原则。

"循环积累因果"理论最初是在《美国的困境：黑人问题与现代民主》一书中提出来的。缪尔达尔指出，白人的偏见与歧视，导致黑人的物质文化水平低下；而黑人的这种情况，反过来又继续加剧白人对他们的偏见和歧视。后来，缪尔达尔按这一思路继续研究，完善了他关于社会经济现象的解释。他指出，社会经济发展过程是动态的各种因素（包括产出与收入、生产与生活水平、制度与政策等六大因素）相互作用、互为因果、循环积累的非均衡发展过程。其中任何一个因素"起始的变化"都会引起其他因素的相应变化，循环往复进行积累，不仅存在着上升的循环积累运动，也存在着下降的循环积累运动。前者是指"扩展效果"，即某一地区兴办了若干工业之后，逐步发展为一个经济中心，资金和劳动力向周边扩散，从而带动周边地区的发展；后者是指"回荡效果"，即某一地区的发展，将周边地区的资金和劳动力吸引过来，进一步导致周边地区的落后。正是由于存在这两种效果，国际贸易才会导致发达国家与不发达国家发展的不平衡。发达国家采用新技术，使生产成本和产品价格都较低，在自由贸易的情况下，发达国家向不发达国家输出大量的产品，将导致其社会经济的衰退。因此，国际贸易并不总是对贸易国双方都有利。缪尔达尔认为，只有在贸易国双方的工业化水平相近时，国际贸易才是有益的。

三、制度调整理论与社会价值原则

新制度主义学派的三位重要学者福斯特、图尔和布什遵循凡勃伦-艾尔斯传统，提出了制度调整理论与社会价值原则，这在新制度主义经济学中独具特色。

（一）制度调整理论

新制度主义经济学认为，社会要进步和发展，必须进行制度调整。它按照凡勃伦关于制度调整的基本思路，提出了新制度主义的制度调整理论。

1. 福斯特的制度调整理论

福斯特认为，社会的延续须依靠实际收入的不断增长，并由制度来组织完成。制度同时执行工具职能和仪式职能。当工具职能的履行被仪式职能所支配时，就产生了各种社会经济问题，而要解决这些问题，就必须进行制度调整。工具效率（instrumental efficiency）是制度调整的标准。因此，制度调整是福斯特理论的最终落脚点。

制度调整自然会影响到社会经济的稳定。为使制度调整达到最佳效果，福斯特提出了三项原则或三个限定条件：①"技术决定原则"，即必须运用可靠知识来进行制度调整。工具效率的高低由可靠知识的运用程度来决定，如果可靠知识的运用程度不够，那么产生的工具效率就不足以实现制度调整。②"认同的相互依存原则"，即人们的理解和接受能力与制度调整的相互作用。制度是由社会习惯组成的，所以制度调整需要人们在以前的习惯和变革后的习惯之间做出选择。因此，人们必须认可自己在调整后的制度中与其他人是相互依存的。这是通过自下而上的方式，使社会大众民主地参与到制度调整中去，从而改变原有的行为规定模式，完成制度调整。③"最小扰乱原则"，即任何激烈的制度调整都会导致社会动荡，因而要求制度调整要尽可能地减少对社会的扰乱程度，并且对原有制度执行的工具职能的扰乱程度最小化。这意味着，应采取渐进式的制度调整方案。福斯特的制度调整理论为新制度主义经济学的制度调整确立了基本原则。

2. 图尔的制度调整理论

图尔在遵循福斯特观点的基础上，进一步深化了对制度调整的研究。他在制度的定义中强调了制度的最大特征——具有强制性。制度是人们在社会结构的创建过程中主观决定的，由习惯组成，但并不由习惯来决定。人类社会引入制度的重要原因是对人们供应实际收入的活动进行组织，此时制度执行的是工具职能。但制度又是由习惯组成的，并且执行规定人的权利和等级、维护现状等职能，即歧视职能[①]。所以，当歧视职能的执行程度过大，而工具职能的执行程度过小

---

　① 当图尔使用"歧视的"一词时，它与凡勃伦和艾尔斯使用的"仪式的"一词的含义相同。

时，便会产生社会经济问题，它反映在生产力、政治参与、种族和性别及环境这四个方面。为了解决这些问题，必须进行制度调整，即提高工具效果的程度和数量，并减少歧视效果的程度和数量。

图尔接受福斯特关于制度调整三项原则的观点。但是，按照工具主义的逻辑，图尔的制度调整理论没有探讨什么是理想的制度，他认为这恰恰是新制度主义与其他范式之间的区别。因为人的行为具有自主性，每个人的自主行为构成了自主的经济，它不受单一的或既定的制度目标约束。制度调整的方向取决于能否实现社会价值，这是图尔的重要观点，我们将在下一部分介绍。

3. 布什的制度调整理论

布什把制度调整分为两个阶段：第一个阶段称为"仪式锁闭"（ceremonial encapsulation）；第二个阶段称为"进步的"制度变迁（progressive institutional change）。

（1）"仪式锁闭"，是指必须在不改变现有仪式支配指数水平的情况下，现存制度中的既得利益者才会允许运用新知识，使工具正当行为模式推动制度调整的实施。在仪式锁闭的情况下，共同体所追求的是能维护现有的价值结构的制度。与仪式锁闭原则相适应，布什又区分了在仪式支配指数不变的情况下，知识储备与仪式支配之间可能出现的三种形式：① "后向形式"。即严格的仪式锁闭。在这种情况下，科学和技术进步一般未被预料，共同体被动地应对并努力使它对现存价值体系的影响最小化，过去遗传下来的仪式惯例尤为重要。② "前向形式"。在这种情况下，现存价值体系中的既得利益者中的精英主动地选择技术变革，但变革的前提是符合现存的价值体系。③ "李森科形式"（Lysenko）①。与前两种克服锁闭和实现制度调整相比，这种形式意味着仪式模式已经完全替代了工具模式，只会产生退步的制度变迁，如纳粹德国的种族理论。

（2）"进步的"制度变迁。在第一阶段的前两种形式下，即便出现"锁闭"，知识储备仍然会增加。在不断结合到现存的制度结构过程中，它们所带来的工具效率标准也不断为共同体所理解。当共同体对可靠知识的意义的认识和理解上升到一定的水平时，便发生"进步的"制度变迁。进步的制度变迁与可靠知识的增长是一个反馈关系：一方面，社会的仪式支配指数降低，技术革新更容易被吸收扩散；另一方面，这个过程又加速了可靠知识的增长。这样，可靠知识的增长既是进步的制度变迁的原因，又是其结果。工具主义的积累因果观念再度得到体现。

布什指出，进步的制度变迁不仅受仪式的约束（仪式锁闭），还受到非仪式

①　苏联农业生物学家李森科认为，通过改变生物有机体的环境可改变遗传。这一反科学命题被斯大林奉为真理，支配了苏联生物学界30年。

的约束。这就是福斯特的制度调整三原则。布什不仅对此进行了细化，还对福斯特、图尔和他本人提出的制度调整理论进行了一个"公理"化阐述①。

(二) 社会价值原则

1. 社会价值原则的基本观点

制度调整需要一个价值判断作为衡量标准。新制度主义采用的是社会价值而不是个体价值来判断制度调整的有效性和可行性。图尔在这方面作出了重要贡献，其理论成为新制度主义的基本观点。

社会价值原则，是指通过知识的工具性职能实现人类生命的连续性和共同体的非歧视性重构。它具备以下特征：①不从属于任何意识形态，不服务于任何特定的阶级或利益集团，即不限于特定的已有制度模式；②欲望、品位和偏好是由社会决定的，人们要做的是对这些因素进行判断。社会价值原则包括四个核心要素：① "连续性"。只有当作为整体的人类生命具有连续性时，人类文化、经验和社会过程才能实现进步和发展。② "共同体重构"。人是社会的产物，其生命与不同的共同体（或体制）相联系，孤立的个体生命没有价值，这意味着文化传统的重要性。但制度调整又带来共同体的重新组织，说明现存社会秩序或结构存在问题。③ "非歧视性"。在共同体重构的过程中，必须排除歧视性标准，因为任何歧视性标准的运用都会损害工具效率。④ "知识的工具性运用"，即制度调整依赖于可靠知识，而可靠知识要用于工具的目的，而不是歧视的目的。

社会价值原则对应于政治、经济、歧视和环保四个具体领域，并有相应的判断标准。这些判断标准被图尔称为社会价值的推论：①政治领域的判断标准是"民主"，它不是现有的多党制和三权分立，而是人民对政治事务连续性、普遍性和非歧视性的参与；②经济领域的判断标准是"工具效率"标准，主流经济学从"金钱"的标准（市场竞争）来判断社会经济的发展，新制度主义则关注知识和技术的运用是否有利于社会共同体的可持续发展与变革；③种族和性别领域的判断标准是"非歧视性"，即平等对待；④环境领域的判断标准是"环境兼容"，即社会共同体和生物共同体相兼容，经济效益与环境保护不是替代关系，而是相互兼容的。不是要征服自然而是要保护生态环境，这是社会共同体赖以生存的前提。

2. 社会价值原则对制度调整的评判

图尔运用社会价值原则批评了西方主流经济学的价值中立和实证的分析方法，这具体体现在他对市场竞争的研究中。他指出，主流经济学者所推崇的自由竞争市场机制本身就是一个规范性的标准，自由市场化程度越高就被认为越好。

---

① 张林. 2006. 新制度主义. 北京：经济日报出版社。

这种把自由竞争市场作为经济政策衡量标准的方法具有明显缺陷：首先，历史上没有哪个国家实行过真正纯粹的自由竞争市场机制；其次，关于自由市场的信条仍保留着18、19世纪自然法理论的陈旧观念；再次，自由市场标准会导致狂热、固执和潜在危险的民族优越感；最后，当纯粹自由市场竞争被看成唯一政策目标时，不仅不会实现自由选择，反而会限制选择的自由。图尔等人指出，实际上当代资本主义的特征并不是自由竞争市场经济，而是由各种势力集团支配的"权力体系"。在这里，价格、成本、管制等问题都是由制度性的权力体系来操控的，主流经济学的市场理论并没有发挥很大的作用。

然而，主流经济学仍然坚持从它的理念出发提出社会经济制度的调整方案。主流经济学把自由资本主义视为天然给定的、最美好的制度模式，它以自由竞争市场为目标，把利润和效用最大化作为唯一的动机而忽略了人的自主性，否认制度变迁过程中人的创造性决策行为。最具代表性的便是由杰弗里·萨克斯（Jeffrey Sachs 1954—）为前苏联及东欧的前社会主义国家设计的经济转轨方案。萨克斯为俄罗斯和东欧设计了以"稳定化"、"私有化"和"自由化"为核心的激进式"休克疗法"，使它们向自由竞争市场经济迅速转变。对此，图尔指出，主流经济学只关注一种制度的变迁，那就是走向自由资本主义。实际上，在俄罗斯和东欧的制度调整过程中，人民大众真正关心的是如何在动荡时期维持收入水平。而休克疗法不考虑人民的疾苦，只是"叹息这些人缺乏远见"；忽视了改革对象的历史文化传统；违背了福斯特的制度调整三原则，因此必然导致俄罗斯和东欧的社会经济倒退。图尔认为，主流经济学缺乏社会价值原则，无法引导制度调整，并且忽视个体的自主选择因素。

与主流经济学相对立，图尔从社会价值原则出发，提出其制度调整方案——根据俄罗斯和东欧的传统情况，维护长期以来形成的政府管理职能。政府主要应在以下方面发挥作用：①扩大民主管理范围，并加强对私人部门决策的监督；②承担起投资和促进增长的角色；③把基础设施建设作为重要任务；④花大力气调动资源投入教育领域；⑤引进技术，并加强自主创新能力；⑥加强生态环境的保护与修复；⑦重视医疗体制建设，保证最低收入群体的实际医疗服务水平；⑧在制度调整时提供全方位非歧视性的参与机会，巩固和壮大社会共同体。

四、激进制度主义的理论学说

激进制度主义对主流经济学关于现代资本主义社会经济现象的分析严加批判，并且将凡勃伦-艾尔斯传统融入其中，形成了自己的理论见解。

1. 公司霸权

公司霸权是激进制度主义的重要理论成果，杜格是这一理论的主要代表。他指出，制度结构是权力的源泉，等级制度或阶级社会必然会产生权力。制度既是组织化的行为模式，又是模式化的思想习惯。他指出，当代美国社会由6种制度构成：①经济制度；②教育制度；③军事制度；④血缘关系制度；⑤政治制度；⑥宗教制度。其中，经济制度处于支配地位，它具体化为公司，其他制度与之联系或为公司服务。公司支配社会的现象被杜格称为"公司霸权"，公司权力的极度膨胀是发达资本主义经济的典型特征。在所有权和控制权相分离后，公司规模日益庞大，组织结构日益复杂，精英阶层强化控制。公司霸权通过歪曲、玷污、仿效和神秘化这四种方式来改变人们的价值观，从而巩固其权力。

在多元社会中，不同制度的功能是相对独立的，但是存在以下四种共同方式：①在一元社会，所有的非支配制度的功能被歪曲成为支配性制度服务的手段。②一个制度本应发挥的作用被其他制度的作用所取代，实质上就是价值观被玷污。③非支配制度对支配制度的权威性、价值观、思维方式和行为进行模仿，这是公司霸权的重要表现。凡勃伦在《有闲阶级论》中所说的普通大众往往努力模仿有闲阶级的生活方式，以表明自己的"有闲"特征，就是仿效的思想渊源。仿效使统治阶级和公司霸权通过这种非强制性的方式，潜移默化地控制社会大众，以巩固和维护自己的支配性地位。④神秘化指的是处于支配地位的社会象征被赋予了神圣的神秘色彩，如企业家精神和私有产权这类的象征性符号。总体而言，这四种方式都围绕着公司霸权服务，非公司制度成为公司的手段，非公司的角色动机成为公司的角色动机，非公司的领导角色接受公司的领导角色，并且公司用神秘化手段掩盖了公司霸权。这四种方式严重地违背了工具价值原则，将美国从多元社会变为一元的公司霸权体系，并具备了一个普遍性的仪式价值标准。杜格把公司霸权融入了凡勃伦-艾尔斯传统，从而提高了它对现实的解释能力。

2. 市场、国家及不平等

激进制度主义对主流经济学关于市场和国家的解释进行了批判。在激进制度主义看来，市场不是主流经济学所说的最有利于自由选择和提高效率的价格机制，实际上，市场是一种人为的制度。它是一种在演化进程中形成的制度安排，不同时期、不同参与者及不同的权力配置都会产生相应的市场。激进制度主义认为，市场是权力的产物，也是权力的竞技场，权力的作用可以渗透到市场的任何部分，它受社会冲突、技术、意识形态、文化、激励等方面的影响，并通过立法和管制来影响市场的运行，进而干预供求。市场的外部性就是一方向另一方强加压力产生的。分配制度也取决于权力的配置情况。总之，主流经济学的自由市场竞争理论是荒谬和充满欺骗性的。主流经济学认为，政府充当市场守夜人的角色。但激进制度主义经济学指出，国家与市场是权力的不同表现形式，国家可以干预市场和控制企业，企业则可以利用政府来实现自身利益，因而双方相互影响。一般而言，国家的权力要大于单个企业的权力。激进制度主义经济学支持通过国家干预来实现公共利益，消除市场中包含的歧视和压迫，促进工具性知识

（如公共教育、基础科研、先进技术的政策扶持等，而不仅仅是主流经济学的效率、收益-成本等标准）的生产和运用。

激进制度主义指出，平等是工具价值的重要内容，而美国 20 世纪 60 年代以来的社会经济问题及其所导致的激进主义群众性运动正是权力所导致的不平等的直接后果。不平等是一个社会过程，是权力集团压迫社会大众而取得利益的过程。不平等主要有四种类型：性别、阶级、种族和国家不平等。激进制度主义指出，要戳穿为不平等辩护的神话，改变大众的思维理念，从而进一步改变社会结构。当然，权力和不平等是动态演化的，问题的解决也是根据具体的时代背景和社会状况循序渐进的过程。激进制度主义认为，最有效的解决方案是经济运行的民主化，使广大劳动者能够参与到生产决策当中。在这个问题上，杜格提出了具体的模式。

■ 第四节　新制度主义的政策主张

在制度主义运动时期，制度经济学家曾为美国政府的经济政策提出了很多建议，并产生了很大影响。例如，康芒斯起草的几项劳动法案曾作为当时美国劳动立法的样本；特格韦尔（Rexford Tugwell　1891—1979）进入到第二次世界大战时期罗斯福政府的智囊团；艾尔斯最早提出最低收入保障计划和负所得税计划；第二次世界大战后，制度主义者伯恩斯（Arthur Burns　1904—1987）曾担任美国经济顾问委员会主席，并于 1979 年出任美联储主席。新制度主义经济学强调经济计划和社会计划的重要性，提出了一些经济改革设想。本节选取加尔布雷思、缪尔达尔和杜格的理论观点进行介绍。

一、加尔布雷思的"新社会主义"

加尔布雷思指出，为了消除现在资本主义社会的种种弊病，就必须对"二元体系"进行改革。按照他的说法，"只有在（与由计划系统掌权下的政府对立的）由公众掌权的政府下，上述改革及其他改革，才能贯彻执行"①。改革的总体思路是调整"二元体系"中计划体系和市场体系的关系，实现权力均等化，使两个体系的贸易条件相同，使其在出售和购买产品时对价格有同等的控制权。具体来讲，包括如下政策主张：

（1）通过各种立法和经济措施来加强市场体系的权力，提高小企业的组织化程度，提高其自我保护能力。例如，政府应允许小企业不受反托拉斯法的限制而联合起来，以提高它们同计划体系的议价能力；政府运用财政金融手段帮助小企

---

①　加尔布雷思. 1980. 经济学和公共目标. 蔡受百译. 北京：商务印书馆：217.

业稳定价格，同时在科学技术等方面帮助市场体系发展生产；等等。

（2）通过各种立法和经济措施限制计划体系的权力。例如，政府应限制大企业的过度发展，强令其在资源和技术的使用上服从于提升社会公共福利的目标；加强对计划体系的价格管制，并运用财政金融手段限制大企业侵犯小企业和消费者的利益；等等。

（3）通过各种立法和经济措施使大企业和小企业中的工人收入均等化。例如，政府提高最低工资率，并使市场体系获得与计划体系同样的最低工资；在就业方面消除性别歧视；等等。

结构改革可以实现如下效果：大企业与小企业、小生产者之间制定价格的权力均等化；社会人均收入均等化；经济政策目标更加关注社会公共福利的提升。最终，人类将进入到一个全新的世界——新社会主义。加尔布雷思认为，改革的重任落在科学教育界肩上。因为当前能与计划体系的"技术结构阶层"相对抗的唯有科学教育界。企业因需要专门的知识和技术而有求于科学教育界，科学教育界可以通过人才的培养为改革提供保障，并在政策和立法方面都发挥重要的作用。

二、缪尔达尔关于不发达国家的改革计划

缪尔达尔将"循环积累因果"理论应用于对不发达国家经济发展的分析，并提出了这类国家的社会改革计划。他认为，不发达国家的工业扩张和形成一个上升的累积运动的努力，被非理性的态度和僵化、传统的社会结构削弱。对于这类国家，要采取激进的改革措施来消除其发展中的障碍，使改革与发展相互促进，且二者将成为互为因果循环的累积过程。

缪尔达尔指出，在不发达国家，不平等与所有社会经济关系相联系已经成为专门政策领域的一个主要部分；不平等的加剧成为阻碍其发展的重要因素。因此，平等问题对于不发达国家而言十分重要，要通过平等化来促进其经济的发展。他提出的改革方案主要包括：

（1）权力关系的改革。不发达国家往往通过行政的随意性来直接或间接地指挥私营企业，从而滋生腐败。因此，必须改变这种局面，减少政府对微观经济主体的随意性干预。同时，要精简行政机构，提高在职人员的待遇。腐败的行政要员必须受到惩治，并且，西方跨国公司应遵循商业道德，避免在不发达国家大肆行贿，这将成为它们对不发达国家社会经济健康发展的最大"援助"。缪尔达尔还指出，必须改变由地主、实业家、银行家和政府高层所组成的特权阶层掌控大部分权力的局面，将权力由特权集团转移到人民大众手中。

（2）农业领域的改革。缪尔达尔认为，不发达国家的农业生产是伴随着很高的人/土地比的粗放土地经营，其"农业生产实践不是劳动密集型的，而是劳动

粗放式的"①，农业生产效率很低。要改变这种局面，就必须释放劳动者的工作机会与热情，推行改变人和土地关系的土地改革。土地改革的具体方式应根据不同地区的特点来确定：①采用平均主义的方法把土地分配给耕种者，包括雇农和其他各类无地农民；②兴办农业合作社，推动合作事业的发展；③土地归地方或国家所有。"任何类型的土地改革都应达到一个要求，就是它应当在人和土地之间创造一种关系，这种关系不会阻碍他工作和投资——如果没有别的可以投资，就投资自己劳动——的积极性"②。

此外，还要采取与土地改革配套的其他措施进行补充。在技术改革方面，不发达国家应积极开发和引进劳动密集型的农业新技术，克服劳动力利用不足的缺陷。同时，应大力推进教育工作来普及这些技术，使其被耕种者广泛地使用。同时还应重视和促进农业推广、以优惠条件提供贷款和供应肥料、种子、农具及改进产品的市场渠道等。不发达国家的工业发展要与农业发展结合起来，互相促进。工业生产应该为农业服务，生产农业所需的肥料、农药及各种农具。

（3）教育体制的改革。不发达国家的人民缺乏专业技能和有利于发展的理性态度。缪尔达尔认为，土地制度和教育制度落后是造成不发达国家社会与经济不平等的两个制度根源。教育改革的关键是使受教育的权利不再被上等阶级所垄断，因此必须彻底改革教育体制。政府的改革措施应包括：①重视成人教育，这不仅是彻底扫除文盲的必要措施，也是使儿童教育更为有效的保证；②提高教育的质量，而非盲目扩大规模；③保持教育的三个阶段的平衡，即重点发展初等教育、减缓发展中等和高等教育，从而避免办学质量的下降；④加强教师培训工作，提高教师的社会经济地位，充实教育人才；⑤发展职业教育和技术教育，培养出社会迫切需要的医生、护士、技师、农艺师等。此外，缪尔达尔还指出，教育改革对发展的促进作用需要较长的时间来检验，但能简单地用计算投资收益率的方法衡量教育与其他物质投资领域的优先发展程度。

（4）控制人口。由于科技水平的提高，不发达国家的人口死亡率大大降低，其人口增加问题对国民经济生活产生了巨大的影响。缪尔达尔认为，控制人口属于道德问题，工作应从节育出发，因而需要政府采取强有力的措施。实施节育政策很可能遇到诸如宗教、观念、侥幸心理、愚昧等各种阻力，但缪尔达尔认为，与发达国家相比，不发达国家推行节育政策有两个优势：①不发达国家可以在一开始时就把推广节育政策作为一项公共政策；②不发达国家可以直接引进先进的节育技术。节育政策的落实需要实施广泛的公共政策和设立有效的专门机构，并培养大量的专门人才。

---

① 缪尔达尔. 1989. 世界贫困的挑战. 顾朝阳译. 北京：北京经济学院出版社：76.

② 缪尔达尔. 1989. 世界贫困的挑战. 顾朝阳译. 北京：北京经济学院出版社：101.

（5）制定国民经济计划。不发达国家自身的市场力量不足以消除阻碍经济发展的障碍，因此应实施国民经济计划来干预经济活动，促进社会过程的上升运动。但不应当如主流经济学所提倡的那样将发达国家模式移植到不发达国家，而应当根据实际情况来制定经济计划，并且不能在当前不平等的条件下，在国际经济中实施自由贸易。不发达国家应在政府计划的管制下，推行贸易保护政策。

三、杜格的"民主的经济计划"

杜格批评里根政府的经济改革措施，认为它缺乏整体协调且各自为政，即没有国民经济计划思想。他提出建立一个全国性的"联邦性公司章程体系"来加强政府对公司的监控，政府可以进入公司收集信息，从而对国民经济计划进行反馈。后来，杜格又提出了更加详细的民主的经济计划（Democratic Economic Planning）。他认为，经济计划有三种方式：资本主义企业的内部公司计划、苏联模式的中央计划经济和民主的经济计划。民主的经济计划体现了新制度主义经济学所谓的工具主义的民主。它认为，计划是一个过程，而不是目标；计划是开放性的，这意味着劳动者可以广泛、平等、自由地参与；计划也是可以反复修正的。计划工作由三个方面组成：计划体（负责提出计划目标的集团或组织）、计划文件（计划过程的规范表达）和计划工具（计划实施的激励工具，如奖金、补贴等，以及对违反计划的行为的制裁，如附加税、许可证等）。

杜格认为，工人参与是制度经济学传统的重要内涵，如凡勃伦所讲的"工程师苏维埃"。他又指出，任何受到决策影响的人都应在决策过程中享有发言权，并有权评价决策的后果。因此，计划必须是有工人普遍参与的。为此，杜格提出了工人所有权（worker ownership）方案，即工人参与公司的管理和决策，从而弱化乃至根除公司霸权。杜格对已有的工人参与模式进行了评价：由企业所有者推动的员工持股计划并没有赋予工人投票权和管理权，不是真正的工人参与；劳动者合作社虽然体现了工人的主人翁精神，但它在融资手段和技术水平上存在严重的不足。杜格提出了他认为的工人参与的最佳选择——产权分散，即把公司产权分割给工人，由他们来决定公司财产的使用。杜格认为，财产不是自然权利，而是由集体行动创造并维护的一种权利，为了使经济民主化，应该将它分割给工人。

民主的经济计划旨在建立一个全新的社会体系，以解决现代资本主义的社会经济问题。贫困是对人类生命连续性最大的威胁，因此，消除贫困是首要任务。杜格指出，主流经济学把贫困的原因归为稀缺，而新制度主义不接受主流经济学的稀缺性假定。事实是，当前的技术水平、工具与技能储备完全可以满足人类的基本需要，只是由于资本主义制度对它们的不公平分配，才造成了稀缺，从而导致人民大众的贫困。而民主的经济计划实现了工人的普遍参与，技术和知识储备被公平公正地分配，满足了工具价值原则的要求，从而消除了稀缺性和贫困。不过，杜格并未提出通向新社会的具体过渡方案。

➤ 本章主要参考书目

加尔布雷思. 1980. 经济学和公共目标. 蔡受百译. 北京：商务印书馆.

缪尔达尔. 1989. 世界贫困的挑战. 顾朝阳译. 北京：北京经济学院出版社.

张林. 2006. 新制度主义. 北京：经济日报出版社.

Dugger W M. 1989. Introduction of Radical Institutionalism：Contemporary Voices. New York：Greenwood Press.

Tool M R. 1984. An Institutionalist Guide to Economics and Public Policy. New York：M. E. Sharpe.

➤ 复习思考题

1. 简述新制度主义经济学的二分法。
2. 概括社会价值原则的基本观点。
3. 简述加尔布雷思的"二元体系"理论及社会改革设想。
4. 简述"民主的经济计划"模式的主要内容。

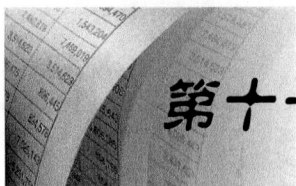

第十一章

激进政治经济学

激进政治经济学（radical political economics），又称"新左派政治经济学"（new left political economics），形成于 20 世纪 60 年代后期的主要西方发达国家。激进政治经济学家主要从马克思和"老左派"那里吸取营养，运用马克思主义政治经济学的立场、观点和方法批判现代资本主义制度及其主流经济学，将注意力集中于现代资本主义制度中的经济发展、贫困、种族和性别歧视、生态环境的恶化、工人阶级的异化及世界资本主义体系下的帝国主义、发达与不发达问题。激进政治经济学认为，这些社会经济问题不单是资本主义制度下呈现的弊病，其实是资本主义正常运转必然造成的，因此，必须对资本主义制度和资本主义世界体系进行根本的改造。激进政治经济学代表了一个反对资本主义的强大阵容，并形成反对西方主流经济学的强大力量。

第一节　激进政治经济学概述

西方主流经济学代表着资产阶级的意识形态，维护着资产阶级的切身利益，因而得到统治阶级的维护与支持，在西方经济学界大行其道。然而，在当前的学术界，还存在着另一种与主流经济学相对立的经济学派——激进政治经济学。它是在西方激进的时代背景下产生和发展起来的，并逐渐形成燎原之势，构建起颇具规模的反资本主义的经济学派。

一、激进政治经济学的产生和发展

西方激进政治经济学产生于特定的时代背景。从 20 世纪二三十年代起，西方世界便有一批受马克思主义熏陶的激进学者对正统资产阶级经济学进行批判并提出相应的理论学说，这批知识分子中的代表人物包括保罗·巴兰（Paul Barran 1910—1964）、保罗·斯威齐（Paul Sweezy 1910—2004）、哈里·马格多夫（Harry Magdoff 1913—2006）、赫伯特·马尔库塞（Herbert Marcuse 1898—1979）等，他们被学术界称为"老左派"。在 20 世纪 60 年代，美国各地掀起群众性的反越战运动，同时又受法国五月风暴的影响，以高校青年学生和青年知识分子为主体的要求社会进步和社会改革的激进学生运动蓬勃开展，史称"新左派运动"。1962 年，"促进民主社会学生会"（Students for a Democratic Society）发表《休伦港宣言》（*The Port Huron Statement*），标志着"新左派"运动的正式出现。民权运动、女权运动、绿色革命运动、反越战运动、反对大学当局的校园革命及美国式的"文化大革命"——摇滚乐、嬉皮士等，都是这场轰轰烈烈的运动的主要行为表现。一方面，"新左派"坚持了"老左派"的批判现实主义精神；另一方面，它的理论更为庞杂，激进主义倾向更为明显：马克思主义、无政府主义、工团主义、托洛茨基主义等都成为"新左派"运动的思想来源。

激进政治经济学就是在这样一个激进的时代背景下产生的，一大批青年学者对新古典经济学发出质疑，对黑板上那个关于和谐与均衡的经济学世界愈发失望和不满。他们认为，主流经济学忽视或无法解释现实问题，必须重新思考研究资本主义的理论和方法。最终，马克思主义和其他非正统经济学成为他们构建新理论的武器。激进政治经济学运用马克思主义基本原理分析和批判现代资本主义制度，并逐步形成自身的理论学说。1968 年，"激进政治经济学联盟"（Union for Radical Political Economics）在美国成立，举办年会并发行学术期刊《激进政治经济学评论》。这标志着激进政治经济学在形式上开始向有组织化和规范化的学术流派演进。随后，不仅仅在欧美和日本，广大第三世界国家也出现了激进政治经济学的学术团体和学术期刊，如美国的《每月评论》、《反思马克思主义》、《激进哲学评论》、《科学与社会》、《共产主义与后共产主义研究》；英国的《新左派评论》、《历史唯物主义》、《激进哲学》；德国的《马克思主义创新杂志》、《马克思主义杂志》、《社会主义》；法国的《今日马克思》；意大利的《今日马克思主义》及澳大利亚的《论纲十一》等。与此同时，激进政治经济学的理论著作频频问世，并且出版了诸多教材，如布鲁斯·麦克法莱恩（Bruce McFarlane）的《激进经济学》（1982）、谢尔曼的《激进政治经济学基础》（1987）、夫瑞德·莫瑟雷（Fred Moseley）等的《非正统经济学》（1995）、维克特·李皮特（Victor Lippit）等的《激进政治经济学：替代性经济分析的探索》（1996）、罗宾·哈内的（Robin Hahnel）《政治经济学 ABC：现代观点》（2002）、查理斯·巴若内（Charles A. Barone）的《激进政治经济学入门》（2004）等，并在不少大学的激进政治经济学课程中被使用。2008 年，激进政治经济学联盟在纽约召开学会成立 40 周年纪念大会，对激进政治经济学的发展历程、现实基础和远景目标进行了总结和展望，推动了激进政治经济学的进一步发展。

二、激进政治经济学的代表人物

由于学术体系比较庞杂、所研究的具体问题很多、激进政治经济学家广泛地分散于各科研院所从而聚合地不多等原因，激进政治经济学的代表人物并不十分容易总结。除了本章在介绍具体理论时所提到的人物外，还选取几位影响力较大的激进政治经济学家进行介绍。

保罗·斯威齐是 20 世纪西方著名的马克思主义经济学家。他于 1937 年获哈佛大学博士学位。他青年时期提出要建立"严肃的和真正的北美牌马克思主义"的设想，《资本主义发展论：马克思主义政治经济学原理》（1942）便是这一设想的重要实践。1949 年，他创办著名左翼杂志《每月评论》，并任主编直至辞世。他的主要著作包括《作为历史的现在》（1953）、《垄断资本：论美国的经济和社会秩序》（与保罗·巴兰合著，1966）、《繁荣的终结》（与哈里·麦格道夫合著，1981）、《革命后社会》（1982）和《马克思主义四讲》（1982）。他晚年还发表了《再谈（或少谈）全球化》（1993）、《〈共产党宣言〉在当代》（1998）等论文。斯威齐具有广泛的影响力，他于 1999 年获"凡勃伦-康芒斯奖"，日本现代经济研究会还曾把他列为自弗朗斯瓦·魁奈（François Quesnay 1694—1774）以来 30 位伟大的经济学家之一。

霍华德·谢尔曼（Howard Sherman）是激进政治经济学的重要普及者，也是"凡勃伦—康芒斯奖"得主（2004）。他的《激进政治学基础》（1987）对激进政治经济学进行了比较系统的梳理和概括，是激进政治经济学的重要入门教材；其《经济周期——资本主义条件下的增长和危机》（1991）一书提出对现代资本主义经济周期的激进经济学解释；他与杜格合作的《回到进化——马克思主义和制度主义关于社会变迁的对话》（2001）一书是马克思主义与新制度主义围绕社会进化问题展开讨论的重要著作；他组织编写的《经济学教科书》（2008，第 8 版）是激进主义学者所编写的现代经济理论基础教材，专篇介绍了古典经济学和激进主义经济学，并对微观经济学和宏观经济学进行了批判和重新表述，在美国各大学具有一定的影响。2001 年，激进经济学者罗伯特·保利（Robert Pollin）编辑并出版了《资本主义、社会主义与激进政治经济学：谢尔曼纪念文集》。

萨米尔·阿明（Sammir Amin 1931—）是埃及人，著名的发展中国家社会经济问题专家。他于 1957 年获巴黎大学博士学位，随后担任埃及经济发展组织高级经济顾问（1957~1960）和马里政府经济顾问（1960~1963）。尔后在法国普瓦蒂埃大学、巴黎大学和塞内加尔达喀尔大学任教，同时担任联合国非洲经济开发与计划研究所所长（达喀尔）及联合国未来非洲战略局负责人。他提出了反对西方中心主义和世界帝国主义，从而实现发展中国家民族自强的理论学说。其著作颇丰，主要包括《世界规模的积累》（1970）、《不平等的发展》（1973）、《帝国主义的危机》（1975）、《帝国主义和不平等的发展》（1976）、《价值规律和历史唯物主义》（1977）、《历史上的阶级与国家，当代危机》（1979）、《世界体系的反思》（1988）、《混沌帝国》（1991）、《全球化的挑战》（1996）、《资本主义幽灵》（1999）、《自由化病毒》（2004）及《为多极世界进言》（2005）。

三、激进政治经济学的基本内涵与研究方法

一般而言，激进政治经济学是一种对现代资本主义经济制度和经济理论进行批判，并提出相应观点和变革目标的经济思潮。西方理论界在 20 世纪 80 年代末至 90 年代中流行这样一种观点，即把激进政治经济学分为广义和狭义两种：

广义的激进经济学一般泛指一种与西方主流经济学相对立且具有激进色彩的经济思潮。谢尔曼认为，它来自四个方面的传统：①古典经济学的传统，其中重视李嘉图和新李嘉图的传统，尤其是斯拉法的著作；②马克思主义的传统，把它作为不断发展的学说，而不是教条；③由"左派"凯恩斯主义传统所形成的后凯恩斯主义经济学；④凡勃伦制度主义经济学。此外，近年来无政府主义传统也对激进经济学产生了一定的影响。所有这些学术思想产生了相应的理论成果，其程度和倾向性也有所差异。这一方面说明激进政治经济学的发展呈现出百家争鸣的局面，另一方面也说明激进政治经济学阵营内部的方法论和具体观点尚未实现统一。

狭义的激进经济学专指在 20 世纪 60 年代美国激进青年学生运动的背景下产生的激进主义经济思潮。它对现代资本主义尤其是美国的社会经济弊病深感不满，对主流经济理论严加批判。按照《新帕尔格雷夫经济学辞典》中"激进政治经济学"词条中的说法，激进主义经济学家从两个方面对现代资本主义展开批判性的分析：对体制内部而言，发达资本主义社会存在贫困、种族和性别歧视、生态环境恶化、工人阶级的异化等一系列矛盾冲突；从全球视角而言，发达资本主义国家对发展中国家进行压迫和盘剥，推行帝国主义霸权，造成了发展中国家的贫困。激进政治经济学的理论正是围绕这两个方面的问题展开的。总体来讲，激进政治经济学认为，这两个方面所体现出的弊病实质上是资本主义制度自身缺陷的必然表现。因此，必须对现行社会进行根本性的改造，才能解决这些社会经济矛盾。激进政治经济学提出了不少具体的理想社会模式，但普遍缺乏行之有效的过渡理论。

在 20 世纪 90 年代及 21 世纪的头 10 年间，经济理论的发展日新月异，很多学派不断成熟，如本书中设立专章介绍了延续"左派"凯恩斯主义的"后凯恩斯主义经济学"和遵循凡勃伦制度主义经济学传统的"新制度主义经济学"；并且，研究马克思价值论的那部分激进经济学家发展或变革了斯拉法和新李嘉图主义传统，以"转型"问题为主轴，形成了专业化极强的西方马克思主义价值理论，而这些都不在本章的研究范围之内。同时，结合激进政治经济学产生和最近发展的情况（以美国为主），本章把狭义的激进政治经济学作为特定范畴加以论述。

激进经济学的研究视野与主流经济学相比更加开阔，突破了单纯的技术分析，尤其反对主流经济学所推崇的边际分析方法，把对人们的经济关系和经济行为的分析放到广阔的社会背景下进行，进而"探索人们的经济活动和产生这些活动的社会环境之间的关系，结合考察从社会生产关系到被种族、性别、阶级划分所分裂的民族国家（和世界）中经济正义的含义等一系列事物"[1]。激进政治经济学主要采取跨学科、历史-变革和制度的分析方法。它的学术成果常见于西方非经济学的或综合性哲学社会科学的学术期刊，这一方面由于主流经济学往往把持着绝大部分经济学期刊的稿件评审权，另一方面说明了激进政治经济学研究方法的跨学科性。

激进政治经济学的分析思路集中于矛盾而不是调和，集中于权力而不是平等的假设，集中于阶级而不是个人行为，集中于辩证而不是绝对化，集中于动态学而不是边际上的变动。在激进政治经济学家眼中，社会是一个变革中的统一体，各种社会经济问题或矛盾都具有相关性，不能割裂开来研究。他们批评主流经济学的技术分析对研究实际问题的无效性。激进政治经济学指出，只有当我们理解了使之成为现状的历史变革，我们才能理解社会，否则，我们便不能理解一个给定的社会。因此，历史是激进政治经济学的一个研究内容，而且他们提倡按照特定的历史条件和线索分析社会经济问题。在现实的基础上构建理论结构，乃是激进政治经济学所持的研究方法，它因此反对任何纯粹理论化和技术化的经济学研究方法。

■ 第二节　对现代资本主义制度社会经济矛盾的分析

发达资本主义社会总是表现为异常矛盾的两极：一极是物质财富的增长与积累；另一极是社会不公正的日益加剧。不平等导致了一系列社会经济问题和阶级矛盾。那么，造成不平等的根源是什么？用什么办法可以铲除这个社会毒瘤？这

---

①　Victor Lippit. 1996. Radical Political Economy：Explorations in Alternative Economic Analysis. New York：M. E. Sharpe：1.

是激进政治经济学对主流经济学进行重点批评的内容。主流经济学将社会不公正的原因归结为技术指标，并以劳动力的边际生产率理论为基础，提出了"人力资本理论"。它从所谓"平等的"工资决定机制出发，强调收入差异和贫困是合理的，它基于每个人的不同劳动技能之上，与先天的禀赋及后天不充分的教育和培训有关，而与资本主义制度无关。这一理论除了明显为当代资本主义制度辩护外，还含有强烈的种族歧视和性别歧视色彩。这种用技术分析伪装掩盖资本主义社会矛盾的行径，使得激进政治经济学家感到强烈不满，于是指出了当代资本主义社会存在的收入分配不公、种族和性别歧视、社会阶级分层、工人阶级异化等实际矛盾，并在对此进行分析的过程中形成了激进劳动市场分割与歧视理论。

此外，资本主义的经济危机与停滞一直是政治经济学所关心的焦点问题。现代资本主义曾经历过 20 世纪 30 年代的大危机和 70 年代的滞胀局面，2008 年又陷入一次世界性的严重金融危机当中，世界经济形势十分严峻。激进政治经济学对此提出了不少有益的见解，这里将它们分为两个部分加以分析：垄断资本主义的长期停滞理论及其他资本主义经济危机理论。

一、双元劳动市场论

迈克尔·皮奥里（Michael Piroe）、约翰·邓洛普（John Dunlop）、克拉克·科尔（Clark Kerr）、瑞特·巴基（Wright Bage）等认为，"人力资本理论"基于传统的新古典主义经济学中自由竞争及边际生产力的基本假设并采用均衡分析的方法，引出了"单一工作市场"（Single Work Market）的概念，进而提出劳动力自由流动、劳动力过剩和短缺的自我补偿、自我均衡机制的假设。但实际上，由于存在愚昧、缺乏流动性、资产阶级政府的经济和法律干预、垄断企业的现实存在、工会和企业协会的垄断权、国际流动障碍及多元的被分割的劳动力市场等原因，现实劳动力市场的特征是有限的流动性、同等人力资本的不等报酬及持续的各种形式的劳动力剩余与短缺。因此，资本主义的劳动力市场是不完全竞争的。

据此，激进政治经济学提出了"双元劳动市场论"（Dual Labor Market Theory），并用一级和二级两大市场及三种类型的劳动力市场模型描述当代资本主义经济中被分割的劳动力市场。一级市场的工作相对稳定，工作技能受到认可，工资相对较高并且存在晋升机会。它的内部又分割为"从属型"和"独立型"两个层次或工作形式。从属型初级工作是指在详尽的工作规则和行政程序下从事的常规性工作。它鼓励员工的相互依存关系、保持良好的纪律性、对权力和条例的服从及追求公司共同目标。与之相对，独立型初级工作需要并鼓励创造性解决问题的能力、首创能力并有其职业化准绳。它由高科技的、职业性的工作组成。在它的内部，资源的人员流动率较高，其革新成果的回报也较高。二级市场则不需要也不鼓励稳定的工作习惯，工资较低，晋升机会很少，劳动者的工作有严格的人身监督，在本质上是非常规性的。这三种类型的市场分割，每一市场层次都具有稳定性、常规性和排他性，面对被割裂的劳动力市场，劳动力根本无法自由流动。

激进派还指出，资本主义社会的教育模式是为分割劳动力市场服务的，而且促进和巩固了劳动者的分化。这一观点的代表人物包括萨缪尔·鲍尔斯（Samuel Bowles）、赫必特·金蒂斯（Herbert Gintis）、瑞查德·鲁滨孙（Richard Rubinson）等。他们通过历史分析指出，在某一阶级背景的学生的教育和他们最终被雇佣的劳动力市场部门之间有种"一致的原则"。这就是，来自低收入家庭的年轻人更多地被纳入注重二级劳动力市场工作所需的观念和行为的特种学校中（及学校内部的相应轨道），这与那些高收入家庭学生就读院校所注重的观念和行为相去甚远。教育中的"前市场分割"限定了学生离开学校后的就业机会，而劳动力市场已存在的经济等级又使之合理化。并且，学校影响受教育者的工作态度，并作为一种分流输送机制向分割的劳动力市场输送新的劳动力。各种学校都力图培养学生遵守纪律、服从领导的品质。学校教育和劳动力市场反映出经济和社会各阶层之间的相互关系，并且成为衡量工人阶层力量的一个指标，两者往往进行勾结，以保障资产阶级的利益。

此外，大卫·哥顿（David Gordon）、约翰·瑞克（John Reich）等人把分割归结为一个广义的历史和政治框架，在这个框架内，劳动力队伍内部的分割促进了资本家对劳动过程的永恒的控制。19世纪，许多熟练手工艺的消亡和工厂生产的扩大使得劳动力队伍趋向均匀一致。为对付由此产生的工人阶级的阶级意识和对抗情绪，资产阶级有意识地对劳动力市场进行划分，并把这一手段作为实施"各个击破"战略的重要环节。工作等级的推广在20世纪50年代得到全面发展，推行这一过程的原因虽包括公司对培训重要性认识的提高，但主要是为了人为地区分劳动者，以防止高低层劳动者进行联合，以便"分化和征服"劳方力量①。

二、产业分割论

巴瑞·布卢斯通（Barry Bluoston）在《有工作的穷人》、《美国的非工业化》、《超越与崩溃：非工业化》，霍瓦德·瓦赫特尔（Howard Waheter）与兰德·霍德森（Lander Heder-sen）在《激进派视野中的贫困问题》、《美国资本主义和贫困：反论抑或矛盾》等论著中，提出了"产业分割论"（The Theory of

---

① 以上观点主要体现在皮奥里的《内部劳动力市场及人力政策》、哥顿的《劳资对立与生产力减弱》、鲍尔斯的《美国资本主义的教育》、瑞克的《二重劳动力市场：劳动力市场分割理论》等论著中。

Industrial Cut Apart），从而进一步将"双元劳动市场论"系统化。

通过对人力资本模型和双元劳动市场模型的比较研究，他们概括出人力资本模型的四个特征：①工人们可以从一个工作转换到另一个工作，以达到收入最大化；②可观察到的收入水平不同只存在于人力资本不同的情况；③具有相同人力资本的工人赚取相同的工资；④一个工人的人力资本越多，其收入也越多。显然，这种单一的劳动市场事实上是根本不存在的。他们所构建的双元劳动市场模型也有四个特征：①工人们不能从一个工作（市场）换到另一个工作（市场），以实现收入最大化；②由于存在劳动力市场分割，即使人力资本相同，也可能存在明显的收入水平的差异；③在市场内或在两类市场之间，具有相同人力资本的工人可能收入不同；④较多的人力资本不一定引致收入的增加，因为缺乏流动性的个人难以找到最充分实现其人力资本价值的工作。这个模型表明被分割的多元劳动力市场阻碍了劳动力的自由流动，其阻碍因素主要是流动性的个体障碍和产业障碍。

在此基础上，瓦赫特尔进一步指出，必须从社会制度，而不是从劳动者的个体特性中探寻造成资本主义社会不平等和贫困的根源。他力图运用马克思主义观点，总结了资本主义社会的三个制度性因素：社会阶级结构、劳动市场和政府。

首先，社会阶级结构意味着占有生产资料的资本家靠股票和债券获利，生病和年老并不会对资产阶级的生计构成直接威胁。与此相反的是，挣工资的劳动者阶层则主要依赖他们持续的健康和技能获得收入。其次，劳动市场结构表现为层次化。社会由六类贫困人群（老年人、病残患者、失业者、城市工作穷人、农村工作穷人和以妇女为主的单亲家庭）构成以低工资和随时被解雇为特征的第二市场的总和。他们一般不可能向具有高工资、高效率特征的第一市场转移。劳动力市场层次的难以跨越，进一步加剧了这一层次人们的贫困。最后，政府对贫困的形成和加剧负有不可推卸的责任。政府资助有钱的企业家，在资产阶级和工人阶级之间制定差别微小的税收制度；资产阶级从政府那里得到更多的实惠，而贫困者得到的政府帮助却十分有限①。由此可见，社会阶级结构、劳动市场结构和政府这三大社会制度因素的联合作用加深了社会的贫困和不平等，当代资本主义经济制度、政府政策和收入财产所有权体系不断地产生和复制资本主义罪恶的根源。激进学派对美国政府的反贫困政策，如福利立法、人力训练计划等措施进行了分析和批判，认为这些措施虽然对救济贫穷者能起一定的作用，但不能根本解决问题，甚至在若干方面反倒有利于资产阶级。激进学派强调，要解决社会的不公正问题，就必须改变社会制度或调整阶级关系和工人阶级内部的"等级分化"情况。

---

① 何玉长等. 2002. 批判与超越：西方激进经济学述评. 北京：当代中国出版社：36～37.

此外，针对主流学派关于市场竞争可以带来劳动力自由流动，进而可以消除不平等和贫困的观点，激进学派批驳道：增加劳动力流动性的努力本身并不能导致贫困的消失。自由流动也许可以减少由种族和性别歧视构成的就业障碍，并且使拥有较多知识、较高技能的职工可能得到好的工作，但是大量的低工资人群并不会减少，社会的不平等和贫困仍不能被根除，资本主义社会的运行机制依然如故。

三、歧视理论

资产阶级主流经济学按照"人力资本理论"的思路，把社会成员划分为黑人和白人、男人和妇女等不同人群，并对他们之间的收入差异进行技术分析，为资本主义的歧视现象辩护。激进学派则指出，由于在维持雇佣关系方面劳资双方有着根本的利益冲突，资本家因而在劳动力市场积极推行种族歧视和性别歧视。著名经济学家马克·布劳格（Mark Blaug）认为，激进学派关于种族歧视和性别歧视是资本主义的内在特征并且与劳动力市场分割紧密相连的观点，是它对经济学所做的最大贡献[①]。"人力资本理论"则对此视而不见。例如，加里·贝克尔（Gary Becker）在《歧视的经济学》中提出的歧视模型强调了白人工人和资本家对歧视的"偏好"，而此种偏好使黑人工资低于白人工资。瑞克通过数据检验驳斥了贝克尔关于白人工人在存在歧视时受益的观点，指出美国白人收入最低的地区恰恰是那些种族歧视最严重的州。雇佣过程中实行对黑人的歧视只有资本家从中获益，大部分白人工人蒙受损失。这一现象反映了资本家通过种族分离来削弱劳动力队伍的力量，使工人工资被限定在低水平上。

激进学派的其他成员进一步论证了在美国资本主义社会，种族歧视和性别歧视在劳动力市场是真实存在的。马丁·瓦特（Martin Watts）对激进学派常用的"差别指数"（Index of Dissimilarity）法进行总结，运用和发展了"sibber 指数"中分布的"同时分析"（simultaneous analysis），并对 1983～1992 年美国社会的歧视状况进行了比较全面的研究[②]。在美国劳动力市场，那些具有相同能力及有过接受教育培训和经历的劳动者（主要是黑人和妇女），由于一些非经济的个人特征（主要包括种族、民族传统、性别、宗教或偏好等），使之在就业和职业选择、在职培训和教育、工资水平等方面受到不公正待遇。具体来讲，在就业歧视上，在其他条件相同的情况下，妇女和黑人劳动者往往承受不适当的失业比重。

① 布劳格. 2000. 工资合同和教育//Carnoy. 教育经济学国际百科全书. 第二版. 闵维方等译. 北京：高等教育出版社：57.

② Martin Watts. 1995. Trends in occupational segregation by race and gender in the USA 1983～1992：a multidimensional approach. Review of Radical Political Economics，27：1～36.

在职业歧视上，黑人和妇女被武断地限制或禁止进入某些职业，即使他（她）们完全有能力胜任这些职业。事实上，他（她）们被排挤到那些档次较低的职业。在人力资本投资歧视上，黑人和妇女与白人或男性相比所获得的能够提高生产率的优质教育和在职培训的机会较少。在工资歧视上，指从事相同的工作，由于性别或种族的原因（如黑人和妇女），一部分工人获得比另一部分工人（男性或白人工人）较少的工资。马丁·斯罗布（Martin Srober）通过数据测算证明了在职业隔离中，性别隔离指数要高于种族隔离指数30%。2003年，阿德瑞·莫罗（Andrea Moro）通过数理统计，指出了黑人与白人工资的实质差异①。在上文提到的有关劳动力市场分割的研究中，也有关于种族差别和性别差别引起分割的论述。激进学派提出，公司人事部门通过考察应聘者的学历、职业经历、职业测试、试用期表现等方面可以获取大量的信息，只要不存在偏见，完全可以利用这些信息资源纠正任何因种族和性别差异所引起的对求职者的成见。

激进政治经济学还分析了导致歧视的多种因素：一是社会反复灌输，其中包括教育、大众传播媒介和政治领导人的灌输；二是由于歧视在支持维持现状方面起着重要的作用，资本主义体制直接地或间接地从中受益。因此，在这方面，歧视是为赚取额外利润提供另一种辩护依据，而这种额外利润是以牺牲美国工人阶级中收入最低的那部分人的利益为代价的。歧视的另一个政治作用是挤压工人阶级以巩固权贵集团的统治。举例来讲，种族主义是帝国主义特别有用的工具。例如，英国长期以来就采取分而治之的策略。那么，资本家又是如何从性别歧视中得到好处呢？很明显，他们利用它作为向妇女支付低工资的借口，更重要的是，性别歧视的偏见在男女工人之间造成分裂，使组织强大的工会变得困难。

激进政治经济学剖析了资本主义社会异化的三种表现：工人为其产品所支配；工人与他们的生产活动分开；人与人之间的异化。激进学派把异化的根源归咎于资本主义制度，并强调垄断资本主义使异化问题极大地恶化。显然，一个异化的社会不会是一个稳定的社会。这说明，激进政治经济学家力图用异化理论来诠释当代无产阶级受剥削程度的加深，以及无产阶级和资产阶级矛盾加剧的根源，把批评的矛头指向资本主义制度本身②。

---

① Andrea Moro. 2003. The effect of statistical discrimination on black-white wage inequality: estimating a model with multiple equilibria. International Economic Review，44：467~500.

② 以上观点主要体现在瑞克的《种族不平等，经济理论和阶级冲突》、谢尔曼的《激进经济学基础》（第五章）、瓦特的《美国种族和性别在职业隔离的趋势，1983~92；多维视角方法》、莫罗的《有关黑人和白人工资不平等的统计学歧视的影响》、米切尔·赖克的《种族不平等，经济理论和阶级冲突》、伯特尔·奥尔曼的《异化》等论著中。

四、垄断资本

保罗·巴兰与保罗·斯威齐共同提出了关于解释资本主义长期运动趋势的理论，被称为垄断资本学派。1942 年，斯威齐在《资本主义发展论》一书中提出了关于资本主义社会消费不足的观点。他认为，由于资本家在利润不断增加的情况下没有进行足够的消费以保证储蓄率不变，而工人的收入不断减少，从而将使资本主义社会中消费在总产出中的比例趋于下降。适当的资本量与消费水平密切相关，如果积累有超过消费支出的危险，投资将被削减，利润增长的时代将被终结。斯威齐据此推断，在一些相互抵消的因素的作用下，长期萧条是资本主义发展的正常趋势。

1957 年，巴兰出版《增长的政治经济学》一书。书中具体考察了经济剩余的三种形式，并以此为基础对垄断资本主义进行批判：①计划的剩余，指当自然和技术水平受限定，在有计划地对所有可用生产资源的最佳使用条件下，所得到的最适度产出与最适度消费之间的差额。这个概念与资本主义经济无关，与传统的马克思主义剩余价值理论也没有直接关系。②实际的剩余，即社会现行的实际产品与实际消费之间的差额，"具体体现在该时期社会财富所增加的各种资产：生产性工具设备、库存、对外结余和黄金存量"①，但不包括资产阶级的消费、行政及国防支出等社会的公共积累部分。③潜在的剩余，指在一定技术和自然环境下，借助于生产性资源所能生产出来的产品，同被认为是必需的消费之间的差额。其价值的实现需要对社会产品的生产与消费的改组，意味着社会结构的变革。潜在的剩余对于支撑巴兰的理论至关重要，是评判计划的剩余与实际的剩余的共同的参照系，是判定垄断资本主义的不合理性和社会主义合理性的标准。

巴兰指出，在垄断资本主义阶段，资本主义的实际剩余与潜在剩余之间存在巨大的鸿沟。原因有四：其一，存在社会的过度消费，尤指高收入阶层；其二，社会中因非生产性工人的存在而损失的产品；其三，因现存生产组织的不合理与浪费而损失的产品；其四，因资本主义生产的无政府状态和有效需求不足而导致失业所损失的产品。它们都应当包含在潜在的剩余之中，但垄断资本却将它们当做正常的花销浪费掉了，这就造成了实际的剩余远远地低于潜在的剩余。潜在剩余的概念对于支撑巴兰的理论有两方面的重要意义：首先，对于现存的非社会主义经济制度，无论是落后的还是发达的经济，如果现在的剩余得以实现，并被引导到社会生产活动中，那么，将使增长率提高，失业减少，民众生活水准和生活质量将得到极大的改善。其次，潜在的剩余概念维护了消费不足理论。这一理论的批评者反对认为储蓄率和利润份额长期来看相对稳定的观点。巴兰指出，这种

---

① 巴兰. 2000. 增长的政治经济学. 蔡中兴等译. 北京：商务印书馆：108.

观点混淆了现实性与可能性。就收入而言，现实的利润和实际的储蓄不会增长，但它们的潜在能力确实增长很多。通过过剩的生产能力和非生产性消费，现实与潜在能力之间的差额已经被消除，即利润已经被吸收。因此，由于存在浪费性增长，停滞与危机将不可避免。

1966 年，斯威齐与巴兰出版的《垄断资本》是"环绕着一个中心论题来组织并获得本质上的统一的：在垄断资本主义条件下剩余的产生和吸收"[1]，即要探索"剩余增长规律"。所谓经济剩余，"最简短的定义，就是一个社会所产生的产品与生产它的成本之间的差额"[2]，它不仅包括全部财产收入（利润、利息和地租），还包括交易过程中的浪费、某些广告费用、金融与法律部门的报酬及由政府吸收的剩余等。斯威齐与巴兰指出，在垄断资本主义社会，大企业成为经济活动的中心，它们相互勾结和共谋，使价格和产量经协议达成一致，形成一个"共同利润最大化"。不过激烈的竞争仍然存在，但往往使用的是非价格武器，如产品差别、产品创新和降低销售成本。垄断资本阻碍价格的下降，既然生产成本持续下降，价格又比较固定，利润便增加了。这反映了相对剩余和绝对剩余的增长趋势。那么，垄断资本主义不断产生的剩余是否能够被消化掉呢？

斯威齐与巴兰指出，资本家的消费和投资都无法解决剩余增长的问题。由于公司理论中用于支付红利部分所占的比例下降，股票持有者的消费能力明显下降，因而剩余中寻求投资的部分增加了。在消费不足论看来，即便在垄断条件下对投资的刺激比竞争资本主义条件下的更猛烈，投资与产量的比例也无法持续增长。至于销售费用，大公司通过广告宣扬时尚、标新立异、社会地位等观念来反对节约，促进消费，从而吸收了一定的增长剩余。至于政府的民用支出，由于严格地受到垄断资本主义社会性质的限制，就决定了随着时间的推移，这种投入将会变得越来越不合理和具有破坏性。似乎可以通过无限制地扩大政府的军事预算吸收增长的剩余，但这也绝不是一个稳定的途径。因此，垄断资本主义是一个自相矛盾的制度。它生产更多的剩余，却无法将其吸收，无法避免停滞的趋势。

按照斯威齐与巴兰的分析，垄断资本的历史大概可以追溯至 1870 年，它在美国经济中大企业成为具有决定性作用的形势下产生并发展起来，而剩余增长规律从那时起开始存在。停滞其实是垄断资本主义正常运行的必然结果，只有当世界大战或人类科技文明出现重大进步时，停滞才会被暂时抵消，比如 1870～1900 年的铁路建设高潮以及 20 世纪 20 年代内燃机的大发展。他们认为，1907～1915 年的资本主义萧条是停滞的第一次显著表现，其后的 20 世纪 30 年代资本主义大萧条是垄断资本主义正常运转的严重后果，后被第二次世界大战所打断。当世界

---

① 巴兰，斯威齐. 1977. 垄断资本. 南开大学政治经济学系译. 北京：商务印书馆：13.

② 巴兰，斯威齐. 1977. 垄断资本. 南开大学政治经济学系译. 北京：商务印书馆：9～10.

大战结束之后，广告营销及军事采购的持续发展暂时抵消了垄断资本主义的停滞趋势。但 1963 年，这一趋势开始再次若隐若现。《垄断资本》出版后不久，20世纪 70 年代的资本主义"滞涨"局面有力地证明了斯威齐与巴兰的理论分析。

斯威齐与巴兰还批判了在垄断资本主义条件下，人类生活质量的下降。他们联系了马尔库塞和加尔布雷思的分析，指出在垄断资本主义社会制度下，人类日益迷失了自己的发展方向。人们被"周到细致"的劳动分工设计成非人的动作程序，在消费方面也丧失了人性，休闲也变成一种折磨。人们变得冷漠和绝望，很多人挣扎于贫困之中，居住环境恶化，价值信念动摇。斯威齐与巴兰因此预言，垄断资本最终将被第三世界的革命所推翻。

五、资本主义的经济危机

除斯威齐与巴兰的理论外，其他激进经济学家也提出了不少有关资本主义经济危机的理论。

1. "长期波动论"

欧内斯特·曼德尔（Ernest Mandel　1923—1995）在其著作《晚期资本主义》（1972）中指出，现代资本主义除了短的经济周期之外，实际上处于几十年的"长波"中，它在经历了第二次世界大战后的繁荣长波之后，而正在无可避免地走向衰退长波，从而形成 20 世纪 70 年代的滞胀局面。20 世纪八九十年代，资本主义世界的经济增长速度大为放缓。那么，这次长波衰退是否会转为长波繁荣呢？曼德尔认为，陷入衰退长波是资本主义的本质所致。从以往经验来看，资本主义的内在经济规律不足以促使衰退长波转为繁荣长波。若想转为繁荣长波，主要是依靠政治运动、军事征服、科技革命等外部因素来推动资本主义走出困境。他在《资本主义发展的长波》（1980）一书中对这方面有详尽的论述。曼德尔的理论在激进政治经济学阵营中影响很大。当伦敦"新左派"书店于 1999 年再版《晚期资本主义》一书时，称曼德尔是将马克思关于资本主义生产方式的一般运动规律与 20 世纪资本主义具体历史相结合进行系统研究的唯一一人。

2. "资本有机构成提高论"

莫里斯·多布（Maurice H. Dobb　1900—1976）等人根据马克思关于长期和中期资本有机构成处于提高趋势的观点，提出了在剩余价值率不变的条件下，资本有机构成将提高，而利润率处于下降趋势。这导致资本家的投资相对减少，从而引起生产、就业和消费水平的相对下降，最终导致经济危机。

3. "垄断组织根源论"

20 世纪 70 年代末期，一些激进主义经济学家把垄断组织视为经济危机的根源。他们提出，在经济繁荣时期，垄断组织控制产品的价格，并获得最大限度的利润。当它发现经济不景气从而销售量下降时，会采取缩减产量并维持高价的手段使自己继续获益；而广大中小企业则只能吞下经济萧条的苦果，因此造成了失业与通货膨胀并发的滞胀局面。此外，垄断组织还从事多种经营，以至于即便产量缩减，它仍然能涉足其他行业的投资。当垄断组织跨越国界时，会带来世界范围内的萧条。除了垄断组织，资产阶级政府如美国的巨额军费支出和财政赤字也加剧了滞胀局面。

4. "消费不足论"和"工资推动论"

前者由斯威齐、哈里·马格多夫（Harry Magdof，1913—2006）等提出，认为在资本主义经济周期的扩张阶段，资本的利率将上升，而工资在国民收入中的份额却下降，从而导致全国平均消费倾向下降，由此，生产能力会超过受资本主义生产关系限制的消费需求的增长；而且，由于投资是提高消费需求的函数，当消费需求增长速度放慢或下降时，投资也必然下降，于是，生产和就业的滑坡导致经济危机的爆发。另一种观点是"工资推动论"或"工资成本上升论"，即在经济扩张的后半期，由于就业比较充分，工人的工资份额在国民收入中所占比重趋于提高，而利润下降使投资减少，从而引发经济衰退。韦斯科普夫认为，"消费不足论"的利润率反映在"实际产出"与"潜在产出"的比例中，而"工资成本上升论"的利润率则反映在利润与产出的比例中。因此，两方面的理论都可以证明危机周期中存在利润下降的趋势。

第三节 对资本主义世界体系主要弊病的分析

激进政治经济学不仅对资本主义制度内部的各种社会经济矛盾进行分析、批判和论述，而且十分关注发达资本主义国家对发展中国家进行压迫、控制和盘剥所造成的广大发展中国家产生多种社会经济矛盾并日益陷入贫困的局面，并论述了资本主义世界体系的自身规律、运行机理及其所造成的各种弊病。全球性视角与制度内部考察使激进政治经济学形成了具有完善内容框架的经济学派。

一、帝国主义理论

1. 现代帝国主义的基本特征和发展趋势

激进政治经济学指出，需要在列宁关于帝国主义基本特征的基础上，结合现代资本主义的实际情况，对其进行补充和扩展。皮埃·雅莱（Pierre Jalee）是这一研究领域的代表人物，他在著作《被掠夺的第三世界》（1968）和《帝国主义》（1972）中提出，在垄断资本主义时期，要重视国家和技术对集中化的影响作用。在生产集中化过程中，资产阶级政府一般支持垄断组织的活动，抑制国内竞争，进而提高垄断组织在国际上的竞争力，从而导致国际垄断资本的激烈竞争。关于金融资本，雅莱提出工业资本和银行资本的融合是一个最新动向：①大型垄断企业向控股公司和多样化经营的混合公司发展，银行的作用趋于下降；②控股公司和跨行业合并的兴起，使工业资本和银行之间的关系日益复杂，金融寡头被"金融-工业寡头"所代替。关于资本输出，发达资本主义国家向全世界（而不是第二次世界大战前主要限于本国传统势力）输出资本，体现出扩散化和国际化的特点。

在列强分割世界的问题上，以迈克尔·汉德森（Michael Handson）为代表的一派左翼观点认为，帝国主义已不再具有领土扩张的野心，传统殖民地主义已经消失了。但雅莱认为，帝国主义国家对第三世界国家的各种"援助"实际上是在继续推行帝国主义的剥削与控制，帝国主义国家对第三世界国家的原材料依赖性也进一步加深。针对现代帝国主义的发展趋势，雅莱将其总结为帝国主义之间呈"对抗与一体化的矛盾"。政治经济一体化是帝国主义发展的必然趋势，从经济上讲，是因为生产和贸易的国际化趋势日益加强；从政治上讲，是因为广大发展中国家纷纷实现政治独立和发展民族经济，使帝国主义疆域收缩，帝国主义从进攻性战略转为防御性布局。帝国主义国家之间必然存在对抗，但由于美国一极的明显强势及欧盟的进一步发展，推动了帝国主义之间的一体化趋势。因此，一体化和对抗性是现代帝国主义的一对矛盾，但前者更为突出，因而爆发全球性帝国主义战争的可能性不大。

马格多夫是另一位著名的研究帝国主义理论的激进经济学家。他在著作《帝国主义时代》（1969）中指出，对美国非金融公司而言，从海外投资中所获得的收入占纳税后公司利润的比例，从 1950 年的 10％上升到 1964 年的 30％。这说明，直接投资已经成为美国经济的一个重要特征。他认为，帝国主义就是以全球面目出现的资本主义，它与追逐利润一样，是现代资本主义的重要特征和本质。第二次世界大战后建立的关贸总协定（即日后的 WTO）、国际货币基金组织等组织推动了美国作为世界霸主地位的国际新秩序的形成。马格多夫还分析了基于美元霸权地位的美国资本的国际扩张及同时第三世界国家落入债务陷阱的趋势。当全球化问题在 20 世纪 90 年代进一步发展时，他所分析的帝国主义与经济全球化的关系，主要体现在《全球化走向何方》（1992）和《无殖民地的帝国主义》（2003）两部论著中。马格多夫从有关全球化的长历史视角考虑问题，虽然经济全球化包含力图加强国际体系的努力，但实际上，帝国主义列强的核心国家之间产生了新的冲突和争夺，垄断资本主义的全球化战略使"中心与边缘国家之间的总差距"日益扩大。马格多夫强调，美国的直接对外投资已经从制造业向金融业迅速转变，而边缘国家在 20 世纪 80 年代后期进入经济恶化阶段，国家长期债务快速增长，在世界出口中所占份额下降。

2. 跨国公司

跨国公司是当今帝国主义进行海外扩张的基本载体，激进政治经济学对它展开了广泛而深入的研究。雷蒙德·富兰克林（Raymond Franklin）提出，美国是当今帝国主义霸权的核心，美国大型资本主义企业的海外投资规模日益庞大，并试图将整个世界变为一个在其掌控下的市场。美国和西欧的跨国公司与不发达国家和地区在原材料掌控方面虽然相对数量上有所下降，但依赖性更强。以富兰克林为代表的一批激进主义经济学家提出，当代帝国主义已进入了第三阶段，即跨国公司阶段。

斯蒂芬·海默（Stephen Hymer 1934—1974）在《跨国公司：斯蒂芬·海默的激进方法论文集》（1979）中提出跨国公司垄断优势理论。他指出，跨国公司不仅仅是某个资本主义企业持续增长或市场经济不断扩大的结果，而且是资本主义生产关系迈向全球化的重要表现。跨国公司是现代资本主义的一种组织形式，对世界各国的政治、经济、社会和文化都产生了影响。帝国主义通过跨国公司对海外大量输出资本，这种跨国的资本积累势必造成帝国主义国家与广大发展中国家广大民众的矛盾，因此必须重视研究这种世界范围内资本与劳动的矛盾。海默认为，跨国资本市场的发展，不仅为资产阶级的国际化提供了物质基础，也会孕育国际劳动市场和新的国际工人运动。2002 年，皮特里斯（Christos Pitelis）发表长篇论文《海默关于跨国公司资本的政治经济学》，对其观点进行了总结。与海默类似的观点还来自迈克尔·乔苏道夫斯基的"世界资本积累论"。他在国际视角下考察资本积累与无产阶级贫困化之间的关系。受下面所讲的"中心-外围论"的启发，乔苏道夫斯基认为，"中心资本主义"与"外围资本主义"的结合就是资本"跨国化"的过程。由于资本的结构、平均利润率等概念都发生了改变，资本跨国化必定造成新的政治和经济失衡问题。

二、发达与不发达

在发达与不发达的问题上，主流经济学家把资本主义作为永恒的既定制度，认为当今发展中国家遇到的社会经济问题在发达资本主义国家早期的历史中也都存在，只要发展中国家坚持执行发达资本主义国家的发展模式，最终必会实现经济繁荣。这种忽视第三世界国家政治体制、经济结构、社会文化和历史传统的研究方法，遭到激进政治经济学家的激烈批评。激进政治经济学家反对主流经济学把不发达国家视为发达资本主义过去的翻版，他们认为，不发达国家的历史与现状都与发达资本主义国家有重大的不同，不发达国家今日的问题既不是原始的，也不是传统的。尽管发达资本主义国家曾经历过经济起飞阶段，但并不存在当今不发达国家今日所处的局面。激进政治经济学家指出，主流经济学或传统发展经济学只不过重申了殖民主义的观点，把不发达解释为自然现象或本身的"贫困恶性循环"，认为不发达国家的落后状况完全是其自身状况和传统的产物，与发达国家无关。从历史的角度分析，现今大部分不发达国家都曾是帝国主义的殖民地或附属国，他们的不发达现状实际上是不发达的卫星国与发达的宗主国之间经济、政治、军事等关系的历史产物，而这些关系也正是帝国主义世界秩序的重要内容。正如安德烈·弗兰克（Andre Frank　1929—2005）指出的："与国际上发达和不发达之间的关系相类似的是，不发达国家中所谓的国内落后或封建地区的当代不发达体制，同所谓的更加进步地区的资本主义体制一样，都是资本主义发展同一历史过程的产物。"[①] 激进政治经济学借鉴马克思主义基本原理，从帝国主义在世界范围内积累资本和榨取经济剩余这一视角出发，对造成不发达国家贫困的根源、不发达国家如何发展民族经济等重大问题提出理论见解。这些理论主要包括"中心-外围论"、"依附性理论"、"不平等交换和国际剥削理论"和"世界体系论"。

1. 中心-外围论

劳尔·普雷维什（Raul Prebisch　1901—1986）在《外围资本主义》（1978）一书中最早提出将世界划分为"中心-外围"结构。帝国主义在海外扩张的历史进程中，发达资本主义国家通过殖民统治和利用各种在政治、经济、科技和军事等方面的优势地位，向不发达国家强行灌输一种受其操控的资本主义经济，从而逐步形成了一个中心-外围结构的世界体系。在这个体系中，发达资本主义国家处于中心地位，它们高度工业化，能全面、自主地增长，进口原材料和初级产品而出口工业制成品和高附加值产品，既是技术创新的源头，又几乎垄断了技术进步所带来的几乎全部的利益；它们在政治上推行帝国主义霸权，采取包括军事手段在内的多种方法打击敢于冒犯它们的不发达国家。不发达国家处于体系的外围，它们的工业化不充分且不完善，一般出口原材料和初级产品以换取工业制成品和技术，受制于发达资本主义国家的政治经济周期。由于外围国家对中心国家在政治、经济、技术等方面具有很强的依附性，造成了发达与不发达的两极分化，外围国家愈发成为中心的发达资本主义国家实现发展的一种必要依附和补充。

普雷维什批评主流国际贸易理论的比较成本学说，认为它忽视了外围国家贸易条件和利益的存在。他认为，集中生产制成品的中心国的贸易利益比只生产初级产品的外围国的贸易利益要大。在中心和外围结构的贸易中，初级产品价格低，收入弹性小，而制成品价格高，而且中心国通过技术进步降低成本，导致外围国的贸易条件呈结构性恶化趋势。这种观点后来被称为"普雷维什-辛格假说"。普雷维什认为，外围国家的出路在于改变生产结构，推行自主工业化。

沙米尔·阿明（Samir Amin　1931—）对普雷维什的以上观点进行了补充和

---

① 冈纳·弗兰克. 1984. 不发达的发展//冈纳·弗兰克. 发达与不发达问题的政治经济学. 北京：中国社会科学出版社：147.

发展。他认为，在中心-外围结构中，造成外围资本主义不发达的机制是不等价交换及由此引起的价值转移。由于中心和外围部分具有不同的经济结构，中心国家主要以发达的工业制造品生产和出口为主，而外围国家主要以初级产品的生产和出口为主，并且由于两者劳动生产率和工资水平的差异，在国际商品价格形成过程中，外围国家处于一种不平等的交换地位，向中心国家发生持续的价值转移。不发达国家这种连续不断的剩余外流，一方面使他们本身的资本积累受到限制，从而导致经济不发展；另一方面加速了发达国家的资本积累，最终的结果是发达与不发达日益两极分化。阿明认为，外围国家不会出现一种成熟、自主的资本主义，它的出路在于发展社会主义，坚持自力更生，并建立国际政治经济新秩序。

中心-外围理论提出了与主流经济学对不发达国家现象完全不同的解释，并揭示了不发达的根源，是激进政治经济学对世界经济发展格局深入研究的基础。

2. 依附性理论

特奥托尼奥·多斯桑托斯（Theotonio D. Santos　1936—）在借鉴中心-外围理论的基础上，提出"依附性理论"。[①] 他认为，"中心-外围"结构对应于帝国主义操控世界的"统治-依附"结构。帝国主义理论一般指帝国主义扩张过程中作为世界中心的行为，而没有深入研究不发达国家在这一扩张过程中的反应和结果。因此，依附性理论是对帝国主义理论的补充和发展。

依附性状态最早出现于西欧国家的海外扩张时期，初始形态是殖民地-商业出口依附。欧洲的商业和金融资本通过贸易垄断控制殖民地，并掠夺其土地、矿产和劳动力（农奴和奴隶）。进入垄断资本主义时期后，依附形态转为殖民地被纳入垄断资本主义的世界分工体系，成为其原材料或初级产品的供应地。随着广大第三世界国家实现政治独立，中心资本主义国家采用技术工业优势继续发挥控制作用，被称为技术-工业依附阶段。在这个阶段，中心资本主义国家掠夺外围国家财富的手段主要有：①不平等交换，中心资本主义国家的垄断集团控制着原材料和初级产品的购买及制成品的出售；②侵占服务费用，中心资本主义国家获取运输、保险、技术服务、专利等费用；③资本输出，是对外围国劳动力的直接剥削，更是迫使这些国家放弃进口替代战略的手段；④国际"援助"，外围国家收支困难，只能向中心国家借贷资本，从而受制于人。在具体的实施过程中，中心资本主义国家的政府在政治、军事等方面支持其跨国公司施展拳脚，附属国的利益集团则积极配合。

以上是依附性理论的基本内容。20世纪90年代以来，多斯桑托斯继续推进

---

① 这些理论体现在多斯桑托斯的《帝国主义与依附》（1978）、《依附资本主义中的民主与社会主义》（1991）和《科学技术革命，新的国际劳动分工与世界体系》（1994）等著作中。

研究。他提出并分析了由科技革命加速推动的世界经济一体化进程，批评了新自由主义所推行的经济政策对拉美国家造成的伤害。依附性理论发展了中心-外围理论的基本思想，揭示了中心资本主义国家如何使外围第三世界国家成为其附庸，从而榨取经济剩余并主导世界经济的现象。

3. 不平等交换和国际剥削理论

阿吉里·伊曼纽尔（Arghiri Emanuel 1911—2001）在其著作《不平等交换：贸易帝国主义》(1972)中通过对国际价格制度的分析，提出了不发达国家和发达的资本主义国家之间的不平等交换现象，形成了"不平等交换和国际剥削理论"。他的分析假定如下：①各国间的劳动不流动，而是资本流动；②资本的流动性使得各国间的利润率平均化；③由于各国间的劳动不流动，工资成为一个独立变量，使不同国家的工资水平不同；④进入国际交换的某些商品对具体国家是不同的；⑤中心国家和外围国家的工资差别大于其生产力差别。在此基础上，他把马克思对价值转化为生产价格的分析引入国际交换领域，提出了国际交换的价值转化为国际生产价格的模型，证明了在国际交换中存在从低工资国家向高工资国家的价值转移。

伊曼纽尔指出，在国际交换中存在两种不平等：①由于各国的资本有机构成不同而引起的不平等；②由于各国的工资率不同而引起的不平等。前一个不平等并不仅仅存在于外贸领域，还发生于一国内部的不同地区和不同部门之间。并且，资本有机构成的差别是资本主义生产结构的必然体现，一国不能因其资本有机构成低于别国就抱怨在国际交换中失去剩余价值。然而，各国间工资水平的差别却不是资本主义生产结构的必然体现。伊曼纽尔提出了一个资本有机构成与工资率相联系的重要观点。工资率作为一个独立变量，决定着资本有机构成和国际分工。因此，因工资率不平等而引起的价值转移是首要的。就不发达国家而言，其低工资造成其低资本有机构成，从而使不发达国家在国际分工中处于特有的不利地位。因此，工资率的不平等是国际不平等交换的根源。中心国家较高的工资率与外围国家较低的工资率，造成了不发达国家较高的剥削率。伊曼纽尔根据马克思的价值转化为生产价格、剩余价值转化为平均利润的转化理论，分析了世界范围内的价值转化和国际生产价格形成的问题。在不发达国家的剥削率大大高于发达资本主义国家的剥削率的情况下，世界范围内的通过交换的利润平均化的过程，必将使大量的剩余价值从不发达国家流向发达资本主义国家。这构成了富国与穷国之间不平等交换的基础。

伊曼纽尔还提出了改变这种状态的两种方案：①征收出口税。通过征收出口税，把在不平等交换中转向国外的剩余价值转回到国内。但这很可能引发国际贸易争端并且治标不治本。②把生产要素从出口工业转移到可以替代进口的工业，实现生产的多样化。从不发达国家的利益出发，这样做可以改变现有的国际分工格局和本国在国际贸易中的不利地位，实现民族经济的自强。伊曼纽尔论证了发达资本主义国家通过不平等交换对不发达国家的国际剥削，具有重要的现实意义和理论价值。

4. 世界体系论

伊曼努尔·沃勒斯坦（Immanuel Wallerstein 1930—）在《现代世界体系·三卷本》（1974、1980、1989）中，综合伊曼纽尔的学说与依附性理论，提出了"世界体系论"。他认为，发轫于 16 世纪的欧洲扩张意味着那些被纳入世界资本主义市场地区的前资本主义生产方式的终结。在这里，对于一国的发展阶段要从资本主义世界体系发展的视角来考察，但这个体系中存在着不同的层次——即中心、半边缘（semiperiphery）和边缘——它们在世界体系内发挥着不同的功能。其中，中心指发达资本主义国家，边缘指以原料生产为主、资产阶级不够强大和具有单一文化社会结构的农业国家。中心与边缘构成了世界体系的两极。中心资本主义通过不平等交换，剥削和掠夺边缘不发达国家的经济剩余，两者之间存在着尖锐的矛盾冲突。半边缘是指介于两极之间的国家，如东亚、拉美及欧洲的边缘地区，是中心和边缘之间的一个缓冲——如果没有半边缘，世界体系就会彻底两极化。在世界体系内，全部要素或事件都是在总的体系内发生的，行动者并不是直接为具体的利益行动，而是由世界体系所指挥的一种条件反射。一国内部的阶级斗争、政治运动等都是为它在世界体系内争夺经济剩余的份额服务的。

后来，沙米尔·阿明从世界体系的视角提出观点。他认为，在资本主义的世界体系，一些国家的发展必然要以牺牲另一些国家的利益为代价。在世界体系中，资本原始积累机制在全球范围内继续发挥作用，不发达现象只是原始积累的继续存在，是中心获得好处的结果。他把资本主义世界体系的运行机制概括为：①国际贸易和不平等交换，跨国公司把经济剩余转移到中心或宗主国，并实行技术垄断，在国内掌握技术优势，在国际上严格控制发达资本主义国家的科学技术向不发达国家扩散；②不发达并非简单的不发展，而是一个由于欠发达国家一体化为世界资本主义体系而产生的不平等的类型；③卫星国缺乏自主发展的持续性能力，而且可能是仅仅作为不发达国家增长结果的进一步不发展。阿明指出，不发展的特点恰当地表明：边缘地区的经济增长或不发展的发展必然造成对增长的限制。无论边缘地区达到什么样的人均收入水平，它都不会实现自动的、自然保持的和真正意义上的发展。多斯桑托斯也在 20 世纪 90 年代末提出，依附性理论应向世界体系理论的方向发展和完善。他认为，依附性理论是一种从全球视角分析问题的理论，他可以与世界体系理论相结合，从而更好地分析世界经济的新进展。

从理论上讲，世界体系理论关注作为总体世界体系内的多样性，而不是依附性理论所强调的宗主国与卫星国的单一关系，因而研究方法更加全面。从客观上讲，在经济全球化进一步加强的趋势下，它从世界整体范围内进行研究更贴近现实，解释力也更强。

➤ 本章主要参考书目

何玉长等. 2002. 批判与超越：西方激进经济学述评. 北京：当代中国出版社.

霍华德和金. 2003. 马克思主义经济学史（1929～1990）. 顾海良等译. 北京：中央编译出版社.

谢尔曼. 1993. 激进政治经济学基础. 云岭译. 北京：商务印书馆.

颜鹏飞. 1996. 激进政治经济学派. 武汉：武汉出版社.

➤ 复习思考题

1. 比较广义激进政治经济学与狭义激进政治经济学的基本概念。
2. 简述双元劳动力市场论。
3. 简述"潜在的剩余"概念。垄断资本主义产生的剩余是否可以被吸收？
4. 简述依附性理论、中心-外围论和世界体系论的基本内容。

第十二章

市场社会主义

　　严格地说，除了共同的批评对象和采取共同的理论批判方法以外，激进政治经济学家们在取代资本主义的经济模式方面存在着很大的分歧，从极端的自由主义和乌托邦无政府主义这一极，到计划社会主义另一极，中间还有民主社会主义和市场社会主义。他们之间曾爆发了比较激烈的批评和反批评。在20世纪70～90年代主要西方发达国家出现的市场社会主义（Market Socialism），是把市场配置资源的效率长处和社会主义公有制经济结合起来的一种主张。它突破了西方主流经济学关于市场经济等于私有制的理论传统，同时也突破了马克思和恩格斯关于未来社会主义经济体制运行模式的设想，在探讨社会主义与市场经济相结合的理论建设方面作出了重要贡献。市场社会主义证明了市场的效率原则与社会主义公有制原则可以有机地结合在一起，从而实现高效率、无剥削、平等、团结、民主、自由的社会主义价值目标。除了过渡论是市场社会主义理论的薄弱环节之外，正像韦斯科普夫说的那样："市场社会主义受到来自两种人的挑战：一种人怀疑它在没有资本主义私有产权关系下满足市场功能有效运行条件的能力；另一种人怀疑它在市场框架内社会所有制满足社会主义目标的能力。"①

---

　　① Thomas E. Weisskopf. 1994. Challenges to Market Socialism：A Response to Critics//Frank Roosevelt，David Belkin. Why Market Socialism：Voices From Dissent. New York：M. E. Sharpe：300.

▌第一节　市场社会主义概述

英国市场社会主义理论家索尔·埃斯特林（Sual Estrin）和尤利安·勒·格兰德（Julian Le Grand）指出，20 世纪 80 年代之后复兴的市场社会主义的目标有两个："第一个目标是要将市场与社会主义'联姻'在一起"；"第二个目标是要启动一种对社会主义思想进行激进的重新取向的工作"[①]。实际上，"市场社会主义"这一概念本身就意味着一场革命：社会主义在概念上和思想上、在经济理论上和在实现形式上的革命。

一、市场社会主义的学术传统与复兴的历史背景

市场社会主义经济思潮不是来自马克思的社会主义思想传统，而是来自所谓自由的或分权的社会主义思想传统。这种思想传统主要包括合作主义、无政府主义、工团主义和基尔特社会主义，而其主要代表人物有欧文、傅立叶、布朗、蒲鲁东、拉萨尔、小穆勒、巴枯宁、科尔等。自由的或分权的社会主义并没有明确地表达出社会主义应该而且必须利用市场这个基本观点。相反的，它与正统社会主义一样不相信市场、厌恶市场和对市场充满着敌意。在自由的或分权的社会主义者所构想的社会主义方案中，同样也没有市场的位置。但是，第一，它首先表达了"对官僚权贵的意图和政府干涉效率极不信任"以及"要对社会主义国家所特有的用集权手段干预经济的倾向加以抑制"[②]，这正是后来的市场社会主义者构建的社会主义经济理论模式的核心内容。第二，它所构想的未来社会主义体制大厦的两个基石是分权和自治。由于显而易见的原因，实现分权和自治是需要市场的。市场机制乃是协调业已分权的经济决策的最为有效的方式。只要是社会化的生产，只要生产部门还没有统一到集权经济的计划之中，那么除了市场之外，很难想象还有可以进行经济协调的其他工具。因此，市场在分权的社会主义模式中应该而且必然发挥着重要的作用。一些自由的社会主义者如蒲鲁东和小穆勒认识到了这一点，并强调市场竞争在社会主义经济中的必要性。

最初出现的市场社会主义思潮产生于两次世界大战之间著名的关于"社会主义经济核算问题"的大论战，以兰格模式为代表。针对奥地利学派的挑战，兰格在《论社会主义经济理论》（1936）中系统地论述了社会主义经济模拟市场机制的思想，并且提出了最初的市场社会主义经济理论模式，即"竞争的社会主义"模式。其核心内容是：在实行生产资料公有制的条件下，经济发展的基本问题和

① 埃斯特林，格兰德. 1993. 市场社会主义. 邓正来等译. 北京：经济日报出版社：1。
② 同上书，第 1，2 页。

方向可以实行中央集中决策，而经济运行通过模拟市场和试错法，以解决帕累托-巴罗内的社会主义经济纯理论在管理和收集信息方面的困难，使社会主义能够保留所有公有制的好处（公平分配、充分就业、经济快速增长）和中央集权控制，而不会像前苏联那样出现严重的官僚化。

在当时的西方，市场社会主义成为经济学研究和讨论的一个热点，并且吸引了众多具有不同的立场和观点的经济学家参与其中。西方经济学界对兰格市场社会主义模式的兴趣和讨论到1948年告一段落，其标志是阿伯拉姆·伯格森在其著名论文《社会主义经济学》中对市场社会主义所下的结论：理论上有意思，但在实践上没有前途。西方市场社会主义思潮没落的原因是显而易见的。长期以来，存在这样的两种截然相反但又被普遍接受的观点：一方面，资产阶级经济学家以"严密"的逻辑证明了，除非建立在生产资料私有制基础上，否则市场经济将不可能有效地运作；另一方面，社会主义的经典作家和市场本身的逻辑也证明了，市场确实与社会主义的目标相矛盾。因此，当市场社会主义作为一种思潮最初出现时，它只能在两大思想体系的夹缝中生存，并且受到两面夹击。这似乎注定了它必然是短命的，而且它确实也在西方沉寂多年。

然而，到了20世纪七八十年代，特别是在前苏联东欧社会主义国家发生剧变的90年代，市场社会主义在西方主要资本主义国家再度复兴，西方经济学界再度掀起了关于市场社会主义的讨论。短短几年内，许多刊物就此开辟讨论专栏，一些有名的出版社也纷纷出版讨论专集①。接着，数十部专著相继问世，同样吸引了众多具有不同的立场和观点的经济学家参与到讨论中去。

市场社会主义复兴的原因应该到20世纪下半叶社会历史的大环境中去寻找。在这一时期，大多数西方发达资本主义国家招致战后以来最严重的社会、政治和经济危机。也正是在这一时期，斯大林模式和欧洲社会民主党执政时期推行的"社会民主"模式也招致破产。如果把市场社会主义理解为对现存经济体制的不满和抗议，代表着在现存经济体制之外寻找新的更加美好的社会经济制度的一种选择，那么，只有当现存的各种经济体制表现的纪录很差的时候，市场社会主义才会出现。20世纪的七八十年代正是属于这样的年代。这是充满着失败、痛苦和困惑的年代：失败——市场资本主义的失败、计划社会主义的失败、社会民主主义的失败、斯大林主义的失败、凯恩斯主义的失败、混合经济的失败及前苏联东欧社会主义国家经济体制改革的失败；痛苦——因为这意味着对过去长期坚持

---

① 较有影响的两部专集是：由普拉纳·巴德汉和约翰·罗默主编、牛津大学出版社1993年出版的《市场社会主义：当前的争论》和由弗兰克·罗斯福和大卫·贝尔肯主编、夏普出版公司1994年出版的《为什么是市场社会主义？——来自异见者的声音》。为了节省篇幅，以下凡是不标明出处的引文都出自这两部论文集。

的信念的自我否定和自我批判；困惑——因为在相当长的时期内，西方社会主义者并不知道路在何方。摆在西方社会主义者面前的问题是：如果你不要资本主义，也不想简单地赞成国家所有制或中央计划经济体制，那么你到底想要什么？对此，市场社会主义给出了答案。

二、市场社会主义的界定

西方学者曾使用许多术语来概括将社会主义与市场经济相结合的企图，如兰格—勒纳机制（lange-lerner mechanism）、市场导向的社会主义（market-oriented socialism）、利润导向的社会主义（profit-oriented socialism）、竞争的社会主义（competitive socialism）、可行的社会主义（feasible socialism）、可生存的社会主义（viable socialism）、分权的社会主义（decentralized socialism）、民主的社会主义（democratic socialism）及自治的社会主义（self-governing socialism）。与此同时，西方学者也经常使用"社会主义市场经济"（socialist market economy）这一术语，这与我国对改革之后的经济体制的概括十分相似。然而，西方学者越来越倾向于用市场社会主义（market socialism）这一概念代表市场与社会主义结合的社会经济制度及其思潮。

米勒和埃斯特林指出："'市场社会主义'这个术语并没有唯一的解释，它是一种总括性的词汇，这个词汇涵盖了所有的、已经出现的关于这样一种社会主义的构想，在这种社会主义中，市场起到非常重要的作用。"许多西方市场社会主义者从不同的角度和许多方面来界定"市场社会主义"这一概念。

第一，从市场作为配置稀缺资源的一种手段与它服务于社会主义目的的关系上定义市场社会主义。例如，埃斯特林和格兰特指出："我们希望证明市场是能够用来实现社会主义的目的的，运用市场来实现社会主义的目的便是我们所指的市场社会主义。"①科恩和劳泽斯指出："市场社会主义的思想是通过重新安排财产权，特别是通过建立公有制计划，来实现平等的目的。"

第二，从公有制经济关系与市场经济关系的结合上定义市场社会主义。例如，米勒指出："没有一个关于市场社会主义的确切概念，它只是这样一个具有共同特征的范畴，即市场机制的广泛运用与生产性资本的社会所有制的相结合。"普特曼说："我把市场社会主义定义为这样一种经济制度，在这种经济制度下，对要素市场和商品市场的管理程度并不比资本主义混合经济严格得多，但资本为公众所有，收入是劳动报酬加上对资本报酬分配的平等分享。"伯林纳对市场社会主义的定义是："在公有企业之间（这并不意味着企业为国家所有）的交易在市场的引导下进行。"罗兰德和塞卡特把市场社会主义定义为："在生产资料公有

---

① 埃斯特林，格兰德. 1993. 市场社会主义. 邓正来等译. 北京：经济日报出版社：1.

制的关系下依靠利润刺激运转的市场经济。"皮尔森的定义是："市场社会主义是
一种经济体制，在这种经济体制下，绝对多数商品继续靠市场来配置，但资本实
行社会所有制，由工人控制他们自己的生产过程。"①波兰经济学家布鲁斯为《新
帕尔格雷夫经济学大辞典》撰写的为"市场社会主义"词条所下的定义也属于这
一方面。他这样写道："市场社会主义是一种经济体制的理论概念（或模式），在
这种经济体制中，生产资料实行公有或集体所有，而资源配置则遵循市场（包括
产品市场、劳动市场和资本市场）规律。"

　　第三，从与资本主义、国家社会主义和社会民主这三种基本经济体制之间的
关系定义市场社会主义。例如，韦斯科普夫对"市场社会主义"这一概念的描述
是："它在保留资本主义的市场这个主要特征的同时，去掉了资本主义的生产资
料私有制这另一个主要特征。"罗默和巴德汉的定义是："当这种经济制度被付诸
实践时，它在若干方面是资本主义和社会主义的混合物。"米勒的定义是："我所
指的市场社会主义是我声明已经过时的自由主义和旧形式的社会主义的替代物"，
"在坚持确定的社会主义核心思想的同时，市场社会主义代表着在国家社会主义
和社会民主的缺陷之中寻求平衡的一种尝试"②。

三、市场社会主义的两大基本模式

　　如何把市场效率原则与社会主义公有制原则结合起来？市场社会主义者对此
不仅没有形成统一的认识，而且众说纷纭，甚至针锋相对。美国著名的激进经济
学家托马斯·韦斯科普夫根据所有制权利（the ownership rights）授予的不同把
市场社会主义者所主张的各种模式归纳为"公共的市场社会主义"（public
market socialism）和"自我管理的市场社会主义"（self-managed market
socialism）两大模式。

　　韦斯科普夫指出，所有制是一个非常复杂的概念，包括各种各样的权利，这
些权利可以潜在地授予各种不同的人。但他认为有两种最重要的所有制权利：一
是对企业管理的控制权，即包括在可供选择的各种可能性中决定如何获得和使用
企业的生产性资产的决策权；二是对企业财产的收入权，即包括从生产性资产的
使用中和从这种资产的出售中获得收入。资本主义性质的企业所有制权利的特征
是：第一，控制权与收入权被合并为完整的所有制权利束；第二，通过购买企业
的资产或股票，私人有各种机会获得这种完整的所有制权利束。韦斯科普夫认

　　①　Christopher Pierson. 1995. Socialism after Communism: The New Market Socialism. PA: Pennsy-Lvania State University Press: 5.

　　②　David Miller. 1989. Market, State and Community: A Theoretical Foundations of Market Socialism. New York: Oxford University Press: 5, 9.

为，所有的市场社会主义者都主张应当由社会而不是个人拥有所有制权利束，即用社会财产权利束代替私有财产权利束。"市场社会主义者赞同某些或所有的企业资产的所有制权利应该由平等地分享相同权利的一个合适的人民共同体所掌握"。但社会财产权利的授予可以根据以下重要的两点加以区分：一是企业所有制权利所授予的共同体的性质，即这种共同体是由政治上的全体选民（地方、地区或全国）所组成，还是由经济上的选民（那些在企业工作的人们）所组成；二是哪种企业的所有制权利、控制权或收入权抑或这两种权利，为相关的共同体成员所平等地拥有。

根据所有制权利授予的这两点区分，韦斯科普夫把各种各样的市场社会主义模式概括为这样两大类："①公共的市场社会主义，在这里政治上公民组成的共同体拥有企业的控制权和收入权这两种权利，企业由对政府机构（地方、地区或全国）负责的经理经营，政府机构对公民选民负责，企业的净剩余属于全体公民，并根据集体的需要分配。②自我管理的市场社会主义，在这里企业的工人拥有控制权和收入权这两种权利，企业由对工人负责的经理（直接地或通过工人委员会）经营，企业的净收入（在支付劳动之外的投入要素后）属于企业的全体劳动者，并按他们的集体需要分配。"韦斯科普夫认为这两大模式有许多共同点，但它们都有各自的缺憾，因此应该在保留它们各自的长处的基础上把它们综合在一起。

第二节　霍尔瓦特对国家主义的批判

市场社会主义复兴的前提是对高度集权的斯大林模式的彻底清算。对斯大林模式的批判与反思，早在这个模式崩溃以前就已经开始了。在斯大林逝世之后，斯大林模式的弊端逐渐暴露和被披露（血腥的农业集体化、政治大清洗、克格勃、布拉格、入侵芬兰、瓜分波兰；在斯大林之后的进军匈牙利、占领捷克、入侵阿富汗；社会主义阵营的破裂等），使得把自由、平等和民主视为社会主义最主要的价值观的西方社会主义者对这一模式极度失望。例如，英国著名的市场社会主义者诺夫（Alexander Nove）曾经说过："社会主义这个词，很容易唤起人们各种各样的思想感情，如热情奔放、犬儒思想和敌对情绪。它是一条通向未来的大路，可以通向公正的社会，也可以通向农奴式的奴役制度。这是历史进程中不可避免的下一个阶段，也是一场灾难性的失常状态，一条死胡同。"他还说："如果社会主义果真是

苏联那样，我宁可拂袖而去。"①

　　前南斯拉夫著名的马克思主义经济学家、自我管理的市场社会主义模式的代表人物勃朗科·霍尔瓦特（Branko Horvat　1928—2003）完成了对斯大林模式的彻底清算工作。在《社会主义政治经济学：一种马克思主义的社会理论》（1982）一书中，他从经济学、社会学、政治学、心理道德等角度全面地审视和批判了高度集权的苏联式社会经济体制。他长期生活在东欧社会主义国家，更熟悉和了解斯大林模式，因而对这一模式的弊端的批判和揭露比哈耶克更深刻。

一、"国家主义"

　　霍尔瓦特用"国家主义"（Etatism）这一范畴概括斯大林模式的基本特征。他把现存的基本社会经济制度划分为"资本主义"和"国家主义"两大基本模式，并且认为国家主义是一种既不同于资本主义又不同于社会主义的独立的社会经济形态。他对国家主义的定义是："如果一个社会的统治阶层信奉诸如消灭私人生产性财产，解放被剥削阶级等传统社会主义意识形态的基本原则，但在国家的作用这一至关重要的方面做了改动，这个社会就是国家主义的"。②他认为，社会主义者有一种认为国家是压迫工具的思想传统，因此，国家应该逐渐消亡，应以管理社会公共事务的职能来代替统治人民的职能；政治和经济权力应当分散化，以使每个人的自由发展成为一切人的自由发展的条件。然而，在国家主义那里，所有这些思想都被这样一种完全相反的意识形态所代替，即强大的、集权的、权威的国家成为社会的轴心。所有经济和政治权力都集中于占统治地位的政治组织，这一组织公开地宣告它对政治权力的垄断。而作为一种经济体制，它的基本特征是生产资料国有制、中央集权制和官僚的管理。如果国家在一种社会制度中扮演着一个绝对支配的角色，这个社会的基本特征毫无疑问地可以被归纳为国家主义。

　　按照传统的宿命论的划分标准，我们只知道有两种社会经济制度，如果一个社会不是社会主义，那它一定就是资本主义。既然斯大林模式没有实现社会主义的目标，那么社会主义者自然拒绝承认它是社会主义。包括苏联持不同政见者在内的世界上所有批判斯大林主义的激进人士都持有这种观点。他们认为，斯大林模式的基本特征是国家拥有所有的资本、雇佣劳动者并且以与私人资本主义同样的方式榨取剩余价值，因此，这个社会同国家资本主义没有什么两样。霍尔瓦特认为，这种观点隐含着一个未被证实的假设，即一个国家占统治地位的阶级社会

---

① 亚历克·诺夫. 1991. 可行的社会主义经济学. 徐钟师等译. 北京：华夏出版社：1.

② 霍尔瓦特. 2001. 社会主义政治经济学：一种马克思主义的社会理论. 吴宇晖，马春文，陈长源译. 长春：吉林人民出版社：24. 霍尔瓦特的观点均引自该书。为了节省篇幅，有关观点不特别注明出处。

必然是国家资本主义社会。但历史很容易证明它是错误的。例如，在古代埃及，国家也拥有所有的生产资料——在那个时代是土地和灌溉设备——并且榨取剩余价值，但它显然不是国家资本主义。国家主义的经济基本特征（中央行政计划）、社会基本特征（没有私人财产、不同的社会阶层）和政治的基本特征（共产党的特殊性质）与资本主义根本不同。

对于认为国家主义就是社会主义的观点，霍尔瓦特指出，检验社会主义的一个最关键的标准是不存在阶级，不存在统治者和被统治者，不存在命令者和被命令者。但国家主义未能通过社会主义的检验。更为普遍接受的观点是：国家主义是社会主义不可避免的第一个阶段。因为资本主义不可能在一夜之间就转变成社会主义，因此将有一个过渡期。在这个过渡期内，国家将把一切生产资料集中在自己手中，并且执行必需的有关制度变革。霍尔瓦特认为，这种观点似乎有道理，但容易遭到下列观点的反对：①国家所有制不是在资本主义和社会主义之间必需的过渡阶段；②国家对政治和经济权力的垄断不是过渡的必要前提；③如果国家主义是一个过渡阶段，那么这个阶段应该很短，并且存在着这样一种明显的可以观察到的趋势，即为了使社会主义制度发展，国家的角色被减少到一个合适的范围。但在现代国家主义社会里，没有观察到这一趋势；相反，本来应该作为过渡阶段的国家主义却结晶为一种非常稳定的社会结构，观察不到基本社会结构变动的趋势。

霍尔瓦特认为，国家主义是由社会主义的因素与反社会主义的国家主义因素所构成的混合物，这种奇怪的混合物产生了同样奇怪的结果。他承认，经济迅速发展、人民的福利有所改善和收入分配较为平均，是国家主义社会中的社会主义成分，而国家主义中的反社会主义因素则由斯大林主义发挥到了极致。在描述完恐怖的斯大林主义之后，霍尔瓦特认为，虽然一个控制经济和其他活动的强有力的和集权的国家不一定必须会产生一个政治上的镇压体系，换言之，国家主义不一定就是斯大林主义，前者可以与一个更为民主的政治体制相结合；然而，不利的历史环境——极端的落后、军事干涉、经常性的威胁、在国际上被孤立和隔绝、领导人的病态心理、缺乏政治民主的传统和经历、缺乏合适的社会主义经济和社会理论、忠于反社会主义的政治理论等——在很大程度上决定了国家主义将蜕变成为以斯大林主义为标志的畸形物。

二、权力与阶级

霍尔瓦特认为，国家主义和资本主义一样都是社会权力分配不平等的社会。国家主义是按等级制的方式组织起来的典型的官僚结构，活像一个上窄下宽的金字塔（见图12-1）。具有强制性的指示由权力的顶峰单方面地向下传送，但在金字塔的两端，等级制度关系消失了：在顶尖，它在没有上级的意义上消失了；在底部，它在相反的没有下级的意义上也消失了。社会的顶部和底部不存在直接的对话联系，联系这两个部分的中间部分是官僚。官僚机构行使代表权力和执行服务的功能，它的任务是指派的，完不成任务将被处罚。由于国家主义是一种一致性的制度，所以每一层次的官僚管理都是按等级制原则组织起来的。

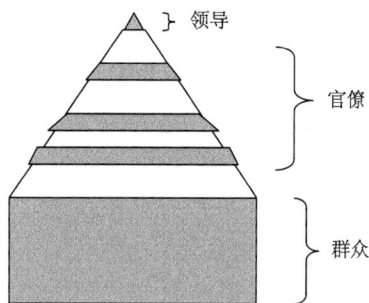

图 12-1　国家主义社会的分层

霍尔瓦特把"社会权力"定义为：通过以一种重要的方式影响他人的生活决策，为社会体制的运行动员必要资源的能力。这种控制他人的社会权力，可以有政治的、经济的和操纵或说服的三种类型。而控制他人行为的主要方法也有三种：用政治强制即暴力；用效用，即物质刺激和惩罚或身份地位象征的给予和撤销；用思想说服训导。权力一方面是"功能性的"，因为它是一种社会制度运行所必需的；另一方面，权力又是冲突的可能源泉，因为可以有许多种方法用来促进不同人的利益而分配社会权力和设计社会权力结构。拥有较多权力的集团可以更好地保护他们自己的利益。在一个权力不平等分配的社会里，占有较多权力的一组人具有影响较少权力的一组人的特权。在这种情况下，社会分为阶层。上等阶层有能力把他们的意志强加给下等阶层，这意味着剥削。剥削可以定义为生活机会的任何一种社会性规定的不对称的生产形式。这里的"生活机会"是指个人分享社会创造的经济和文化物品的机会。被剥削集团对这种状态不满意，其成员将会努力保卫自己，甚至反攻。这被称为阶级斗争，反映着命令者与被命令者之间、领导者与被领导者之间、统治者与被统治者之间、主宰者与被主宰者之间、压迫者与被压迫者之间及剥削者与被剥削者之间的根本性社会冲突。

权力分配的不平等产生了另外两个重要的社会不平等：财富和收入分配的不平等及社会名望的不平等。权力、财富和名望的不平等与社会阶级的形成高度相关，而对这些值得弄到手的东西的累积性分配，就造成了客观上不同集团利益之间的不相容和主观意识上的冲突。因此，一个支配同样的权力、有同样的生活水平和社会名望的私人集团会组成一个社会阶级。在阶级的范围内，权力、财富和名望这三个因素之间是可以替代的，特别是权力可以很容易地变成其他两个因素；同时，权力也制约着其他两个因素。这三个因素的连贯性和一致性决定了一个人或一个集团的社会地位。组成统治阶级核心的人表现为对这三个有价值的东西的高度占有，因此有很高的社会地位。同样的社会地位，造成了一种类似性，并且产生了一种独立的阶级意识。社会阶级就是以上述三个因素为其基本特征，并且由个人或集团在社会工作组织中所扮演的角色决定。在组织之外，它可以被住所、朋友圈子、文化背景和联姻关系所识别。

由于上层阶级的成员生活在与其他人隔绝的环境中——他们居住在与居民居住区分开的宽敞漂亮的大房子里，在特殊的商店买东西，经常光顾特殊的俱乐部和旅游胜地，相互通婚，送他们的子女到特殊的学校——所以所有三个社会化的力量在阶级区分方面发挥着作用，并且产生一个合适的阶级意识，以这种阶级意识为武装，个人准备承担社会的精英的地位。高级政治领导人的儿子不一定必然成为高级政治领导人，但可能成为将军或部长，或有影响的编辑。地位稍逊些的政治官僚的后代也是如此，他们在既定的精英的范围内选择各种工作。只有一件高度靠不住的事情，即他们有可能加入"统治的"工人阶级。霍尔瓦特认为，即使国家主义代表一个纯粹的、理论上的能人统治的典型，它仍然意味着一个有阶级的社会，更何况它离理想的能人统治模式很远。社会阶级的区分是明显的、既定的事实。存在三个构成阶级差别的基本成分，它们分别是权力、收入和统治阶级享有的社会名望。这三种成分如此紧密相连并且如此强烈地存在，以至于使组成统治阶级的政治集团比资产阶级更一致而且更连贯。统治精英企图掩盖他们的主要任务是统治国家这一事实。然而，精英们的作用是领导，而群众的作用是被领导。这一根本性的"劳动分工"是清清楚楚、持续一致和坚定不移的。

作为结论，霍尔瓦特对资本主义阶级社会和国家主义阶级社会的性质做了比较：在资本主义阶级社会中，政治权力大多来源于经济权力；在国家主义阶级社会中，这种元素颠倒过来了。在前者，国家归根结底是由富豪统治的；而在后者，它是由政治贵族统治的。在资本主义阶级社会中，工人阶级服从资本；在国家主义阶级社会中，工人服从国家。处于支配地位的两个阶级分别是资产者和政治贵族，前者包括经理和其他统治精英及其服务阶级；后者包括政治领袖和官僚。在资本主义阶级社会中，收入主要来源于一个人在经济等级制中的地位；在国家主义阶级社会中，收入则主要来源于一个人在政治等级制中的地位。资本主义阶级社会的发展阶段是由深重的经济危机标点出来的，发展在经济周期中行进；国家主义阶级社会的发展阶段是由深重的政治危机区分出来的。资本主义阶级社会的经济危机继之以政治变革；国家主义阶级社会的政治危机则推动了经济改革，但体制的基本特征并没有变化。在治理社会时，资本主义阶级社会统治阶级主要使用经济强制，接下来是施加压力，强制思想上服从，最后是政治强制；在国家主义阶级社会中，意识形态的强制是第一位的，其次是政治强制，经济强制处于最后的位置。由于政治强制是人身性的，它给人的感觉就比非人身性的经济强制更显压迫，所以国家主义阶级社会似乎比资本主义阶级社会更有镇压性质。作为各种强制类型重要性不同的结果，资本主义阶级社会的特征是经济上的不安全；国家主义阶级社会则是政治上的不安全。无产阶级在这两种体制中都是被剥削阶级。

三、异化与物化

国家主义之所以成为一种非常稳定的社会结构或社会结晶体，是因为它的意识形态发挥了至关重要的作用。诺斯虽然分析了意识形态对现存制度安排所起到的稳定作用，但他没有也不可能分析阶级社会的意识形态的压迫性和庸俗性，这就是异化和物化。

"异化"（alienation）概念是黑格尔提出的，其含义是人的存在与人的本质相脱离。马克思在其早期著作中，将黑格尔的异化概念加以批判的改造，使之成为批判资本主义社会的中心范畴。霍尔瓦特运用马克思的异化理论分析了国家主义，认为这是一个不合理的、异化了的社会。他指出，劳动的社会过程有三个基本因素：人、人的生产活动和他们生产的产品，其中每个因素都可以被异化。因此，对异化现象可以从三个不同的过程来分析，即劳动的异化、劳动产品的异化及个人与其他人和社会的异化。第一，当劳动者把他的劳动力出卖给雇主时，劳动的异化便产生了。仅仅是雇员-雇主关系就是异化的充分条件。一旦雇主有权处置劳动者的劳动力，劳动对劳动者来说就成为外在的因素，从而与他本人相分离。他的劳动就不是自愿的劳动，而是被迫的强制劳动。它不是满足劳动需要，而只是满足劳动需要以外的需要的一种手段。劳动的异化性质明显表现为：只要肉体的强制或其他强制一停止，人们就会像逃避鼠疫一样逃避劳动。第二，劳动产品的异化是劳动异化的直接结果。一旦劳动被出售，所有与它有关的产品就被雇主所占有。劳动产品现在代表着一种异己的存在物，并作为不依赖于生产者的力量，同劳动相对立。人生产了产品，并创造了市场，然后，市场的非个人力量便开始主宰他们的社会关系；人创造了党、工会和国家，然后这些制度便开始了它们独立的生活，逃离它们的创造者的控制。因此，一旦异化的原罪犯下了，人的创造物就常常作为异化的、威胁性的力量与他相对立。第三，当人与他的生命活动和产品相异化时，他注定要使自己与其他人相异化。劳动的产品变成了资本，即统治劳动的力量。社会分裂成为相互敌对的社会阶级。竞争和阶级仇视使大多数形式的合作变得不可能了。社会成员变成了一个个竞争的、自私自利的个人，变成了无产阶级和资产阶级，变成了工人和官僚，变成了压迫者和被压迫者，变成了统治者和被统治者……总之不再是人类了。

霍尔瓦特指出，产生异化的条件有三个：①劳动力作为商品在市场上出售；②存在着脑力劳动和体力劳动之间的分工；③劳动和政治活动以产生经济和政治权力高度集中的等级制原则组织起来。第三个条件可以被认为是另一种特殊的分工，即专业的发布命令和专业的执行命令、以及作出决策和仅仅执行决策之间的分工。实际上，它是产生异化的充分和必然的条件，因为如果没有第三个条件，条件①和条件②就不能单独产生异化。

"物化"（reification）是指人们之间的社会关系被表达成为或经历成事物之间的关系，社会关系丧失了它的社会性质而被神秘化为技术、交易和管理之间的关系。人们之间衡量彼此就好像衡量客体一样，他们的意识成为"物化"。国家主义把一定阶级和一定时期人们之间的社会关系变成了自然的、永恒的物与物之间的关系，这种物化的工作是异化的社会环境的必然结果。由此，物化＝异化－理性的批评能力和否定的思考能力＋维持现状的理性。它是统治阶级的意识形态和理论对现存社会关系的一种解释。"物化"概念是匈牙利著名哲学家卢卡奇在20世纪20年代首先使用的，但这个概念来源于马克思。马克思在《资本论》第一卷对商品拜物教的分析及在《资本论》第三卷对三位一体公式的分析，已经极其深刻地揭示了资本主义社会的物化问题。霍尔瓦特把马克思和卢卡奇对资本主义的物化分析运用于分析国家主义的意识形态，从而完成了对职位拜物教（office fetishism）的分析。

正如商品拜物教倾向于把人与人的关系当做物与物的关系，职位拜物教则将人的实际关系隐藏在非人的官僚规则的面纱后面，是对任职者活动的一种神秘化。正如市场的裁判是不会错的，一个官员对其下属的裁判也永远是正确的。拥有某个职位，往往说明任职者更聪明、更诚实、更可靠、更有智慧，从而比职位等级低的人更优越。霍尔瓦特还把马克思分析资本主义商品拜物教的话稍加改动，惟妙惟肖地讥讽了国家主义的职位拜物教：职位的力量有多大，我的力量就有多大。职位的特性就是我的特性和我的本质力量，因为我是任职者，因此，我是什么和我能够做什么，这绝不是由我的个性决定的。就我的个人特点而言，我是跛子，可是职位使我获得了24只脚，因此我不再是跛子。我是邪恶的、不诚实的、没有良心的、没有头脑的，可是职位是受人尊敬的，所以，任职者也受尊敬；职位是最高的善，所以，任职者也是善。此外，职位还使我不必为成为不诚实的人伤脑筋，因为我事先就被认定是诚实的。尽管我是没有头脑的，但职位是万物的头脑，任职者又怎么会没有头脑呢？

社会关系的异化和物化导致了病态的社会和病态的心理。在现代生产制度和政治制度这两个庞然大物面前，个人是无能为力的，他只是某台大机器上的一枚螺丝钉而已。在社会上，他没有权力，没有自由，没有自主性，只有服从和顺从，才能获得社会的认同，才会有归属感。于是，资产阶级人和官僚人都成了一种消费人，一种没有价值的选择（价值判断的抑制）、没有意义的工作（精神的抑制）、没有共性的结合（共同体维度的抑制）、没有感情的思考（感情的抑制）、没有希望、神话和乌托邦的活着（幻想维度的抑制）的"单向度的人"，一种"两面人"。总之，我们日常生活中遇到的生灵都是商品人和职位人。这些物化的生命以一种物化的方式思想和行动，进入物化的关系。他们的生命目标不是发展个性和尽可能充分地享受生活，而是积累货币和发布命令。在资本主义社会，货币连着货币——甚至可以说货币与货币共舞；在国家主义社会，职位连着职位。总之，都不是人连着人。

■ 第三节　自我管理的市场社会主义

自我管理的市场社会主义是为大多数西方市场社会主义者所倡导的理论模式。主张这一模式的主要代表人物有康奈尔大学的雅罗斯拉夫·瓦内克（Jaroslav Vanek　1930—）、芝加哥洛约拉大学的大卫·施韦卡特（David Schweickart　1942—）、格拉斯哥大学的亚历克·诺夫（Alec Nove　1915—1994）、牛津大学的大卫·米勒（David Miller　1946—）、伦敦政治经济学院的罗宾·阿切尔（Robin Archer）、霍尔瓦特等。其中，瓦内克运用微观经济学的分析工具证明了市场运行的效率。他的结论是："即使用最严格的纯粹的经济效率的标准来衡量，工人参与管理制经济将同今天其他经济制度一样运行得有效率，更可能的是，比其他制度运行得更好。如果用包括人性、心理和社会方面的更广泛的标准来衡量的话，工人参与制经济具有无可辩争的优越性。"[①]

一、经济民主

经济民主是自我管理的市场社会主义所倡导的最基本的范畴。所谓"经济民主"，是指这样一个经济组织运行的模式，在这个模式中，作为行为主体的决策来自每一个执行决策的人。根据这一原则，自我管理的市场社会主义体制下的企业制度的一个最基本安排就是将企业的最高控制权和权威给予那些在本劳动组织中工作的人。与传统的等级制截然相反，对经济民主企业的控制和管理来自具有平等权利和同等重要性的全体劳动者，这种控制和管理将在一人一票制的基础上进行。

在西方民主国家，政治决策中的民主参与或政治民主被认为基本上已经实现了，但政治上的民主与经济上的独裁却形成鲜明的对照；等级森严的控制制度和政治舞台上的独裁在西方国家政治领域受到了批判，但在企业中却被认为是理所当然的。这显然是不完全的、不充分的、形式上的民主，因为只要承认人们有权利参与同他们福利有关的一切决策，那就必须承认，人们对发生在他们周围的、日常的、经济事务方面的民主表决权，比政治事务的民主表决权——对参与者的福利而言——显然具有更重要、更直接的相关性。因此，从逻辑上说，如果把民主视为一项基本人权，政治领域中的民主就必须被推广到经济领域中去。这将通过给予每一个劳动者在企业决策中以同等发表意见的权利，即在平等的基础上以

---

① Jaroslav Vanek. 1975. Self-Managed: Economic Liberation of Men. New York: Penguin Books: 364.

一人一票制将决策权力民主化。然而，逻辑的力量并不一定能胜过资本和权力的力量。

阿切尔从自由和平等的价值观角度论证了经济民主的基本原则。他认为，从"平等的自由原则"可以推导出两个基本的民主原则。第一个民主原则是"所有受影响者原则"，即所有受某一组织的决策影响的有选择和行动能力的个人都应该分享对该组织决策过程的控制权。他还认为，某一组织的决策对所有受影响者的影响程度是不同的，因此，提出了第二个民主基本原则，即"所有隶属者原则"。这个原则规定，所有那些或只有那些受联合组织权力直接支配的人应该行使对联合组织决策过程的直接控制权，其他受影响的个人应该行使间接控制权。阿切尔把企业看成一群个人为了达到共同的目的而进行合作的联合组织，这个共同的目的就是生产商品和劳务。在资本主义经济中，至少有 6 个集团或个人是受企业活动影响的，他们是：①雇员或工人；②消费者；③股票持有者或资本家；④原材料和生产性产品的提供者；⑤银行和其他金融机构；⑥当地居民。按照"所有受影响者原则"，以上这些利益相关者都应该分享对企业决策过程的控制权；按照"所有隶属者原则"，只有那些隶属于本企业权力的成员即劳动者应该行使对企业的直接控制权，其他利益相关者则行使对企业的间接控制权。

二、劳动雇佣资本

资本主义性质的企业是资本雇佣劳动，自我管理企业则恰恰相反，它是劳动雇佣资本。自我管理的企业从以下四种源泉获得生产性资本：①根据达成的租借条件从其他企业租用或借贷资金；②从独立的、民主自治的银行或其他金融中介机构借贷资金以购买资产；③通过卖出股份筹措资金；④将企业的纯经营剩余重新投资。无论从哪种渠道获得资本，自我管理企业使用资本的基本原则都是：并不赋予资本所有者以企业的"控制权"，而仅赋予他们以一种稀缺价格的享用权。这意味着资本所有者只有收益权而没有表决权，后者是在一人一票制的基础上由全体成员共享。自我管理企业的这种性质是由经济民主决定的。

企业是由劳动、资本、土地和经营这四种生产要素联合投入而形成的经济组织。这四种生产要素联合投入的结果是产品的产出。无论这四种生产要素的所有权如何分割，如它们分别属于各个不同的人——劳动所有者、资本所有者、土地所有者和管理者，企业的产出都是这四种生产要素联合行动的结果，缺少哪一个都不行，因而不能说哪一种生产要素更重要。四种生产要素联合投入的结果是产生一个"经济剩余"或马克思所说的剩余价值。因此，企业制度的核心是：谁（资本所有者、劳动者、经理或国家）凭什么（资本所有权、经济民主、实际控制权或政治权力）获得对经济剩余的控制权或索取权？谁获得了这种权力，谁就掌握了企业的生产和分配的决策权。在资本主义社会，资本所有权是占有剩余价值的权力基础，并且直接（在所有者和经营者直接合一的所谓古典式企业）或间接（在二者分离的所谓股份制企业）地成为同生产和分配有关的决策权的主要基础。资本的这种权力如此重要，以至于由此产生了"资本主义制度"这一术语。自我管理企业的权力基础则来自经济民主，这意味着决定其经济剩余索取权及生产和分配决策权的是劳动，而不是资本。这就是自我管理企业劳动雇佣资本的原因。

自我管理企业使用资本的原则意味着企业控制权和资本所有权的分离。瓦内克特别强调这一点，并把它作为参与制经济与实际存在的两种经济体制之间的最主要的区别。他依据两个不同层次的标准把前者和后者加以对比（见图 12-2）。

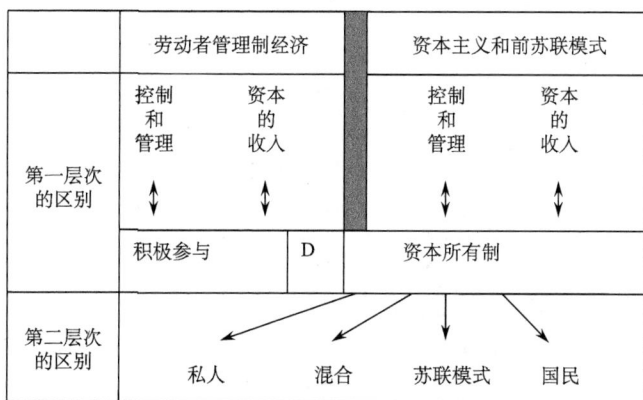

图 12-2　作为替代形式的劳动管理制[①]

第一层次的区别是：企业由谁来控制和管理？在资本主义和前苏联模式中，控制和管理企业的是资本；而在参与制经济中是工作社团。这区分了"人道"和"非人道"体制（humane and dehumanized systems，d 代表非人道体制）。瓦内克认为，虽然劳动者在"合伙制"或大公司里有一定的参与权力，但参与程度很小，因此包括在 d 的范围内。他认为，不能过分地强调积极分享企业的所有权是保证参与管理的唯一的、不变的手段。工人具有监督和管理公司活动的全部权力这一事实本身，并不意味着他们对所使用的生产资料具有充分的所有权，即工人不是由于他们是公司的股东才具有管理和监督公司的权力；不论积极参与管理者是否是公司资产的所有者，使他们享有监督和管理公司权力的原因并不在于他们对公司资产的实际形成作出的贡献，而在于他们积极参与了对企业的监督和管理工作。在参与制经济中，实际管理工厂的权力不是来自所有制，而是来自参与

---

① Jaroslav Vanek. 1970. The General Theory of Labor-Managed Market Economics. New York: Cornell University Press.

本身，来自每个人在民主决策过程中的具有同等的重要性原则，即经济民主。第二层次的区别是：谁实际拥有资本？资本主义是私人实际拥有资本，在前苏联是国家实际拥有资本。在自我管理的经济中，既然资本所有权不再是企业控制权和管理权的基础，而仅仅成为因提供资本或资金而获得一种收益权，那么，所有制就成为第二层次上的东西，它涉及生产资料所有制的四种基本形式。瓦内克指出，由于控制权与所有权相分离，因而所有制并不重要，重要的是经济民主。

三、自我管理企业的治理结构

由于经济民主改变了资本主义企业的决策结构，所以也改变了企业的治理结构和管理方式。霍尔瓦特详尽地描述了这一点。他指出，一个自我管理企业，不仅仅是一种经济组织，同时也是一种政治组织。这种组织的目标是在履行效率的同时，实现决策上的民主最大化。为了证明民主最大化和效率最大化可以并行不悖，霍尔瓦特提出了著名的将政策决策和技术执行分离的沙漏模型（见图 12-3）。

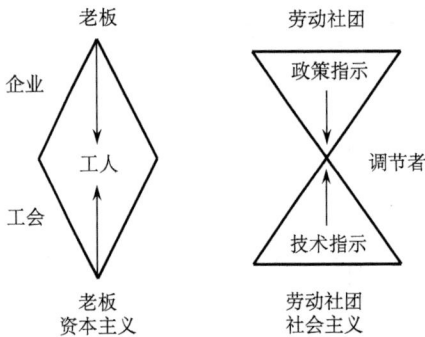

图 12-3   资本主义和社会主义的组织模型

资本主义企业产生了权力的双重金字塔结构。两个官僚组织——工会和企业——的老板为达成协议而讨价还价，而工人们则被压在塔的底部。沙漏模型意味着分离了两个不同的活动领域：利益领域和专业领域。前者包括政策决策，后者包括专业工作和日常事务的行政管理；前者代表价值判断，后者代表技术执行。在利益领域，应用一人一票制；在专业领域，投票是按能力加以权衡的。根据这一原理，霍尔瓦特构建了自我管理的劳动共同体的组织结构（见图 12-4）。

图 12-4 的最上部属于政策决定领域，下部是技术执行领域。最基本的决策单位叫做劳动单位，同时它也是该企业的一个经济单位。大多数影响工人日常活动的决策是在这一层次上做出的，这些决策包括：工作岗位的分配、工作条件、剩余的分配、就业和解雇、冲突的解决等。经验研究表明，这些都是在直接参与决策时工人们确实关心的问题。当一个劳动单位的决策实质上影响到了其他劳动单位的利益时，就应该把决策权授予下一个更高的组织层次。这就是建立作为第二级决策机构的工人委员会的理由。工人委员会的成员由各个劳动单位的代表组成，其理事会主席则由全体劳动者选举产生。工人委员会在其理事会和其他委员会的推荐基础上通过决策。然而，仍然有一类至关重要的问题，既不能由工人委员会做决定，也不能由个别的劳动单位做决定，而只能由整个劳动共同体在全体

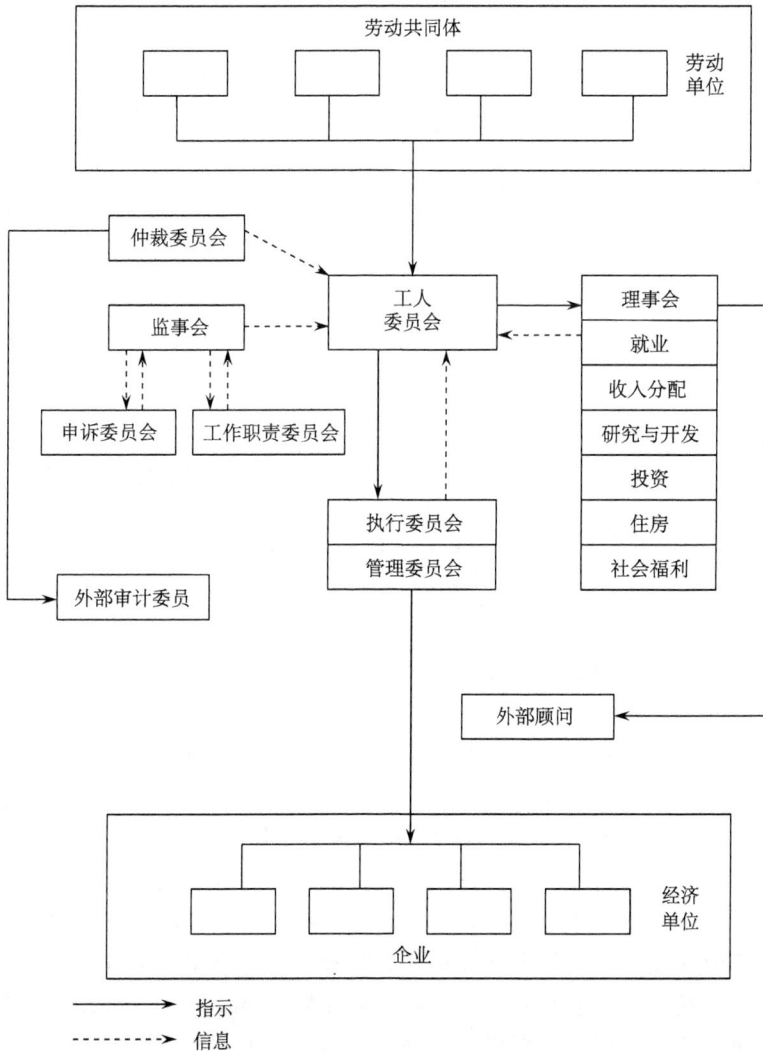

图 12-4 一个劳动者管理型企业的组织结构

会议上或通过全体投票来决定。这类问题包括：合并、根本性的组织重新改组、重大投资项目、宪章和各种法令的通过及类似的事务。在这种情况下，需要每一个有选举权的劳动单位的多数票。于是，执行委员会代替了以前的董事会。执行委员会的总经理由工人委员会任命，在工人委员会和监事会的监督下负责企业的技术和经营决策。总经理的任期通常为 4 年，而且任命是有条件的，即取决于他完成发展规划的表现。如果企业经营效益差，使管理层得不到工人委员会的进一步信任，管理委员会就必须改组。这时，总经理可能不得不辞职，即使他的任期未满。无论是政治决策还是技术决策，总是存在着个人和团体滥用权力的可能性，冲突是不可避免的。因此，应该在整个体制中建设一个特殊的安全保护装置。在个人和集体之间存在着两种类型的冲突：① 个人可能被集体行动所伤害（或者被代表集体的决策所伤害）；②集体利益可能受到不负责任的个人行为的损害。由于这是两种不同类型的冲突，最好建立两种不同的组织：处理第一种类型冲突的申诉委员会和处理第二种类型冲突的工作职责委员会。不仅当不遵守规则和不尊重合法权益时会产生冲突，而且当双方在解释规则上出现分歧时也会产生冲突。或者在一种新的情况下，可能完全没有规则可以遵循。然而，某些人必须决定什么是正确的和公平的，而这就是仲裁委员会的职能。

沙漏模型表明，自我管理企业并不是要排斥由技术专家来进行管理，或否认权威，而是要置专家和权威（企业经理）于全体劳动者的监督和管理之下，从而在后者的授权之下进行管理，并对其负责。这也许是对企业管理层的最有效的监督，因为被监督者就在监督者的眼皮底下工作。同时，这个模型也有力地证明了民主管理和专家管理可以并行不悖，从而在企业层面上，既保存了民主，又保证了效率。

四、按需分配与按劳分配

不同的企业决策制度的安排必然会表现在它的分配制度上。在这方面，与资本主义性质的企业制度相比，自我管理企业有两个特点：第一，消灭了"利润"这个范畴。利润不再表现为企业的净收益，也不再是企业的目的和企业权力的根源。使用资本的代价不再表现为"利润"，而是以租金和利息的形式变成了企业的成本的一个相对固定的比例。这也是世界第一个合作社"罗奇代尔公平先锋社"的一个基本原则：对合作社的股东只付股息，不分红利。第二，工资不再表现为成本，而是属于企业净收益。自我管理企业的分配原则是：①在企业的总收入中扣除非劳动收入，其剩余部分构成劳动收入；②根据民主制定的原则将企业的劳动收入在投资、储备基金、个人收入和集体消费之间进行分配；③集体消费的分配原则是按需分配；④根据按劳分配原则决定个人收入。

自我管理企业收入分配的源泉来自劳动收入，因此，首先必须识别非劳动收入，并把它从总收入中扣除。劳动收入恰好等于企业的总收益减去总成本，其公式为：总收益-总成本＝净收益＝总收入-非劳动收入＝劳动收入。工资构成资本主义企业总成本的主要部分，而非劳动收入构成自我管理企业总成本的主要部分。自我管理企业与资本主义性质的企业在分配结构方面的颠倒，恰好说明了这两种企业制度本身的颠倒：资本主义性质的企业的通行原则是资本雇佣劳动和土地，而自我管理企业是劳动雇佣资本和土地。使用资本的代价（利息）和使用土地的代价（地租）对自我管理企业来说是成本，而利息和地租之和恰巧等于非劳动收入。通过把利息和地租计入成本，企业的净收入就是该企业全体劳动者创造的全部劳动收入。

霍尔瓦特指出，像教育、医疗、社会福利、身心发展、文化、娱乐、环境等这类产品的消费，对于培养和发展每个人的能力是至关重要的，因此他将这类产品称为能力产品，把对能力产品的消费称为集体消费。集体消费意味着，任何对发展个人能力有实质性影响的东西都不能以交换的尺度来分配，而是要服从需要的尺度。为了使每个人在发展他的天生才能方面享有平等的机会，使他们之间的差别取决于后天努力不同，能力产品不能以金钱的尺度进行分配。如果一个富有的家庭能够为他们的子女买得起更好的教育和健康，社会的所有成员在一开始就是不平等的，在这种情况下，个人收入将不是由个人的努力独立地决定，而是由外在的一些因素如父母的财富和智慧决定。平等是社会主义的本质，而且这种平等应该是社会地位的平等和能力塑造上的机会平等。对社会主义社会来说，即使是严格地按劳分配也是不够的。无论何时，只要产品的分配对发展智力和个人能力会产生重要的影响，就必须辅之以按需分配。一个人有一辆大轿车还是小轿车，这并没有多大的关系，因为它们都能把他送到他想去的任何地方；而如果一个人只受过初等教育，没有上大学的机会，或者，如果他在童年时营养不良，那么，他在一生中的发展都会遭受严重的阻碍。

扣除了投资和集体消费，剩余的部分就成为该企业全体劳动者个人收入分配的源泉。这部分收入是根据按劳分配的原则进行分配的，即根据每一个劳动者的劳动时间长度、强度、熟练程度和复杂程度及劳动的环境和工作本身的性质进行分配。更有生产力的劳动，往往是更有价值的；更困难、更有责任、更复杂的劳动，因需要长期的训练和学习成本，所以也是更有价值的；体力的、单调的、枯燥的、危险的、不健康和不愉快的劳动，一般被认为是需要支付额外的成本，因而也会得到更高的评价。

在经济民主的制度环境下，决定按劳分配价值尺度的是具有同等社会地位和同等权力的劳动者，他们是为自己而不是为老板工作的，他们将亲身参与工资率的决定过程；而他们对劳动的亲身体验，有助于帮助他们形成对各种不同性质的劳动估算的正确尺度。霍尔瓦特描述了决定按劳分配的民主过程：这是商议、谈判和互相说服过程的结果。在正常条件下，它是一个反复、集中的过程。作为一种规律，在开始阶段，人们认为他们的劳动更重要或更困难，因而比他们同事的工作更有价值，因此，不能以个人的意见形成分配的标准，而需要形成一个社会的或集体的标准，这种标准将会得到大多数人的拥护。如果从事某一项具体劳动的劳动者仍然认为他们的劳动及其价值受到了低估，他们可以选择离开。如果离开确实是由对该类劳动价值的低估造成的，该类劳动供给的减少将会影响到企业净收入的下降。因此，追求企业净收入最大化的劳动集体势必会提高该类劳动的收入，以校正价值评估的失误。根据民主评议而形成的按劳分配的价值尺度，将既是公平的，又是有效率的。之所以公平，是因为只要大多数人认为它是公平的，它就是公平的；之所以有效率，是因为只要大多数人认为他们的工作得到了公平的对待，他们就会全力以赴地工作。

五、国家的职能和作用

自我管理企业是在市场经济中运行的。也就是说，自我管理的经济是高度分散的经济，一切决策单位——公司、家庭、社团和公共部门——都是根据它们各自的最大利益自由地决定它们应该采取的行动，而不受来自外界的直接干预。各决策单位之间的经济关系都通过市场来结算。然而，这种经济并不是自由放任的市场经济，国家在自我管理的经济中发挥着重要的作用。国家的主要职能是为自我管理经济的运行提供必要的制度保证并确保它在市场经济中的效率。

在微观方面，国家的主要任务是：第一，防止产生垄断和消除整个市场的不完善性。垄断造成了资源配置的低效率，垄断会影响劳动收入。在出现垄断倾向的情况下，政府必须出面干预，采取的做法是确定最高或最低价格，而更好的做法是促成更具有竞争性的市场结构。第二，确保企业经营条件的均等化，以便使所有的经济决策单位在相同的起始条件下获得收入。如果在收入上出现差别，那么，这些差别应是劳动和经营的结果，而不应是劳动集体不能控制的外部条件的结果。第三，当出现了能力产品分配和收入分配的两极分化时，国家必须干预分配的过程，以便使经济服从广泛的平等目的。第四，负责提供福利等公益事业。

在宏观方面，国家的主要任务是：第一，通过各种经济调节手段达到经济的均衡和稳定。霍尔瓦特识别了经济调节机制的五种类型，它们分别是自由（即"看不见的手"）、中央计划（即"看得见的手"，但国家不能直接地计划经济产出，它的功能是确定生产参数）、经济政策（即"间接的手"）、信息生产和提供（即"改善的看不见的手"，主要包括为经济决策人提供全面、准确的信息和运用现代预测方法降低对未来的不确定性）及市场外的非行政性协调（即"改善的看得见的手"，包括各种合同、咨询和仲裁，与国家行政指令有本质区别）。社会主义经济应该最优利用所有五种类型的"手"，以使社会成员的福利达到最大化。第二，执行积极的投资政策，以确保经济的增长。

第四节 公共的市场社会主义

公共的市场社会主义所面临的问题与自我管理的市场社会主义所面临的问题完全相同，即把社会主义与市场经济结合在一起，以兼顾公平和效率。但前者设计的所有制结构、分配结构和运行机制与后者完全不同，市场社会主义这两大模式之间存在着很大的分歧。公共的市场社会主义的主要代表人物有美国西伊利诺伊大学的经济学教授詹姆斯·杨克（James Yunker）、美国加州大学伯克利分校的经济学教授普拉纳·巴德汉（Pranab Bardhan）和美国耶鲁大学的政治学和经济学教授约翰·罗默（John Roemer）。

一、对自我管理的市场社会主义的批评

公共的市场社会主义者认为，自我管理的市场社会主义有几个根本性缺陷。

第一个缺陷是关于民主管理问题。劳动者管理型模式的主要优点是改变了工人与企业的关系，但这种经济是否能有效地运行还不清楚。在这方面，存在的一系列问题有：是否会将大量时间浪费在无休止的会议上而导致决策的延误？在怎样的程序下和需要多长时间选举管理人员？多大的权力委托给了管理层，而还有多大权力仍然保留在劳动者个人和工作小组手中？在削减多余的或非生产性的雇员方面是怎样的程序？能否允许经理雇佣既没有投票权又没有分享企业净受益权力的非成员雇员？是否存在一种估价新成员的"成员费"，如果存在，应该是多少？是否允许企业从外部源泉获得资金，如果允许，资本的外部提供者是否具有对企业决策的直接控制权？企业能否接受资本市场？对这些问题和许多其他问题的回答，是对自我管理的市场社会主义经济的运行可行性的重要评价，但是对这些问题在自我管理的市场社会主义者中间并没有形成一致的意见。

第二个缺陷是关于效率问题。在这方面，公共的市场社会主义者完全接受了新古典经济学家们关于与资本主义企业相比，自我管理企业是在低效率的基础上运行的结论。由于用人均收入最大化代替了利润最大化，他们批评自我管理的企业不能在资本和劳动的有效结合下运行。他们认为，在同样的技术条件下和市场条件下，与资本主义企业相比，自我管理企业使用较少的工人生产较少的产量，甚至会出现负斜率的供给曲线[①]；由于工人的全部有价证券和他们的劳动只与同一个企业相联系，自我管理企业缺乏承担风险的机制；由于不能给企业家才能以有效的激励，自我管理企业缺乏创新的机制；等等。虽然瓦内克、霍尔瓦特、诺夫等人做了很多努力，但是仍然没有改变主流经济学家所持的认为合作制企业效率低下从而无法与资本主义企业相匹敌的观点。

第三个缺陷是关于平等问题。公共的市场社会主义者认为，虽然自我管理企业的分配方式比资本主义企业产生了更大的平等，但由于各个企业是在非常不同的效率水平上运行的，企业之间的劳动者的个人收入将会是极端不平等的，这与社会主义最重要的平等的价值观相背离。公共的市场社会主义者指出，对自我管理的市场社会主义的批评不是为了别的什么目的，而是为了寻求一种真实的、既

---

① Ward Benjamin. 1958. The firm in Illyria: market syndicalism. American Economic Review, (6): 566～589.

能得到平等利益又不至于损害效率的社会主义的新方向，而公共的市场社会主义就代表了这一方向。

公共的市场社会主义的基本模式是：① 实行生产资料社会所有制；②利润要在全体公民中间平等地分配；③企业由雇佣劳动者的经理经营管理；④企业的目标是利润最大化。公共的市场社会主义者承认，这个模式的主要缺陷是不能在工作场所实现经济民主，因而并没有改变企业-工人之间的雇佣关系。但通过保留利润最大化原则，公共的市场社会主义说明了要以长期获利性的指标为基础作为衡量任何公有公司经理的成功标准，就像资本主义制度下衡量私有公司经理的成功标准一样；通过保留经理管理的原则，公共的市场社会主义说明公有公司经理将基本上不对本公司的雇员负责，但对外部公有制机构负责，后者则对公众负责。这就避免了一系列的可观察的自我管理的市场社会主义的问题。通过实现生产资料社会所有制和对非劳动收入的平等分配，该模式可以在不伤害效率的前提下达到更大的平等。

与自我管理的市场社会主义相比，公共的市场社会主义的特点是：第一，更强调平等理由，而不是效率理由；更关心保持现有的效率水平，而不是要获得一个更高的效率水平。第二，更注重设计一个与资本主义经济现存状况相接近而不是相背离的模式，以便使人民不需要改变其从事经济活动的动机。

尽管公共的市场社会主义者证明了这个模式的优越性，但问题仍然存在，并表现在两个层次的委托-代理关系上。第一个层次是国家-公有企业经理的委托代理关系。国家将公有的生产资料授权给企业的经理经营，但国家既缺乏对企业经营情况的充分了解，也无法履行对企业经营实施所有者监督的权利，因此国家靠什么来保证公有企业的经理不会像资本主义公司制下的经理一样偏离利润最大化而追求个人效用最大化或是其他什么目标呢？第二个层次是公众-国家的委托代理关系。在民主制度下，公众授权国家对公有的生产资料进行管理，并将利润进行分配。但如何保证国家能正确地履行其职责呢？公共的市场社会主义者的主要精力用于分析如何解决这两个层次的委托-代理关系上。在这方面，他们提出以下几个主要模式。

二、杨克的"公有制局"

杨克指出，任何利润导向的市场社会主义建设的核心都是承担在资本主义下，由私人资本所有者行使的法律和金融权利的一种公有制权力。在杨克的"实用的市场社会主义"模式中，这种公有制权力被具体化为"公有制局"（the Bureau of Public Ownership），即一种代表承担公有制权力的政府机构。这个机构承担的两个主要任务是：利润平等分配，监督经理使之按照效率原则经营。

公有制局的第一个任务是代表生产资料公有制的所有者行使公有制权利中的收入权，即将公有企业的利润以社会红利的形式分配给社会全体成员。在杨克的模式中，公有企业是独立的和自治的，其以获取利润为目的进行生产，但要向公有制局缴纳所得的利润。杨克认为，按照较为适宜的估算，社会红利额应占企业利润的 25％左右，其余的作为税收和企业自留资金。同时，公有制局也接受非公有的小型私有企业和企业家经营的企业所缴纳的资本使用税。公有制局要把其掌握的收入中的绝大部分以社会红利的形式分配给社会全体成员，且这部分至少要占公有制局全部收入额的 95％，剩下的小于 5％的份额留做公有制局的运转经费。社会成员的劳动收入（工资和薪金）是分配社会红利的决定性依据，这就是说，个人所得的红利份额是与他挣得的劳动收入成比例的。退休的人则根据他们的退休金或其他形式的补偿薪金按比例地分配社会红利。

公有制局的第二个任务是代表生产资料公有制行使对公有企业的监督权力，即监督和激励公有企业的经理实现利润最大化的所有者，从而保证公有企业的经营效率。公有制局将接管在资本主义体制下由董事会所承担的角色，但有所修正。在资本主义体制下，董事会有权对经理人员发布具体经营指示，尽管这在实际中不常发生。在实用的市场社会主义中，公有制局被明令禁止向经理人员发布具体的操作指示，如生产水平、价格、营销费用、留用基金、投资额等。它的权力局限于批准由管理人员进行原计划修订、公司高级管理层对主要管理人员的提名和解聘那些按标准不合格的高级管理人员。

在杨克模式中，必须回答"如何监督监督者"这个问题。如果监督者不能正确地履行其职责，不管机制设计得如何完美，它都将失去任何作用。因此，必须设计出一种制度机制迫使监督者正确地履行其责任。特别需要指出，杨克设计的公有制局不是一种经济组织，而是一种政府的权力机构。如何保证政府机构正确地履行类似经济组织的职能，而不至于受官僚主义和长官意志的拖累？这个问题是杨克模式中的特殊问题。中国的社会主义市场经济理论家应该对这个问题非常熟悉，因为它正是中国建立社会主义市场经济体制要解决的一个中心问题，即政企分开问题。杨克对这个问题的解决方案是"分权化"和"代理化"。

分权化是指国家公有制局的权力将被分散地设置在各个城市和乡镇的几百个地方公有制局的几千个"公有制局代理人"手中。代理化是指每一个地方的公有制局将由从企业经理位置上吸收的若干名代理人组成，每个公有制局代理人将被赋予对若干个在不同工业部门经营的公有公司的唯一的监督权力，公有制局代理人的主要收入来自其负责监督的企业向中央公有制局缴付的利润和利息中的一个很小的份额（少于 5％）。具体地说，杨克的公有制局设三级机构；第一级是中央机构，设置在首都。它一方面负责接管公有公司上缴的收入和分配社会红利，另一方面负责在各公有公司中搜集各种统计信息，用以估计企业经营运作情况的好坏，以此决定对企业经理的任免。国家公有制局一般不直接对公有企业经理进行任免，后者是国家公有制局在地方的代理人的主要工作，国家公有制局的责任是规定关于任免公司经理的一般标准。第二级机构分散在地方，大约设有200～300个地方公有制局，每一个地方机构由10～15个代理人组成。地方公有制局的主要责任是从有5～7年丰富企业管理经验的人员中选出代理人，并对这些代理人的工作进行监督。公有制局的最低层次是代理人，他们不能终身受雇，也没有固定的工资收入，其收入与其监督的公有公司向中央公有制局上缴的利润成比例。代理人的主要工作是仔细研究和监督所管企业的经营状况，但不能对企业进行具体指导。如果企业的经营状况达不到国家公有制局规定的一般标准，他们有权决定企业经理的任免。

三、巴德汉的"主办银行"

巴德汉认为，在20世纪的所有者-企业家的资本主义企业中，同样存在着代理问题。因为在这种所有权与管理权分开的资本主义企业中，经理可能不使公司的股票价值最大化，而是营私自肥或简单做出愚蠢的、浪费的决策。由于个人投资者既没有能力也没有监督企业的动力，所以大量的股东就好像是集体的委托人，面临着监督困难的问题，就像一个名义上归人人所有但实际上不归任何人所有的国有企业一样。资本主义公司制主要是通过资本市场和经理劳动市场解决软预算约束问题：经理劳动市场通过把经理的声誉和收入与他们管理的业绩联系起来，从而解决了经理的动力机制问题；而资本市场被认为是对经理的最有效的监督机制，因为对公司接管的威胁可以保证经理的忠诚和管理效率，从而解决了承担风险者和管理风险者之间的利益冲突。巴德汉认为，经理劳动市场与资本主义财产制度之间没有必然的联系，因而可以在市场社会主义中复制一个有效率的经理市场。但重新复制一个没有私有制的资本市场是非常困难的，而且社会主义经济中通常不具备资本市场的机制。英美国家的经验表明：资本市场并不是一种最有效的监督机制，相反，它不仅是一种滞后和浪费的机制，而且股票市场兴起的恶意收购之风起到了适得其反的效果。战后日本（至少到20世纪70年代中期）在以一个主办银行（the main bank）为核心的金融系列（keiretsu）内各个私有公司互相持股的主要实践，为巴德汉提供了一个有意义的借鉴。

在巴德汉模式中，国家不直接拥有公有企业，企业的财产形式是一种联合股份公司，其一部分股份由本企业的职工拥有，而其主要的股份由同一金融系列的其他公有企业（也包括它们的职工）、主办投资银行及其他附属公司拥有。巴德汉认为，同一金融系列企业之间互相持股，将提供刺激同一金融系列的其他企业的利润最大化行为的动机和手段。主办银行也持有该系列企业的大量股份，从而提供了银行密切监视企业管理层经营状况和对经营状况较差的经理进行制裁的动机和手段。同时，某些股份将为金融系列之外的其他金融机构所拥有，如退休基金、地方政府等。

除向同系列的企业贷款外，主办银行更重要的角色是代表监督者。当企业的管理出现问题时，一是主办银行可以采取刺激或惩罚管理层的措施，因而银行可以与企业重新谈判债务契约，安排金融营救计划，通过延期支付利息和紧急贷款帮助困难企业；二是银行可以安排对其附属企业的技术援助，或出售企业的部分股份以弥补其经营损失；三是因为银行持有大量的企业股份，所以它甚至有权暂时接管困难企业的管理；四是一旦破产不可避免，破产企业的资产将由主办银行处理给同一系列的其他企业。

巴德汉认为，他的模式可以在很大程度上缓解公有企业的所有者和经理之间的委托-代理问题，主办银行与系列企业成员之间要比以股票市场为中心的普通股东与公司之间更具有利害关系，更掌握企业的内部信息，因而可以比分散的股东更早地发现问题的苗头并采取行动。并且，银行在承担风险和创新方面，比分散的股东更注重长期的利益，更能容忍暂时的低收益的投资计划。而在股票市场的体系中，即使是最理性的投资者，在对企业行为的不完全信息情况下，也只对短期的获利性更为关注。在以银行为中心的金融体制中，作为代表监督者的主办银行通过向企业提供信息保证，可以使企业的投资计划跨度更长些，从而抵制企业投资的短期性。

当主办银行在公司集团中以主要的监督者身份行动时，必然会出现的一个主要问题是：即谁来监督监督者？如果主办银行实质上依靠国家的资助，政治方面的软预算约束仍然会赫然显现出来，就暴露了社会主义经济中最薄弱的地方。巴德汉认为，资本主义和社会主义都存在政治上的软预算约束问题，因为它们的政府都会面临强大的政治压力，要求国家采取宽大政策以承担损失或提供财政援助予以补贴。在资本主义经济中，占统治地位的意识形态更能容忍解雇和破产，但在把稳定和安全看得比流动和改变更重要的社会主义经济中，资本主义市场经济的退出机制被认为太严酷。因此，在社会主义的监控机制下，克服社会主义政治上的软预算约束问题是非常困难的。但巴德汉认为，在他设计的模式中，有许多理由可以确信政治上软预算约束问题并非那么严重：第一，在国家与作为独立的联合股份公司的公有企业之间有一个比较坚硬的、独立的中间层次，这个层次由技术上互相持股的公司和行使监督职能的银行组成，它对防止政府的干预起到保险杠的作用。第二，银行之间为争夺主办银行地位的竞争，以及主办银行经理对其声誉的关注，是对政治压力敏感性的抗敏剂。经理劳动市场是不会忘记经理们的经营纪录的。另外，银行经理们的收入与他们的经营业绩挂钩，经理个人收入的减少虽然远远比不上因他们的经营失误造成的损失，但个人收入的损失对经理正视并确保不犯粗枝大叶的错误有足够的制约作用。第三，向国际市场开放是防止监督制度机制的纪律松弛及生产和投资决策的非政治化的重要保证。第四，在这个模式中，虽然国家直接拥有大部分银行的股份，但银行股份中的一个有意义的比例将被公共基金、保险公司和其他银行拥有，而这些投资机构对经济问题比对政治问题更为关心。

四、罗默的"息票经济"

巴德汉的模式是特别为股票市场尚未充分发展和相应的金融机构不健全的经济而设计的。对罗默来说，更现实的问题是：在像美国这样资本市场非常发达且在监督经理方面发挥着比银行更重要作用的国家里，如何发挥资本市场的作用？问题还表现为，如果原样照搬资本主义的资本市场，就必然会把它肯定会产生的种种非社会主义的恶果——诸如财富在少数富人手中的聚敛、收入分配不公、两极分化等——一并吞下。因此，如果要在不违反社会主义平等原则的基础上发挥股票市场对经理的监督作用，就必须对资本市场加以改造。改造的途径就是去掉或者限制资本市场对收入分配的负面效应，而保留或者利用它的监督机制外壳。罗默在他的市场社会主义模式中设计了一种改造过的股票市场经济，并将这种经济称为"息票经济"（coupon economy）。

罗默的"息票经济"的具体内容是：最初政府把固定数量的息票或凭证分配给所有的成年公民，公民用它购买企业的股票，而这种股票不是以通常的现金而是以息票的形式来命名的。拥有一个企业的股份使公民有权分享这个企业的利润。更现实地，公民可以把他们的息票投资于共同基金的股份中，由后者购买企业的股份。人们不能用货币购买股份或息票，但是，在息票的价格下，人们可以用一个企业的股份交换另一个企业的股份。因此，息票市场的价格会波动，就像通常的股票市场一样。

为了防止股票市场使财产和财富日益集中在少数富人手中，罗默的一条根本措施是使息票经济与货币经济相脱钩，或者更准确地说，使息票与货币不能相互转化。这就是"息票经济"这一名称的由来。在罗默的模式中，不允许用货币购买股份，息票也不能现金化，所以，少数富有公民将不能拥有大多数的股份，企业所有制集中在少数人手里的现象就可以避免。因此，息票制度是这样一种机制，它在利用股票市场所具有的承担风险和监督企业功能的同时，避免了它对财富和收入产生的负面效应。罗默主张，在一个公民去世之后，他（她）持有的股票将会返还给公共财政部门，并且以新息票分配的形式移交给新的一代。

罗默认为，息票市场具有资本主义股票市场的三个功能中的两个功能：一是企业的息票价格的波动对于银行和公民来说是关于这个企业经营状况的信号；二是息票市场允许公民选择承担何种风险。它不执行资本主义股票市场的第三个功能，即筹集资本功能。这个功能在他的模式中由银行来承担。罗默论证了息票经济的好处：第一，能够像资本主义股票市场一样为企业经理提供纪律刺激。如果企业的管理不善，这个企业的股份将被出售，企业的息票价格就会下跌。当银行发现某一企业的息票价格下降，就意味着该企业的经营情况出现了问题，银行就可以采取进一步行动紧密地监视企业的管理层；第二，可以避免企业所有制集中在少数人手里的现象；第三，可以保证企业的利润在人口中平等分配。最后一点涉及罗默的平等分配社会红利的方案。

在罗默的模式中，经济总剩余或总利润不是被社会的一小部分人拿走，而是或多或少地以平等的形式在所有的公民中间进行分配。企业的利润归全体公民所享有并在全体公民中间平等地分配这一思想并不是罗默的发明，而是源于兰格所说的"社会红利"（social dividend）。但是，罗默比兰格更系统地论证了只有让全体公民共同分享总利润，才能充分体现公有产权关系中的收益权，才能实现社会主义的平等目标，也才能避免由于市场社会主义依赖市场配置资源而导致与资本主义一样的财富和收入分配的不公平。罗默的利润平等分配方案是：作为劳动者、作为储蓄者和作为生产资料的所有者，一个公民从三种源泉上获得收入。第一种来源是工资收入，随着该劳动者的劳动熟练程度和劳动时间的变化而变化；第二种是储蓄的利息收入，在公民之间也是不同的；第三种是社会红利，在公民中间的分配大致平等。罗默认为，任何市场经济，无论有无资本家，都不会带来一个完全公平的社会。在市场社会主义中，由于每一个人的天生素质不同，家庭背景和社会环境也不同，结果就会造成收入分配的相对不公平。市场社会主义的工资差别如果合理，则原因仅仅在于，工资差别是利用市场配置劳动的副产品，而且目前还没有比利用劳动市场更为有效的配置劳动的手段。但无论怎样，市场社会主义将比资本主义公平得多。但是作为社会红利的利润，罗默强调必须绝对地平等分配，因为只有这部分收入才能体现社会主义的平等权利，也是每个人作为生产资料所有者分享经济剩余的平等的收益权利。

韦斯科普夫认为，市场社会主义这两大模式有许多共同点，都分享相同的核心目标和基本手段，但由于它们的所有制权利安排不甚妥当，致使它们不能把社会主义与市场经济比较圆满地结合在一起，从而既导致了市场经济效率原则的损失，又导致了实现社会主义目标的残缺。他提出了"以民主企业为基础的市场社会主义"模式，试图通过把这两大模式各自的长处抽象出来，并把它们各自的短处去掉，用"以此之长补彼之短"的方法完成市场社会主义新的综合的。所用的方法相当简单和实用，用韦斯科普夫自己的话说就是："必须把资本收入的平等分配制度化，必须把工作场所的经济民主制度化。"

➤ 本章主要参考书目

霍尔瓦特. 2001. 社会主义政治经济学：一种马克思主义的社会理论. 吴宇晖，马春文，陈长源译. 长春：

吉林人民出版社.

施韦卡特. 2003. 超越资本主义. 宋萌荣译. 北京：社会科学文献出版社.

吴宇晖. 2000. 市场社会主义：世纪之交的回眸. 北京：经济科学出版社.

Bardhan P K, Roemer J E. 1993. Market Socialism：The Current Debate. New York：Oxford University Press.

Miller D. 1989. Market, State and Community：A Theoretical Foundation of Market Socialism. New York：Oxford University Press.

Roemer J. 1994. A Future for Socialism. Cambridge：Harvard University Press.

Roosevelt F, Belkin D. 1994. Why Market Socialism：Voices From Dissent. New York：M. E. Sharpe.

Vanek J. 1970. The General Theory of Labor-Managed Market Economies. New York：Cornell University Press.

➤ 复习思考题

1. 什么是市场社会主义？市场社会主义两大基本模式的区别和联系是什么？
2. 简述国家主义的基本特征。
3. "经济民主"和"劳动雇佣资本"的主要内容是什么？
4. 比较自我管理企业的治理结构与资本主义公司制企业的治理结构的区别。
5. 公共的市场社会主义是如何解决公众—国家及国家—公有企业的委托代理关系的？
6. 公共的市场社会主义平等分配社会红利方案的主要内容是什么？
7. 试分析西方市场社会主义与中国社会主义市场经济的区别和联系。
8. 讨论西方市场社会主义对中国社会主义市场经济的借鉴意义。